我们的节日

《清嘉录》导读

杨旭辉 著

苏州新闻出版集团
古吴轩出版社

图书在版编目（CIP）数据

我们的节日 ：《清嘉录》导读 / 杨旭辉著. 苏州 ： 古吴轩出版社，2025. 5. -- ISBN 978-7-5546-2416-6

Ⅰ. K892.453.3

中国国家版本馆 CIP 数据核字第 202490FL92 号

责任编辑： 俞　都
见习编辑： 刘雨馨
责任校对： 蒋丽华
插　　图： 顾曾平
装帧设计： 李　璇
内页设计： 杨　洁
责任照排： 白　杨　吴　静

书　　名： **我们的节日——《清嘉录》导读**
著　　者： 杨旭辉
出版发行： 苏州新闻出版集团
古吴轩出版社
地址：苏州市八达街118号苏州新闻大厦30F
电话：0512-65233679　　邮编：215123
出 版 人： 王乐飞
印　　刷： 苏州市越洋印刷有限公司
开　　本： 889mm×1194mm　1/48
印　　张： 19.5
字　　数： 392千字
版　　次： 2025年5月第1版
印　　次： 2025年5月第1次印刷
书　　号： ISBN 978-7-5546-2416-6
定　　价： 88.00元

《清嘉录》导读答问

问:《清嘉录》是一本什么样的书?

答:《清嘉录》是了解古代苏州风土人情、风俗习惯的一部重要著作。全书按照一年十二个月(农历)的时令顺序,系统地梳理、记载了苏州的岁时风俗。后来的《小方壶舆地丛钞》节录了《清嘉录》,编为一卷,将书名改为《吴趋风土录》,非常简明扼要地点明了《清嘉录》的主要内容。

顾禄于他二十五岁那年开始写作《清嘉录》。根据《清嘉录》卷首的《例言》记载,那一年,顾禄的母亲去世,丁忧守丧在家的顾禄每天与父老乡邻谈论苏州的风土人情和风俗习惯,于是他就把自己耳闻目睹的材料记录下来，经过数年的积累，就把这些资料按照岁时顺序，从农历正月到腊月，每月一卷，编为十二卷，名之曰《清嘉录》。

问：为什么顾禄会采用这种按照月令来记载苏州岁时风俗的方式？

答：顾禄的《清嘉录》采用的这种书写方式，是中国古代“月令”传统的延续和体现。

中国古代的先民，在长年生产、生活经验的积累中，逐渐形成了根据时序节令以及气候、物候的变化来安排农业生产和日常生活的传统，这便是“月令”传统的起源。后来，“月令”成为一种文章体裁，按照一年十二个月的时令次序，完整而系统地记述政府的祭祀礼仪、职务、法令、禁令。

《礼记》中就专有《月令》一篇，在叙述四季月令物候和农事祭祀等活动的同时，还融入了阴阳五行、八卦等观念，将此作为“王者”顺应“天时”“天命”施政的纲领。包括帝王在内，所有人都要遵循自然规律，政令应以生产规律为依据，应有益于生产的发展和正常的进行，不能站在它的对立面破坏它。如其中有曰：“孟春之月……东风解冻，蛰虫始振。鱼上冰，獭祭鱼，鸿雁来。……是月也，以立春。先立春三日，大史谒之天子，曰：‘某日立春，盛德在木。’天子乃齐。立春之日，天子亲帅三公、九卿、诸侯、大夫，以迎春于东郊。还反，赏公、卿、诸侯、大夫于朝。命相布德和令，行庆施惠，下及兆民，庆赐遂行，毋有不当。乃命大史，守典奉法，司天日月星辰之行，宿离不贷，毋失经纪，以初为常。”

这样的文字，在儒家著作中比比皆是，诸如《逸周书》中的《周月》《时训》，《大戴礼记》中的《夏小正》《天圆》《盛德》，《春秋繁露》中的《阴阳五行》。先秦两汉时期的诸子著作，诸如《管子》（有《幼官》《四时》《五行》等篇）、《吕氏春秋》（前十二卷“十二纪”）、《淮南子》（有《天文》《时则》等篇），亦多此类记载和书写。

此后，岁时类的著作日富，成为中国古代历史典籍中重要的组成部分，汉代崔寔《四民月令》、西晋周处的《风土记》、唐代韩鄂的《岁华纪丽》、宋代陈元靓《岁时广记》等都是重要的经典之作，因而顾禄在《清嘉录》中也多有引用。

南朝时期，宗懔撰写了一部《荆楚岁时记》，依时变、节令的次序，系统记录了荆楚地区一年之内的各种风俗活动，开创了中国古代地方岁时书写的先例。到了后代，这一书写方式受到世人的追捧，苏州地区的文人学者似乎对此特别青睐，清代就涌现了顾禄《清嘉录》和袁学澜《吴郡岁华纪丽》等极有代表性的著述。

问：顾禄为什么要把这本写风俗的书，起名为《清嘉录》呢？

答：《清嘉录》一书的命名，源于西晋著名文学家、苏州才子陆机《吴趋行》中的诗句："山泽多藏育，土风清且嘉。泰伯导仁风，仲雍扬其波。穆穆延陵子，灼灼光诸华。"清嘉，有美好之意，陆机以自豪的语气，极力称赞家乡苏州风土人情及风物、风尚之美。结合《吴趋行》的前后语境，"清嘉"一词中，还包含着陆机对吴地自泰伯、仲雍、季札以来所形成的温柔敦厚、谦逊儒雅的仁让礼义之风的礼赞。

后世诗人、词人在摹写风物、风土之美的时候，似乎特别喜欢"清嘉"一词，宋代著名词人柳永在其咏杭州的名作《望海潮》中，就有"重湖叠巘清嘉，有三秋桂子，十里荷花"这样的佳句。因为"清嘉"一词出典于苏州先贤陆机，所以后世但凡写到苏州的风土人情，很多人都会用到它。明代苏州才子唐寅在其著名的《姑苏杂咏》中有云："长洲茂苑古通津，风物清嘉百姓驯。"晚清时期的一代廉吏李超琼，甫任苏州地方官，在《初至苏州》一诗中也写道："吴语听犹隔阂，土风昔号清嘉。水上笙歌几处，宵深弦诵谁家？"时至今日，真正让"清嘉"一词深入人心、妇孺皆知的，自当首推顾禄的《清嘉录》。

问："清嘉"一词是否能够完全概括苏州的民风、士风呢？

答：对家乡风土的书写，顾禄是带着浓浓的桑梓之情的，这和陆机《吴趋行》是一脉相承的。"清嘉"固然是苏州民风、士风的主要方面，所以，顾禄的好友何桂馨在《题〈清嘉录〉》一诗中说："吴趋自古说清嘉，土物真堪纪岁华。"但"清嘉"并不是苏州民风人情的全部。

首先，苏州是一座具有两千五百多年建城史

的历史文化名城，城市的风俗和风土人情、士风并不是一成不变的，而是不断发展、演变的，体现出与时俱进的特色。对此，明代苏州籍著名学者、政治家王鏊等人在纂修《(正德)姑苏志》的时候，就在其中《风俗》篇中，曾对苏州的风俗以及社会风气有过一个较为完整的历史梳理。在苏州建城之前，吴地的先民，“杂于蛮夷”，“其俗陋可知矣”。在春秋时期，吴人尚武，“能以武强其国”，再加上在兵器冶炼、锻造技术上的领先，吴国凭借无往不胜的“吴钩”，足以“与晋争先”。直至楚汉相争时，“其子弟尚能随项氏北破秦兵”，“其风亦壮矣”。历代古典诗词中频繁使用的“吴钩”，以及今日苏州古城中的干将路、莫邪路的路名和干将坊上“勾吴神冶”的题词，莫不向世人昭示着吴文化也有“尚武”勇毅的一面。

至于陆机《吴趋行》中交口称赞的“土风清且嘉”，这一切都导源于泰伯、仲雍奔吴，开启了吴地的“仁德”之风。其中自然也包括季札、言子等先贤对吴地人文的开创之功。经过一代代的传承，到了陆机的时代，吴地文化蔚然兴起，尤其是以陆氏、顾氏等为代表的江南文化巨姓，开始在中国文化史上展现了“苏州人才方阵”的魅力，吴地文化也逐渐由“尚武”演进为“崇文”。对此，王鏊在《（正德）姑苏志》中总结道：“然春秋时，季札聘上国，观周乐，逆知列国之强弱存亡于数百年之后。言游（按：指言偃，字子游，后世尊为言子）北学，以文学列于孔门，吴民之秀而文，盖已肇于此。”因为陆机《吴趋行》的广为传唱，“清嘉”几乎成为吴地民风、士风的代名词。

汉晋时期，随着中国经济、文化重心的南移，苏州获得了飞速发展的历史机遇，但也渐渐滋长了苏州一地的奢靡之风，“汉世称大江之南、五湖之间，其人轻心”。所谓“轻心”，就因为物产富饶、商贾云集而生的奢靡之风，饮食之精美、屋宇之奢丽、衣着之鲜艳、宴饮之豪奢、淫祀之盛行，在物质生活方面“必殚精巧”，竞相追求“以华缛相高”。（王鏊《（正德）姑苏志》卷十三）

吴地奢靡、淫祀之风在范成大的《吴郡志》（卷三）中也有记载曰：“（吴人）虽无蓄积之资，然而亦无饥馁，其俗信鬼神，好淫祀。”此风一直延续到明清时期，王鏊在《（正德）姑苏志》中就曾不无忧虑地指出：“吴下号为繁盛，四郊无旷土，其俗多奢少俭。有海陆之饶，商贾并凑，精饮馔，鲜衣服，丽栋宇，婚丧嫁娶，下至燕集，务以华缛相高。女工织作，雕镂涂漆，必殚精巧。信鬼神、好淫祀，此其所谓轻心者乎。”到了清代，著名理学家汤斌来苏州担任江苏巡抚，离京前，康熙帝就曾在手谕中说道：“江南风俗奢靡，讼狱繁多，以卿耐清苦，特令往抚之。”（《（乾隆）苏州府志》卷四十二）经过汤斌数年的励精图治，这一风气有所改变，但在有清一代始终没有得到彻底根治。

问：今天我们为什么还要读《清嘉录》？又怎么去读《清嘉录》？

答：风俗是与我们生活最息息相关的，与我们的日常生活十分密切，以致我们常常因为习以为常而熟视无睹。其实每一种社会风俗背后都蕴含着丰富的历史文化的信息，而且这些内容都在不断变化发展之中。

中国自古就有重视风俗的传统，“为政必先究风俗”“观风俗，知得失”是历代君主恪守的祖训。最高统治者不仅要亲自过问风俗民情，还要委派官吏考察民风、民俗，在制定国策时以它作为重要参照，并由史官载入史册，为后世的治国理政留下治理风俗的经验。所谓“百里不同风，千里不同俗”正恰当地反映了风俗因地而异的特点。风俗是一种社会传统，某些当时流行的时尚、习俗和久而久之的变迁，原有风俗中的不适宜部分，也会随着历史条件的变化而改变，所谓“移风易俗”正是这一含义。

风俗随时变，顾禄对此有充分的理解，因而在《清嘉录》中，非常清晰地反映出他对“移风易俗”的重视。《清嘉录》中有许多引证风俗的诗歌作品，而在这些作品中，有不少明确表达了反对奢靡、提倡节俭的态度。顾禄把这些作品援引入书，其崇朴黜奢的态度也是很显然的。

在述及除夕结账、讨债的风俗时，顾禄就引徐晋镕《除夕》诗云：“生计吴中往日虚，到来今夕各踌躇。平时浪费知何益，千载奢风尚未除。索负偕来门外汉，救贫谁窃枕中书？阿侬身外无长物，安乐新添一味蔬。”在叙述清明节“山塘看会”，众人骈集，斗丽争妍的场面时，顾禄在案语中则引用了朱彝尊《曝书亭集》中《山塘即事》诗，“红粉齐当牖，银花有堕钗”“巫风书具训，奢俗礼宜惩”这两句诗句，形成鲜明对比，虽然顾禄在案语和注释中并未作太多的评论，但其崇简黜奢之意，明眼人一看便知。

在叙述苏州的重阳登高风俗时，顾禄全文载录了申时行的《吴山行》，并明确说道，从诗中“尤见当时奢靡之习”。申时行诗歌在摹写了苏州人重阳登高的华丽场景之后，在篇末生发议论曰：“此日遨游真放浪，此时身世总繁华。道旁有叟长太息，若狂举国空豪奢。比岁仓箱多匮乏，县官赋敛转增加。闾阎凋瘵谁能恤？杼柚空虚更可嗟。何事倾都涸丘壑，何缘罄橐委泥沙？白衣送酒东篱下，谁问柴桑处士家？”顾禄的表态与申时行的议论互为表里，足见他对吴人奢靡无度是多有批评之意的。

此后，袁学澜的诸多风俗著作中，传承、发扬了顾禄著作的这一精神内涵，袁学澜在《自题〈吴郡岁华纪丽〉》和《〈吴郡岁华纪丽〉例言》中就明确指出自己编纂吴中风俗书的目的就是“频参稼圃蚕桑话，聊代香山讽喻诗”“专以觉世牖民为务”。故而袁学澜在全书的卷首，列《吴俗箴言》

数则,“以示民去奢即俭之意”。袁学澜引了这样一条箴言,其中有曰:“宴会所以洽欢,何得争夸贵重,烹调珍错,排设多品,一席费至数金?”在袁学澜眼中,年节也好,宴会也罢,只要气氛融洽欢怡足矣,完全不必讲究排场和奢华,因而力倡“酌丰俭之宜,留不尽之福;物薄而情敦,费省而礼尽”。袁学澜在咏年节的《安乐菜》一诗中写道:“冷淡家风不费钱,菜羹滋味乐终年。霜膛劚出连根煮,甜到千家饯岁筵。”结合诗歌的自注,我们可以清晰地理解到,在苏州人除夕夜的年夜饭中,有一道安乐菜,其菜平凡家常,“名雪里青,以风干茄蒂,缕切红萝卜丝,杂果蔬为羹,下箸必先此品,名安乐菜”。菜肴虽然普通平淡,但是袁学澜的诗却在平淡中给人以美好的诗意。同样的意蕴,在蔡云的《吴歈》中也有这样异曲同工的诗性表达:“分岁筵开大小除,强将茄蒂入盘蔬。人生莫漫图安乐,利市偏争下箸初。”

时至今日，我们在读顾禄《清嘉录》、袁学澜《吴郡岁华纪丽》等吴地风俗典籍的时候，很多人津津乐道于苏州人生活的富足奢华，在生活上如何讲究，如何精致，这是对经典的一种误读，此绝“非圣人忠信笃实之教”，这就是袁学澜所批判的“骛外而遗其内”。正确的做法应该如袁学澜在《吴郡岁华纪丽》自序中所说的那样：“览是书者，毋徒炫于风俗之繁会陆离”。“有心世道”，“斥其华而返之朴”，这也是我们今天读古代风俗书籍的要点，所谓不忘“圣人忠信笃实之教”也。

问：顾禄是一个什么样的人？他的生平经历和著作情况如何？

答：顾禄（1794—1843），是苏州府吴县诸生，字总之，一字铁卿，号茶磨山人、晚香主人等。曾参加道光二年（1822）的乡试，落第后遂绝意仕进。回乡后，“娶妾居山塘之抱绿渔庄”（韦光黻《闻见阐幽录》)，时与友人流连山水文会。顾禄能诗，存世有《颐素堂诗钞》八卷，其中有不少就是写苏州的山水风光和风土人情的，他的《拙政园》诗有曰："齐女门边水自流，苏家园里麦初秋。雄蜂雌蝶真无赖，只解寻春不解愁。""满地黄金不疗贫，匆匆又过一年春。生怜旧日雕梁燕，苦向花前觅主人。"《虎丘寺》诗有曰："奇峰突兀倚天开，知是何年海涌来？珠树玲珑藏佛刹，宝华缭绕落经台。神僧化去曾留偈，仙鬼吟成亦有才。千尺剑池清见底，渴心聊得洗尘埃。"《留题虎邱方丈壁间》曰："超然积翠拥晴空，此是吴门第一峰。冢上金精腾白虎，池中剑影动苍龙。生公说法台空在，坡老题诗墨尚浓。来日西山游览去，更寻遗迹馆娃宫。"

顾禄曾斥资捐助重修明末清初苏州高士徐枋的祠堂，徐枋祠位于木渎天平山麓的上沙村。在顾禄题写徐枋祠的几首诗以及吴江人赵筠的和诗中，可以较清晰地勾勒出这一经过。兹录顾禄和赵筠的诗歌如下。顾禄的原作及自注有云："水滨祠宇重丹漆，整顿烟霞后廿年。（注：祠先经山民待诏新于嘉庆丙辰，越十三年，戊辰静香录事重葺，迄今又十九年矣。）我慕南州徐孺子，溪毛岁岁荐春前。（注：凡岁除夕，斋中悬先生遗像，肃衣冠拜焉。）""土室蒹葭剩夕阳，风光涧上剧苍凉。还将世外遗民侣，高义千秋共一堂。（注：既奉吴、戴两先生栗主入祠，复拟以南岳大师祔祀。）""七十二峰秋悄然，珍珠坞畔草如烟。东风吹得梅花放，重泛春江载鹤船。（注：先生墓在邓尉珍珠坞，左右皆梅花，时如雪。）""获瞻遗貌有前因，铁笔从教尺幅珍。（注：余复以无逸所藏先生幅巾遗照寿石。）倘向吴中搜往哲，古来忠孝此完人。（注：陶云汀中丞时将葺吴中往哲祠于沧浪亭右。）"赵筠的四首和诗《襄祭先贤徐俟斋先生祠还过吾与庵山民师有诗纪事次韵四首同铁卿明经作》:“瓣香遥祭感年年,此日追陪洵有缘。牧竖樵夫莫轻践,好官谆饬记当前。”“薇蕨高风娩首阳,低徊断涧极悲凉。当年文正曾相访,终古灵岩数草堂。”“缮完初了益巍然,那不诗歌《伐木篇》?从此秋菘复春韭,布帆岁岁放吴船。(注:今秋铁卿捐金重葺。)”“一昔原多佛子因,即今墨宝合伊珍。明朝挂席山祠别,爱护还期世外人。”

顾禄的一生,其主要精力都留意于乡邦文献,并有多种著述,其中最为著名的当数《清嘉录》十二卷和《桐桥倚棹录》十二卷。这两部书分别从时间和空间的维度,详细记载了苏州的文化,前者按照时序系统完整地介绍苏州的节日风俗;后者则以桐桥为中心,向周边地区拓展,介绍虎丘、山塘街周边的山水名胜、宅第园林、古迹市廛、特产美食等。《清嘉录》成为今人了解清代中叶苏州社会历史风貌的重要典籍,自问世以来就受到了诸多名家学者的一致好评。现代著名作家周作人认为："《清嘉录》十二卷这恐怕是顾氏最大的业绩罢了……我们对于岁时土俗为什么很感到兴趣，这原因很简单，就为的是我们这平凡生活里的小小变化。"苏州籍著名历史学家王伯祥在读了《清嘉录》后，作如此评价曰："顾氏此作，读之如谏果回味，历久弥甘。"

顾禄一生勤于著作，除了《清嘉录》和《桐桥倚棹录》之外，还有《颐素堂丛书》十四种十五卷，收录的都是他的自著，包括《雕虫集》《紫荆花院排律》《骈香俪艳》《酒春秋》《看枫约》《壶中揽胜》等，这些著作都显现了顾禄"恃才华，纵情声色"（韦光黻《闻见阐幽录》）的"才子"特质。《（民国）吴县志》在编纂时的采访中，还搜集到顾禄曾著有《省闱日记》一卷，载录于《（民国）吴县志》的《艺文志考》中。据《（顾氏）希冯公坟图》记载，他还同顾震涛一起，为吴门顾氏家族辑录《金阊顾将军祠志》八卷。

顾禄的好友韦光黻、袁学澜分别在《闻见阐幽录》和《重过抱绿渔庄感旧记》中记载了顾禄之死。顾禄因一位陈姓友人的蛊惑，“诱致邪僻”，觊觎“郡中一富族”的财产，通过敲诈的方式，“诬以不轨”。开始的时候，富人想“出金求解”，但是“顾未餍”，“富人讼之官”，最后顾禄“致受杖下狱以没”。时年道光二十三年（1843），顾禄在狱中被杖责而死，终年五十岁。

问：顾禄对苏州节日风俗的考订，基本很清楚明白了，《清嘉录》导读的重点在哪里？

答：《清嘉录》中所引用的典籍、书证，以苏州的方志、典籍和苏州文人以及寓居苏州的文士描写苏州的诗词为主，但在考索梳理某一种风俗的源流时，则会援引《周易》以及三《礼》等儒家经典以及《旧唐书》《新唐书》《梦粱录》《东京梦华录》等史书，在论述中，作者也会参考引用古往今来、天南海北的风俗书籍（诸如《荆楚岁时记》《辇下岁时记》《宛署杂记》等）和描写其他城市风俗的诗词（诸如吴锡麒《新年杂咏》、吴曼云等人描写杭州的风俗诗词），与苏州的风俗来印证，或是和苏州的风俗进行比较，在历时性和共时性的纵横对比中，凸显苏州风土人情之特色。

综上所述，《清嘉录》在叙述解说苏州节令风俗的时候，已经在大量古文献引述的基础上，对各个节日风俗都进行了较为详细的注释，今天，我们似乎没有必要再做过多叠床架屋的重复性工作。因而本次整理、导读，除了对顾禄引文中存在的误、漏等情况做适当的补正之外，我们的重点在于梳理顾禄成书以后至今天的苏州节日风俗的发展和演变。我们不但要重视对历史源头的追溯，更应该对历史文化在今天的传承发展给予更多的关注，这是过去古籍整理、注释工作中很欠缺的，所以我们在导读中比较注重《清嘉录》问世以后，苏州传统节日风俗的后续发展和演变，尤其是进入21世纪的今天，我们在导读中对互联网时代新民俗的出现和发展也给予了一定的篇幅。比如：顾禄时代的压岁钱是红线缠绕铜钱，后来常见的是红喜袋中装入纸币，而现在用电子红包发压岁钱的方式，则是我们这个时代的新年俗。

为了增强本书的可读性，让现代读者在阅读文字的同时有形象的体验感，本书还配合书中的内容，创作了24幅风俗画（每月2幅），由苏州著名画家顾曾平老师担纲。

问：本次整理过程中，在文献方面有没有需要说明的？

答：本次整理，以道光十年庚寅（1830）初刻本为底本，对于明显的误字和错误，不出校记，就在原文中直接改正。如书中所援引《事物纪原》的作者高承是宋代人，但顾禄都误作唐代；书中援引的《万历野获编》作者沈德符皆误作“孙德符”等；其他误字，诸如“侬人”“花侬”，则显系“农人”“花农”之误。

《清嘉录》的这些小的失误，只能算是“智者千虑，偶有一失”而已，毕竟《清嘉录》的重要学术文化价值，早已得到世人的公认，《清嘉录》依然是我们今天了解苏州传统节日风俗最重要的参考书，我们绝不能因一眚而掩其大德。至于顾禄对一些风俗的考订出现较大的偏差，我们在各条目的“导读”中，通过文献的考索也有所指正，详见本书导读部分的内容。

另外，在《清嘉录》原刊本中还有多处涉及避讳的问题。比如书中写到的“圆妙观”就是苏州的著名道观玄妙观。古代在著述时，有避讳的制度。古代的避讳，是体现和维护等级制度的一种做法，但凡说话或写文章时遇到君主或尊亲的名字，不直接说、写，而以音近、意近的别字代替，在书写的时候，也可对本字进行缺笔处理，以示尊重。清代康熙帝名玄烨，清人在著作中时，常把“玄”改写为“元”或“圆”。《清嘉录》中，地名中的“玄墓”写作“元墓”“圆墓”，“玄妙观”写作“元妙观”或“圆妙观”，人名诸如“郁泰玄”写作“郁泰元”，都是因为这一原因。我们本次整理、导读《清嘉录》时，对这些避讳之处，不做改动，特作此补充说明。

【序】

时序之书，昉于《夏小正》及《吕氏·月令》。至李唐时，永兴虞氏《北堂书钞》、渤海欧阳氏《艺文类聚》，为类书嚆矢，虽颇及时令，而犹未大备。近世董氏《类传》出，而终岁典故，始集其成。然未有专指一方风土者也。

吾吴古称荆蛮，自泰伯、虞仲以来，变其旧俗，为声名文物之邦。陆士衡所云“土风清且嘉”者。迄于今，文采风流，为天下冠。然江湖雄阔，川泽沃饶，杂处五方，商贾辐辏，世运迁流，风会不无少靡。吾家铁卿，荟萃群书，自元日至于岁除，凡吴中掌故之可陈、风谣之可采者，莫不按节候而罗列之，名之曰《清嘉录》。洵吾吴未有之书也。

夫千里不同风，百里不同俗。虽时序之在天下，薄海皆同，而一方有一方之风土，人情不可得而强也。吴趋风气，日变益新，如五音之繁会，五色之陆离，其可无纪乎？此书出而行之海内，吾知其不胫而走也。予于是窃有感焉。昔言子子游，游圣人之门，列文学之科，流风渐被，数千百年，天下皆以吾吴为文章渊薮。然文胜则实漓，骛于外而遗其内，非圣人忠信之教也。吴中今日，文亦少胜矣。铁卿之订是书也，其亦有微意也欤！是为叙。道光十年六月朔日，宛山老人承书。

【序】

《礼》:“君子入境而问禁,入国而问俗。”又曰:“礼从宜,使从俗。”古之人欲周知风俗也如此。三代以上,其书不可得而考已。后世舆地之书,大都详及沿革、选举、人物、山川,而间涉于风俗。嗟夫!人各偏处一方,其欲周知之也,不亦难乎?虽闻其能详乎?小阮铁卿明经,以超隽之才,喜著述之事。读书之暇,纂列吴中岁时琐事,凡十二卷。访诸父老,证以前闻,纠缪摘讹,秩然有体。《庄子》谓:“道在蝼蚁,道在尿溺。”夫蝼蚁、尿溺,至微且浊矣,而不嫌每下而愈况。盖天地之至道,贯于日用人事,其传之于世者,皆其可笔之于书者也。昔张勃作《吴录》，陆广微作《吴地记》，范成大作《吴郡志》，王鏊作《姑苏志》，皆以吴人记吴事。今其书虽或佚或存，而其名终不可泯灭。然则铁卿之为此书，其继古人而传之也可必矣。仆居吴，而犹且欣然流览焉。况其为辽绝阔远之人，足迹曾未尝一至者乎？剑峰老人日新序。

例　言

一、余年二十有五，丁母氏忧，闭门却轨，日与父老谈吴趋风土，目之所见，耳之所闻，辄寄诸子墨，以资歌咏，以助剧谈。阅数年，积若干帙，都为十二卷。节取陆士衡《吴趋行》语以名之，览者顾名思义可也。

一、吾乡岁时节物之所陈，市肆好尚之所趋，街谈巷议、农谚山谣，莫不有所祖，特人习焉不察，往往以讹沿讹，斥为齐东野人之说。余搜罗群书数百种，援以为证，案而不断。间有涉疑似之处，则参以管见，特识见未充，援据未确，索瘢指垢，愿俟博雅。

一、采风问俗，纪录宜详。是书凡郡、邑《志》所已载，与夫所不及载、所不能载者，虽琐必登。至于乡风之昔废今传、今废昔传，皆在删增之例。若止行于一隅，未能遍晓者，概从阙如。

一、是书止载郡城三邑岁时土风，与王元美《苏志备遗》统纪一府之例不同。而六邑之《志》仍与郡《志》、三邑《志》互资考证。文尾则采录九邑人之诗词，皆隐寓陈善闭邪之意，以冀世道人心有所裨益。若无关于土俗时趋，属诸怀古之什，俱不采录。其间偶有一、二题缺之者，亦偶有一、二题数首者，既囿于见闻，又隘于篇幅，拟另辑《清嘉录诗词补遗》若干卷，以补此书未备，脱蒙惠读，汇以续刊。

一、吴越本属一家，而风土大略相同，故书中杂引浙俗为最繁，次及辇下，若他省、别府，偶一援之，以证异同而已。

一、岁时无殊，而风土各异。如昔人《梦华》《遗事》诸书所载，各不相同。大抵皆在乡言乡也。顾闭门操觚，终虞舛漏，不贤识小，未免见哂高明。

茶磨山人顾禄铁卿甫识

题　辞（随到随编，不叙爵齿）

吴趋自古说清嘉，土物真堪纪岁华。一种生涯天下绝，虎丘不断四时花。

岁时风土有成书，地纪陈编富五车。今日杀青应更别，风谣绝胜太康初。

一山何桂馨

壤叟辕童写性情，风谣也许颂承平。从今暮雨潇潇曲，不是吴歌第一声。

唱遍《杨枝》又《柘枝》，何须万里采风诗？秋菘春韭寻常品，生在家乡便系思。

篆香蒋赓埙

四时好景从头记，已省识、繁华如此。苏台春色纵无边，谁题遍、月名十二？　　童谣悟彻风人旨，方共羡、文情斐亹。他年试与采輶轩，伫见贵、洛阳名纸。（右调《步蟾宫》）

果泉陆准

算天堂福地，苏台称最。有无边良辰美景，赏心乐事难赛。谁编成《岁华纪丽》，把清嘉旧俗赅载？换到桃符，喧来腊鼓，年光好处供摹绘。才开卷，诗情画本，到眼尽来会。《吴地记》，别开金屑，《海录》同碎。　　羡鸿才，黄门后裔，著述都超群辈。取《荆楚岁时》余例，更仿《东京梦华》类。吮墨晨书，然脂暝写，撷芳寻胜尽补缀。待他日、輶轩旁采，图志说家外。流传遍，拟赋《吴都》，洛下笺贵。（右调《多丽》）

铭人陆伟堂

梧宫花草半莓苔。住苏台，忆苏台，偶把一年好景为安排。生面特开《吴地志》，供摹绘，正连番，风讯催。　　信催，讯催，时漫推，刚雁来，又燕回。记着，记着，记不了、闹杏探梅。已觉金迷纸醉赏心谐。不数《梦华》同《纪丽》，披览处，赋新词，待取裁。（右调《江城梅花引》）

拈花陆宝传

遮眼群书在，谁堪著作林？窗灯沉短焰，檐雨滴愁心。岁月闲中得，光阴卷里寻。极华须返朴，望古意何深。

直抵姑苏咏，先知风俗通。千枝花翦彩，五色线翻绒。腊尾年头转，方言谰语工。黄车如见采，搜讨寓深衷。

小泉蒋如洵

婆心能宛转，风世使还淳。巷议街谈古，山谣农谚真。吴趋传旧俗，要术补《齐民》。别志姑苏体，斑斓节物新。

蠡湄林琛

风土推吴下，嘉名煞忆之。繁华余绮习，惩创采风词。谚语多沿俗，歌谣尽入时。关心天四月，齐唱暖寒诗。

秋枚任辰

事纪春三盛，风吹暮九寒。吉词占岁入，美谶到年残。节物从头数，繁华拭眼看。开编转振触，新样又多端。

竹虚任伟烈

思入才人笔，翻新旧亦妍。胸怀除俗韵，援引富陈编。卷帙留三寸，工夫阅十年。太平真有象，歌舞颂尧天。

默庵侄震涛

目 录

正　月

正　月

二　月

三　月

四月

五月

五月

六月

七　月

八　月

九月

十月

十一月

十二月

十二月

十二月

春之卷

正月

打 春

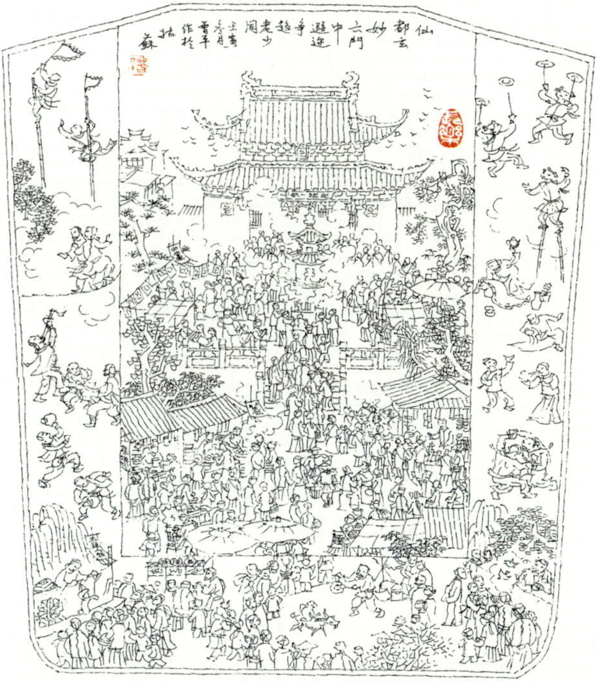

拜 年

导读

农历新春佳节是中国最为重要的节日，在吴地亦是如此，无论是顾禄的《清嘉录》，还是袁学澜的《吴郡岁华纪丽》，对吴地年节风俗的叙述和书写，自然是其重头戏。诚如俗语所说，“腊八过后就是年”，《清嘉录》对苏州年节的书写就始于前一年的腊八，一直持续到农历正月十五前后，持续的时间长达一月有余。

本卷中花费笔墨最多的便是农历新年及过后一段时间内的岁时风俗，

不仅具有较为浓厚的学术气息，更富有生活气息，字里行间无不洋溢着团圆喜庆、欢乐吉祥的节日氛围，极具感染力。这一切，无不得益于清代苏州文人对传统岁时书写体制的创新，即在《荆楚岁时记》以来单纯文献援引和考证的基础上，增加了大量的诗歌作品，用形象生动的文学语言和文学形态，赋予岁时书写以生活的温度、人情的温暖和节日的温馨。

顾禄自己虽然并没有写作很多关于吴地岁时风俗的诗词，但他的《清嘉录》中著录了大量先贤和同时代人所写的苏州节令诗词，与其同时代的蔡云所作《吴歈百绝》，选录尤多，如写吴人正月初五接财神时争先恐后的情状曰：“五日财源五日求，一年心愿一时酬。提防别处迎神早，隔夜匆匆抢路头。”不但极具市井生活情韵，也别有幽默和情趣。《清嘉录》中所选吴曼云的一首诗《压岁钱》，极富童趣，不妨一读："百十钱穿彩线长，分来角枕自收藏。商量爆竹饧箫价，添得娇儿一夜忙。"难怪他的好友何桂馨在为《清嘉录》题诗时要说："吴趋自古说清嘉，土物真堪纪岁华。一种生涯天下绝，虎丘不断四时花。"

在众多的新年习俗中，有些历史悠久，影响深远，历久弥新，直至今天依然盛行于世，为人们所熟知；也有一些风土人情，因为历史的原因或者其他的一些原因，一度在民间消退或消失，在弘扬中华优秀传统文化、保护"非物质文化遗产"的时代背景下，部分得到恢复和传承，赋予了新的时代内涵，逐渐焕发出崭新的生命和活力。对于这两部分的内容，在导读中作必要的补充、梳理和导读，以便读者更好地了解吴地风俗的来龙去脉，特别是《清嘉录》成书以后，吴地风俗、文化的传承与发展。至于其中的一些封建糟粕，本着扬弃的原则，本书就不作过多的注释和导读，读者自当能够理解和领会。

行　春

行春之仪，附郭县官督委坊甲装扮社伙，如观音朝山、昭君出塞、学士登瀛、张仙打弹、西施采莲之类，名色种种。闻国初犹以优伶、官伎为之，今皆乞儿祗应。故事：先立春一日，郡守率僚属，迎春娄门外柳仙堂。鸣驺清路，盛设羽仪，前列社伙，殿以春牛。观者如市，男妇争以手摸春牛，谓占新岁造化。谚云："摸摸春牛脚，赚钱赚得着。"蔡云《吴歈》云："去去娄关有古坊，争看太守迓勾芒。歌童毛女风流歇，端为迎春特地忙。"

案：《汉书》，太守有行春之文。宋高承《事物纪原》:“周公始制立春土牛。盖出土牛以示农耕之早晚。”褚人获《坚瓠集》:“古者,迎春与出土牛,原是二事。迎春以迎阳气,出土牛以送阴气。迎春在立春,出土牛在季冬,与傩同时。合而为一,不知起于何时。”又云:“吴中立春前一日,迎芒神、出土牛。郡人竞观,以铺张美丽,为时和年丰之兆。而留心民事者,亦号召伎女、乐工、梨园、百戏,声歌杂沓,结束鲜明,岁以为常。”长、元、吴《志》皆云:“立春日,迎春东郊,竞看土牛。”《吴县志》并云:“大户皆垂帘门外,妇女艳饰。”前明袁宏道有《迎春歌》,并录于此,以见今昔之殊,歌云:“东风吹暖娄江树,三衢九陌凝烟雾。白马如龙破雪飞,犊车碾水穿香度。铙吹拍拍走烟尘,炫服靓妆十万人。罗额鲜明粉彩胜,社歌缭绕簇芒神。绯衣金带印如斗,前列长官后太守。乌纱新缕汉宫花,青奴跪进屠苏酒。采莲舟上玉作幢，歌童毛女白双双。梨园旧乐三千部，苏州新谱十三腔。假面胡头跳如虎，窄衫绣袴挝大鼓。金蟒缠身神鬼妆，白衣合掌观音舞。观者如山锦相属，杂沓谁分丝与肉？一路香风吹笑声，千里红纱遮醉玉。青莲衫子藕荷裳，透额垂髫淡淡妆。拾得春条夸姊妹，袖来瓜子掷儿郎。急管繁弦又一时，千门杨柳破青枝。独有闭门袁大令，尘拥书床生网丝。”

【导读】

立春作为一年之中的第一个节气，预示着春天的到来，所以古人特别重视迎春的仪式。在立春日迎春的主要仪式和风俗，就是“行春”和“打春”（详见本卷“打春”），为方便起见，我们在此作合并导读。

“行春”和“打春”的风俗，追溯其源头，历史都很悠久。顾禄认为西汉时期已有“行春”之俗，“打春”鞭土牛的风俗更早，源于周公。若细细考究这两项风俗的最初含义，它们存在着细微的差别，清初苏州文人褚人获辨析得比较清楚，他在《坚瓠集》中指出，“行春”“迎春”是迎接春日逐渐升腾的阳气，而“打春”鞭土牛则是在冬天的末尾，表示送走冬日的寒冷和“阴气”。后世将二者合在一起，自有其道理，在立春之日，同时举行这两种仪式，即表示送走严寒，迎接风和日丽的春天。

古时候，“行春”和“打春”的仪式，一般由官府主导。明清时期的北京，皇家是必须参与“行春”和“打春”仪式的。在地方各州府县，也要遵循礼制举行仪式，迎接春天，祈求丰收。宋代孟元老的《东京梦华录》卷六《立春》条中对“行春”和“打春”风俗、仪式的记载较为详细，其中有曰：“立春前一日，开封府进春牛，入禁中鞭春。开封、祥符两县，置春牛于府前。至日绝早，府僚打春，如方州仪。府前左右百姓卖小春牛，往往花装栏坐，上列百戏人物，春幡雪柳，各相献遗。春日，宰执、亲王、百官，皆赐金银幡胜，入贺讫，戴归私第。”明清时期的苏州，在立春之日，天刚亮，“行春”的队伍就从府衙列队出发，差役抬着纸糊的牛，名曰“春牛”，一路吹吹打打，来到苏州城东娄门外的柳仙堂，由苏州知府行香，主礼“行春”。仪式过后，知府回到府衙，当着众人鞭打“春牛”，纸糊的春牛破碎之后，事先安放在牛肚子里的麦、稻、豆等作物散落在地上，百姓纷纷上前争抢，再把捡到的谷物豆子，抛撒到“春牛”的身上，俗称“打春”“投春”。

除此而外，旧时苏州的立春风俗中，还有迎接芒神的仪式。芒神是古人心目中主宰天下草木和百谷生长的神祇，在市面上有出售五色彩纸制作的芒神，百姓会买回家，安放在自家的厅堂中，借此护佑新的一年中，农事生产顺利，五谷丰登。

打　春

立春日，太守集府堂，鞭牛碎之，谓之打春。农民竞以麻、麦、米、豆抛打春牛。里胥以春球相馈贻，预兆丰稔。百姓买芒神、春牛亭子置堂中，云宜田事。蔡云《吴歈》云："春恰轮当六九头，新花巧样赠春球。芒神脚色牢牢记，共诣黄堂看打牛。"

案：《隋书·礼仪志》始有彩仗击牛之文，即后世之打春也。汉、晋以前，无打春之事。孟元老《东京梦华录》："立春日绝早，府僚打春。府前百姓卖小春牛。"吴自牧《梦粱录》："立春日侵晨，郡守率僚佐，以彩仗鞭春。街市以花装栏，坐乘小春牛及春幡、春胜，各相献遗于贵家宅舍，示丰稔之兆。”晁冲之诗：“自惭白发嘲吾老，不上谯楼看打春。”是事虽始于隋，而仪文实备于宋，迄今沿之。

拜 春

立春日为春朝，士庶交相庆贺，谓之拜春。拈粉为丸，祀神、供先，其仪亚于岁朝，埒于冬至。

案：孟元老《东京梦华录》云：“立春日，宰执、亲王、近臣入贺。”吴自牧《梦粱录》云：“立春日，宰臣以下，入朝称贺。”盖立春贺节，本为下之行礼于上，无答拜之理。《昆新合志》云：“立春日，绅士亦贺节，余则否。”

拜　牌

绅士诣圆妙观三清殿，望阙遥贺，一如祝厘之仪，谓之拜牌。礼毕，盛服往来，衙门交庆。

案：明洪文科《语窥古今》载：王官十仪，一曰习仪拜牌。《通典》谓：元旦庆贺，始于高祖。徐崧、张大纯《百城烟水》："圆妙观三清大殿，为郡人习仪、祝厘之所。"

岁朝（忌讳附）

元旦为岁朝，比户悬神轴于堂中，陈设几案，具香蜡，以祈一岁之安。俗忌扫地、乞火、汲水，并针剪。又禁倾秽、瀽粪，讳啜粥及汤茶淘饭。天明未起，戒促唤。男子出门，必迎喜神方位而行。妇女簪松虎、彩胜。男女必曳新衣、洁履，相见则举百果相授受，各道吉利语，谓之开口果子。

案：《尚书大传》：“正旦，为岁之朝，月之朝，日之朝，谓之三朝。”《岁时通考》：“元旦不扫地、不汲水、不乞火。”《昆新合志》：“是日禁扫地、乞火、汲水及针剪。”汪上湖《守岁》诗：

“俗扫隔年地。”

【导读】

“岁朝”这一词语，现在已经很少使用，但在古代的使用频率还是很高的，早在汉代就已使用，古人认为农历正月初一是一年的开始。《后汉书·周磐传》中提道：“岁朝会集诸生，讲论终日。”在这一天，人们举行各种庆祝活动，表达对新年的美好祝愿。古代的文人，还会在新年前绘制专门用于庆祝新年的“岁朝图”，画面上多为寓意美好的花卉等物品，诸如牡丹、水仙、石榴、长春花、梅花、炮仗、灯笼等，“岁朝图”也是中国传统绘画的一大重要题材。在过去的新年的日常生活和活动中，也有很多忌讳，如不吉利的污言秽语等，大家都会互道祝福吉祥之词，这一习俗被承袭至今。至于《清嘉录》中所说的大年初一不扫地、不乞火、不汲水，不动刀、不动针线和剪刀，不准倒垃圾、粪便等污秽之物，忌讳喝粥和汤茶泡饭等，过去的老人也时常提醒晚辈要注意这些传统禁忌。现在虽然还有一些老人在坚持这些传统禁忌，但随着现代居住环境、生活条件的发展，很多传统禁忌存在的物质前提已经不复存在，所以现在都市中的这些禁忌也就越来越少了。

挂喜神

比户悬挂祖先画像，具香蜡、茶果、粉丸、糍糕。肃衣冠，率妻孥以次拜。或三日、五日、十日、上元夜始祭而收者。至戚相贺，或有展拜尊亲遗像者，谓之拜喜神。

案：厉樊榭《可庵遗像记》："古者，人子之于亲亡也，至汉氏以来，乃有画像。虽非古制，实寓生存，遂相沿不能废。宋之先儒，有恐似他人之议，则画手不可不工也。"朱鹿田诗："感旧应添看面人。"《月令事宜》："除夕祭飨，即悬真于家庭，供奉以拜节。"江、震《志》亦以除夕悬祖先画像，至新正初三日，或初五日收者。

金介山云："杭俗谓之神子。"《落灯夜收神子》诗云："若非除夜何能见？才过元宵不可留。"又云："其三、五世合绘一幅者，则曰代图，亦曰三代图、五代图。"

上年坟

携糖、茶、果盒展墓，谓之上年坟。

案：钱塘黄书厓《上年坟》诗云："松柏春逾茂，家家上冢行。纸灰飞蛱蝶，佳节似清明。此祭宁非古，空山亦贺正。食罍分馂后，一担夕阳轻。"盖杭俗上年坟，多以肴馔、楮镪；吴俗则糖、茶、果盒而已。

拜 年

男女以次拜家长毕，主者率卑幼，出谒邻族、戚友，或止遣子弟代贺，谓之拜年。至有终岁不相接者，此时亦互相往拜于门。门首设籍，书姓氏，号为门簿。鲜衣炫路，飞轿生风，静巷幽坊，动成哄市。薄暮至人家者，谓之拜夜节。初十日外，谓之拜灯节。故俗有“有心拜节，寒食未迟”之谑。琳宫梵宇，亦交相贺岁，或粘红纸袋于门以接帖，署曰“接福”，或曰“代僮”。范来宗《拜年》诗云：“走贺纷阗岁籥更，素非识面也关情。添丁夸列怀中刺，过午飞留簿上名。羽士禅师同逐逐，东家西舍尽盈盈。

春明旧梦还能记，驰遍轮蹄内外城。”

案:《艮斋杂记》:“拜年无论识与不识，望门投帖，宾主不相见，登簿而已。”然长、元《志》皆载:“俗尚拜年，有从未识面，互相投帖以多为荣者。此风不行于守礼清门。”

【导读】

拜年是从古至今一直延续不断的过年风俗，古今大致相同，都是亲戚好友之间在春节时相互表达美好祝愿的一种方式。现在通常把相互之间的祝福贺拜，统称为“拜年”，但在旧时，使用这个词是有一定讲究的。晚辈向长辈拜贺新年称为“拜年”，还要磕头施礼；长辈接受晚辈的“拜年”，给晚辈发压岁钱，同时会祝福他们新年顺利吉祥，这不能叫拜年；至于同辈亲友之间互相道贺祝福，一般也不称为“拜年”。过去的拜年通常会亲自登门拜贺，也有让子弟代为庆贺的。

拜年一般集中在正月初一到正月初五，现在也有“拜早年”“拜晚年”的说法。俗话说“过了腊八就是年”，所以人们在腊八节之后走亲访友，也时常会说是“拜早年”；民间谚语有“有心拜年，十五不晚”，在初五之后，元宵之前走访亲友，也可以称之为“拜晚年”。随着现代通信技术，特别是互联网的飞速发展，在新春礼仪电报拜年、电话拜年、短信拜年之后，近年又出现了在社交平台拜年、网络视频拜年等新形式，极大地方便了因种种原因身在异地他乡而不能回家团聚的人们，即便是身居海外的同胞也可以传递跨越重洋的新年问候和祝福。

飞　帖

有遣仆投红单刺至戚若友家者，多不亲往，答拜者亦如之，谓之飞帖。

案：《艮斋杂记》云："拜年之风，有帖到而人不到者，宋时已然，见周密《癸辛杂识》：'沈公子遣仆送刺至吴四文家，取视之，类皆亲故。因醉仆以酒，阴以己帖易之，其仆不知，至各家遍投之，而主人之帖竟不达。'"又周辉《清波杂志》：'至正交贺，多不亲往。有一士人令人持马衔，每至一门，撼数声，而留刺字以表到。有知其诬者，出视之，仆云：适已脱笼矣。脱笼，为京都虚诈闪赚之谚语。吕荥阳公言：

送门状，习以成风，既劳于作伪，且疏拙露见。司马温公在台阁时，不送门状，曰：不诚之事，不可为也。’褚人获《坚瓠集》云：“拜年帖，国初用古简，有称呼。康熙中，则易红单，书某人拜贺。素无往还、道路不揖者，而单亦及之。”《文待诏集》有《拜年》诗云：“不求见面惟通谒，名纸朝来满敝庐。我亦随人投数纸，世情嫌简不嫌虚。”

【导读】

《清嘉录》中提到的“帖”和“刺”，旧称“名帖”，与现代“名片”的功能相似。古人在交往中，非常重视名帖的使用，在给别人送礼、拜贺的同时，还要派人送上自己的名帖，即便自己不亲自前往，也等于是自己亲自前去拜贺了。旧时苏州人“飞帖”拜年的风俗，即可充分感受到古人名帖的重要性远胜于现代的名片。

名帖在明代就已经非常流行，通常是把自己手写的姓名及相关信息等内容雕刻在木板上，再刷印在纸上，清代学者姚元之《竹叶亭杂记》卷七中就记载了明代严嵩当国时使用的名帖，其中有谓："额岳斋司农云：旧闻严嵩当国时，凡质库能得严府持一帖往候者，则献程仪三千两。盖得此一帖，即可免外侮之患。金陵三山街松茂典犹藏此帖，以为古玩。帖写'嵩拜'二字，字体学鲁公（按：颜真卿），大可五寸，纸四边不留余地。乾隆四十五年曾亲见之。"

古代的名帖一般在红色的或梅红色的纸上印上黑字，故又称为"红单刺"。但也有特殊情况，如在丧服守孝期间，名帖则用蓝纸白字。清代乾隆年间的学者汪启淑和杨懋建在各自的著作中都载了一些特殊情况，如："前明门状名纸，皆用白者，通籍后遇元日、贺寿用红。位尊则平时皆用红矣。今时人初入泮尚用白柬，过此全然用红。"（汪启淑《水曹清暇录》）"京城拜客，用三寸红纸，拓木刻姓名……

惟翰林诸公谒前辈，概用白帖子，其余师生衙门，前后辈衙门，俱用红纸大片子，以代全柬。”（杨懋建《京尘杂录》）

开门爆仗

岁朝开门，放爆仗三声，云辟疫疠，谓之开门爆仗。

案：宋高承《事物纪原》云："马钧始制爆仗。"吴俗：纸裹硫磺，曰爆仗。是其名已见元魏。然范石湖《村田乐府》云："截筒五尺煨以薪，当阶击地雷霆吼。"则是时又以竹爆也。今纸者亦谓之竹，如九县《志》皆载"元旦，爆竹三声，然后启户"是也。又云："相传以驱疫疠。"考爆竹辟鬼，其说始于东方朔《神异经》："西方深山中，有人长尺余，犯人则病寒热，名曰山獴。人以竹著火中，熚烞有声，而山獴惊惮。"六朝时已用之岁朝，见宗懔《荆楚岁时记》：“正月一日，鸡鸣而起，先于庭前爆竹，以避山魈恶鬼。”俗有兼用之。除夕者，谓之封门爆仗。张说《守岁》诗：“桃枝堪辟恶，竹爆好惊眠。”薛能《除夜作》：“竹爆和诸邻。”王安石诗：“爆竹声中一岁除。”皆是也。予尝有句云：“乡俗相传惟爆竹，城居那得有山魈？”可为此风解嘲。

【导读】

爆仗，又名爆竹、炮仗，爆竹和烟花都是中国人在节日、喜庆场合增加气氛的重要物品。年初一，是新年的第一天，开门的第一件事情就是要放爆仗，老百姓称之为“开门炮仗”。这一风俗，在南朝宗懔的《荆楚岁时记》中就有明确的记载。爆竹最原始的形态是截成一段段的竹节，丢在火堆里，竹筒在燃烧的过程中会爆炸，发出“噼里啪啦”的炸裂声，故名“爆竹”。魏晋以后，随着黑色炸药的发明，就出现了用纸包裹硫磺等矿物制作而成的爆仗。顾禄引用高承《事物纪原》的说法，认为爆仗是三国时期马钧发明的。但是明代人陈耀文所著《天中记》中的记载则说，把硫磺、硝石、炭等混合装进竹筒中，利用土铳原理，燃爆驱赶鬼魅的新型爆竹，是由初唐时期的袁州府上栗（今属江西萍乡）人李畋发明的。传说李畋用这种方法治好了唐太宗被山鬼迷缠的怪病，朝廷遂封他为“爆竹祖师”。李畋回乡后，把制作爆竹的技艺传授给乡亲。直到今天，江西上栗依然是我国重要的烟花、爆竹的产地，与湖南浏阳等地并称，有“花炮之乡”的美誉。

欢喜团

围炉中烧巨煤墼，曰“欢喜团”。凡岁朝届元宵而止。

案：厉静香《事物异名录》引范成大《雪中送炭与龚养正》诗：“烦君笑领婆欢喜，探借新年五日春。”谓今俗以巨煤墼为欢喜团也。吴谷人祭酒《新年杂咏》小序云：“欢喜团，杵炭屑而范之，上下合成，圆而有匾势，炭墼之巨族也。除夕，取以埋炉，置寝室中，谓之欢喜过年。”诗云：“开炉重得彩，余喜复余欢。火色明通夕，春光聚一团。几人先附热，举室不知寒。笑指青红意，还将儿女看。”注：“俗指小儿女之称意者，亦曰欢喜团。”吴人亦有此口号。

【导读】

煤墼，是用煤或炭制成的块状燃料。古代把大块的煤墼放在围炉中燃烧，从除夕夜或正月初一开始，一直燃烧到元宵节，始终保持不灭，其中的寓意就是希望在新的一年中，在各方面都能如熊熊燃烧的炭火一样，红红火火。这与过去守岁的风俗，让烛火保持从除夕到元日始终不灭，现在灯火通宵明亮的寓意完全一样。二十世纪七八十年代，甚至更早的时候，城市居民使用蜂窝煤球作为生活燃料时，有晚上封煤炉的习惯，特别是在新年期间，要让蜂窝煤在晚上处于最慢速燃烧的状态，以保证炉火通宵不灭。这一做法，可以视为古人春节期间燃“欢喜团”这一习俗的时代变迁。

黄连头叫鸡

献岁，乡农沿门吟卖黄连头、叫鸡，络绎不绝。

案：长、元《志》皆载：“黄连树，村落间俱有，极高大，其苗可食。今乡农于四、五月间摘取其头，以甘草汁腌之，谓小儿食之，可解内热。”吴谷人祭酒《新年杂咏》小序云：“吹鸡，揭竿缚草，以处鸡群，口衔箬管，巡街吹卖，其音曰‘哺哺哺’，故名‘哺哺鸡’，亦名叫鸡。”诗云：“晓日一鸡唱，春风正满闾。居然生羽翼，大要借吹嘘。功岂养成候，声疑伏卵余。儿童能起舞，壮志定何如？”

看风云

农人岁朝晨起看风云，以卜田事。谚云：“岁朝东北，五禾大熟；岁朝西北风，大水害农功。”

案：九县《志》皆载：“元旦风自东南来，则岁大稔，东次之，东北又次之，西则歉。西北有红、黄云则稔，白、黑则歉。”并云：“是日宜阴，有‘岁朝乌六秃，高低田稻一齐熟’之谚。”

秤水

自岁朝至十二日，以瓶汲水，秤其轻重，以卜岁中水旱。

案：王得臣《麈史》："江湖间人常于岁除汲江水秤，与元日又秤，重则大水。"又《研北杂志》："浙西人以正月三日为田本命，秤水，以重为有年。"卢《志》云："自元旦至十二日，当一岁之月，以瓶汲水，准其轻重，重则其月多水，轻则旱。"

新　年

诸丛林各建岁醮，士女游玩琳宫梵宇，或烧香答愿。自此翩翩征逐，无论远近，随意所之。城中圆妙观，尤为游人所争集。卖画张者，聚市于三清殿，乡人争买芒神、春牛图。观内无市鬻之舍，支布幕为庐，晨集暮散，所鬻多糖果、小吃、琐碎玩具，间及什物而已，而橄榄尤为聚处。杂耍诸戏，来自四方，各献所长，以娱游客之目。如立竿百仞，建帜于颠，一人盘空拔帜，如猱之升木，谓之高竿。索上长绳，系两头于梁，举其中央，两人各从一头上，交相度，谓之走索。小儿缘长竿倒立，寻复去手，久之，垂手翻身而下，谓之穿跟斗。长剑直插入喉嗉，谓之吞剑。取所佩刀，令人尽力刺其腹，刀摧腹皤，谓之弄刀。置磁甏于拳，以手空中抓之，令盘旋腰、腹及两腋、两股，瞥起倏落，谓之弄甏。或以磁盆置竿首，两手交换，有时飞盆空际，仍落原竿之上，谓之舞盆。置丈许木于足下，可以超乘，谓之踏高跷。以毯覆地，变化什物，谓之撮戏法。以大碗水覆毯，令隐去，谓之飞水。置五红豆于掌上，令其自去，谓之摘豆。以钱十枚，呼之成五色，谓之大变金钱。两人裸体相扑，谓之掼架子。凤阳人蓄猴，令其自为冠带，并豢犬为猴之乘，能为《磨房》《三战》诸出，俗呼猢狲撮把戏。围布作房，支以一木，五指运三寸傀儡，金鼓喧嗔，词白则用叫颡子，均一人为之，俗呼木人头戏、牵丝戏，仿佛傀儡，手足皆以丝牵运动，故名。穹幕于壁，一人在幕中，作数人问答语，谓之隔壁戏。以扇扑桌，状鸟之鼓翅，继作百鸟之声，皆出自口中，谓之百鸟像声。江宁人造方圆木匣，中缀花树、禽鱼、神怪、秘戏之类，外开圆孔，蒙以五色瑁玳，一目窥之，障小为大，谓之西洋镜。又有洋画者，以显微镜倒影窥之，障浅为深，以画本法西洋故也。江阴人抟五色粉，状诸人物，曰粉人。截紫白竹尺余，上开六孔，吹之，谓之太平箫。以竹簧夹箸置舌间，可吹小曲。竹筒二三寸许，贯以妆域，以线枭之，就地盘旋，引风入窍，作汪汪声，谓之地铃。篾丝糊纸，为蝴蝶、人物之形，风中飞扬，谓之丝鹞。瞽男盲女，击木鱼、铜钹，答唱前朝故事，谓之说因果。摊簧，乃弋腔之变，以琵琶、弦索、胡琴、檀板合动而歌。余如测字、起课、算命、相面，大率江西人，赁居宇下，借以觅食。男女之问灾福者，到处闻膻蚁聚。茶坊、酒肆及小食店，门市如云。窭人装水烟为生者，逢人祇应，以些少钱会赠之。托盘供买食品者，亦所在成市。至城外西园，则掷馒首于放生池，引鼋浮水而食以为乐。妇女暗数罗汉，卜年庚之顺逆。至十六日，然后学子攻书，工人返肆，农人各执其业，谓之新年。范来宗《游观》诗云："仙都元妙六门中，遝迩争趋老少同。大地广场逾鹤市，诸天法相若鳌宫。种桃道士重门杳，卖果儿郎百戏空。何事千人齐引领，香舆裙露石榴红。"又蔡云《吴歈》云："城外西园城内观，趁闲趁闹尽嬉顽。可怜佛宇仙宫好，混却茶炉酒肆间。"又云："弥罗阁阴花爆稀，长生殿边丝鹞飞。冶容少妇入人海，轻薄儿郎惯打围。"

案：冯慕冈《月令广义》："元时，元日于长春宫建醮，岁以为例。"范《志》："岁首即会于佛寺，谓之岁忏。士女阗咽，殆无行路。"长、元《志》皆载："元旦佛寺烧香，礼年忏。"徐崧、张大纯《百城烟水》载："圆妙观，在宫巷北。

创自晋咸宁二年，名真庆道院。至元元贞元年，改赠今额。时左辖朱文清大施舍，观遂甲吴中，基周广五百亩。”又载：“西园，即戒幢律院，在冶坊浜东。徐太仆子、工部溶舍为寺。中有放生池，又五百罗汉殿。”沈朝初《忆江南》词云：“苏州好，到处庆新年。北寺笙歌声似沸，元都士女拥如烟，衣服尽鲜妍。”注：“北寺、圆妙观，为新岁游观地。”今北寺游人已衰，而阊门外闻德桥内朱家庄，仅一广场耳，新年游者麇至，百戏竞陈，货郎蚁集，茶坊、酒肆，妆点一新，且四时无寥落之日。蔡铁翁《吴歈百绝》注云：“新年游玩圆妙观，妇女之容饰妖邪者，游人环集，谓之打围。固由自取，然亦无人禁止之也。”

【导读】

经过一年的辛苦劳累，中国人迎来了最重要的传统节日——农历新年，新年是一个兼具除旧布新、拜神祭祖、祈福辟邪、亲朋团圆、欢庆娱乐和宴饮聚会等诸多文化内涵的第一大节。在过去，新年又称为“春节”“新正”“新春”“元日”“岁旦”“元旦”(与现在公元纪年的元旦名同意不同)等，最为广泛而通俗的叫法则是“过大年”，这一叫法就足以体现中国人对春节的重视程度。春节期间，全国各地都会举行各种隆重的喜庆活动庆祝新春佳节，也有很多传统风俗会在活动得到充分的展现和流传。现在，中国的农历新年，已经成为世界上最有影响力的一大传统节日。2023年12月，第78届联合国大会决定把中国的春节(农历新年)确定为联合国假日。

《清嘉录》中的这一条，就是全面叙写了农历新年期间，苏州丰富多彩的民俗活动，旧时的百姓们会在年前打扫屋宇，用各种具有民俗文化内涵的饰物(包括植物、花卉、画张、灯饰等)把家里装饰一新，自己则换上新衣、新鞋，精神面貌焕然一新。出门走亲访友，拜贺新年，除宴请聚会之外，还会到苏州的闹市区去玩耍，观看丰富多彩的市井百戏、杂耍表演。从《清嘉录》的记载可以看出，清代中叶，“城中圆妙观，尤为游人所争集”，是苏州人在过年时候最喜欢聚集的热闹区域，不仅因为这里市肆、商店众多，而且在年节期间有很多杂耍表演，热闹非凡，自然吸引了百姓前来狂欢。顾禄这里所说的“圆妙观”就是玄妙观，清代为避康熙帝的名讳“玄烨”而改用“元”或“圆”。自清代中叶以还，苏州就流传着“荡观前”之说（或叫“兜观前”），“荡荡观前街，白相玄妙观”，一直以来都是苏州人生活中的重要组成部分。

在顾禄的时代，阊门周边也是一个繁华之地，《红楼梦》中也将这个地区称之为“最是红尘间一二等富贵风流之地”，苏州百姓到阊门、山塘游赏，过新年，也是旧时的常态。《清嘉录》中还说到，苏州百姓在新年期间，到阊门外西园寺进香，同时还有两桩重要的风俗事项，一是“引鼋浮水而食以为乐”，一是“数罗汉，卜年庚之顺逆”。在西园寺的放生池中旧时有放养的斑鳖，苏州人称其为“癞头鼋”，新年进好香之后，去引逗大鼋嬉戏，传说见到大鼋的人会有福气降临，在顾禄的时代就很风行。顾禄所称的“鼋”，是现在世界上最濒危的动物之一——斑鳖。寺内原先存有一对斑鳖，2007年，其中的雄性斑鳖（名唤“方方”）去世后，另一只雌性斑鳖（名唤“圆圆”）已久未现身。“数罗汉”这一新年风俗，在旧时的苏州也很盛，人们进入西园寺的五百罗汉堂中，任选一尊佛像开始计数，数到当下年龄的数字为止，所见到的这尊罗汉像就昭示着新年的命数和运气。

顾禄在本条中还用了一个词语——“画张”，这一用法，现在许多吴地的方言中已经很少见了，但过去在年前，几乎家家户户都要到市肆、店铺中去购买“画张”，张贴在大门或者家里的中堂、房间之内，用来美化家居环境。所谓“画张”，就是各种年画，包括贴在大门上的门神和贴在灶台上的灶王像，还有中堂或房间里贴在墙上的财神爷像和诸如《鱼跃龙门》《富贵满堂》《加官进禄》《八仙庆寿》等可以增添节日喜庆吉祥气氛的各种年画。过去人们在门墙上张贴“画张”，不但能美化布置居室，更主要的则是寄托着人们对幸福美满生活的期盼。

烧十庙香

郡县城隍庙及本里土地诸神祠，男妇修行者，年初皆往烧香，必经历十庙而止，谓之烧十庙香。归必炷香于家堂司命诸神之前，曰回头香。

案：厉樊榭《武林踏灯词》云：“闹蛾丛里斗新妆，去点吴山十庙香。”盖烧年香之俗，不独于吴为然。然吴中所谓十庙者，为苏州卫报赛河神之所，非僧尼、道流修行之地，见钱思元《吴门补乘》。且十庙确有其处，非若世俗之所谓十庙也。城东北隅利四图张香桥一苇庵，即俗称一庙是也。今所存者三耳：六庙在北园，十庙在回龙阁，余俱废。

【导读】

苏州人在新年元正时有烧头香的习俗，在新年第一天到寺庙或道观中敬奉第一炷香，表达对新年的愿景，祝愿家人平安健康，祈求来年事业生意兴盛，这些都无可厚非，但是近年有些做生意的人为了赶在新年中抢到“头香”，以高价拍得古寺名庙的“头香”，这样的做法就不可取了。过去的吴中地区，还有年初一必须进十座庙进香的风俗，这就是《清嘉录》中记载的“烧十庙香”。袁祖志《沪上新正词》中写“烧十庙香”有曰：“城门彻夜不曾关，向晓香车水一般。何时烧完十庙香，往人环绕看云鬟。”袁学澜《姑苏竹枝词》亦云：“合沓红尘沸广场，地铃丝鹞遍朱庄。戒幢律院人稀到，谁点新年十庙香？”诗后自注对苏州人新年烧十庙香的风俗做出解释，说道：“阊门外朱家庄，新年游人聚广场看百戏，竞陈地铃、丝鹞、儿童玩具，喧买成市。西园旧为戒幢律院，为士女新岁游观之地，今至者寥寥。吴俗：岁首烧香，必历十庙乃止，为十庙香。”

其实，所谓到十个寺庙烧香，是百姓对元明时期“十庙”的误解，所谓“十庙”并不是佛教、道教修行的寺庙或宫观，而是苏州卫祭祀河神之所，人们常常祈求水波不兴，天下安澜。早在宋代的时候，苏州古城的每个城门周边都有十庙，顾禄在《清嘉录》案语中已经有明晰的辨证，对此，顾震涛《吴门表隐》记载较顾禄更为清楚，其中有曰：“十庙，明初建于东、西两营卫，官祀河神之所，非僧道修斋之处。又云：宋时各城门皆有之，系粮船公所供奉龙神。今多废为坛基。如娄门一庙改一苇庵，在张香桥西；六庙、九庙，并在唐家巷底。如匠门三庙改三官堂，在仓街南；五庙改五胜堂，在韩家浜；六庙在戴家街；九庙改九莲庵，门外有石狮子，甚灵异；十庙改上慈庵，并在东营。如阊门五庙即五泾庙，下塘；十庙改朱子祠，在卫龙阁。余皆久废无考。”《清嘉录》所记载的十庙是明初所建，位于娄门附近的十庙，到顾禄的时候，也已经残败，所见不全。

山川坛迎喜

大府择立春后丁日，或壬日，喜神正南方，率标下弁卒，各陈队伍，张列兵器，迤逦至山川坛，迎祀喜神，谓之迎喜。俗例：趋观不迭，主一岁之不祥。故男女纷集，争先恐后。东方欲白，平安街南已于于而来。小小茶坊，亦拂拭桌凳，专待观者憩息，土人置食物供买，过午便散，谓之迎喜市。蔡云《吴歈》云："南来喜气远迎将，夹道游人若堵墙。一阵香风笑声起，画楼何处不新妆？"

案：雅《志》云："风、云、雷、雨、境内山川、城隍神坛，在盘门外一都，地隶吴县，盖府治之正南也。迎祀喜神于坛，必扬兵演阵，犹唐制，烟炬为平安火耳。”

状元筹

取科目名色，制筹为局戏。岁夕聚博，以六骰掷之，得状元者为胜，取“及第争先”之谶，谓之状元筹。有无名氏《状元筹乐府》云：“升官图里夸捷径，科甲丛中更争胜。献岁惊闻笑口开，果然夺得状元回。举人进士唾手得，何物秀才不出色？博取功名只如此，安用六经廿一史？一筹莫展者谁子，那不呼卢喝为雉？”又郭麐有诗云：“屠苏饮后明灯灿，夜永宵寒人意倦。长筵试展红氍毹，男女分曹卜如愿。牙筹一握长短排，上有细字书官阶。玲珑骰子数用六，纷纷五色迷人目。就中状元贵无比，入手争看色为喜。无心一掷竟全红，失意终朝或三褫。其余琐细但中程，千佛亦足称名经。只有秀才众所易，了无宠辱关重轻。平生不识樗蒲齿，作戏时时亦聊尔。绕床脱帽或狂呼，当日童心正如此。人间贵贱会适时，柳州序棋言可思。一朝得失异愁喜，朝士未遽贤群儿。而今懒惰厌闻聒，回首年光真电抹。酒醒窗日已曈昽，笑语儿曹莫争夺。”

案：陆放翁诗：“呼卢院落争新岁。”注：“乡俗：岁夕聚博，谓之试年庚。”吴谷人祭酒《新年杂咏》小序云：“状元筹，绯、绿兼行，赢输计箸，闺阁中为消闲之戏。”南宋有状元局，见《芦浦笔记》。又《清异录》有彩局。金金门诗云：“出身须是状头为，谁写功名上竹枝？六子纷投当令节，一乌先兆快书痴。枭卢绕席呼刘裕，仙桂芳年咏牧之。十指淋漓浑异事，笑他矮屋费清思。”

升官图

又以官阶升降为图，亦六骰掷之，取入阁之谶，谓之升官图。有无名氏《升官图乐府》云："一朝官爵一张纸，可行则行止则止。论才论德更论功，特进超升在不同。只有赃私大干律，再犯三犯局中出。纷纷争欲做忠臣，杨左孙周有几人。当日忠臣不惜命，今日升官有捷径。"

案:《谈书录》:"升官图，今谓之百官铎。相传此图乃明倪鸿宝所造。"其实官名虽从时，而图戏则自唐已有。房千里《骰子选格序》云："开成三年春，予自海上北徙，舟行次洞庭之阳，系船野浦下，遇二三子号进士者，以穴骼双双为戏，更投局上，以数多少为进身职官之差。”《笔丛》：“有彩选格，久不传。”据房《序》，则今之升官图，即古之彩选也。王阮亭谓：“彩选始唐李郃，宋尹师鲁踵而为之，刘贡父又取西汉官秩为之，取本传所以升黜之语注其下。其兄原父喜而序之。”蒋春雨《选官图》诗：“近来那便名心淡，眼乱官阶黜陟书。”又厉樊榭词：“选官图外论赢输。”盖图以么为赃，绯为德，六为才，二、三、五为功也。吴谷人诗云：“小绘衣冠队，升阶文武同。周遭成宦迹，呼喝任儿童。捷径三迁里，官情一纸中。清江有题句，识取画图工。”

【导读】

在案语中，顾禄认为，当时流行的状元筹、升官图，其源可追溯到唐宋时期的桌上“图戏”“彩选”。

南北朝、隋唐以来，双陆、长行、汉官仪等桌面对弈游戏成为较为流行的休闲娱乐游戏。双陆，又名双鹿，传自古代的印度，盛行于南北朝、隋唐时期。桌面上铺一特制的棋盘，对弈双方各执十六或十五枚棋子，立于自己的一方，按骰子掷得的数字行走，先走到对方者为胜，和现在的飞行棋相类。长行，由双陆变化而来，盛行于唐朝。唐李肇《国史补》卷下："今之博戏，有长行最盛，其具有局有子，子有黄黑各十五，掷采之骰有二。其法生于握槊，变于双陆。"晚唐温庭筠《南歌子》词中有道："井底点灯深烛伊，共郎长行莫围棋。玲珑骰子安红豆，入骨相思知不知。"

创始于北宋刘攽的"汉官仪"，则更接近后来的状元筹、升官图，赵翼《陔余丛考》卷三十三专列"升官图"一条，以刘氏"汉官仪"为升官图的源头，并详细说明游戏规则，可参阅。状元筹、升官图等桌上游戏盛行于明清时期，是江南人春节期间的主要娱乐活动，不限文人、闺阁，其基本的规则是游戏双方根据骰子颜色所代表的数字，获取对应的游戏筹码或是行棋步数。清人叶名沣在岁暮时节和友人一起以状元筹、升官图和不倒翁为戏，作组诗以咏其事，其咏状元筹曰："竟把科名付采筹，眼前福慧几人修？众中独擅无双誉，万事羞居第二流。任尔狂言惊满座，有时唾手抵封侯。龙门领队浑无据，莫被旁观一网收。"咏升官图曰："委贽相将据坐隅，群才入彀本殊途。世情冷暖轻于纸，仕路升沉尽此图。人物千秋征往鉴，名场片刻识今吾。汉官一卷流传久，羊胄羊头事有无。"（《岁莫戏咏三首友人属赋》）在后一首中有注曰："宋刘攽'汉官仪'，即此图之滥觞也。"

现代流行的飞行棋、"大富翁"之类的桌游，基本游戏规则与古代的这些桌面对弈游戏相近，亦可视为古代双陆、升官图在今天的新变和发展。

年节酒

元旦后，戚若友递相邀饮，至十五日而止，俗称年节酒。范来宗《留客诗》云："登门即去偶登堂，或是知心或远方。柏酒初开排日饮，辛盘速出隔年藏。老饕餍饫情忘倦，大户流连态怕狂。沿习乡风最真率，五侯鲭逊一锅香。"又蔡云《吴歈》云："大年朝过小年朝，春酒春盘互见招。近日款宾仪数简，点茶无复枣花挑。"

案：宋僧道世《法苑珠林》："唐长安风俗，每至元旦已后，递饮酒相邀迎，号传坐酒。"又危致明《岳阳风土记》："岳州自元日献岁，邻里宴饮相庆，至十二日始罢，号曰传坐酒。"《常昭合志》："元旦后，亲朋交宴，谓沿袭屠苏之义。"郡中新年旧俗：点茶飨客，有用诸色果及攒枣为花者，名挑瓣茶，今废。吴谷人祭酒《新年杂咏》小序云："新年，家设酒肴延客，三五行即辞出，亦有尽醉而归者。"顾清诗："茗碗酒杯皆可意，好将新岁作传生。"

【导读】

春节期间，亲朋好友相互拜年、邀客宴饮的风俗一直流传，至今不衰，这是中华民族重视亲情、友情的体现，体现了人情的温度。学者袁学澜在其《吴郡岁华纪丽》和《适园丛稿》中都有对晚清时期苏州年节酒风俗的描写，如其《田家四时诗》有云："儿女邻村竞探亲，红梅插髻布裙新。枣花柏酒留宾住，贺岁人喧满屋春。"诗末自注："新年亲戚聚饮，饤柈、果饵、攒枣为花，名年节酒。"又其《年节酒词》序有云："正月元旦，各上椒酒于家长，称觞介寿以后，日并为酒脯，邻里亲族，递相邀饮，传杯贺节，至十五日始罢。长安风俗谓之传座酒。今吴俗称为年节酒。”其诗曰：“颂椒煎饼元旦后，新年排日宜饮酒。隔岁藏肴出宿储，欢情共洽亲朋友。入座先陈饷客茶，饤盘果饵枣攒花。馎饳同挑七种菜，暖锅鲭合五侯奢。富室珍馐咄嗟办，下箸万钱縻刍豢。余馂分沾获与臧，拇战传钩忘日宴。农家供具尚率真，割鸡翦韭享比邻。竞说去年田稻熟，开怀同醉瓮头春。老饕征逐何知餍？近局招邀无贵贱。唐花红发上元时，试灯更作传柑宴。”“年节酒”之称，仅在苏州、无锡等地的农村或老人口中还偶有提及，但此风俗依然传承有自。

小年朝

初三日为小年朝。不扫地、不乞火、不汲水，与岁朝同。

案:《岁时琐事》:“正月三日为小年朝，仍烧松棚于围炉中。”《远平志》:“正月三日，人多扫积尘于箕，并加敝帚，委诸歧路，以送穷。”然各方风俗不同。吾乡凡除夕、正月二日夜、冬至夜扫地，扫则粪帚不出户，恐如愿在其中也。

【导读】

与正月初五燃放爆竹迎接财神的相仿，有不少地方在正月初五还流行赶“五穷”(“送穷”)的风俗，有的地方在正月初三。此风俗可追溯到唐代，韩愈曾模仿西汉扬雄《逐贫赋》写作了一篇《送穷文》，以戏谑的笔调与“智穷”“学穷”“文穷”“命穷”“交穷”五鬼对话，并在文中说：“凡此五鬼，为吾五患，饥我寒我，兴讹造讪。”所以想要把它们驱赶走。在破五这一天，可以用爆竹驱赶“五穷”。新年禁忌扫地，破五之后，忌讳解除，打扫也就具有扫除“五穷”和一切不吉不祥之物的象征意义。据宋代陈元靓《岁时广记》卷十三记载，送穷之俗，在正月晦日（月末），起源极早，其书记载曰：“颛顼高辛时，宫中生一子，不着完衣，宫中号称穷子。其后正月晦死，宫中葬之，相谓曰：‘今日送穷子。’”后人遂以此日为“正月二十九日为穷九日，扫除屋室尘秽，投之水中，谓之送穷”。

接路头

五日为路头神诞辰，金锣爆竹，牲醴毕陈，以争先为利市，必早起迎之，谓之接路头。蔡云《吴歈》云："五日财源五日求，一年心愿一时酬。提防别处迎神早，隔夜匆匆抢路头。"

案：《无锡县志》："五路神，姓何，名五路。元末御倭寇死，因祀之。"今俗所祀财神曰五路，似与此五路无涉。或曰即陈黄门侍郎先希冯公之五子。当黄门建祠翠微之阳，并祀五侯，见元初《石函小谱》及崇祯间《武陵小史》。明初号五显灵顺庙，曰显聪、显明、显正、显直、显德，姑苏上方山香火尤盛，号为五圣。昆山家瑞屏公锡畴撰《黄门祠碑记》云："公墓在楞伽山侧，子五侯从祀于山之阳。"家行人公陈埗《无益之言》云："尝度仙霞岭，后经一岭，名五显岭。岭有五显庙，极整丽。黄门子孙世居光福，吴郡乃五侯父母之邦，而楞伽俗名上方，尤五侯正首之丘也。妖由人兴，遂淫昏相凭，奸愚互惑。"云云。康熙间，汤文正斌巡抚江苏，毁上方祠不复，正五显为五通之所讹，而祀者皆有禁矣。因更其名曰路头，亦曰财神。予谓今之路头，是五祀中之行神，所谓五路，当是东、西、南、北、中耳。黎里汝秋士亦谓是行神，尝有诗云："人为利所昏，所见无非利。路头古行神，今作财神例。门户与中溜，我乡已废祀。祀灶并祀行，五祀犹存二。粔籹堆满盘，媚灶值廿四。虽等燔柴愚，尚不失祭义。云何年初五，相传路头至。神或临其室，获利亿万计。拜跪肃衣冠，馈献罗酒食。所祷非所司，明神应吐弃。谁欤矫其失？正俗重为祭。供虽异饩羊，爱礼情自挚。有功当报享，尚及猫虎类。况此路头神，司行职攸寄。丈夫志四方，驰驱所有事。要皆邀神庥，明禋敢或替？去其谬悠论，引之合礼意。行神非财神，慎勿紊祈衈。”

【导读】

正月初五迎接财神，在全国很多地方都有这样的风俗，表达了人们对富裕生活的美好愿景。在不同历史时期、不同地域，祭祀的财神也有所不同，民间祭祀的财神有文财神、武财神之别，文财神有比干、范蠡等，武财神则有赵公明、关公等。除此以外，民间还把柴荣、和合二仙、利市仙官、文昌帝君以及元末明初昆山富商沈万三等视为财神。明清时期的江南地区，更多的是把“五圣”视为财神，逐渐形成吴地民间熟知的“五路财神”。

中国古代五行学说认为，五行与五色、五方、五脏、五音、五味等有着对应关系，《周礼·天官》中所记载的“祀五帝”亦体现着这一学说的影响，唐代学者贾公彦疏曰：“五帝者，东方青帝灵威仰，南方赤帝赤熛怒，中央黄帝含枢纽，西方白帝白招拒，北方黑帝汁光纪。”元明以来，江南地区逐渐盛行的“五圣信仰”，显然与古时五方神的祭祀有着一定的文化渊源。

元明清时期，江南地区盛行的“五圣”信仰，流传着各种不同的名称，诸如：“五通”“五显”“五郎”“五魅”“五猖”“五王”等；对于其来历等相关问题也有不同的说法，在古籍中有不同的记载。清代学者赵翼在《陔余丛考》中考辨历史文献后认为：“则五圣之祠，宋已有之。”又谓“五圣、五显、五通，名虽异而实则同”。顾禄在《清嘉录》中，直接否定了《无锡县志》所谓源自元末抗倭名将何五路的说法，提出了源自南朝时期陈代吴中先贤顾野王（顾禄文中“先希冯公”是对顾氏前贤的敬称，顾野王，字希冯）的五个儿子一说。在此之外，顾禄还列出了另一种说法，所谓“显聪、显明、显正、显直、显德”一说，惜未曾言其所本，据卢熊《（洪武）苏州府志》引《祥符图经》有谓：“五通，婺源土神，通贶、通祐、通泽、通惠、通济五侯，盖初封也，后升王爵，冠以‘显’字，遂号五显。其姓字未载。”由此可见，元末明初苏州的“五通”源于婺源土地神。姚宗仪《（万历）常熟县私志·叙祠》中对吴地“五显”的来龙去脉述之更为详细：“五显庙，今废。庙在阜民门内。宏治九年毁。按：神不著姓氏。唐光启中，降建昌邑，民王瑜园威仪如王者，呼瑜曰：‘吾受天命，当食此方，福佑斯民。’言讫，云拥升天矣。自是，大启尔宇庙，号五通。宋理宗封。第一位显聪，昭应灵格广济王；第二位显明，昭烈灵护广佑王；第三位显正，昭顺灵卫广惠王；第四位显直，昭佑灵贶广泽王；第五位显德，昭利灵助广成王。”明清时期苏州人更为普遍的认识，则认为是“深山老魅、山萧木客之类”（明陆粲《庚巳编》卷五），时常会来人间作祟。这些神灵具有很大的神通，能使人大富大贵，亦可使人贫困，时常幻化为人形来到人间。江南百姓为了免患得福，祈求太平，便把这些神灵作为财神来供奉。明清时期苏州文人的著作中时有记载，诸如冯梦龙《智囊全集》和褚人获的《坚瓠集》中，都作此解。

据苏州方志记载，苏州城内的朱家园、西美巷以及东山杨湾村等很多地方都建有祠庙供奉"五通神"，其中影响最大的当属上方山（楞伽山）。"楞伽山鼓乐演唱，日无虚"（清褚人获《坚瓠八集·毁淫祠》），据苏州本地的方志记载，上方山上有"五通神"祠，"起于宋之末，滥觞于明季，家祀而户尸之，以其能祸福人也，故人人惑之，病者之而祷焉。饮之食之，俚语名其山曰肉山，名其湖曰酒海"（《（康熙）吴县志》卷二十九）。在陆粲《庚巳编》的记载中，已经把上方山视为五通神的道场，所谓："城西楞伽山是魅巢窟，山中人言，往往见火炬出没湖中，或见五丈夫拥驺从姬妾入古坟屋下，张乐设宴，就地掷倒，竟夕乃散去以为常。魅多乘人衰厄时作祟，所至移床坏户，阴窃财物，至能出火烧人产。”更有甚者，在一些苏州人家中，还有设有“家堂”，专门供奉，褚人获《坚瓠八集·毁淫祠》就有曰：“苏俗酷尚五通神，供之家堂。”

清代康熙年间，名儒汤斌出任江苏巡抚，把“五通神”作为江南淫祠的典型加以整治，给朝廷上呈《毁淫祠以正人心书》后，便捣毁了上方山的五通神像。《汤子遗书》中，详细记载了这段经历。汤斌问其门人范景道：“闻吴中上方山神最灵，祭赛最盛，起于何时？”范景对曰：“相传是南宋时，沿流到今。灵异之说，皆出乡里之传说耳。”汤斌听闻后，论道：“鬼神福善祸淫，治幽赞化。若来祭享者方免其祸，不来祭享者即降以灾，直与世间贪官行事一般，定是邪鬼，不是正神，吾只是不信。”

雍正十年（1732）、乾隆十三年（1748）、道光四年（1824）、道光十五年（1835）、道光十九年（1839）、光绪三十一年（1905）、民国十七年（1928），地方官员、士绅又多次禁绝、捣毁上方山五通祠。在这样的情形之下，民间的五通信仰之风似乎并未中断，依然十分流行，祠庙屡毁屡建。在这期间，人们用儒家正统所能接纳的“五祀”之名替代了原先的“五通”“五显”。五祀是古代天子、诸侯、士大夫的重要祭祀之礼，在典籍中多有记载，如《礼记·王制》：“天子祭天地，诸侯祭社稷，大夫祭五祀。”郑玄注：“五祀，户、灶、中溜、门、行也。”行神祭祀中有所谓“五路”，即东西南北中，各有“路头”之神。

随着“五通”之名的改变，百姓出于现实功利的心理需求，将原先“五通神”能致人财货的意义加以放大，新命名的“路头神”（“五路财神”）有保护一方平安之意，又有招财进宝这样美好的寓意，自然在民间广为流传，逐渐成为苏州地区正月初五拜财神的主神。“五路财神”的构成，也有许多不同说法，影响较大的是“大五路财神”（“天宫天仙”）：东路财神比干、南路财神柴王爷（柴荣）、西路财神关公、北路财神赵公明、中路财神王亥。明代神魔小说《封神演义》中分别列赵公明及其手下四位部将为“五路财神”，人称“小五路财神”：金龙如意正一龙虎玄坛真君赵公明（中路）、招宝天尊萧升（东路）、纳珍天尊曹宝（西路）、招财使者陈九公（南路）、利市仙官姚少司（北路）。

每年正月初五，苏城百姓都会打开家中门窗，燃香烛、放爆竹，迎接“路头菩萨”，即东西南北中方位的五路财神，其中寓含有“出门五路，皆可得财”之意。早间饮食也有吃路头糕、路头面的讲究，祈求新年之中节节高、路路顺。很多商家都会选择正月初五作为年休之后“开市”（开业）的吉日，以各种喜庆的方式迎接财神，更有甚者还要喝上一口“路头酒”，希望新年财路亨通，财源广进，四通八达，生意顺畅。

袁学澜在其《适园丛稿·吴郡新年杂咏》中有《接

路头行》诗，专咏晚清时期苏州接路头之盛况："连街接巷锣鼓声，新正五日迎财神。铜山金窟致有术，奉祀何惜几筵陈？维神职掌丰盈库，默操八世赢亏数。其间损益秉洪钧，不在区区牲醴具。晚近庸情惯乞恩，富者鼎俎贫盘飧。竭资献媚充祭品，一时圈栅空鸡豚。娼家亦复罗芳席，迎送鸣弦歌按拍。舆台马卒酹盆罇，炷香然烛忙通夕。路间似闻鬼揶揄，横财谁铸三十炉？贫富由来归定命，祷祠未必尽陶朱。"其序可与诗互证："吴俗以正月五日为财神五路诞日，五路本为五祀中之行神，东西南北中耳。先于初四夜祀之，以求财取无往不利也，鸣钲叠鼓，每至达旦，谓之接路头。"近年来，虎丘山塘街、玄妙观、周庄古镇、同里古镇等地逐渐恢复了正月初五接财神、喝路头酒等传统民俗活动，受到了广大市民和外地游客的追捧。

开　市

是日，市估祀神，悬旌返肆，谓之开市。

案：《岁时琐事》："正月五日，俗呼破五日，欲有所作为，必过此五日始行之。"长、元、吴《志》皆云："五日，祀五路神，始开市，以祈利达。"《昆新合志》云："俗呼为烧利市。"

【导读】

春节是中国古代最为重要的节日，在春节期间有很多讲究和禁忌，一般不能轻举妄动，本卷"岁朝"一条中，顾禄就列举了很多苏州人的春节禁忌，诸如"忌扫地、乞火、汲水，并针剪。又禁倾秽、瀽粪，讳啜粥及汤茶淘饭”等。正月初五，年禧基本已过，不再有诸多繁复的禁忌，初五一过，此前诸多禁忌皆可破除，民间遂将正月初五谓之“破五节”。

七人、八谷、九天、十地

俗以七日为人日，八日为谷日，九日为天日，十日为地日。人视此四日之阴晴，占终岁之灾祥。

案：汉东方朔《占书》：“岁后八日，一日鸡，二日犬，三日豕，四日羊，五日牛，六日马，七日人，八日谷。其日晴，所主之物育，阴则灾。”晋议郎董勋《答问》称：“正月一日为鸡，二日为狗，三日为猪，四日为羊，五日为牛，六日为马，七日为人，八日为谷。缕金以相遗，改旧从新之意也。”今人因《占书》有“七人、八谷”之说，遂以“九天、十地”附会之。

【导读】

“七人、八谷、九天、十地”的说法源自汉代东方朔的《占书》,《清嘉录》在注文中已经讲得很清楚。旧时人们会在年初一至初八的几天里，用彩色纸剪出当天对应的动物，放在家中，祈祝家人吉祥安康；或在亲友间相互赠送，互祝新年平安。顾禄生活的时代，这一古老的风俗在苏州还有留存，这个时期苏州的风俗诗人蔡云在其《吴歈》中有曰：“七日为人八日谷，谁祈人寿谷丰登？惯闻九日朝天去，香市穹窿第一层。”正月初七、初八这两天，大家都要把彩色纸剪成人形，剪成五谷，借此来祈求“人寿谷丰登”。而初九则是“天生日”，所以人们要登上苏州最高的穹窿山，在最接近天的地方焚香祭天，于是，农历正月初九的穹窿山上，就形成了热闹非凡的“穹窿香市”。关于初九“天生日”的风俗活动，详见本卷“斋天”条的导读部分。

看参星

八日昏时看参星，占岁中之水旱。谚云：“参星参在月背上，鲤鱼跳在镬橛上。参星参在月口里，种田种在石臼里。”人又以是日参星之隐见，卜上元日晴雨。谚云：“上八不见参星，月半不见华灯。”

案：卢《志》：“吴俗以正月八日为上八，以参星卜一岁之水旱。逮夜，则老稚聚观，过月西则旱，否则多水。”《昆新合志》并云：“初八夜，参星在月西北角上，则主大稔。”《岁时通考》：“正月八日为上八，谓是日雨，应元宵亦雨。”

斋　天

九日为玉皇诞辰，元妙观道侣设道场于弥罗宝阁，名曰斋天，酬愿者骈集。或有赴穹窿上真观烧香者。蔡云《吴歈》云："七日为人八日谷，谁祈人寿谷丰登？惯闻九日朝天去，香市穹窿第一层。"

案：《昆新合志》："初九日为天诞，清真观道侣架阁于庭，设醮祀玉帝，俗名斋天。观者如堵。"《昭文县志》："九日为天日，兴福寺僧斋天，邑人多早起往观。"考吴自牧《梦粱录》："正月初九日为玉皇上帝诞，杭城中行香诸富室，咸就承天观阁上建会。"又《道经》："正月九日为玉皇诞”；然《广月令》以十月朔为天诞节，未知孰是？徐崧、张大纯《百城烟水》云：“穹窿山，以山深而峻，故名。相传汉初平中，建上真观，祀三茅真君。岁久观废。国朝顺治七年，施法师道渊兴建殿堂台阁，遂成巨构。十五年，张真人洪任题请赐今额，有太傅金之俊记。”

【导读】

上古时代，原始先民认为天地日月以及风雨阴晴等自然现象充满着神秘感，因此十分敬畏，所以原始宗教中就出现了掌管、支配自然变化和人间祸福、生死吉凶的神灵，在《尚书》《左传》等儒家经典中就有“皇天”“昊天”“天帝”等称呼。随着道教的发展，“天帝”崇拜日渐盛行，南朝时期，著名的道士陶弘景在《真灵位业图》中已有“玉皇道君”“高上玉帝”等称呼，后世流传最广的称呼是“玉皇大帝”。玉皇大帝在道教中被认为是众神之王，他主宰宇宙，统领天地，造化万物，济度众生，是天界至尊之神，在中国民间的影响极大，民间将其视为天上的“皇帝”，万神世界的最高统治者。隋唐时期，“玉皇”崇拜成为社会的普遍信仰，白居易《梦仙》诗中有谓：“仰谒玉皇帝，稽首前至诚。”元稹《以州宅夸乐天》诗亦有“我是玉皇香案吏”的诗句。

在民间传说中，正月初九是玉皇大帝的诞辰，每逢这一天，道教宫观都会举行隆重的祭天仪式，祈求风调雨顺、五谷丰登、平安幸福。明代学者黄道周《月令明义》有记载曰：“正月初一日，天神地祇朝三清玉帝；初九日，玉皇大帝圣诞。”明代学者王逵《蠡海集》也有相同的记载：“玉帝生于正月初九日者，阳数始于一，而极于九，原始要终也。”所以，正月初九在民间又有“天公生日”“天生日”“玉皇会”等别称。顾禄记载的玄妙观、上真观、清真观都是苏州地区著名的道观，这一风俗在旧时影响很大，以至诸如常熟的千年古刹兴福寺也会在正月初九举行斋天仪式，“正月初九日为天生日，兴福寺僧斋天，邑人多早起往观之”（邓琳《（道光）虞乡志略》卷八《风俗》）。旧时，苏州地区的老百姓，也会在家中庭院、天井等地设置露天的祭台，斋碗中装满各种祭品，用香烛、鲜花等斋天，祈求福报，寄托祛邪、避灾、祈福等美好愿望。

吴地俗语中有谓：“七不出，八不归，上九办事。”所谓“七不出”是指一家之主出远门前，必须要为家中准备好充足的“柴、米、油、盐、酱、醋、茶”这七种生活必需品；所谓“八不归”，是指外出做事时恪守“孝、悌、忠、信、礼、义、廉、耻”八字，方才能够风风光光地回乡。但江南民间百姓一般多理解为：正月初七不出门远行，外出远行者初八不归家。至于“上九办事”，则与正月初九斋天的习俗有关，民间所谓“上九办事一大堆”，就是指在玉皇大帝生日那天人们会敬天公，因此在这天办事，会受到玉帝的庇佑，事情往往会处理得很顺利。

正月初九也是吴泰伯的生辰，所以，在江南的许多地方，会在这一天举行隆重的泰伯庙会。泰伯（太伯）是商朝末年周部落首领公亶父的长子，其父传位于弟弟季历及其子姬昌，泰伯和二弟仲雍让贤，“奔荆蛮”，迁居到江南，“自号勾吴”；教授江南百姓先进的农耕技术，带领百姓兴修水利，发展农桑，“荆蛮义之，从而归之千余家，立为吴太伯”（《史记·吴太伯世家》）；为吴地社会、经济、文化的发展做出了巨大的贡献，被后世尊为吴文化的鼻祖。泰伯去世后，江南许多地方都建有泰伯庙（苏州许多泰伯庙也称为“让王庙”），以祭祀这位吴地文化的先祖。每年正月初九，无锡梅村、苏州阊门下塘等地的泰伯庙会有当地的百姓自发前来祭拜，以进献牺牲、衣袍、香烛、鲜花、食物、帛塔、茶酒等各种贡品，缅怀泰伯发祥江南文化的丰功伟绩。正月初九当天，在泰伯庙周边，还形成了一年一度规模盛大的“泰伯庙会”。近三千年来，这一风俗历久不废，“泰伯庙会”

现已被列入国家级非物质文化遗产名录。

苏州在冬至祭祖的时候，把泰伯作为吴地先祖来祭拜，“明洪武二年，改封吴太伯之神，定春秋二祭”(《(康熙)吴县志》卷二十七)。一度中断的冬至祭拜泰伯的风俗，在2017年冬至重新恢复，在苏州阊门下塘的泰伯庙举行了隆重的贺冬祭祖大典，祭祀典礼以恭读《冬至祭祀吴文化始祖泰伯文》和《颂泰伯》开始。苏州的不少地名，诸如泰让桥等，都与泰伯有着深厚的渊源。在苏州的不少地方，把泰伯视为当地的社神，护佑一方平安。

祭猛将

十三日，官府致祭刘猛将军之辰，游人骈集于吉祥庵。庵中燃铜烛二，大如栝棬，半月始灭，俗呼大蜡烛。相传，神能驱蝗，天旱祷雨辄应，为福畎亩，故乡人酬答尤为心愫。前后数日，各乡村民击牲献醴，抬像游街，以赛猛将之神，谓之待猛将。穹窿山一带农人，舁猛将奔走如飞，倾跌为乐，不为慢亵，名曰趏猛将。余尝作《神弦曲》云："扬旌旄，陈卤簿，焚旃檀，伐鼍鼓。三农竭脂膏，不惜脱布袴。但愿明神喜，生恐明神怒。借问此何神？尔农独畏怖。农云刘猛将，所司非细故。神怒蝗虫飞，神喜甘雨澍。斯神实有功，田祖同呵护。报赛亦人情，胡为乎中路？灾祥在一心，尔农宁不悟。”

案：《嘉定县志》：刘猛将，作刘猛将军。旧《府志》云：“相传神能驱蝗。”《吴县志》：“景定间，因瓦塔而创，初名扬威侯，加封吉祥王，故庙名吉祥庵。”《怡庵杂录》以为宋名将刘武穆锜，王鏊《姑苏志》及《常熟县志》亦皆以为刘武穆锜，俗称节使永定公刘真君庙。而《姑苏志》又云：“猛将名锐，乃锜之弟。尝为先锋，陷敌前。”及考《宋史·刘锜传》有侄曰汜，无弟锐之名。朱长孺谓：“古名将往往阖门戮力，子弟之功，归之父兄，姓名隐没，盖多有之。”不得以《宋史》不载，遂谓必无其人。且绍兴之年，帝驻平江，锜以江东路副总管提举宿卫亲军，并将解潜、王彦两军为六军，每军千人，为十二将，扈从赴金陵。安知其弟不以是时立功兹土，没而歆其庙食耶？冯班《题扬威侯庙》诗注云："庙祀宋将刘信叔。"信叔，似是其字。又《宋史》自有刘锐，端平三年知文州，死元兵难，诏立庙赐谥，疑即此神。然文州今陕西文县，则又与吴地无涉。今俗作刘韐，韐字仲偃，宋钦宗时以资政殿学士使金营，不屈死。为神固宜，但又不宜祀于吾地。则以刘武穆锜，或其弟锐为近是。江、震《志》："元旦，坊巷乡村各为天曹神会，以赛猛将之神谓神能驱蝗，故奉之。会各杂集老少为隶卒，鸣金击鼓，列队张盖，遍走城市。富家施以钱粟，至二十日，或十五日罢。吴人事之甚严，累著灵异。国朝雍正十二年，诏有司，岁冬至后第三戊日及正月十三日致祭。"《府志》载："刘猛将军庙有五：一在阊门外江村桥西，一在盘门营内，一在横塘，一在洞庭山杨湾，其在中街路宋仙洲巷者，俗称大猛将堂，即吉祥庵也。"吴县旧

《志》:“十三日,诣吉祥庵,谒刘猛将,燃巨烛如栝棬,至半月始灭。”《类篇》:“ 趚趣,走急貌。” 丁度《集韵》:“趣,作答切,音市。” 吴语谓急走曰趣,读如血音。

【导读】

猛将崇拜和祭猛将的风俗在苏州太湖周边的乡村极为盛行,追溯其源,大约在宋元时期已经较为流行。综合历史典籍、苏州方志以及民间传说,有多种不同的说法,顾禄《清嘉录》正文及案语,记载已经较为明确,清代顾震涛《吴门表隐》可与之相应,且条理更清,其中有谓:“瓦塔,在宋仙洲巷吉祥庵,宋景定间建,即大猛将堂。神姓刘,名锐,端平三年(1236)知文州,死元兵难。亦作刘武穆锜,冯班作刘信叔,又作刘韐,又作南唐刘仁瞻。有‘吉祥上义中天王’之封,旁列八蜡。神像左庑有神姓顾,称管烛司。岁腊日及正月十三日,大府率属致祭。

一在江村桥西，一在六直（按：即角直）西美桥北，一在盘门营内，一在横塘，一在洞庭山杨湾，一在石匠巷北，一在卢师桥南，一在三条桥堍，其在穹窿坞者尤显应。村民舁像如飞，倾跌为敬，名曰趆猛将。此外，士民尸祝闾巷，咸塑像祀之。夏秋之交，村民赛祀，名曰青苗会。其封神敕命碑在灵岩山前丰盈庄，宋景定四年二月正书。”

顾禄、顾震涛书中关于刘猛将的来源，冯桂芬等所编纂的《（同治）苏州府志》卷三十六《坛庙祠宇》中提出质疑，并指出灵岩山前丰盈庄的宋代封神敕书也是好事者所伪造的，其考证之文曰：“刘猛将军庙，在太阳宫东，地隶长洲县，旧在中街路宋仙洲巷。宋景定间建。前《志》云：‘相传：神姓刘，名锐，即宋名将刘锜之弟，殁而为神。’《怡庵杂录》则云：‘宋景定间，封刘锜为扬威侯天曹猛将之神，竟以刘锜为猛将。’今考《畿辅通志》，刘猛将军，名承忠，广东吴川县人，元末官指挥江淮蝗旱督兵逐捕。后因元亡自沉于河，土人祀之。《会典》云：雍正二年，奉旨祭刘承忠于各省府州县，神能驱蝗，世称刘猛将军。据此，则神当为刘承忠，非刘锜兄弟也。今灵岩山盈丰庄，有宋景定二年封猛将神敕，亦系好事者伪撰，不足凭。又考《松江府志》引王阮亭说，以刘猛将军为宋刘漫堂，则更矫诬不足信矣。"

苏州地区的猛将祭祀，一度盛况空前，城里城外的猛将庙远不止顾震涛和顾禄所记载的那些，不胜枚举，冯桂芬《（同治）苏州府志》卷三十六有谓："猛将今为乡村祭赛之神，村落间到处有庙，不尽载。"以洞庭东山为例，几乎村村都有猛将庙，甚至有的村里还有数座猛将庙，如杨湾古村，庙中张贴有《刘猛将史记》，记载与《清嘉录》《吴门表隐》不同，采用《（同治）苏州府志》的说法，其文曰："据记载：元朝末年，当地大闹蝗灾，作物严重受损，饿殍遍地，民不聊生。当时，人民因受封建迷信毒害，认为蝗虫是神虫，不可捕杀，只好听天由命。元朝军官刘承忠，带头反对封建迷信，率领本部官兵，并动员人民一起扑灭蝗虫，因而受到百姓爱戴，称他为刘猛将军，后人为了纪念他为民除蝗的功德，塑像立庙，让人们供奉，并谓刘王老爷。东山人称刘承忠为‘刘猛将’。因神能驱蝗，非常信奉。村村有猛将供奉神像。与异地他处有所不同。他处猛将神像威猛有须，面目严峻，无敢触犯。而东山之猛将神像，年少英俊，面目清秀，和悦可亲。相传神之外婆家是东山，幼年遭继母虐待，额头系红布是受苦跌扑所致。可其外婆爱护尤加，即常住东山，对东山极为眷恋。故儿童爬其像身戏玩亦无所忌。而他处不然，如触犯神怒，得由东山人在神像前一言，才可解。旧时东后山有七尊神像，其上杨湾猛将堂中，有宋时敕文。清康熙十二年浙土遭蝗灾，祈求神驱之，才纤草不伤。清雍正二年，有旨祭刘承忠于各省府州县，且载入《大清会典》。清同治皇帝为刘承忠功绩所感，敕赐一匾，加封刘承忠为普佑上天王，每年清明前后及八月十四有两期庙会。刘承忠在历史上是一位被当地群众敬仰和爱戴的有功之臣，为了纪念他的功德，故在旧址上修建刘公堂，以志怀念。”

新中国成立后，吴地抬猛将、祭祀猛将的风俗一度中断，近年来又逐渐得到了恢复，且有日渐兴起之风，当代学者赵世瑜《猛将还乡：洞庭东山的新江南史》一书，对现代苏州洞庭东山的抬猛将、祭祀猛将的历史沿革、发展和当下的发展态势及其文化内涵有过详细充分的论述，具有重要的参考价值。

点灶灯

十三夜，悬点灶灯于厨下，凡五夜，至十八夜止。

案：《昆新合志》：“上元挂点灶灯，凡三夜。郡城始于十三夜，曰试灯；止于十八夜，曰收灯。”徐崧、张大纯《百城烟水》云：“吴俗十三日为试灯日，十八日为收灯日。”

爆孛娄

乡农以糯谷入焦釜，老幼各占一粒，曰爆孛娄，谓卜流年之休咎。

案：范成大《吴郡志》、王鏊《姑苏志》、张司直《太仓州志》皆云："吴俗以糯谷爆花，曰孛娄。"《府志》亦云。《姑苏志》又云："糯谷投焦釜，曰卜流，言卜流年也。"然不详何日。江、震《志》载："十三日，以糯谷投焦釜，作米花，谓之爆孛娄。老幼各占一粒，以卜终岁之休咎。"《昆新合志》载："十四日，以糯谷爆釜中，名孛娄，谓卜流年休咎也。"《常昭合志载》："上元日，以糯谷投焦釜，曰卜流。"互有不同。李戒庵《孛娄》诗云："东入吴城十万家，家家爆谷卜年华。就锅抛下黄金粟，转手翻成白玉花。红粉佳人占喜事，白头老叟问生涯。晓来妆饰诸儿女，数点梅花插鬓斜。"

【导读】

所谓孛娄是用大米制作而成的爆米花，早在范成大的诗歌和著作《吴郡志》里都有记载，其诗："撚粉团栾意，熬稃膈膊声。"在诗歌的自注里，范成大解释道："炒糯谷以卜，俗名孛娄，北人号糯米花。""膈膊"与"孛娄"，都是象声词，是米粒在加热的锅中爆开时发出的声音。旧时吴地有童谣唱道："炒蚕豆，炒黄豆，孛娄孛娄翻跟头。"有的版本唱为："炒蚕豆，炒黄豆，哔裂剥落翻跟头。""哔裂剥落"在现在的吴语方言中依然还经常使用。

范成大和《清嘉录》中说爆孛娄是用来占卜的，但在旧时过年前，几乎家家户户都会炒制炒米（"孛娄”），用来制作米花糖等食物，在春节期间品尝。过去在年底时分，有的人会在自己家里炒炒米，也有的是由多户人家一起，请专门从事炒米加工的人，上门集中炒制，只要按锅支付一定的加工费即可。制作炒米的大米，一般是糯米，也有用粳米的。粳米在淘洗沥干水分之后，就可以直接入锅炒。如果用糯米做炒米的话，事先要将糯米煮熟，晒干，揉搓成一粒粒的糯米饭粒，然后才可以炒制。在大米入锅之前，需要先把铁锅烧热，在锅里放几勺食用油，再加入淘洗干净的细砂，先把细砂翻炒均匀，直到细砂冒出青烟，待烟散尽后，即可将大米入锅中，大铲刀在锅中快速翻动大米，随着米粒在锅中发出“哔裂剥落”“膈膊”“孛娄”的爆裂声，炒熟的大米香气四溢。最后把混合着细砂的熟炒米倒入细网眼的钢丝网筛中，将炒米和细砂分开，一锅香喷喷的炒米就出锅了。过去的人们在过年前也会用这种方式炒制蚕豆、黄豆、花生等干货，这样炒制出来的成品酥脆清香，也很受欢迎。

这样炒制出来的炒米，等冷却之后，就装入密闭的陶罐中存放，以防止受潮。炒米可以直接作为零食来吃，也可以制作成米花糖（炒米糕）、糖水泡炒米等。江南地区的炒米糕，是用熬化的饴糖混合着炒米，也可以加入熟芝麻、熟花生、熟黄豆等，在热锅中混合均匀，再用模具压制成平整紧实的大米块，看好时机，用锋利的菜刀迅速切成小块。切糕必须要等到大米糕块半硬半软的时候，太软的时候切则不易成型，太硬的时候切则容易切碎，使用的刀具也一定要锋利，且切糕的动作要迅速，因而过去制作炒米糕，需要制作者有一定的经验。过去的江南农村，用沸水冲泡炒米，加上一小勺白糖，就可以作为家常的早餐或午餐。如果在泡炒米中加上两三个水潽蛋，加入红糖，那就是接待亲友和贵客的重要礼遇了。家中如果有产妇或病人，也会用鸡蛋泡炒米作为调补身体的食物。

现代都市中流行的膨化食品——爆米花，虽然源自国外，使用的原料不是大米，而是玉米，但其制作原理和方法与中国古代的“孛娄”大同小异。中国传统的炒米与爆玉米花在制作过程中，有一点都非常重要，就是必须要在制作过程中加入一定的食用油，以促进食材的爆裂、开花。

春　饼

春前一月，市上已插标供买春饼。居人相馈贶，卖者自署其标曰“应时春饼”。蒋耀宗、范来宗《咏春饼联句》云：“十字琼肌贵（蒋），吴侬制不同。易教厨婢习（范），难语饼师功。旧典堪征数（蒋），新尝岂画充？匀平霜雪白（范），熨贴火炉红。薄本裁圆月（蒋），柔还卷细筒。纷藏丝缕缕（范），馋嚼味融融。令节传柑候（蒋），明灯促席中。登盘争觉美（范），下箸辄能空。触手书防涴（蒋），抽毫赋孰工？酒停枵腹果（范），茗佐渴喉通。风物家园好（蒋），春筵岁事丰。红绫怀昔赐（范），牙齿已成翁。（蒋）”

案：孙国敉《燕都游览志》：“立春日，于午门赐百官春饼。”陈迦陵词：“争觅取，金盘咬。”注：“立春日，啖春饼，谓之咬春。”《四时宝镜》：“立春日，春饼、生菜，号春盘。”《府志》亦以迎春日啖春饼。又江、震《志》：“宴集以春饼为上供，谓即古五辛盘遗意。”吴谷人祭酒《咏春饼》诗云：“荐新群爱样团栾，复迭如堆月一盘。次第咬春宜酒配，纵横映字趁灯看。记逢人日煎曾约，莫信吾家说不刊。回首红绫飘昨梦，茅檐无恙且加餐。”

【导读】

立春是二十四节气之首，在节气上意味着进入了风和日暖、万物复苏的春天，在这一天，有“吃春盘”“咬春”的习俗，表达人们喜迎春天，期盼丰收的心情。

“春盘”，在晋朝被称为“五辛盘”，用大蒜、小蒜、葱、韭等五种有辛辣味的蔬菜汇聚在食盘之中，在亲友间相互馈赠，一起享用，这一风俗被称为“咬春”。辛辣味的食物有生发的功效，在立春或春节时候食用，可以起到发五脏之气、杀菌驱寒等作用，晋人周处在《风土记》中就有谓：“元日造五辛盘。”注有曰：“五辛，所以发五藏之气，即大蒜、小蒜、韭菜、云苔、胡荽是也。”而“辛”又谐“新”的读音，也有辞旧迎新、纳福迎春的寓意。“五辛盘”的风俗在后世一直延续，明代药学家李时珍在《本草纲目》中也有记载，说：“五辛菜，乃元旦、立春，以葱、蒜、韭、蓼、蒿、芥辛嫩之菜，杂和食之，取迎新之意。杜甫诗所谓：‘春日春盘细生菜’是矣。……气味辛温，无毒。主治岁朝，食之助发五脏气。常食温中去恶气，消食下气。”后来的食材不限于五辛，萝卜、芹菜、藕等新鲜蔬菜切成细丝，也都可以入馔，明清以后，食材的丰富达到了极致，据清代的《北平风俗类征》记载，富家制作的春饼中，还有“酱、熏及炉烧、盐腌各肉”以及菠菜、韭菜、豆芽菜、干粉、鸡蛋等各色炒菜，“以面粉烙薄饼，卷而食之”。后来流行的“春饼”就是在“春盘”这一形式基础上的衍生，用熟的薄面饼包裹所有的食材，作为应节应季的美食。春饼不仅是民间百姓立春时节的美食日，皇家也会把春饼作为赏赐群臣的节日美食，明代俞汝楫编纂的《礼部志稿》卷三十九就专列条目，记载永乐帝在立春日赏赐群臣的筵席，其中都有春饼：“永乐间，上桌按酒四般，春饼二楪，菜四色，汤二椀，酒三锺。中合桌按酒四般，春饼二楪，菜四色，汤三椀，酒六钟。”

在春饼的基础上，又出现了油炸的春饼，这就是现在江南地区特别盛行的春卷。元代的《居家必用事类全集》中记载的“卷煎饼”，与现在流行的油炸春卷基本相同：“摊薄煎饼，以胡桃仁、松仁、桃仁、榛仁、嫩莲肉、干柿、熟藕、银杏、熟栗子、榄仁，以上除栗黄片切外，皆细切，用蜜、糖霜和，加碎羊肉、姜末、盐、葱调和作馅，卷入煎饼，油焯过。”虽然，尚未明确称为“春卷”，但应该是春卷这一美食较早的记载。在清代，“春卷”一名在各种文献中已经经常出现，尤其是在《御膳单》中多次出现“炸春卷”这一道点心。清代烹饪名著《调鼎集》中记载的油炸春卷的做法，有甜、咸两种口味，与今天的做法完全一样：“干面皮加包火腿肉、鸡等物，或四季时菜心，油炸供客。”今天，春卷已经成为江南人常见的点心，尤其是春节期间，是一道必吃的家常小点。

圆子、油䭔

上元，市人簇米粉为丸，曰圆子；用粉下酵裹馅，制如饼式，油煎，曰油䭔。为居民祀神、享先节物。

案：江、震《志》："元夕会饮，以米粉作丸子、油䭔之属食之。"盖始于永乐十年元夕，以糖圆、油饼为节食，岁以为常，见《皇明通纪》。厉静香《事物异名录》引《表异录》载："宇文护置毒糖䭔，谓今之元宵子。"周必大有《元宵浮圆子》诗："时节三吴重，圆匀万里同。"又范成大《上元记吴下节物》"捻粉团栾意"，即今之圆子也。吴匏庵《粉丸诗》："既饱有人频咳唾，席间往往落珠玑。”杭人谓之上灯圆子。《正字通》呼蒸饼为馇，俗以油煎为馇，亦通。

【导读】

吃圆子（现在多称为“元宵”“汤圆”）和赏花灯，是许多现代人眼中元宵节最具有代表性的风俗。元宵节吃圆子的风俗要比花灯晚，但并非如顾禄所说的始于明代永乐十年（1412）。周必大《元宵浮圆子》诗描写的就是南宋时期元宵节吃圆子的风俗，范成大诗中所谓“捻粉团栾意”，就是后来的圆子，是用米粉揉捏而成的。据此可知，元宵吃圆子的风俗最晚应始于宋代，在宋代人的记载中，当时的圆子又称为“浮圆子”“圆子”“元子”“糖元”等。

后世直至现代，南、北方各地都有元宵节吃圆子的习俗。只是南北方在圆子的制作和叫法上存在较大的差异。以江浙为代表的南方地区，把有馅料的叫“团子”或“汤团”，没有馅料的叫作“圆子”或

“汤圆”，一般采用揉捏、包制和搓圆等手法进行制作。当然现在很多南方的年轻人也时常混淆不清，常常出现混用的情况。在北方，团子和圆子的区分并没有那么清楚，而且基本上采用的“滚制法”，在搓成团的馅料表面沾上水，放在盛满糯米粉的箩或匾中，不断滚动，边滚动边洒水，最后制作成型。滚动法这一制作方法，需要馅料具有较好的黏性，芝麻、花生等适合做成甜口的馅料，遂成为北方人的首选。南方的汤团采用包制的方法，馅料的选择就比较多，也不拘甜咸，鲜肉汤团、萝卜丝汤团和甜口的芝麻汤团、花生汤圆都是南方的喜好。近些年网络上出现的元宵的甜咸之争，背后与南北方不同的制作方法有着一定的关系。

馇，南朝时期吴人顾野王在《玉篇·食部》中有谓：“蜀人呼蒸饼为馇。”唐人书法家颜真卿曾任浙江湖州刺史，和好友释皎然、李崿等人联句，在描写江南美食时，就写到了油馇，几位文人共同留下了这样的诗句："拈馅舐指不知休，欲炙侍立涎交流。过屠大嚼岂知羞？食店门外强淹留。"（《七言馋语联句》）现在，紧邻湖州，位于江浙交界处的苏州黎里古镇，就有一道美味小吃——油墩，与颜真卿诗歌和《清嘉录》中所记载、描写的油馅很相似。古镇上比较地道的做法是，用和水揉匀的糯米粉团，包入咸肉酱、豆沙等馅料，油煎而成，色泽金黄，外酥里糯，深受当地人和游客的追捧。苏州山塘街上也有一家老字号——荣阳楼，出品的油氽团子，与油馅也有异曲同工之妙，在苏州口碑极好。而江南大街小巷四处皆有售卖，也是最具烟火气民间小吃——萝卜丝饼，也颇有旧时油馅的遗风。唯独不同的是，油墩、油氽团子和萝卜丝饼不发酵，而顾禄笔下的油馅是要发酵的。

灯　市

腊后春前，吴趋坊、申衙里、皋桥、中市一带，货郎出售各色花灯，精奇百出。如像生人物，则有老跎少、月明度妓、西施采莲、张生跳墙、刘海戏蟾、招财进宝之属；花果则有荷花、栀子、葡萄、瓜藕之属；百族则有鹤凤鵁鹊、猴鹿马兔、鱼虾螃蟹之属；其奇巧则有琉璃球、万眼罗、走马灯、梅里灯、夹纱灯、画舫、龙舟，品目殊难枚举。至十八日始歇，谓之灯市。

案：周密《乾淳岁时记》："元夕张灯，以苏灯为最。圈片大者径三四尺，皆五色琉璃所成。山水、人物，花竹、翎毛，种种奇妙，俨然着色便面也。”王鏊《姑苏志》:“吴灯往时最多。范成大诗注有琉璃球、万眼罗二灯，尤为奇绝。或生绡糊方灯，图画史册故事；他如荷花、栀子、葡萄、鹿、犬、走马之状，掷空小球灯，滚地大球灯。又有鱼魫、铁丝、麦杆为之者一种，名栅子灯，在鱼行桥，盛氏造，今不传。或悬剪纸人马于傍，以火运动，曰走马灯。”旧《府志》:“彩笺镌细巧人物，出梅里，名梅里灯；刻纸刻花竹禽鱼，轻绡夹之，名夹纱灯。”石湖《乐府》序云:“吴中风俗，尤竞上元。前一月已卖灯，谓之灯市。价贵者，数人聚博，胜则得之，喧盛不减灯夕。”诗云:“吴台今古繁华地，偏爱元宵影灯戏。春前腊后天好晴，已向街头作灯市。迭玉千丝似鬼工，剪罗万眼人力穷。两品争新最先出，不待三五迎东风。儿郎种麦荷锄倦，偷闲也向城中看。酒垆博塞杂歌呼，夜夜长如正月半。灾伤不及什之三，岁寒民气如春酣。侬家亦幸荒田少，始觉城中灯市好。”今俗：市上所卖诸灯，未改古制，而乡镇别邑，又皆买自郡中，以是元宵前后，喧盛犹昔。闻最先元夕前后，各采松枝、竹叶，结棚于通衢，昼则悬彩，杂引流苏，夜则燃灯，辉煌火树，朱门宴赏，衍鱼龙，列膏烛，金鼓达旦，名曰灯市。凡阛门以内，大街通路，灯彩遍张，不见天日。自吾生以来，此风久已歇绝，则民力之盛衰，于斯可见矣。

【导读】

正月十五元宵节，是中国重要的传统节日，这一天有许多与之相关的风俗，其中最受人关注的则莫过于灯市，流光溢彩的花灯成为这个节日的绝对主角，人们张灯结彩，喜庆元宵佳节，故而元宵节在民间又有“灯节”之称。南宋苏州诗人范成大曾作《灯市行》一诗，极写宋代苏州元宵灯市的繁闹景象云：

“吴台今古繁华地，偏爱元宵影灯戏。春前腊后天好晴，已向街头作灯市……始觉城中灯市好。”对此，顾禄在《清嘉录》本卷最后一条就专列“灯节”条目，详细解说，可参看。

据文献记载，元宵节张灯、赏灯的习俗始于南朝，兴盛于唐宋，明清时期达到顶峰。过去，一般在元宵节前两三天就开始“上灯”，直到正月十八日方才“落灯”，前后长达数日，是中国人重大的年节活动，元宵节过后，也就意味着“过年”基本结束。

元宵节赏灯的盛行，自然催生、促进了灯彩制作的飞速发展。苏州灯彩（俗称“苏灯”）一直以历史悠久、制作精良而著称，与秦淮灯彩、自贡灯彩、硖石灯彩和台湾灯彩并列为中国灯彩的代表。早在唐宋时期，苏州的灯彩就名闻天下，南宋时期周密在《武林旧事·灯品》中说：“灯品至多，苏、福为冠，新安晚出，精妙绝伦。”至于苏州、福州、新安花灯的各自妙处，周密则在《元夕》一篇中详细说道：“一入新正，灯火日盛，皆修内司诸珰分主之，竞出新意，年异而岁不同……灯之品极多，每以苏灯为最。圈片大者，径三四尺，皆五色琉璃所成；山水人物、花竹翎毛，种种奇妙，俨然着色便面也。其后福州所进，则纯用白玉，晃耀夺目，如清冰玉壶，爽彻心目。近岁新安所进益奇，虽圈骨悉皆琉璃所为，号无骨灯。”

南宋苏州籍诗人范成大也有不少诗歌专写苏州元宵花灯之精工典雅，也介绍了许多“苏灯”的精品，在他的《咏吴中二灯》诗中就详细地描写了周密《武林旧事》中说到的苏州“琉璃球”，其诗曰：“龙综缫冰茧，鱼文镂玉英。雨丝风外绉，云网日边明。叠晕重重见，分光面面呈。不深闲里趣，争识个中情？”把“琉璃球”的晶莹剔透，写得形象生动。范成大的另一首诗，则介绍了制作工艺繁复、体量巨大的“万眼罗”，其诗写道：“弱骨千丝结，轻球万锦装。彩云笼月魄，宝气绕星芒。檀点红娇小，梅妆粉细香。等闲三夕看，消费一年忙。”“万眼罗”的制作，用料考究，需要使用轻薄昂贵的罗，而且费时费力，对制作者的要求极高，曾经一度失传。2020年“苏灯”的国家级非遗传承人汪筱文和他的女儿汪丽秋采用传统工艺尝试复刻，在高达两米的绫罗材质的灯彩表面剪了两万多个“眼”（苏州话中称小孔为“眼”或“眼子”），“万眼罗”遂重现于苏州。

明清以后，伴随着吴门画派的崛起，苏州灯彩在造型、彩绘图案等方面受到绘画艺术的影响，工匠们在制作苏灯的时候，会把书画的意境和手法融入灯彩中，浓厚的文人气息和典雅精致的苏灯风格，一直传承至今。苏州不仅有高超的苏灯制作技艺传承，还很好地传承、发展了元宵灯会的风俗。在苏州古城内，护城河之畔的胥门广场，一年一度的古胥门灯会盛大开幕，无不吸引着广大市民前去感受苏灯的魅力，体味浓浓的年节气氛。在工业园区的金鸡湖之畔，也会在节日里举办“苏台灯会”，展示苏州和台湾的灯彩艺术，许多在苏州投资创业、定居的台湾同胞在赏灯中无不感受到浓浓的亲情和家的感觉，亲身感受着苏、台经济贸易合作取得的辉煌成绩，真真切切地感受到“两岸一家亲”的氛围。

走三桥

元夕，妇女相率宵行，以却疾病，必历三桥而止，谓之走三桥。

案：长、元《志》皆载："上元，妇女走历三桥，谓可免百病。"明陆伸《走三桥》词："细娘分付后庭鸡，不到天明莫浪啼。走遍三桥灯已落，却嫌罗袜污春泥。"刘侗《帝京景物略》谓之走百病。吴郡此风，昔废今传，故《(乾隆)吴县志》删去。

【导读】

苏州地区元宵走三桥的习俗很流行，至今仍有保留。在吴江古镇同里，每逢元宵或是家中添丁、婚嫁都有“走三桥”习俗，走过古街上的三座桥：长庆桥、吉利桥、太平桥，从桥名中就可以看到这一风俗的寓意。

江南地区的“走三桥”，与北方流行的“走百病”风俗有异曲同工之处。无论是“走三桥”，还是“走百病”，都源自于南北朝时期“耗磨日”的习俗。《（光绪）东光县志》卷二中就曾指出：“正月十六日，古谓之耗磨日……此乃走百病之缘起。”唐宋时期“耗磨日”的习俗，与其他民俗活动融合，逐渐形成了度厄、逐疫、祛病、求子等诸多文化内涵。“走百病”和“走三桥”的习俗，明清以来盛行，除顾禄《清嘉录》所引的记载，明刘侗《帝京景物略》卷二有曰：“（正月）八日至十八日，集东华门外，曰灯市。贵贱相遝，贫富相易贸，人物齐矣。妇女着白绫衫，队而宵行，谓无腰腿诸疾，曰走桥。”明沈榜《宛署杂记》卷十七记载曰：“正月十六夜，妇女群游，祈免灾咎。前令人持一香辟人，名曰走百病。凡有桥之所，三五相率一过，取度厄之意。”江南水乡地区桥多，走桥祛灾度厄成为具有地域特色的一项重要民俗活动。

放烟火

各乡社庙，或放烟火，有集数十架于庭，次第传爇，媚神以为乐者。范来宗《金衙园观烟火》诗云："金衙是何园？其地旷非奥。久成荒砾场，旁建社公庙。居民思媚神，立竿光照耀。空中掣金蛇，耳畔轰火炮。争趋忘近远，聚观杂耄少。有客远方来，目笑头屡掉。儤直记禁园，盛会元宵闹。漫天黑夜陈，遍地白日照。雉堞打襄阳，蜃楼现海峤。垂老返江湖，百思不能到。伟哉天上观，岂易人间肖？即此娱社公，聊乞丰年召。"

案：宋高承（按：顾禄误，高承为宋代学者）

《事物纪原》云："火药杂戏，始于隋炀帝。孟襄阳谓即火树也。"瞿宗吉《烟火戏》诗："天花无数月中开，五色祥云绕绛台。"沈榜《宛署杂记》云："燕城烟火，有响炮、起火、三级浪、地老鼠、沙碢儿、花筒、花盆诸制，有为花草、人物等形者，花儿名百余种，统名曰烟火。"赵瓯北有《西厂观烟火》诗云："晚直郊原月未斜，昇平乐事览繁华。九边鹿静平安火，上苑春催顷刻花。跋浪鱼龙烟似海，劈空雷电炮为车。归途尚有余光照，一路林峦映紫霞。"吾乡承平气象，无异辇下也。

【导读】

烟花和爆竹都是中国人在节日、喜庆场合增加气氛的重要物品，在春节、元宵等重要节日里燃放烟花爆竹，早已成为中华民族一大文化传统。烟花和爆竹的结构和制作原理大致相同，都是在古人发明的黑火药基础上发展而来的，而烟花在制作过程中需要添加一些能发光、发色的金属化合物，再把这些添加物进行精心、巧妙的设计排序，在引爆燃烧之后，金属化合物的“焰色反应”能让烟花在空中绽放出五彩缤纷的图案。据史书记载，利用火药制成五彩斑斓的烟花，始于隋代，至今已有千年的历史。现在，出于环境保护和安全生产的考虑，有些城市实行了在规定区域内禁止燃放烟花爆竹的相关政策。不少群众有感于相关政策在一定程度淡化了春节、元宵的节日气氛，在不违反相关政策的前提下，会选择到没有实施相关政策的区域燃放烟花，为节日添彩。若遇有重大活动时，经国家、政府的批准，也会临时安排大型的烟火晚会和烟花艺术表演，营造喜庆祥和的氛围。

闹元宵

元宵前后，比户以锣鼓、铙钹，敲击成文，谓之闹元宵。有跑马、雨夹雪、七五三、跳财神、下西风诸名。或三五成群，各执一器，儿童围绕以行，且行且击，满街鼎沸，俗呼走马锣鼓。范来宗《锣鼓》诗云："轰连爆竹近还遥，到处喧阗破寂寥。听去有声兼有节，闹来元旦过元宵。太平响彻家增乐，开道声稀巷转嚣。取次春风催劈柳，卖饧时近又吹箫。"又有无名氏《闹元宵乐府》云："童儿放学店未开，家家锣鼓喧如雷。新年风物幸无事，买得元宵灯未试。夹雨夹雪七五三，更将走马为筱骖。迎春既过复迎喜，爆竹烧残闹方已。更缚风鸢一尺长，街头又看东风起。”

案：《昆新合志》：“上元节，鸣金达旦，曰闹元宵。”江、震《志》：“元旦，群呼聚类，鸣钲击鼓，以相娱乐，或二旬，或弥月。”竹垞《鸳湖棹歌》有“十棒元宵鼓”，陈迦陵《春夜听邻闺击鼓》词：“落灯风几阵，催人揎袂，琅然响，钗应掉。”吴谷人《年鼓》诗云：“急鼓递邻墙，儿童共拍张。一番金奏合，千点柘枝忙。巷曲喧如此，春风记那厢？催花花未醒，又听打渔阳。”

【导读】

元宵节是中国重要的传统节日，直到现在，人们对元宵节依然非常重视，在大多数人的观念中，过完元宵，春节才算正式结束。在中国古代，元宵节的风俗活动也有很多，放烟火、吃元宵、逛灯市、赏花灯、猜灯谜、走三桥等传统风俗，一直延续至今不衰。

中国古代的城市实行严格的宵禁制度，天黑之后，关闭城门，人们在夜间的活动也会受到很多的限制。唐宋时期，元宵节一度盛况空前，其中有一个重要的历史背景，为了庆祝上元节，朝廷规定在元宵节前后解除宵禁，允许百姓张灯结彩庆祝节日，于是就出现了苏味道《正月十五夜》诗中所描写的热闹场景："火树银花合，星桥铁锁开。暗尘随马去，明月逐人来。游伎皆秾李，行歌尽落梅。金吾不禁夜，玉漏莫相催。"唐宋时期，一般从正月十三就开始"上灯"，直到正月十八日方才"落灯"，前后长达数日。在解除宵禁的日子里，男女老少都不受平时各种清规戒律和教条的约束，走到街市，尽情玩耍，尽情狂欢，就这个意义上来说，元宵节是中国古人的"狂欢节"，所以，元宵节的文化内核就是一个"闹"字。唐宋以来的文献，对元宵节的记载和描写，也都突出一个"闹"字。如《隋书·柳彧传》

有这样的记载:“窃见京邑,爰及外州,每以正月望夜,充街塞陌,聚戏朋游。鸣鼓聒天,燎炬照地。人戴兽面,男为女服,倡优杂技,诡装异形。以秽嫚为欢娱,用鄙亵为笑乐,内外共观,曾不相避。高棚跨路,广幕凌云,袨服靓妆,车马填噎,肴醑肆陈,丝竹繁会,竭赀破产,竞此一时。尽室并孥,无问贵贱。男女混杂,缁素不分,秽行因此而生,盗贼由斯而起,浸以成俗。”唐代刘肃在《大唐新语》卷八中这样描写长安的元宵盛况:“京城正月望日,盛饰灯影之会,金吾弛禁,特许夜行。贵臣戚属及下俚工贾,无不夜游。”北宋都城开封的元宵盛况,在孟元老的《东京梦华录》中有记载曰:“正月十五日元宵……奇术异能,歌舞百戏,鳞鳞相切,乐声嘈杂十余里,击丸蹴踘,踏索上竿……”吴自牧在《梦粱录》中描写南宋都城的元宵之景有曰:“(今杭城)元夕之时,自十四为始,对支所犒钱酒。十五夜,帅臣出街弹压,遇舞队照例特犒。街坊买卖之人,并行支钱散给。此岁岁州府科额支行，庶几体朝廷与民同乐之意……更兼家家灯火，处处管弦，如清河坊蒋检阅家，奇茶异汤，随索随应，点月色大泡灯，光辉满屋，过者莫不驻足而观。”清代苏州人在元宵节一路吹吹打打的“走马锣鼓”，也充分体现了“闹元宵”的节日氛围。

由于元宵节期间解除了严格的宵禁制度，在狂欢中，人们恣意玩乐，赏灯宴饮，短暂地从严苛的礼教秩序中解放、脱离出来。特别是闺阁女子，平时因礼制的限制，足不出户，而在元宵狂欢之际，可暂时不受男女有别之束缚，未婚青年男女在灯会游玩中互诉衷情，古代有很多浪漫的爱情发生在元宵节，也成就了不少美满的姻缘。赵明诚对李清照一见钟情，就在元宵节。元宵节的很多诗词作品也写到了元夜美好而浪漫的爱情故事，诸如欧阳修的《生查子·元夕》：“去年元夜时，花市灯如昼。月上柳梢头，人约黄昏后。　今年元夜时，月与灯依旧。不见去年人，泪湿春衫袖。”辛弃疾的《青玉案·元夕》：“东风夜放花千树，更吹落，星如雨。宝马雕车香满路。凤箫声动，玉壶光转，一夜鱼龙舞。　蛾儿雪柳黄金缕，笑语盈盈暗香去。众里寻他千百度，蓦然回首，那人却在，灯火阑珊处。”所以，学者们普遍都认为，从这个意义上来说，元宵节才是中国古代真正的“情人节”。

打灯谜

好事者巧作隐语，拈诸灯。灯一面覆壁，三面贴题，任人商揣，谓之打灯谜。谜头皆经传诗文、诸子百家、传奇小说及谚语什物、羽鳞虫介、花草蔬药，随意出之。中者以隃麋、陟厘、不律、端溪、巾扇、香囊、果品、食物为赠，谓之谜赠。城中有谜之处，远近辐辏，连肩挨背，夜夜汗漫，入夏乃已。家震涛《打灯谜》诗云："一灯如豆挂门傍，草野能随艺苑忙。欲问还疑终缱绻，有何名利费思量？"

案：《国语》："秦客为廋辞于晋之朝，范文子知其三。此谜之缘始也。"《左氏》有"河鱼""庚癸”之言，乐府有“石阙”“藁砧”之句，皆近于谜，特未施之灯耳。朱存理《古今钩玄》云：“古所谓廋辞，即今之隐语，而俗谓之谜。吴人元夕，多以此为猜灯。”《正字通》云：“曹娥碑阴、大明寺壁、东坡研盖之类，皆俗之谜也。”考灯谜有二十四格，曹娥格为最，次莫如增损格，增损格即离合格也。孔北海始作离合体诗，其四言一篇，合“鲁国孔融文举”六字。余外复有苏黄、谐声、别字、拆字、皓首、雪帽、围棋、玉带、粉底、正冠、正履、分心、卷帘、登楼、素心、重门、闲珠、垂柳、锦屏风、滑头禅、无底囊诸格，要不及会心格为最古。钱虞山《癸亥元夕》诗：“猜残灯谜无人解。”又钱世昭《私志》载：“王荆公字谜甚多，盖即灯谜之祖。”周密《武林旧事》：“以绢灯剪写诗词及旧京诨语，戏弄行人。”又吴自牧《梦粱录》：“商谜者先以鼓儿贺之，然后聚人猜谜。”又《都城纪胜》：“来客念隐语、说谜，名打谜。”陈迦陵《元夜》词：“更夹路香谜，凭人打。”又沈香岩《灯词》：“打不破村学究灯词哑。”王鏊《姑苏志》云：“上元灯市，藏谜者，曰弹壁灯。”江、震《志》云：“好事者或为藏头诗句，任人商揣，谓之灯谜，亦曰弹壁”。蔡铁翁《吴歈》注谓：“谜以《西厢曲》为主，余弗尚焉。”顾有不尽然者。

【导读】

元宵节猜灯谜是古代一项重要的风俗活动，直到今天，这项民俗活动依然盛行，为节日增添娱乐和喜庆的氛围。谜语在中国的历史非常悠久，过去的学者把其源头追溯到《左传》和《国语》中的“廋词”以及东方朔故事中的“射覆”。南朝时期，刘勰在《文心雕龙》中把谜作为一种文体，在解释其名称时有曰：“谜者，回互其词，使昏谜也。”这样说来，谜语就是古代的隐语，在古代的典籍和小说就有很多有关“隐语”的故事，如长篇章回小说《三国演义》中曹操修建相国府门，看了之后，在门上写了一个“活”字，人不解其意，杨修则说：“门中活，阔也。”猜中曹操嫌门修得太大了。

明清以来，灯谜在民间大盛，成为最受人们喜爱的，也是最有趣的文字游戏。在明代苏州人冯梦龙所编纂的《智囊》等书籍中，也收录了很多有趣的谜语，这足以表明明代苏州猜谜之风盛行。这一时期，谜语也取得前所未有的发展，佳作精品层出不穷，出现了不少制谜的名家，特别值得注意的是创造了很多新的形式，称之为“格”，朱存理《古今钩玄》以及徐珂《清稗类钞》中记载了很多新创的谜格。

顾禄在《清嘉录》的记载，则较为形象生动地反映了苏州人元宵节猜灯谜的具体场景和细节，其中涉及谜灯的形状、谜语的内容，还有赠品的品种等。元宵节谜语与灯联系在一起，起源于南宋时期，文人们为显示学问，在元宵节的时候会把自己书写的谜面贴在花灯上，谜语就有了“灯谜”之称，周密在《武林记事·灯品》中有记载曰：“又有绢灯剪写诗词，时寓讥笑，及画人物，藏头隐语，及旧京诨语，戏弄行人。”

在顾禄所说到的几种灯谜奖品中，巾扇、香囊、果品、食物属常见之物，但“隃麋、陟厘、不律、端溪”几种需略作解释，简而言之，就是文房四宝“墨纸笔砚”。“隃麋”是墨的代称，《瑯环记》有曰：“汉人有墨，名曰隃麋。”据《汉官仪》记载，汉代“尚书令、仆、丞、郎，日给隃麋墨大、小二枚”。隃麋产墨，是汉代设置的县，在今陕西省阳县境内。“陟厘”是纸的别称，据《正字通》记载：“海藻，本名陟厘，南越以海苔为纸，其理倒侧，故名倒侧纸。”“不律”是笔的别称，《尔雅·释器》曰：“不律谓之笔。”注：“蜀人呼笔为不律也。”至于“端溪”，则是以著名的产地——广东端溪作砚台的别称。

三官素（七子山）

上元、中元、下元日，为三官诞辰，俗以正、七、十月朔至望日嗜素者，谓之三官素。或以月之一、七、十日持斋，谓之花三官。遇三元日，士庶拈香，骈集于院观之有神像者。郡西七子山，有三官行宫，释氏奉香火。至日，舆舫络绎，香潮尤盛。归持灯笼，上衔“三官大帝”四字，红黑相间，悬于门首，云可解厄。或有以小机插香供烛，一步一拜至山者，曰拜香。

案：《宋史·方伎传》：“苗守信上言：‘三元日，上元天官、中元地官、下元水官，各主录人善恶。’”盖三元之名，已见《魏书》《旧唐书》，然不言三官主月。考丘悦《三国典略》载："张角为太平道，张修为五斗米道，使人为奸，令祭酒。主以《老子》五千文，使都习，号奸令。请祷之法，书病人姓名，说服罪之意，作三通，其一上之天，著山上；其一埋之地；其一沉之水，谓之三官手书，使病者家出米五斗以为常，号五斗米师。"详《后汉·刘焉传》注。《传》以张修为张衡，张陵之子。明宋景濂《跋曲阿三官祠记》，亦取《典略》之说。又《宣和画谱》有周昉《三官像图》。《道书》："正月十五日上元，九炁天官，主录百司，上诣天阙，进呈世人罪福之籍。上元，十天灵官、神仙兵马与上圣高真妙行真人，下降人间，考定罪福。中元，九地灵官。下元，水府灵官。上元、中元、下元，皆大庆之月也，长斋诵《度人经》，则福及上世，身得与神仙并。"此吴俗所以多诵经持斋者尔。

【导读】

三官信仰早在东汉末年张陵创立五斗米道的时候就已经形成。在道教文化传统中，把农历正月十五日称为“上元”，七月十五日称为“中元”，十月十五日称为“下元”，三者并称为“三元”。相传，天官、地官、水官分别在上元、中元、下元日下凡，考核人世间的罪福；在后来的演变中，道教把这三天分别视为天官、地官、水官各自的诞辰。在过去，道教信徒会在这三天斋戒吃素，诵经求福，号为“三官素”。

接坑三姑娘

望夕，迎紫姑，俗称接坑三姑娘，问终岁之休咎。

案：刘敬叔《异苑》："紫姑，姓何，名媚，字丽娘，莱阳人，寿阳李景之妾。不容于嫡，常役以秽事，于正月十五日感激而死。故世人以是日作其形，夜于厕间，或猪阑边迎之，祝曰：'子胥不在，曹姑归去，小姑可出。'戏提猪觉重者，则是神来，可占众事。"李商隐诗："羞逐乡人赛紫姑。"此风唐时已然。又朱鹿田《元夕看灯词》："红裙私拜紫姑前。"又熊儒登《正月十五夜》诗："深夜行歌声绝后，紫姑神下月苍苍。”又孔清江《上元诗》:“群儿嬉戏尚未寝,更看紫姑花满头。”又范石湖《上元纪吴下节物》诗:“箕诗落笔惊。”宗懔《荆楚岁时记》:“正月望夕,迎紫神以卜。”沈存中《梦溪笔谈》:“正月望夜,迎厕神。”《昆新合志》:“亦以十五日迎紫姑,问休咎。”范《志》则以十二月十六日祭厕姑,男子不得至。今俗已非。

【导读】

顾禄本条对迎紫姑这一风俗言之甚明,唯需补充的是,这一风俗活动只限于女性,且在祭祀活动中,不能被男子看到。明娄远礼《田家五行》卷上:“祀紫姑仙,俗谓之坑三姑娘娘。以箕插筯就厕,妇人祷之,以卜蚕桑之事。及请画花样,以求巧。不可令男子见之,见之即退。”

后世在江南地区较为流行的扶乩(又称“扶箕”“扶鸾”“降笔”“架乩”等)风俗,就是由迎紫姑

（“接坑三姑娘”）这一风俗演变而来的，范成大《上元纪吴下节物》诗中“箕诗落笔惊”一句，就是极为重要的佐证。

扶乩，源于南朝时期民间的“卜紫姑”，唐代在文人中开始逐渐流行，对此，许地山先生的论著《扶箕迷信的研究》中有详论。扶乩的具体仪轨，因时代和地域之不同而存在着些许的差别。扶乩在明清时期的江南尤盛，明末常熟文人钱希言《狯园》卷四专列《乩仙》一目，记载了二十则扶乩的故事，袁枚《子不语》、纪昀《阅微草堂笔记》等志怪小说中均有大量的降乩故事。徐珂《清稗类钞·方伎类》中对扶乩的记载多达数十条，较为清晰地记录了扶乩的基本流程，其中有谓：“术士以朱盘承沙，上置形如丁字之架，悬锥其端，左右以两人扶之，焚符，神降，以决休咎，即书字于沙中，曰扶乩，与古俗卜紫姑相类。一曰扶箕，则以箕代盘也。”民国时期，苏州作家包天笑在《钏影楼回忆录》中说：“扶乩之风，很为盛行，尤其在江南一带。”直到今天，江南农村还能见此旧俗，笔者在江南农村的田野调查中，曾目睹过完整的扶乩场景，与文献记载基本一致。只是乩盘或用面粉，或用细沙子，手扶乩架的女子多为处子之身，术士在进行祷祝等仪轨后，神灵降凡，附体扶乩女子或术士身上，乩笔同时也会在乩盘上划动，呈现出扭扭曲曲的文字，术士就会念出文字（谓之“唱鸾”），然后根据乩盘上所呈现出来的文字内容来进行占卜问事，故而百姓将乩盘上显现的文字（或词句、或诗歌、或文章）视为神灵之意。

百草灵

妇女又有召帚姑、针姑、苇姑，卜问一岁吉凶者，一名百草灵。乡间则有祈蚕之祭。

案：范石湖《上元纪吴下节物》诗“筳篿巫志怪，香火婢输诚”句下注：“俗传，正月百草灵，故帚、苇、针之属，皆卜焉，多婢子辈为之。”弊帚系裙以卜，名扫帚姑。针姑，以针卜，伺其尾相属为兆，俗名针姑。苇茎分合为卜，名苇姑。至白粥以祭蚕神，则本《岁时记》所载王成遇蚕神故事也。

【导读】

“百草灵”是古代用植物枝叶算卦、预测吉凶的一种方术。范成大诗歌中的“筳篿”就是宋代民间用来算卦的细竹枝和灵草，“筳”是古人卷丝的小竹管，“篿”是用来占卜的灵草和小竹枝，二物皆可用来占卜。若要追根溯源，“百草灵”和“筳篿”，都是上古时期蓍草占卜的孑遗和演变，后世更多的则由蓍草改成筹码求筮问卜。中国古代有很多种占卜的“筮法”，据《周礼·春官·筮人》的记载，古代有“九筮”，后世可知的只有《周易》中写到的“蓍草筮法”。蓍草卜筮的具体方法非常复杂，其基本的原理和流程是结合天地之数（按：奇数为天数，偶数为地数），按照筮法得出阴阳，然后再观察阴阳的变化，从中推算出一个卦象，最后把卦象结合《周易》中的卦辞、爻辞，对所占卜的事情进行综合分析和预测。

验水表

十五夜，月明时，立一尺五寸之表于地，至夜子正一刻候之，以卜旱涝。

案：韩鄂《四时纂要》："楚俗，立春日，立八尺表，占候日景。景短则为旱，长则为水。"吴占则于正月望夜。《负暄野录》云："大约据表之长而中分之，为七寸半者二。若景适及七寸半为中正，则是岁雨旸时若。又以两七寸半，各十分，影在七寸半以下，为不及，主旱。影在七寸半以上，为有余，主水。极有准的。"九县《志》皆载："正月望夜，月中建表，候雨旸。"

灯　节

是夜，俗又呼为灯节。比户燃双巨蜡于中堂，或安排筵席，互相宴赏。神祠、会馆，鼓乐以酬，华灯万盏，谓之灯宴。游人以看灯为名，逐队往来，或杂沓于茶垆、酒肆之间，达旦不绝。桥梁植木桅，置竹架如塔形，逐层张灯其上。沿河神庙，亦植竿引索悬灯，云造桥灯，皆以禳祓。蔡云《吴歈》云："看残大烛闹元宵，划出旱船忙打招。不放月华侵下界，烟竿火塔又星桥。"

案：范石湖《上元纪吴下节物》诗："樯炬疑龙见，星桥讶鹊成。"注："舟人接竹桅樯之表，置灯于上，望之如星。”又云：“星桥，乃桥灯也。”又有句云：“旱船遥似泛。”盖旧俗，夹道陆行，为竞渡之乐，谓之划旱船，今俗已废。《昆新合志》亦云：“上元，各乡社庙设桥灯、塔灯。”

二月

百花生日

春台戏

元墓看梅花

暖风入林，元墓梅花吐蕊，迤逦至香雪海，红英绿萼，相间万重，郡人舣舟虎山桥畔，幞被遨游，夜以继日。李福《元墓探梅歌》云："雪花如掌重云障，一丝春向寒中酿。春信微茫何处寻？昨宵吹到梅梢上。太湖之滨小邓林，千株空作横斜状。铜坑寥寂悄无踪，石壁嵯峨冷相向。踏残明月锁香痕，翠羽啾啾共惆怅。报道前村消息真，冲寒那顾攀层嶂？玉貌惊看试半妆，霜华喜见裁新样。酹酒临风各有情，小别经年道无恙。此花与我宿缘多，冰雪满衿抱微尚。相逢差慰一春心，空山不负骑驴访。"

案：徐崧、张大纯《百城烟水》："邓尉在光福里，去城七十里，因后晋青州刺史郁泰元葬此，又名元墓。"又引《吴县志》："圆墓，在邓尉西南六里，然相连，实一山。故《一统志》及《山志》合为一山。今俗通称元墓，间呼邓尉。山人以圃为业，尤多树梅。"《府志》："元墓之西为弹山，弹山西北为西碛，铜坑与西碛并峙。西碛之南为孙堰，东为马驾，向未有名，山不甚高，四面皆树梅。康熙中，巡抚宋荦题'香雪海'三字于崖壁，其名遂著。"《(乾隆)吴县志》云："梅花以惊蛰为候，最盛者以元墓、铜坑为极，马家山、费家河头、蟠螭山、石壁、弹山、石楼，皆游赏处也。而邓尉山前、香花桥上，坐而玩之，日暖风来，梅花万树，真香国也。"梅花最深处在铜坑，中有吟香阁，宋高士先朝仪凤所建，阁已久亡。嘉庆初，乡先生范芝岩、吴昙绣诸公，皆有倡和诗，家文源集刻行世。先世有《元墓探梅路径》一则，由光福至三官堂前，至费家河头，抵涧里、乌山头、铜坑，寻吟香阁遗址，过鑱山头及草庵、金鱼洞，登官山岭，取董份墓至元墓山，从蔡家坞一直至柴庄岭、老虎洞、姚家河头宿。越日，从姚家河头经光福凤鸣冈，上峙崦岭、司徒庙，看‘清奇古怪’四大树，上香雪海，由倪家巷、铜井山下至潭东，上弹山，登石楼，转天井，上看红梅、绿萼之和丰庵，登六浮阁，看太湖。至潭西，访五侯公墓。过蟠螭山，上大石壁，归绣球山。由潭东上长旗岭，过钱家磡，一直仍上柴庄岭。归舟梅花数十里，历历在目。若误趋他途，往往有不能遍历者。汪琬诗云："新柳条垂著水齐，画桥行傍虎山堤。卷帘渐觉香风入，一路梅花到崦西。"又沈朝初《忆江南》词云："苏州好，鼓棹去探梅。公子清歌山顶度，佳人油壁树间来。元墓正花开。"

【导读】

中国自古就有赏梅的风气，明清以来，天下赏梅胜地渐多，其中声名较著者有“江宁之龙蟠，苏州之邓尉，杭州之西溪”（龚自珍《病梅馆记》），可见苏州邓尉赏梅之风尤甚。早在明代，就有“邓尉梅花甲天下”之说，明代文人姚希孟在《梅花杂咏序》中有曰：“梅花之盛不得不推吴中，而必以光福诸山为最，若言其衍亘五六十里，窈无穷际。”

据徐崧、张大纯《百城烟水》记载，邓尉山在苏州城外的光福古镇，“去城七十里，汉有邓尉者隐此，故名。又因后晋青州刺史郁泰玄葬此，一名玄墓”。早在两千多年前，东汉大司徒邓禹隐居的时候，光福一带的群山中就有梅树的种植。宋元以后，邓尉周边的乡人多以种梅为业，隙地遍地种梅，蔚然如雪海，其中较为著名的山头有铜坑、吾家山、蟠螭山、弹山、石壁、石嵝等。赏梅之风蔚然兴起，遂成为东南文士名流的风雅之举。清人沈朝初的一阕《忆江南》词，则写尽了苏州文人邓尉赏梅的盛况："苏州好，鼓棹去探梅。公子清歌山顶度，佳人油壁树间来。玄墓正花开。"

早春二月，光福群山梅海盛开之际，苏州士人和百姓，纷纷由水路取径木渎，"径灵岩山"，"过善人桥"，南历"箭泾之水"（一箭河），直抵光福虎山桥，便已进入梅海，开始尽情欣赏弥望不绝的"粉鲜玉皎"胜景。清代苏州文人袁学澜在其《吴郡岁华纪丽》中就以敷陈的笔法描绘了吴郡人士迤逦数十里，浩浩荡荡前往光福赏梅的情形："郡人舣舟虎山桥，襆被遨游。舆者、骑者、屧而步者、提壶担榼者，相属于路。率取道费家湖、马家山、蟠螭山、铜坑、石壁、弹山，而以石楼为投最。其地俯窥旁瞩，濛然晹然，曳若横练，凝如积素，绵谷跨岭，扬菁眠烟，七钿九华，宝妆天绘。而邓尉山前，香花桥上，坐石栏徙倚，日暖风来，粉鲜玉皎，秾芳遥袭，熏袂染衣。时有微云弄白，岚气萦青。左澄湖镜，右障岩屏，水天浩漾，苍翠互错，资清欲冶，蒸成香国，真脱然尘埃矣。”

一路画舫如织，行进在邓尉、玄墓梅林的河道之中，不仅有满目如雪这样梦幻般的视觉冲击，更有沁人心脾的阵阵暗香袭来，径称为“溢雪流香”，亦不为过也。“雪”“香”并举，更是邓尉梅海的一大特色，康熙三十五年（1696），时任江苏巡抚的宋荦，冒着蒙蒙细雨，到光福古镇赏梅，在梅花最盛的吾家山欣然写诗题词，其诗曰：“探梅冒雨兴还生，石径铿然杖有声。云影花光乍吞吐，松涛岩溜互喧争。韵宜禅榻闲中领，幽爱园扉破处行。望去茫茫香雪海，吾家山畔好题名。”（宋荦《雨中元墓探梅》）末句所谓的“吾家山畔好题名”，在其题注中，宋荦有明确的交代：“余于吾家山题香雪海三字。”康熙帝先后三次、乾隆帝先后六次到邓尉探梅，都写有多首咏梅诗，乾隆帝在《邓尉香雪海歌叠旧作韵》就对宋荦的提名表示赞同：“邓尉西北山名吾，昔游未到兹到初。奇峰诡石更幽邃，商邱（按：指宋荦）三字沥匪诬。虎山桥春水碧涨，光福塔舍利光舒。湖山表里互映带，都拱香雪为范模。”自此之后，宋荦在崖壁上所镌刻的“香雪海”三字，便成为光福梅海的代称，名闻天下，直至今日。

说到邓尉“香雪海”，还有一事不得不提，那就是光福的古寺名刹，多掩映在梅林花海之中。所以，在邓尉探梅的行程中，时常还会有这样的意外和欣喜：“野店经行好，精庐（按：指寺庙）取次探。”（宋荦《春日过灵岩、元墓看梅》其一）也会邂逅“钟敲响雪三州长，阁浸空香万壑梅”（释法藏《己丑岁过万峰寄文起、孟长二太史》）这样的奇景。在诸多寺庙中，最有名的当数康熙、乾隆赏梅时都曾驻跸的圣恩寺，乾隆帝曾御书寺额“梵天香海”及堂额“众香国里”“千林烟月”。

惊蛰闻雷米似泥

土俗：以惊蛰节日闻雷，主岁有秋。谚云："惊蛰闻雷米似泥。"若雷动于未交惊蛰之前，则主岁歉，谚云："未蛰先蛰，人吃狗食。"

案：《孝经纬》："雨水十五日，斗指甲为惊蛰，二月节。蛰者，蛰虫震惊，起而出也。"

【导读】

惊蛰是二十四节气中的第三个节气，旧称"启蛰"，《大戴礼记·夏小正》曰："正月启蛰，言始发蛰也。"西汉初年为避汉景帝刘启的名讳，才改称为"惊蛰"，这一说法见于南宋学者王应麟的《困学纪闻》。

古人对这一节气非常重视，在长年的生产、生活经验的积累中，他们发现了很多规律性的现象，用俗语和谚语的方式加以保存，代代相传，成为中国古代智慧的集中体现。

惊蛰之前，冬眠的动物蛰伏在泥土之中，过了惊蛰，在雷声的惊动下，它们开始苏醒，所以，《月令七十二候集解》中有这样的说法：“二月节，万物出乎震，震为雷，故曰惊蛰，是蛰虫惊而出走矣。”此时的天气渐暖，草木返青，农业生产也开始繁忙起来。古代就有这样的农谚：“过了惊蛰节，锄头不能歇。”古代的农民对惊蛰当天的天气尤为重视，他们在长年的观察中发现，如果在惊蛰之前打第一声雷，就是农谚所说的“雷打惊蛰前，四十九天不见天”，意味着将会连续阴雨，而这一年将可能因此而歉收；如果是在惊蛰当天听到第一声春雷，则预示着当年的农业生产将大获丰收，农谚所谓“惊蛰闻雷米如泥”“惊蛰雷鸣，成堆谷米”，即是这一意思。

惊蛰之后，因为冬天蛰伏的蛇虫鼠蚁（苏州话统称为“蛇虫百脚”）都已苏醒过来，在田野四处活动，会给农业生产和家居生活带来一定危害。所以，惊蛰过后，过去的农民都会在这一时段中对蛇虫等进行驱赶，孙思邈的《千金月令》中就有曰：“惊蛰日，取石灰糁门限外，可绝虫蚁。”

土地公公生日

二日，为土地神诞，俗称土地公公，大小官廨皆有其祠。官府谒祭，吏胥奉香火者，各牲乐以酬。村农亦家户壶浆，以祝神厘，俗称田公、田婆。

案:《周礼·春官》，大示而外，有土示、地示。此后代土地神之所由名也。土示，五土之示，即社也。地示，地之百示。今《祀典》自有社稷坛，而民间复立土地庙者。社坛，古之国社，后代谓之官社。民间土地祠，《记》所谓:"大夫以下，成群立社，曰置社。"即后代之里社也。古二十五家为社。《明史》:"里社，每里一百户，立坛一所，祀五土、五谷之神。”《左氏传·昭公二十九年》：“社稷之神为上公。”又杜氏《注》“用币于社”，谓请救于上公。《后汉·方术传》有“社公”之名。是天下之社神，宜通谓之公，后讹为土地公公，且茧袍乌帽，装扮白发翁矣。俗又各立名字，更非古制，如陈确庵《尉迟土地庙序》云：“社以祀山林、川泽、原隰之神，谓之地祇。庙以祀先代之有功德者，谓之人鬼。今土地庙乃有陆宣公、子胥、武侯、卫公之称，则合地祇、人鬼而一也。”盖自世之以人实之，于是，二月二日之祀，或有移祀于所配食者之降生日矣。抑知今之二月二日，犹古之社也。《月令·二月》：“择元日，命民社。”郑《注》谓：“祀社稷之神。”元日，谓近春分前后，戊日元吉也。称田公、田婆者，即《提要录》所云“社翁、社母”也。田事将兴，故祀之，以祈农祥。

【导读】

土地公公，也叫“土地神”，是古代传说中掌管一方土地的社神，也是民间信仰中的地方保护神。虽然在道教的神祇体系中，土地公公的地位比较低，但是作为保护一地百姓平安和风调雨顺的神灵，老百姓对土地公公的崇拜和祭祀，还是非常重视的，且很普遍。土地是人们赖以生存的基础和保障，所以自上古先民开始，就形成了对土地的崇拜，诚如汉代史学家班固在《白虎通义》卷上所说：“天下求福报功人，非土不立，非谷不食。土地广博，不可遍敬也；五谷众多，不可一一而祭也。故封土立社，示有土尊；稷五谷之长，故封稷而祭之也。”故而古代把土地神称为“社神”，古人在播种和收获的季节，都要立社祭祀，分别称为“春社”和“秋社”。古代的春社和秋社的具体时间分别是立春后的第五个戊日，以及立秋后的第五个戊日，因为在过去的阴阳五行学说中，戊五行属土，所以把戊日作为社日。至于二月初二，土地公公的生日，也是民间百姓所看重的，各地都会将这天办得隆重而热闹，以祈求风调雨顺，五谷丰登，这一习俗长盛不衰。今天江南农村依然有礼敬土地公公、庆祝土地公公生日的习俗。

苏州周边地区的老百姓，都会在二月初二这一天到理发店去剃头（吴语区很多地方都称理发为“剃头”），俗称之为“龙抬头”。传说清兵南下，发布了剃发令，江南有些士绅因思念旧朝，拒绝在正月里剃发，以表“思旧”。后来在百姓中因音近而产生讹变，就流传着正月里剃发“死舅”的说法，所以江南一直流传着正月不理发的习俗。这一说法也就只是民间传说而已，其实早在正月之前，人们都会隆重举行斋戒仪式，沐浴、剃头都是必要的程序，那么，正月里本也无需理发。但现在每年的二月初二，甫出正月，老百姓纷纷到理发店理发剃头，这一天苏州的理发店确实都会特别忙碌。

至于把二月初二日理发称为“龙抬头”，也只是表达美好寓意的说辞而已。所谓“龙抬头”，本是古时候人们对天象观测的认识而已。中国古代在观测天象时，根据日月星辰的运行轨迹和位置，把黄道附近的星象分为二十八组，俗称“二十八星宿”，东西南北各有七宿。东方由角、亢、氐、房、心、尾、箕七宿构成，它们组合在一起，犹如一条巨龙，古人把它称为“东方苍龙”，其中角宿为龙角，亢宿为龙喉，氐宿为龙爪，心宿为龙心，尾宿、箕宿为龙尾。冬天的时候，“东方苍龙”隐没在地平线下，到了惊蛰至春分这段时间，角宿就会在地平线上初露头角，故称之为“龙抬头”。

撑腰糕

是日，以隔年糕油煎食之，谓之撑腰糕。蔡云《吴歈》云："二月二日春正饶，撑腰相劝啖花糕。支持柴米凭身健，莫惜终年筋骨劳。"又徐士鋐《吴中竹枝词》云："片切年糕作短条，碧油煎出嫩黄娇。年年撑得风难摆，怪道吴娘少细腰。"

案：刘若愚《芜史》："燕俗：二月二日，用黍面枣糕，以油熬之，曰薰虫。"吴曼云《江乡节物词》小序云："杭俗：二日，煎糕、爊豆，以祀土地。"谓"即春祭社之礼"，有"糕花凝白豆萁红"之句。方以智《通雅》："堂，即踉，一作掌，雌争反。”《集韵》：“支柱也。”《昆新合志》：“二月二日，食閅腰糕。”閅，字书无此字，俗呼雌枪反，去声。

【导读】

掌，同“撑”，二月初二吃撑腰糕，是苏州等江南地区传统风俗，一直保留至今。现在的商家，有专门为二月二制作的撑腰糕，撑腰糕已经成为一种应时的节令性糕点。旧时的撑腰糕，并非专门制作的应时糕点。出了正月，田间的农活渐多，农民忙于农活，没有时间做饭，就把正月里还没有吃完的年糕油煎一下，把年糕带到田里，作为餐食。因糯米制作的年糕比较顶饱耐饥，故有撑腰糕之称。旧时的江南人家，没有冰箱冷藏，为了延长保存时间，一般会把前一年岁末制作好的年糕放在装满冷水的水桶中浸没。在保存过程中，年糕表面难免会出现一些斑点，过去的人们比较节约，对粮食尤为珍惜，就把霉变的斑点切削掉，用油煎一下或用小火在锅子里熯一下再食用。过去农村人吃的撑腰糕，一般就是这种情形。

文昌会

三日，为文昌帝君诞。大吏致祭于竹堂寺畔之庙，庙属长洲境，故长邑宰亦祭于此，他邑有其庙者，各邑宰为之主祀；余如道宫、法院、会馆、善堂，供奉帝君之像者，俱修崇醮。《录》谓："帝君掌文昌府事，主人间禄籍。"士大夫酬答尤虔，虽贫者亦备分烧香，纷集殿庭，谓之文昌会。

案：《祀典》："二月三日，为文昌诞辰，官为致祭。"本《道书》"二月三日，为文帝诞辰"之说。文昌祠，俗亦称梓潼帝君庙，孙光宪《北梦琐言》："神姓张，名恶子，居梓潼县之七曲山。仕晋，战没，人立庙祀之。”马贵与《通考》云：“唐玄宗、僖宗入蜀，皆有封号。宋咸平中，封英显王。”迨至元世，进号帝君，特设庙祀，于是天下学校皆有祠。《明史·礼志》：“弘治中，礼部尚书周洪谟议罢此祀，并毁祠之在学校者。谓梓潼显灵于蜀，庙食其地为宜。”嘉靖中，倪文毅《请正祀典疏》，亦本周说。叶石林《岩下放言》载：“蜀有二举人，行至剑门张恶子庙，夜各梦神，预作来岁状元赋。”甚灵异。高文虎《蓼花洲闲录》亦载此事。后人以其于科目有灵感，且元代尝封为文昌君，道家遂取《阴骘文》十七世为士大夫之说以实之。但考《史记·天官书》：“斗魁戴匡六星，为文昌宫。”四曰司命，五曰司中，六曰司禄，其三曰上将、次将、贵相。屈原《九歌》分大司命、少司命为二。朱竹垞谓：“少司命，即《星经》所云司命二星，在虚北；司禄二星，在司命北。大司命，则文昌之第四星也。”古之祀文昌者，司中、司命；今之号为帝君者，盖司禄也。《楚词》：“后文昌使掌行兮。”“顾命中宫勅百官”，王逸注：“天有三宫：谓紫微、太微、文昌也。”《孝经援神契》云：“文者，精所聚；昌者，扬天纪，辅拂并居，以承天象，故曰文昌宫。”然则，梓潼神之与文昌六星无涉，信矣。崔鸿《后秦录》：“姚苌立张相公庙于梓潼岭。”李义山诗称“张恶子庙”，则知唐时无文昌之称。虞文靖《相如院文昌万寿宫记》云：“元初但称七曲神君。”王宗沐《续通考》：“景泰五年，始勅赐梓潼为文昌宫。”是梓潼张神之为文帝君，或自此相沿与？

【导读】

文昌会，是纪念文昌帝生日的民俗活动。文昌帝是中国古代民间信仰中主持文运功名的星宿，过去的读书人尤为重视，《清嘉录》中谓：“士大夫酬答尤虔，虽贫者亦备分烧香。”完全是写实。很多地方都建有文昌阁、文昌庙，当地的读书人都会在科举考试前或者文昌帝生日的时候，前往祭拜，祈求文运亨通，功名顺利。

顾禄对“文昌会”的叙述较为清楚，不再赘述。在其注文中，论及了文昌帝的渊源和历史，其中说到“梓潼神之与文昌六星无涉，信矣”，通过历史文献的排比和考证，厘清并纠正了民间长期将“梓潼神”张恶子与文昌帝混为一谈的错误。顾禄的这一说法，在他之前的著名学者赵翼有更详细的考证，并明确指出：“文昌星与梓潼无干，乃合而为一，诚出附会。”最后也和顾禄一样，引用《明史·礼志》作结：“夫梓潼显灵于蜀……文昌六星，与之无涉，宜敕罢。”

冻狗肉

八日，为祠山张大帝诞。相传，大帝有风山女、雪山女，归省前后数日，必有风雨，号请客风、送客雨。虽天气甚温，又必骤寒，俗有“大帝吃冻狗肉”之谚。

案：张司直《太仓州志》云：“二月八日，为张大帝生日，必有风雨酿寒。”《常昭志》亦云。又云：“大帝吃冻狗肉，逢辰日，上天有接客风、送客雨。”考晋詹仁泽《祠山家世编》、宋程棨《三柳轩杂识》，俱引《祠山事要》，有“化身为彘，督阴兵浚河，为夫人李氏所觇，工遂辍。是以祀之，避豨用犬”。刘绳庵《重修庙记》：

“每春阴多寒，折俎用冻脯。”此殆俗所传冻狗肉之说欤？

【导读】

江浙地区民间传说和民间信仰中流传的张大帝，和北方中原地区流传的上古时期姜姓部落首领炎帝，是完全不同的两个概念。对此，清代著名史学家赵翼在其《陔余丛考》卷三十五中有过明确的考论，并有结论曰：“殊不知，《酉阳杂俎》及《殷芸小说》，固荒幻不经，即其所谓张天帝者，亦指昊天上帝言之，而于祠山无涉也。”浙江地区“所谓张大帝者，本流俗所称之帝”也。

江浙地区的张大帝是祠山之神。赵翼《陔余丛考》卷三十五中专列“祠山大帝”条，援引诸多古代典籍和笔记小说，把祠山大帝的来龙去脉，言之甚明。广德祠山神，本姓张，名勃，汉代乌程（今浙江湖州）人。张帝“役阴兵导河，欲通广德，自长兴县凿疏圣渎。先与夫人约，每饷至，鸣鼓三声，王即自至，不令夫人见之。后夫人遗餐于鼓，鸦啄鼓鸣，王以为饷至，至则无有。已而夫人至，鸣鼓，王反不至。夫人遂亲至河所，见王为大豕，驱阴兵开浚。王见夫人，自惭，工遂辍，而逃于县西五里横山之顶，居人思之，为立庙。夫人亦至县东二里，而化为石人，亦立庙。”人们为了纪念张帝兴修水利、造福于民的恩泽，遂立庙纪念。唐代天宝年间，朝廷追赠水部员外郎一职，又改横山为祠山。晚唐诗人罗隐曾过此地，留下题词：“祠山张大帝，天下鬼神爷。”（宋陆佃撰、明牛衷增辑《增修埤雅广要》卷四十一）宋朝赠封正佑圣列真君、昭德昌福真君、正顺威德圣烈大帝等。据《湖州风俗志》记载，为祠山大帝塑全身站像，双手持开山大斧，庙内的匾额上题书“禹后一人”，其意就是表彰他的治水之功。

后来江南地区民间信仰张大帝，除了企盼免受洪灾、旱灾，也有预卜前程，保佑安康的意义。至今，这一旧俗在江苏溧阳社渚镇的河口、高淳的桠溪以及安徽广德等地得到了完整的保留，在农历二月初八，传说中张大帝生日当天，举行祠山庙会。传说中，张大帝的四个女儿风、雨、雪、火会在大帝生日当天进献父亲爱吃的冻肉，因为张帝生前治水的时候，曾变为猪，所以不能进献猪肉，就用冻狗肉替代。至今在江苏、安徽交界处的一些乡村，还有二月初八以冻狗肉供奉祠山大帝，村民吃冻狗肉的旧俗。

二月初八的天气状况，在古代农耕时代，也较多地受到了百姓的关注，在过去的农书和历书中常有记载。明代娄远礼的《田家五行》中就有这样的记载："二月初八日，祠山张大帝诞辰。此日东南风谓之上山旗，主水。西北风谓之下山旗，主旱。彼中值西北风则旱，人皆泣，盖山田畏旱故也。"可以与《清嘉录》的记载相印证。

百花生日

十二日，为百花生日。闺中女郎剪五色彩缯，黏花枝上，谓之赏红。虎丘花神庙击牲献乐，以祝仙诞，谓之花朝。蔡云《吴歈》云："百花生日是良辰，未到花朝一半春。红紫万千披锦绣，尚劳点缀贺花神。"

案：田汝成《西湖游览志》云："花朝、月夕，世俗恒言二、八两月为春秋之中，故以二月半为花朝，八月半为月夕。"周处《风土记》及《提要录》，皆以二月十五日为花朝。然《翰墨记》以二月十二日为花朝。《诚斋诗话》："东京亦以二月十二日为花朝。"《宣府志》："花朝节，城中妇女剪彩为花，插之鬓髻，以为应节。”《昆新合志》云：“二月十二日为花朝。花神生日，各花卉俱赏红。”《镇洋志》以十二日为崔元徽护百花、避封姨之辰，故剪彩条，系花树为旛。然郑还古《博异记》载元徽事，只云春夜，不言月日。

【导读】

早春二月，天气逐渐回暖，百花先后开放。在古人的印象中，随着梅花的绽放，也就拉开了群芳争艳的春日盛景，因而在古典诗词中，梅花一直有“东风第一枝”的美誉，元代诗人段克己有诗曰：“幽香不许俗人知，才是东风第一枝。误认文君新睡起，读书窗下立移时。”（《乘兴杖履山麓，值梅始华，徘徊久之，因折数枝置几侧，灯下漫浪成语，简诸友一笑云》诗）为了迎接、欢庆春日繁花似锦的到来，很多地方都有“花朝节”，俗称为“百花生日”“花神生日”“花神节”，各地的具体时间略异，有在农历二月初二、二月十五的，也有在二月二十五的，苏州的“百花生日”则明确在农历二月十二日。在苏州，花朝节的重头戏则是在虎丘花神庙举行隆重的祭花神仪式，周边的居民，特别是花农和闺阁女子，都会到花神庙去烧香，以祈求花神降福。

有关苏州花神庙较为全面的记载，见于清代苏州人顾震涛的《吴门表隐》，书中记载了清代苏州城内保存的五座花神庙：“花神庙，在桐桥内十二图花神浜，祀司花果之神。神姓李，名□，有‘永南王’之封。傍列十二月花神像。明洪武中建。一在虎邱山梅花楼，乾隆四十九年织造四德、知府胡世铨、里人陈维秀等建。一在管山。一在清真观侧，并花果同业奉香火。一在定慧寺西，旧在齐门新桥巷。”顾禄在《桐桥倚棹录》中也对虎丘山花神庙做了详细的记载，可补顾震涛之不足，其中有谓：“花神庙，任《志》云在虎丘山寺东、试剑石左。国朝乾隆四十九年，织造四德、知府胡世铨即梅花楼旁址建。”过去的这些花神庙，因为历史上的种种原因被拆毁，现在虎丘风景区北门的西面，重建花神庙，已于2020年对外开放，再次复现旧时虎丘周边种花、买花、卖花的历史文化内涵。

清代中后期，各地出现了评定十二月花神的做法，各地的版本很多，其中以天津杨柳青的“十二月花神”年画和清末苏州画家吴友如所绘的《十二月花神图》流传最广。吴友如所选画的十二花神是：一月梅花柳梦梅、二月杏花杨玉环、三月桃花杨延昭、四月蔷薇张丽华、五月石榴钟馗、六月荷花西施、七月凤仙石崇、八月桂花绿珠、九月菊花陶渊明、十月芙蓉谢素秋、十一月山茶白乐天、十二月蜡梅老令婆。单月花神是男性，代表阳刚之气；双月花神是女性，代表阴柔之气。清末苏州文人为取得对十二月花神在认知上的统一，请寓居在苏州的大儒俞樾校定，俞樾在《十二月花神议》确定了男花神，他们分别是一月梅花，神何逊；二月兰花，神屈平；三月桃花，神刘晨、阮肇；四月牡丹，神李白；五月石榴，神孔绍安；六月莲花，神王俭；七月鸡冠花，神陈后主；八月桂花，神邵诜；九月菊花，神陶渊明；十月芙蓉，神石曼卿；十一月山茶，神汤若士；十二月蜡梅，神苏东坡、黄山谷。另外，还确定了十二位女花神，她们是一月梅花，神寿阳公主；二月杏花，神阮文姬；三月桃花，神息夫人；四月蔷薇，神丽娟；五月石榴，神魏安德王妃李氏；六月莲花，神晁采；七月玉簪，神汉武帝李夫人；八月桂花，神唐太宗贤妃徐氏；九月菊花，神晋武帝左贵嫔；十月芙蓉，神飞莺轻风；十一月山茶，神杨太真；十二月水仙，神梁玉清。

古代的女孩，在“百花生日”这一天，可以到野外尽情玩耍，诸如踏青赏红、游春扑蝶、挑挖野菜、制作花糕、行飞花令等活动，这些活动深受她们的欢迎，所以，农历二月十二日，在古时也被称为“女儿节”。所谓“赏红”，就是把剪过之后的五色彩笺，用红线挂在树枝上。扑蝶、挑菜的风俗由来已久，据清代《广群芳谱》所引的宋代文献可见，在宋代，无论宫中还是民间，这两种风俗已经非常流行，杨万里的《诚斋诗话》有曰："东京（按：北宋都城，今河南开封）二月十二日曰花朝，为扑蝶会。"又引《翰墨记》曰："洛阳风俗，以二月二日为花朝节。士庶游玩，又为挑菜节。"选用时令的鲜花制作花糕，也属应时应景之俗。飞花令这种文字游戏，是古人饮酒时所行的一种酒令，得名于唐代诗人韩翃《寒食》诗中的名句"春城无处不飞花"，无论文人雅士还是闺阁女子，都非常喜爱这种具有诗韵趣味的文字游戏。这种游戏，参与者依次诵读带"花"字的诗句，这对参与者的诗词修养有较高的要求。现代有些文化活动中，也会举行飞花令，只是规定的关键字不再仅限于"花"字，古典诗词中出现频率较高的"云""春""月""夜"等也常被用来作为行令的题面。

二月十二

土俗以十二日天气清朗，则百物成熟。谚云："有利无利，但看二月十二。"

案：贾思勰《齐民要术》作"有利无利，但看四月十四"。郡人又作"有利无利，但看三个十二"，谓二月十二、三月十二、四月十二也。《吴县志》谓："花生日晴，则百果熟。"

观音生日

十九日，为观音诞辰。士女骈集，殿庭炷香，或施佛前长明灯油，以保安康，或供长旛，云求子得子，既生小儿，则于观音座下，皈依寄名，可保长寿。僧尼建观音会，庄严道场，香花供养。妇女自二月朔持斋，至是日止，俗呼观音素。六月、九月朔至十九日，皆如之。

案：张谓《宣室志》载："唐敬宗时，厨吏修御膳，烹卵，闻鼎中呼观音菩萨，声甚凄咽，因罢斥缁徒之诏，诏郡国各于精舍塑观音菩萨像。"然未明言男女，今皆作女人像，法相端严，确指为梁妙岩公主得道成佛。并相传，十九日为观音诞，六月十九日为观音成道之辰，见吴县旧《志》。

【导读】

唐代因为避唐太宗李世民的名讳，将观世音菩萨改称为“观音”。在中国佛教传统中，观音菩萨与地藏菩萨、文殊菩萨、普贤菩萨并称为“四大菩萨”，在民间的信众甚多。农历二月十九、六月十九、九月十九，分别是观音菩萨的诞辰、证悟成佛日和出家修行的日子，每年的这三天，佛教信众会斋戒礼佛，寺庙也会举行隆重的观音法会，礼敬膜拜观音菩萨，祈求安康长寿，祛灾解厄。苏州人在这三个礼敬观音菩萨的重要宗教节日中，通常会到城外的支硎山进香礼佛，故而支硎山又名为“观音山”，并形成了远近闻名的“观音山香市”。在苏州的常熟地区，还流传着这样的说法，观音生辰那天的天气，可以预测当年农作物的收成，邓琳《(道光)虞乡志略》卷八《风俗》有曰:“二月十九日,观音生日。晴主岁好,雨则诸物少收。”

观音山香市（山篰）

观音诞日，有至支硎山朝拜者，望前后已联缀于途，马铺桥迤西，乃到山路也。人多赁坐竹舆，资以代步，不帷不盖，两人肩之以行，俗呼观音山篰子。

案：《府志》云：“府西二十五里，有支硎山，以山之东趾有观音寺，故又名观音山。”长、元、吴《志》皆云：“二月十九日，为观音诞，支硎山士女连袂进香。”徐崧、张大纯《百城烟水》云：“支硎山，俗称观音山。三春香市最盛。”黄省曾《吴风录》云：“二三月，郡中士女浑聚至支硎观音殿，供香不绝。”沈朝初《忆江南》

词云:“苏州好,二月到支硎。大士焚香开宝座,小姑联袂斗芳軿。放鹤半山亭。”

木杮柴

观音山人以枣、栗诸木作盂盌、葫芦之属，或以寸木作妆域，上覆如笠，下悬如针，旋转为戏，俗呼转盘图。又以柳木片，胶粘作小舫，为小儿玩物，颇不耐弄，俗有“乖乖乖，观音山买木杮柴”之谣。

案:《晋书》:“王浚为益州刺史，造船，木杮蔽江而下。”又《魏书》:“太祖营梓宫，木杮尽生成林。”五代周显德四年，修永福殿，役徒有削杮为匕，以瓦啖饭者。《集韵》《韵会》:“杮，芳废切，音肺。”《说文》:“削木札朴也，从木杮声。陈楚谓椟为杮。”徐锴曰:“即木椟也。”又削下木片也。《后汉·杨由传》：“风吹削林。”又《颜氏家训》：“削林，削札椟之林。古者书误则削之，《左传》云：‘削而投之’是也。”吴语谓削木片，曰木林。

【导读】

“妆域”（俗称“转盘图”），是古代儿童用作游戏的一种玩具，类似于今天的陀螺。清代学者杭世骏曾与厉鹗等人一起唱和，作有《妆域联句》，在联句序中，杭世骏详细地介绍了这种宫人嬉戏的玩具：“妆域者，形圆圜如璧，径四寸，以象牙为之。面平，镂以树石、人物，丹碧粲然。背微隆起，作坐龙蟠屈状，旁刻‘妆域’二小字，楷法精谨。当背中央凸处，置铁针，仅及寸。界以局，手旋之，使针卓立，轮转如飞。复以袖拂，则久久不能停。逾局者有罚。相传为前代宫人角胜之戏。如《武林旧事》所载‘千千’、《日下旧闻》之‘放空钟’之类。”手指用力捻转上方的铁针，启动妆域旋转起来，然后再用衣袖拂打妆域的侧边，使玩具保持旋转。

“杮”，把木材削成薄片，现在一般作“柿”，《正字通》：“杮，今俗亦作柿。”顾禄所记载的“木杮柴”，是用薄木片拼接、粘合制作而成的玩具或小模型。

老和尚过江

二十八日，为老和尚过江，必有风报。若吹南风，主旱。

案：范成大《吴船录》云：“丁巳，泊长芦，幞被宿寺中，此为菩萨达摩一苇浮渡处。”然未尝指定此日也。《昆新合志》谓：“二十七日、二十八日南风，主旱。”谚云：“念七念八，吹得庙门开，蛳螺蚕蚬哭哀哀。”

【导读】

“老和尚过江”是苏州地区的一句俗语，较为形象地概括了早春二月苏州地区的天气情况。按照现代气象科学的角度来看，农历二月正是江南地区天气变化频繁的时节，冷暖空气的频繁交汇，使得苏州等江南地区的极易形成多风、多雨的天气。苏州老百姓口耳相传的谚语有谓："老和尚过河，不是风就是雨。"这句谚语是古代劳动人民长期生活经验的积累，是在对本地气候长期观察中得出的经验。常熟人则以二月十八为"老和尚过江"，邓琳《（道光）虞乡志略》卷八《风俗》记载："二月十八日，俗呼老和尚过江，每多风雨。老和尚，谓达摩也。"这句谚语中用了达摩祖师一苇东渡的典故，具有一定的文化内涵，从中可见古代苏州佛教文化的盛行。

神鬼天（落沙天）

清明前后，阴雨无定，俗呼神鬼天。或大风陡起，黄沙蔽日，又谓之落沙天。蔡云《吴歈》云：“劈柳吹花风作颠，黄沙疾卷路三千。寄声莫把冬衣当，耐过一旬神鬼天。”

案：刘侗《帝京景物略》：“燕俗谓阴雨为酒色天。”

春台戏

二三月间，里豪市侠，搭台旷野，醵钱演剧，男妇聚观，谓之春台戏，以祈农祥。蔡云《吴歈》云："宝炬千家风不寒，香尘十里雨还干。落灯便演春台戏，又引闲人野外看。"

案：汤文正公抚吴告谕中有云："地方无赖棍徒，借祈年报赛为名，每至春时，出头敛财，排门科派，于田间空旷之地，高搭戏台，哄动远近，男妇群聚往观，举国若狂。"

【导读】

春台戏，亦称"唱春台戏"，民间俗称为"社戏"。

旧时唱春台戏主要是为了娱神，以祈求农业丰收，一般在农历二三月间的迎神赛会期间举行。过去的春台戏，多由地方的乡绅倡议，临近的村子合资，邀请民间的“草台班子”（指规模不大，名气不响的民间戏班），在乡村旷野处连演数天。每逢乡间有春台戏演出，附近的村民都会聚集过来看戏，热闹非凡。陶煦《（光绪）周庄镇志》卷四：“（三月）二十八日，天齐王诞辰，东岳庙左演戏三日，近乡田作多停工来游，俗称长工生日。入春以来，各乡村次第演春台戏，几无虚日，所谓迎神赛会，则乐趋醵钱，演剧则不吝也。”春台戏的演出，按例由丑角先出场，在锣鼓的伴奏下，载歌载舞，说表结合，同时还会向观众展开一幅幅写有吉祥祝福语的红色条幅，诸如“风调雨顺”“天官赐福”等，观众在此时也会向舞台上抛掷钱币，民间有投中者交好运的说法，这一表演过程称为“跳加官”。而后就开始正式演出。鲁迅的小说《社戏》中，就有一些对江南农村“社戏”的描写，可以参阅。

1949年后，春台戏一度中止。到二十世纪八九十年代，春台戏在江南农村逐渐恢复，由乡镇集体企业出资，或村民联合出资，募集演出费用，请江浙一带的小剧团来村中演戏，成为现代农民春日里重要的文化娱乐活动。

解天饷

春中各乡土地神庙有解天饷之举，司香火者董其事。庙中设柜，收纳阡张、元宝，俗呼钱粮。凡属境内居民，每户献纳一副、十副、数十副不等。每完一副，必输纳费制钱若干文，名曰解费。献纳稍迟，则遣人于沿街鸣锣使闻，谓之催钱粮。有头限、二限、三限之目。限满之日，盛设仪从鼓乐，戴甲马，舁神至穹窿山上真观，以钱粮焚化玉帝殿庭，为境内居民祈福，名曰解天饷。

案：沈榜《宛署杂记》云：“阡张，凿纸为条，与冥钱同类。”又吴云岫《吴中百一谣》云：

“天亦何所欲？而征人间饷。年年解穹窿，愚俗甘受诳。”

【导读】

“解天饷”是旧时江南农村的一项风俗传统，各地乡民要向当地所属的土地庙进献香烛、油米等物，作为祈福求佑之资。

在阳澄湖莲花岛上的三元府第内，有一块清代苏州状元钱棨撰文、著名学者王鸣盛书写的《公建总管庙序》碑，这块乾隆末年留存至今的碑刻，详细地记载了旧时“解天饷”庙会的热闹场面。据此碑刻的记载，苏州地区的“解天饷”，起源于明末。在连年的饥荒中，有道士假借天师之名，四处散布消息说，天下饥荒和盗贼作乱，只有借助阴兵的力量，才能平定天下乱局，借调阴兵则需要大量的钱粮。在这一传言的蛊惑下，各乡土地庙开始负责征收香烛、纸锭、阡纸、元宝、油米等物，这一活动被称为“解天饷”。如果百姓不如期缴纳，则下达文书鸣锣催缴，称之为“催钱粮”。当“天饷”收解完成后，各乡村民抬着当地的土地神，一路敲锣打鼓，把收解的“天饷”送到穹窿山顶的上真观玉皇大帝殿前焚化。

之后，“解天饷”这一风俗逐渐演变成为一种庙会活动，其主旨也变成为百姓祈福求平安。但是有些地方异化成当地保长、甲长的一种谋财手段。

关于催钱粮中的“头限、二限、三限之目”的解释，详参本书第十卷“收租完粮”条的导读部分内容。

三月

放断鹞

游春玩景

田鸡报（三月沟底白，莎草变成麦）

三日，农民听蛙声于午前后，以卜丰稔，谓之田鸡报。谚云："田鸡叫拉午时前（延先切），大（读作度）年在高田；田鸡叫拉午时后，低田弗要愁。"俗又以是月晴，宜麦。谚云："三月沟底白，莎草变成麦。"

案：范成大诗："薄暮蛙声连晚闹，今年田稻十分秋。"褚人获《坚瓠集》云："吴中以上巳蛙鸣，则无水患。"谚云："三月三个蝦蟆，禁口难开。"又九县《志》皆载占谚云："午前鸣，高田熟；午后鸣，低田熟。"并载唐人诗云："田家无五行，水旱卜蛙声。"沈嘉辙《南宋杂事诗》

云：“家乡风物嗜鸣蛙。”叶绍翁《四朝闻见录》云：“杭人嗜田鸡如炙，即蛙也。”今吾乡亦名蛙为田鸡，多喜嗜之。长、元、吴《志》又皆载“三月沟底白”之谚。《昆新合志》并云：“是日晴，三青贱。俗云：‘雨打石头遍，叶子三钱片。’”

野菜花（眼亮糕）

荠菜花，俗呼野菜花。因谚有“三月三，蚂蚁上灶山”之语。三日，人家皆以野菜花置灶陉上，以厌虫蚁。侵晨，村童叫卖不绝。或妇女簪髻上，以祈清目，俗号眼亮花。或以隔年糕，油煎食之，云能明目，谓之眼亮糕。

案：苏东坡《物类相感志总论》：“三月三日，收荠菜花，置灯檠上，则飞蛾、蚊虫不投。”吴曼云《江乡节物词》小序云：“杭俗：上巳日，置荠菜花于灶上，可驱虫蚁。”诗云：“一枝春向灶觚探。”田汝成《西湖游览志》：“三月三日，男女皆戴荠菜花。”谚云：“三春戴荠花，桃李羞繁华。”江、震《志》亦并载此俗。又《昆新合志》云：“三月三日，各乡村舁神朝岳帝，曰野菜会。北乡更盛。儿女皆簪野菜花，或以野菜花抹灶，可驱虫蚁。”吴自牧《梦粱录》谓：“清明以柳条插门，名曰明眼。”与吾乡三日戴荠花之俗，取意略同。

【导读】

荠菜是一种野菜，清明之前的荠菜可以入馔，过了清明，荠菜开花结籽，就不适合食用了。荠菜在江南一带的家常吃法很多，或者和着其他食材炒、炖，如荠菜炒蘑菇、荠菜炒冬笋、荠菜豆腐羹等，也可以剁碎作为馄饨的馅料。野生荠菜因其味美清香，深受江南人民的喜爱，在苏州人的心目里，荠菜是野菜里最重要的代表，所以在苏州话中，就直接称荠菜为“野菜”。旧时的江南人，在清明前会走进大自然，采摘各种野生植物作为应时应季的蔬菜，并把最常见的九种野菜并称为“八头一脑”，它们是香椿头、马兰头、枸杞头、荠菜头、小蒜头、苜蓿头、豌豆头、草头以及菊花脑，据说这些野菜都有明目驱虫的功效。现在，这些野菜的种子已被人工采集，并在农田中进行规模化的栽培和种植，产量大增，过去作为偶尔调剂口味的野菜，已经成为家常的蔬菜。

插杨柳

清明日，满街叫卖杨柳，人家买之，插于门上。农人以插柳日晴雨，占水旱，若雨，主水。谚云：“檐前插柳青，农夫休望晴。”

案：《五代·后周序》：“江淮间寒食日，家家杨柳插门。”吴自牧《梦粱录》云：“清明日，家家以柳条插门上。”又周密《乾淳岁时记》：“清明前三日，家家插柳，大家则加枣餬于柳上。”又喻正己《诗话隽永》：“贾秋壑诗云：‘寒食家家插柳枝。’”又史梅溪《饮绿斋词》有“柳户清明”之句。九县《志》亦皆载清明日插柳于檐。《昆新合志》又云：“寒食日，插麦叶于门户。”并云：“是日宜雨。”谚云：“雨打墓头田，高低好种田。”

【导读】

清明是二十四节气之一，也是中国古代重要的传统节日，清明之所以称为“清明”，清代满族学者富察敦崇在《燕京岁时记》引汉代的《岁时百问》说：“万物生长此时，皆清洁而明净，故谓之清明。”清明节的风俗，除了众所周知的上坟祭祀之外，在不少地方还有插杨柳、戴杨柳的风俗。

清明时节，正值柳色青青，自然映入人们的眼帘，外出踏青赏景之人，随手摘下一枝柳条，插在发际，挂在衣襟上，也有的人会把它插在路旁，或是插在自家的房前屋后、门口。在春日适宜的温度和湿度下，柳条极易在土壤中生根成长，正象征着春天勃发的生机和欣欣向荣的景象。这一风俗在全国许多地方都有，称之为“插杨柳”。还有的人喜欢将柳条编成圆环形的柳条帽，戴在头上。旧时传说，少年儿童头戴柳条帽，可避免各种虿毒的侵害，也可以免除各种病疫的感染。而《清嘉录》本卷下一条所记载的“杨柳球”，与柳条帽类似，只是做法略有不同而已。过去的儿童，会先剥开采摘下来的细嫩柳条的根部树皮，再用两个指头紧捏着剥开的树皮，最后顺势往另一端捋下，新嫩的树皮和柳叶便卷成一个球形，遂名之曰“杨柳球”。儿童手拎剥去树皮的一头，杨柳球下垂，犹如手里提着绿色的灯笼，故而又有“柳灯笼”之称。

清明插柳、戴柳的风俗或是古代寒食行冠礼、笄礼的一种遗存。在宋代的礼制和风俗中，寒食节为青年男女举行成年冠礼、笄礼，男子在受冠服、女子在受发笄的时候，也会插戴柳枝，标志着青年男女已经成年。后世遂把寒食、清明前后的柳条与青春、成年联系在一起，“插杨柳”“戴柳帽”“戴杨柳球”，都在一定意义上表达出人们对青春年华的珍惜与留恋，女子戴杨柳球，更有青春永驻的美好愿望，此诚如民谣所谓：“清明不戴柳，红颜变皓首。”

戴杨柳球

妇女结杨柳球，戴鬓畔，云红颜不老。杨韫华《山塘棹歌》云："清明一霎又今朝，听得沿街卖柳条。相约比邻诸姊妹，一枝斜插绿云翘。"

案：段成式《酉阳杂俎》："唐中宗三月三日赐侍臣细柳圈，带之可免虿毒。"《唐书·李适传》谓："细柳圈辟疠。"又刘若愚《芜史》云："清明日戴柳枝于发。"又吴曼云《江乡节物词》小序云："杭人清明多有采柳枝插鬓者。"诗云："新火才从竹屋分，绿烟吹作雨纷纷。杨枝最是无情物，也逐春风上鬓云。"《吴县志》亦载："清明日，人带柳圈。”又江、震《志》：“清明，男女咸戴杨柳。”谚云：“清明不带柳，红颜成皓首。”《昆新合志》则云：“寒食日，男女胥佩戴麦叶。”此又一说。

过 节

人无贫富，皆祭其先，俗呼过节，凡节皆然。盖土俗，家祭以清明、七月半、十月朝为鬼节，端午、冬至、年夜为人节。逢鬼节则祭，用麦面，烧纸焚锭，亦鬼节为盛。新丧终七而未逾年者，多招释氏、羽流，讽经礼忏，以资冥福，至亲往拜灵座，谓之新清明。

案：杜甫诗注："秦人呼寒食为熟食，谓不动烟火，预办熟食物过节也。"吴人"过节"二字，本此。《程氏遗书》："寒食常礼，祭先，称家有无。"《昆新合志》云："十月朔，名鬼节。"又云："清明前二日，为寒食。新丧终七而未逾年者，皆设长粽以祭，新葬者亦然。”江、震《志》皆云：“人有新亡者，其家必倍悲痛，名新寒食。至戚则往祭于几筵，俗呼排座。”吴俗，清明、七月半、十月朔，家祭，用麦面，犹邺中寒食祭先用麦饭也。

【导读】

现在的清明节已被列为国家法定假日，人们就利用这一休假时间上坟，祭扫亡故的先人，是中国古代“笃行纯孝，慎终追远”这一优良文化传统的当代传承和延续。在过去，家家户户除了要上坟祭拜之外，还要在家里给亡故的先人举行祭祀，既要有香烛、纸锭的供奉，还需要置办一桌祭祀的酒席，祭祀用的菜品称为“祭菜”，一般有整条的鱼、整块的方肉、整鸡、豆腐，以及青菜、黄豆芽等蔬菜，称之为“过节”。现在这一“过节”的仪式逐渐简化、淡化了，在吴地农村有时会见到。

随着时代的发展，人口流动迁移的频繁，一些远离家乡的人无法在清明时节到祖先的墓地祭扫，也会采用这种“过节”的方式，向故乡的方向遥祭先祖，表达敬意。互联网时代，传统“过节”祭拜的方式也有了全新的发展，近些年出现了网络祭奠的方式。现代的网络用户在互联网上为逝去的亲人、祖先建立网上永久性的纪念堂或网上墓地，保存逝者生前遗留下来的照片、影像资料，撰写逝者的生平事迹，可以供所有的亲朋好友上网纪念，在清明节以及亡故亲人的所有重要纪念日，随时可以采用发表留言等方式进行祭奠和缅怀。

青团焐熟藕

市上卖青团、焐熟藕，为居人清明祀先之品。徐达源《吴门竹枝词》云："相传百五禁厨烟，红藕青团各荐先。熟食安能通气臭？家家烧笋又烹鲜。"

案：卢《志》："寒食祭先，以稠饧、冷粉团。"并引吕希哲《岁时杂记》谓："两浙民俗，以养火蚕，故于此日禁火。"今俗用青团、红藕，皆可冷食，犹循禁火遗风，然与鬼神享气之义不合，故仍复有烧笋、烹鱼以享者。蔡铁翁诗："烧笋烹鱼例荐先。"然江、震《志》又皆云："寒食祭先用角粽、青团。青团，乡人捣稫麦汁，搜粉为之。”《集韵》《类篇》：㶉，并乌卧切，音涴，犹言暖也。吴语谓煮食物得暖气而易烂，曰㶉。

【导读】

旧时，青团和㶉（今通常写作“焐”）熟藕是清明祭扫时候用来供奉先人的祭品。若追溯一下这两种食物的历史，便会发现它们被用作清明祭品是一个巧合，它们原本是寒食节的应季美食，徐达源《吴门竹枝词》中说得就很清楚：“相传百五禁厨烟，红藕青团各荐先。熟食安能通气臭？家家烧笋又烹鲜。”诗中所说的“百五”，就是指冬至以后的第一百零五天，这天就是宋代以前非常盛行的寒食节。寒食节的起源甚早，据说史籍记载，春秋时期晋公子重耳为躲避祸乱，经历了长达十九年的流亡，介子推始终追随不弃。后来，公子重耳励精图治，成就霸业，成为春秋五霸之一的“晋文公”。介子推却淡泊名利，选择隐居，晋文公为逼迫其出山，下令放火焚烧他隐居的绵山。介子推坚决不从，被火烧死。晋文公感念这位忠臣的功绩和志节，遂令晋国上下在介子推死难之日禁止用火。由于不能用火烹制食物，这天就只能食用冷食，故称为“寒食”。后来，这一风俗由晋国传遍天下。青团、焐熟藕都是吴地人过去寒食节的冷食。随着寒食节的日渐式微，逐渐被清明节取代，青团、焐熟藕这些冷食也逐渐成为清明祭祀上坟的祭品。现在，青团子和桂花糖藕都已成为清明时节的时令美食，也是最富江南特色的美食小吃。

上 坟

士庶并出，祭祖先坟墓，谓之上坟。间有婿拜外父母墓者。以清明前一日至立夏日止。道远则泛舟具馔以往，近则提壶担盒而出。挑新土、烧楮钱、祭山神、奠坟邻，皆向来之旧俗也。凡新娶妇，必挈以同行，谓之上花坟。新葬者又皆在社前祭扫。谚云："新坟不过社。"周宗泰《姑苏竹枝词》云："衣冠稽首祖茔前，盘供山神化楮钱。欲觅断魂何处去？棠梨花落雨余天。"又蔡云《吴歈》云："柁尾飘飘挂纸钱，出城都是上坟船。荒原落叶何曾扫？胜地名花别有缘。"

案:《礼记》:“宗子在他国,庶子无庙,孔子许望墓为坛,以时祭祀。”此墓祭之本也,但未必在寒食。而《五代史·周世宗纪论云》:“五代礼坏,寒食野祭而焚纸钱。”似野祭始于五代矣。然蔡中郎谓:“古不墓祭。”魏文帝黄初三年诏用此语,自作终制,亦云:“礼不墓祭。”则汉魏时,固有墓祭者。汉元帝追念萧望之,每遣使祭其冢。光武令诸功臣皆过家上冢,又遣使祭窦融父冢。且《孟子》书有“墦间之祭”,《韩诗外传》有“椎牛祭墓”之文。《史·周本纪》云:“武王上祭于毕。”毕,文王墓地也。《吴越春秋》:“夏少康封禹庶子于越,春秋祠墓于会稽。”则夏时已有墓祭。《周官·小宗伯》:“成葬而祭墓为位。”《冢人》:“凡祭墓为尸。”《檀弓》记:“有司以几筵舍奠于墓左。”《注》《疏》皆谓:“祭后土之神。”朱子云:“周礼,上已有墓祭。”则以为祭先矣,窃意后人因后土之祭,而并祀祖先尔。《汉书·光武纪》:“建武十八年八月,有事于十一陵。”则期又在八月。又《朱买臣传》云:“故妻夫家上冢。亦未详何时。”《旧唐书》载:“开元二十年,敕云:‘寒食上墓,礼经无文,近代相沿,浸以成俗。士庶之家,宜许上墓,编入五礼,永为常式。’”又柳子厚《与许京兆书》:“近世礼重拜扫,每遇寒食,皂隶佣丐,皆得上父母邱墓。”则寒食之期,始于隋、唐间也。徐凝诗云:“嘉兴县里逢寒食,落日家家拜扫回。”此更可证。《程氏遗书》谓:“拜坟,十月一日拜之,感霜露也。寒食,则从常礼祭之。”东坡有《海南人不作寒食而以上巳上冢》诗云:“鹿门山下德公回。”或据此以为寒食上墓,汉已有之。然章怀注《庞公传》引《襄阳记》,止云:“司马德操来候,值德公渡沔上先人墓。”云云,初不言时日。东坡传但以上冢借庞公为言耳。喻正己《诗话隽永》:“贾秋壑于德祐元年寒食上母坟。”周密《武林旧事》:“清明前三日为寒食,人家上冢而野祭,尤多妇人,淡妆素服,提携游女,分馂游息。”又吴自牧《梦粱录》:“清明日,诸宫妃、王子,坟堂行享祀礼。官员士庶,俱出郊省坟,以尽思时之敬。”今《昆新合志》:“寒食,往祭先垄,谓之扫墓。”又《常昭合志》:“清明祭墓,谓之上陇。”又江、震《志》皆载:“清明,士女并出祭墓,俗呼上坟。”又云:“今妇人并出祭墓,惟新寒食及新娶妇之家为然,余则否。”府《志》及长、元、吴《志》皆云:“寒食、清明扫墓。”又褚人获《坚瓠集》云:“吴中于清明前,子女长幼,持牲醴、楮钱,祭扫坟墓,虽至贫乏,亦备壶醪、豆豕。间有族人祭无祀孤冢,夫祭外父母者。纸灰满谷,哭声哀戚,有古淳朴之风。洞庭山又以馂余燕诸族人、亲友,互相庀具,壶觞腾涌,欢呼鼓腹。祭先睦族之诚,又他乡之所不及。”

【导读】

关于上坟祭扫先人，现在一般在清明前后，早在唐代，清明节的地位远不如寒食节，唐代人一般在寒食节祭扫。中唐诗人张籍的《北邙行》一诗有谓：“寒食家家送纸钱，乌鸢作窠衔上树。”另一位中唐诗人王建的《寒食行》一诗也明确记载了寒食节扫墓的习俗，其诗曰：“三日无火烧纸钱，纸钱那得到黄泉？”宋代以后，寒食节逐渐式微，清明上坟逐渐取代了寒食祭扫。

明清时期，在苏州的风俗中，上坟祭扫一般在清明之前；如果是新丧，已经终七但未满周年的，则要在清明当天上坟祭扫，俗称为“新清明”或“正清明”。还有一个风俗，在旧时也很看重，新婚夫妇则一定要上坟祭拜亡故的先人，俗称为“上花坟”，意思是让娶进门的新媳妇知道祖先的墓葬情况。在祭拜亡故先人的过程中，在墓上或墓旁安放白色的纸钱，进献方肉、整鱼和青团子等糕点，同时还要焚化纸钱、纸锭等祭品，旧时还有培新土“拢坟”、祭山神等习俗。出于生态环境保护的考虑，现代人清明祭扫的观念和方式也悄然发生了一些变化，传统的挂纸钱、焚烧纸钱的做法虽然还有，但更多的人会选择进献菊花等各色鲜花的方式，表达对先人的纪念。

纸　锭

土俗：家祭、墓祭皆焚化纸锭。纸以白阡，切而为陌，俗呼白纸锭。有满金、直电之分，以金、银纸箔糊成。其有挂于墓者，则彩笺剪长缕，俗呼挂钱，亦曰挂墓。家日新《纸钱》诗云："纸钱纸钱谁所作？人不能用鬼行乐。一丝穿络挂荒坟，梨花风起悲寒云。寒云满天风括地，片片纸钱吹忽至。纸钱虽多人不拾，寒难易衣饥换食。劝君莫把纸钱嗔，不比铸铜为钱能杀人。朝为达官暮入狱，只为铜山一片绿。"

案：《唐书·王屿传》云："汉以来，葬者皆有瘗钱。后里俗稍以纸剪钱为鬼事。开元二十六年，屿为祠祭使，始用之禳被祭祀。”范传正谓：“惟颜鲁公真卿、张司业参家祭不用纸钱。”王建《寒食行》云：“三日无火烧纸钱，纸钱那得到黄泉？”又徐凝诗云：“惟有县前苏小墓，无人送与纸钱灰。”是则，唐时已盛行。乃欧阳修谓，始于五代。又都元敬《听雨记谈》亦谓：“金银楮锭及钱，始于五代。”又引《清异录》载：“周世宗发引之日，金、银、钱、宝，皆寓以形，而楮泉大若盏口，其印文，黄曰‘泉台上宝’，白曰‘冥游亚宝’。”宋僧道世《法苑珠林》又谓：“纸钱起于殷长史。”更不知何本。宋钱若水不烧楮镪，吕南公为文颂之。邵康节祭祀焚楮钱，伊川见而怪，问之曰：“亦明器之义。”周益公《杂志》辨楮币谓：“俗人创二字，通上下，皆用，犹纸钱也。”则宋时纸钱真作钱样。《吴县志》：“清明前后，扫墓挂纸钱于冢。”又《昆新合志》云：“楮锭有剪长缕者，名挂钱，俗云挂墓。”钱唐姚春漪诗注：“甩，音环，去声，杭州土音也。”吴人亦谓背负物曰甩。

【导读】

古人在祭祀、祭扫时，会用到纸锭、纸钱、纸扎等祭品，表达对先人的纪念之情。纸锭是用锡箔或纸张折叠成银锭形状的祭品。纸扎是在祭祀及丧俗活动中用纸张扎制的物品，有纸人纸马以及金山银山、门楼屋宇等。纸钱是民间传说中可在冥间使用的冥币，一般用纸张制作而成，有用木槌和铁制钱模在纸上打出钱形的“打钱”，有用剪刀剪制而成的“剪钱”，还有仿照近代纸币、银元，在纸张上印数字金额的“印钱”。

古时曾流行殉葬制度，贵族死后，一般用实物陪葬，东汉以后，随着纸张的发明和使用，魏晋时期开始出现了纸钱，到唐代逐渐盛行。清代昆山人徐乾学在《读礼通考》卷九十六中曾对这一演变过程有详细的说明："古者享祀鬼神，有圭璧、币帛，事毕则埋之。后代既宝钱货，遂以钱送死。《汉书》称'盗发孝文园瘗钱'是也。率易从简，更用纸钱，乃后汉蔡伦所造。其纸钱魏晋以来，始有其事。今自王公逮于匹庶，通行之矣。凡鬼神之物，其象似，亦犹涂车、刍灵之类。古埋帛，今钱纸，则皆烧之。"又引洪庆善《杜诗辨证》之说云："南齐东昏侯好事鬼神，翦纸为钱，以代束帛，李淳风盛行其事。"

唐代扫墓时的纸钱，一般挂在墓旁，随着佛教的传入和流行，逐渐形成烧纸钱的习惯。在古印度佛教的观念中，用火烧可以把祭品传递给鬼神，在古印度的婆罗门教中的火神"阿耆尼"，就有传递物品的能力。后世在祭祀、扫墓时候，悬挂和焚化这两种方式一直并存，清富察敦崇的《燕京岁时记·清明》中就有谓："清明即寒食，又曰禁烟节，古人最重之。今人不为节，但儿童戴柳，祭扫坟茔而已。世族之祭扫者，于祭品之外，以五色纸钱制成幡盖，陈于墓左。祭毕，子孙亲执于墓门之外而焚之，谓之‘佛多’。”与顾禄同时代的吴江诗人顾日新，其诗中所写的“一丝穿络挂荒坟，梨花风起悲寒云”，也是清代中叶苏州地区祭扫风俗的真实写照。焚化和“挂墓”并存，这一风俗依然保存至今。

山塘看会

清明日，官府至虎丘郡厉坛，致祭无祀，游人骈集山塘，号为看会。会中之人，皆各署吏胥、平日奉侍香火者。至日，各舁神象至坛。旧例：除郡、县城隍，及十乡土谷诸神之外，如巡抚都土地诸神，有祭事之责者，皆得入坛，谓之督祭。凡土谷神，又咸以手版谒城隍神。短簿祠道流以王珣为地主，袍笏端庄，降阶迎接。每会至坛，箫鼓悠扬，旌旗璀璨，卤簿台阁，斗丽争妍。民之病愈而许愿服役者，亦多与执事。或男女缧绁装重囚，随神至坛，撇枷去杻，以为神赦。选小儿女之端好者，结束鲜华，赤脚跕立人肩，或置马背，号为巡风。会过门之家，香蜡以迎，薄暮反神于庙，俗呼转坛会。蔡云《吴歈》云："纷纷神役与神囚，多事舁神到虎丘。却爱巡风小儿女，绣衣花帽骋骅骝。"又郭麐《山塘竹枝词》云："灵旗社鼓说迎神，长吏同班露冕春。一例折腰手版内，那知张翰与王珣？"又杨韫华《山塘棹歌》云："三驺排立厉坛匀，县长朝来监祭神。一样阴司重地主，阶前袍笏立王珣。"

案：《易》："城复于隍。"此城隍之名所由昉也。《左传》："祝宗用马于四墉。"又"祈于四墉。"杜预《注》："墉，城也。"钱竹汀以为城隍之祀之滥觞。赵与时《宾退录》谓："芜湖城隍祠，建于吴赤乌二年。"是三国时已有之。《北史》："慕容俨镇郢城，城中先有神祠一所，号城隍神。"《南史》："梁邵陵王纶祭城隍神。"《隋书·五行志》："梁武陵王纪祭城隍神，将烹牛，有赤蛇绕牛口。”纶与纪，皆与俨同时，祀城隍神见诸此，至唐遂盛。张说、韩愈、杜牧之、麹信陵皆有祭城隍之文。杜甫、羊士谔有《赛城隍》诗。李白《鄂州刺史韦公德政碑》云：“大水灭郭，公抗词正色，言于城隍，其应如响。”李阳冰《缙云县城隍庙记》云：“城隍神，祀典无之，吴越有尔。”李昉等《太平广记》：“吴俗畏鬼，每州县必有城隍神。”欧阳公跋云：“城隍庙，今天下皆有，而县则少。”《宾退录》又云：“负城之邑，亦有与郡县两立者。”陆放翁《镇江府城隍庙记》云：“唐以来，郡县皆祭城隍，今世尤谨，守令谒见，仪在他神祠上。社稷虽尊，犹以令式从事，至祈禳报赛，独城隍神而已。”陆凤藻《小知录》载：“洪武二年，上在朝阳殿，梦东莞城隍及钵盂山土地云：‘每岁致祭无祀，一次不敷，乞饬有司岁祭三次，庶幽魂得以均沾。’上觉而异之，召礼部议，诏天下无祀者，岁凡清明、中元、十月朔，郡邑官致祭，著为令。我朝因之。”《府志》：“郡厉坛，在虎丘山前，附郭三邑，统祭于此。”沈朝初《忆江南》词云：“苏州好，节序届清明。郡庙旌旗坛里盛，十乡台阁半塘迎。看会遍苏城。”注：“虎丘厉坛，清明赛会最盛，十乡城内外土谷神也。”闻古者像不土绘，以神主。洪武三年，诏天下城隍止立神主，上称某府、某州、某县城隍之神。今吴中土谷之神，分配古贤名姓，塑像奉祀，如任彦昇、蒋子文、张翰、王珣之类皆是。且昔之导以神牌者，今皆舁像矣。尝阅《曝书斋集》有《山塘即事》诗云：“寒食山塘路，游人队队偕。桁杨充罪隶，箫鼓导神牌。红粉齐当牖，银花有堕钗。殷勤短主簿，端笏立阼阶。”“神来官道拥，祝祭厉坛仍。活脱青袍引，纵横绣幰乘。巫风书具训，奢俗礼宜惩。手版纷纷集，吾怜张季鹰。”揽云居士《吴门续画舫录》云：“吴中尝以清明、中元、十日朔三节，赛神、祀孤于虎丘郡厉坛。舟子藉诸丽品，以昂其价，画舫鳞集山塘，视竞渡尤盛。竞渡止经旬之约，赛会尽一日之欢，西舫东船，伊其相谑，直无遮大会。”云。

【导读】

旧时的苏州人在清明时节除了祭祀祖先和上坟扫墓等风俗之外，还会在官府的引领下，到虎丘、山塘一带，集中祭祀“孤魂无祀”的亡灵，体现了博大无私的兼爱情怀，这就是苏州人在清明时节“山塘看会”这一风俗的文化内涵。山塘、虎丘一带的“看会”活动中，市民纷纷出行，热闹非凡，后来逐渐发展演变成具有踏青、游乐性质的“赛神”活动，诚如清代的《吴门续画舫录》所说：“吴中清明……赛神、祀孤于虎丘厉坛。舟子藉诸丽品，以昂其价，画舫鳞集山塘……赛会尽一日之欢。西舫东船，伊其相谑，真无遮大会。”

本条及下条都提及苏州府、县的城隍庙，兹对中国古代城隍崇拜和苏州的城隍庙略作梳理如下。

“城隍”在传统道教中，是守护城池之神。作为一种民间信仰之神，城隍的源头可以追溯到两三千年前的西周时期。周天子的腊祭八神中就有城隍，清代著名学者王崇简在《冬夜笺记》中谓：“城隍之名，见于《易》，所谓‘城复于隍也。’”而后又引《礼记》“天子大蜡八”，水庸居其七，认为“水则隍也，庸则城也”，此乃“祭城隍之始”（清赵翼《陔余丛考》卷三五）。赵翼认为，城隍之始于西周“固然”，但其时尚“未竟名之为城隍”，城隍之祀，名实相合，“盖始于六朝也，至唐则渐遍”。此后，城隍之祀的意涵也有新的发展和变化，从周天子时代的沟渠、城池之神逐渐演变成护佑人间风调雨顺、物阜民安乃至人间吉凶祸福地方守护之神。就民间信仰的精神内核来看，其中寄托着天下苍生百姓对国泰民安、社会安定祥和的期待和渴望，寄托着对真、善、美的追求。

民间信仰在中国民间具有广泛性，多由自发性的情感寄托而伴随着精神崇拜逐渐产生、发展。城隍神作为民间信仰的神祇，无不蕴含着地方百姓的精神寄托和情感意愿。城市城隍神之形成和最后的确定，很多情况下都是在当地百姓长年的约定俗成中逐渐形成的共识。

苏州的城隍神是“战国四公子”之一的春申君黄歇，黄歇之所以成为城隍神，不仅有一定的历史文献依据，还体现了以苏州为中心的江南老百姓对名贤及其历史功绩的礼敬。“城隍”信仰作为江南地区一种流传甚广的民间信仰，其中蕴含着许多优良的传统道德观念，廉吏清官、贤士良臣的精神在人世间得以长驻，有利于“以民为本”的正确政绩观之形成，有利于淳朴风俗民情的迁衍。因而，它和儒家所积极倡导的名贤文化，在精神内涵的很多层面上是相融相摄的。

黄歇在江南地区的惠政，在《史记·春申君列传》等重要历史文献中有过明确的记载，其泽被后世，深受江南百姓的拥戴，也时见于江南地区的方志之中，这一点是毋庸置疑的。正史记载最具权威性的，莫过于《史记·春申君列传》，其中就有黄歇拜相，封春申君，徙于吴地的记载："烈王元年（前262），以黄歇为相，封为春申君，赐淮北地十二县。……后十五岁（前248）……春申君因城故吴墟，以自为都邑。"据唐人张守节《史记正义》说，春申君兴修城阙宫室的地点"故吴墟"，就是春秋时期吴王阖闾所建宫室旧址，"阖闾，今苏州也。阖闾于城内小城西北别筑城居之，今圮毁也"。春申君徙封"故吴墟"后，在战争的废墟上修建城池宫室，"改破楚门为昌门"，同时还兴修水利，"大内北渎，四从五横，至今犹存"。（张守节《史记正义》）司马迁在写作《史记》前，曾"适楚"，"观春申君故城"，也不禁赞叹"宫室盛矣哉"！

自唐宋以来，吴地方志中关于吴人感念春申君，修建春申君庙以为祭祀，以及把春申君视为吴郡城隍之记载比比也。早在唐代的时候，苏州就已经把春申君作为城隍神来供奉和祭祀了，范成大《吴郡志》中有谓："城隍庙，其初春申君也，唐碑具在。"（卷四十八）北宋朱长文的《吴郡图经续记》、南宋范成大《吴郡志》中都有明确的记载说："春申君庙，在子城内西南隅，即城隍神庙也。"这一说法一直延续到明清，明代苏州大学士王鏊所修《（正德）姑苏志》以及杨循吉纂《吴邑志》等方志中都持此说，由此可见，苏州府所属各县，乃至大的集镇，其修建的城隍庙中亦多供奉春申君。

犯人香（回残烛）

府城隍庙，俗称大庙。郡中市肆，悬旌入行，以及聚规、罚规，皆在庙台击牲演剧，香火之盛，什伯于他神祠。而士庶答赛，尤为心愫。大堂、二堂，皆有其像。三节入坛，则舁二堂之像，俗呼出会。城隍寝宫，装塑夫人，谓之后宫。人病，其戚若友联名具疏于庙，以祈神佑，谓之保福。告痊，谓之拔状。或许愿于神，病既愈，富家召优伶演剧，供献冠袍靴履；贫窭之子，亦必倩祝史献牲，谓之还愿。无日无之。女子为后宫侍从，男子为廊下隶卒，署名腰牌上，注服役月日、年纪。其人死，即肖象于庙。

或病者，暗充罪人，有毕生为神犯者，有历五年、三年为满者，谓之暗犯。遇清明节，殿前烧香、焚化批文，名曰犯人香。七月半、十月朝节亦如之。三五日前，已纷纷投到。既死，恐真为犯鬼，又必焚疏求释。庙左右纸马铺，拦街掗卖香烛、钱粮不绝。庙祝司香收神前残蜡，复售于烛肆，俗呼回残蜡烛。

案：《府志》云："府城隍庙，在武状元坊，即雍熙寺基地，隶吴县。旧在子城西南隅，明洪武三年改建今所。"又云："吴县城隍庙，明初附象于府城隍西庑。万历二十三年，知县袁宏道创建于庙仪门之右，其仪门之左，长洲县城隍庙在焉。元和县城隍庙，则在钮家巷，雍正四年，即土谷神张明庙改建。"《旧唐书·王毛仲传》："管闲厩刍粟之类，每岁回残，常致万斛。"又《新唐书·食货志》："太和九年，以天下回残钱，置常平仓本钱。"吴人谓买物用过仍卖店中，曰回残，二字本此。

【导读】

“回残”出典于唐代文学家元结的《请收养孤弱状》一文，文中说道：“有孤儿投军者，许收驱使；有孤弱子弟者，许令存养。当军小儿，先取回残及回易杂利给养。”唐代的“回残”制度，是指官府进行的营建项目结束后，把剩余的物资变卖后回缴国库，《旧唐书·王毛仲传》和《新唐书·食货志》中都有明确的记载。旧时，吴地有回收废旧物品，重新加工利用的习惯，也称之为“回残”。在江浙地区最为常见的“回残”就是回收燃烧过后的锡箔灰，从锡箔灰中分离出金属锡，经过再次冶炼、提纯，又可重新制作锡箔。旧时的这一做法，既避免了环境污染，也实现了资源的再利用。《清嘉录》中所说的“回残烛”，就是把未完全燃尽的蜡烛回收融化，重新制成蜡烛，以供祭祀、礼佛。

放断鹞

纸鸢，俗呼鹞子。春晴竞放，川原远近，摇曳百丝。晚或系灯于线之腰，连三接五，曰鹞灯。又以竹芦黏簧，缚鹞子之背，因风播响，曰鹞鞭。清明后，东风谢，令乃止，谓之放断鹞。杨韫华《山塘棹歌》云："春衣称体近清明，风急鹞鞭处处鸣。忽听儿童齐拍手，松梢吹落美人筝。"

案：宋高承《事物纪原》："纸鸢，其制不一，上可悬灯；又以竹为弦，吹之有声如筝，故又曰风筝。"明徐充《暖姝由笔》谓："纸鸢，鹞子也，一曰风筝。"褚人获《坚瓠集》云："吴中小儿好弄之，然当其抟风而上，盖亦得时则驾者与。”张元长《笔谈》载：“梁伯龙戏以彩缯作凤凰，吹入云端，有异鸟百十拱之，观者大骇。近作女人形，粉面黑鬓，红衣白裙，入于云霄，袅娜莫状。悬丝鞭于上，辄作悦耳之音。春日放之，以春之风自下而上，纸鸢因之而起，故有‘清明放断鹞’之谚。”《常昭合志》：“儿童放纸鸢，以清明日止，曰放断鹞。”今俗：札作人物、故事、虫介诸式，皆加以鹞之名，且作鹰隼、鸿雁之形，呼曰老鹰鹞、雁鹅鹞，真昧于鹞之义矣。吴谷人《新年杂咏》小序云：“杭俗：春初竞放灯鹞，清明后乃止。谚云：‘正月鹞，二月鹞，三月放个断线鹞。’”陈迦陵《春城望纸鸢》词：“急景难淹，又天半，夜灯初上。见火蛾旋绕，飞下雪梨十丈。”注：“风筝入夜，必絙灯火，并于其上高放梨花雪爆。”今吾乡亦不乏此好事者。

【导读】

鹞子，是纸鸢的俗称，现在普遍称为风筝。风筝起源于中国，在中国的历史可以追溯到战国时期。相传墨翟用木头制成“木鹊”，后来鲁班改用竹子，制成“竹鹊”，先秦时期墨家的典籍《墨子》中就有“公输子削竹木以为鵲”的记载。所谓“竹鵲（“鹊”的古字）”“木鵲”，指的就是旧时古代风筝的雏形。晚清学者孙诒让在《墨子间诂》的注文中引用大量古籍文献，对“竹鹊”“木鹊”进行了历史的梳理，其中有谓：“《渚宫旧事》云：‘尝为木鸢，乘之以窥宋城。’与此异。《列子·汤问篇》云：‘墨翟之飞鸢。’张注云：‘墨子作木鸢，飞三日不集。’《淮南子·齐俗训》云：‘鲁般、墨子，以木为鸢，而飞之三日不集。’此皆以‘鵲’为‘鸢’。又谓二人同为之，盖传闻之异。《论衡·儒增篇》《乱龙篇》说并同。《韩非子》亦云‘木鸢’……《文选·长笛赋》注云：‘案：墨子削竹以为鹊，鹊三日不行者彼误……”汉代以后，随着造纸术的发展，民间开始使用纸制作风筝，遂称之为“纸鸢”。

在正史上，曾有用风筝传递军事消息的记载，《南史·侯景传》就记载了侯景之乱中，梁都建康被叛军围困，梁武帝就把诏令系在纸鸢上，纸鸢乘风在空中飞行，被叛军发现并射落，最终台城被攻陷。但在后世，放纸鸢更多的则是古人喜爱的一项户外活动，在春日里，人们外出踏青，在尽情享受和煦春风、明媚阳光的同时，放飞风筝，不失为乐事一桩。放纸鸢这一活动在唐宋时期发展迅速，在明清时期达到鼎盛，清代诗人高鼎《村居》诗有曰：“草长莺飞二月天，拂堤杨柳醉春烟。儿童散学归来早，忙趁东风放纸鸢。”将儿童在大好春光里尽情玩耍，放风筝的场景写得生动活泼，成为妇孺皆知、脍炙人口的名篇。

放风筝在古代不仅是一项备受欢迎的户外活动，还有祈祝去病消灾的寓意和寄托，放断鹞就是这一祈祝的风俗。在古人的观念中，放飞风筝，可以带走疾病和秽气。所以，旧时人们在放飞之前，会在风筝上写上自己的病痛和不悦之事，等风筝放到高空以后，就剪断风筝线，让风筝随风而去，这叫“放晦气”。《红楼梦》第七十回中写到了林黛玉放风筝的场景，就反复说到放断鸢就是“放晦气”，小说中的林黛玉是苏州人，这一说法应该就是苏州这一风俗的真实写照，兹引《红楼梦》中的相关段落如下：“紫鹃笑道：‘这一回的劲大，姑娘来放罢。’黛玉听说，用手帕垫着手，顿了一顿，果然风紧力大，接过籰子来，随着风筝的势将籰子一松，只听一阵‘豁刺刺’响，登时籰子线尽。黛玉因让众人来放。众人都笑道：‘各人都有，你先请罢。’黛玉笑道：‘这一放，虽有趣，只是不忍。’李纨道：‘放风筝图的是这一乐，所以又说放晦气，你更该多放些，把你这病根儿都带了去就好了。’紫鹃笑道：‘我们姑娘越发小气了。哪一年不放几个子？今忽然又心疼了。姑娘不放，等我放。’说着，向雪雁手中接过一把西洋小银剪子来，齐籰子根下寸丝不留，‘咯登’一声铰断，笑道：‘这一去把病根儿可都带了去了！’那风筝飘飖摇摇，只管往后退了去，一时只有鸡蛋大小，展眼只剩了一点黑星儿，再展眼便不见了。众人皆仰面睃眼说：‘有趣，有趣。’宝玉道：‘可惜不知落在那里去了。若落在有人烟处，被小孩子得了还好，若落在荒郊野外，无人烟处，我替它寂寞。想起来，把我这个放去，教它两个作伴儿罢。’于是也用剪子剪断，照先放去。”据此，《清嘉录》所谓“清明后，东风谢，令乃止，谓之放断鹞”这一说法，就不免望文生义了。

野火米饭

是日，儿童对鹊巢支灶，敲火煮饭，名曰野火米饭。

案：《辇下岁时记》："清明，尚食内园官小儿于殿前钻火，先得火者进上，赐绢三匹、金碗一口。"吾乡野火米饭，犹循钻火遗风。钱思元《吴门补乘》亦载野火米饭之俗。

【导读】

野火米饭，又称"野米饭""野饭"，是旧时江南农村春日盛行的一种风俗，类似于现代的野炊。清明到立夏之间，村民来到田间地头，用石块支起简单的灶膛，或直接在野外挖洞掘灶，架上铁锅，把稻米和各种野外采摘的食材放入锅中，烹制米饭。煮饭的柴火大多是在野外获取的树枝、稻草，为了纪念燧人氏钻木取火，就连生火也会使用火石敲击的方式。苏州农村的野火饭一般在清明当天，故而又有“清明饭”之称，《（民国）光福志》卷一记载，清明当天，“百果和米，对鹊巢支灶煮饭，曰清明饭（《吴门补乘》：‘野火米饭’）”。

制作“野火饭”的食材除了大米之外，基本就地取材，在野外现采，常见的食材基本都是春日时鲜的蔬菜或野菜，诸如春笋、豌豆、蚕豆、野葱、蒜薹等，也有加入事先准备的咸肉、咸鸭蛋等配料的，以增加野火饭的口味。过去，江浙人还保留着吃野火饭的习俗。1933年5月，鲁迅就在茅盾家里吃过野火饭，《鲁迅日记》中有记载曰：“六日，晴。午，保宗（按：茅盾的笔名）来，并赠《茅盾自选集》一本，饭后同至其寓，食野火饭而归。”对于家乡的野火饭，茅盾终生不忘，在晚年的回忆录中，他曾饱含深情地写道："'野火饭'是家乡的一种便餐，用肉丁、笋丁、豆腐干丁、栗子、虾米、白果等，加上调料，与大米混合拌匀，煮熟即成，吃时再配以鲜汤。"现在虽然很少见到野外煮野火饭的习俗了，但在春日里，依然有一些"老苏州"，每遇清明或立夏，也会在自己家里烹制蚕豆咸肉饭或豌豆咸肉饭，其实也是古代江浙人春日吃"野火米饭"这一风俗的遗存。

游春玩景（看菜花）

春暖，园林百花竞放，阍人索扫花钱少许，纵人流览，士女杂沓，罗绮如云。园中畜养珍禽异卉，静院明轩，挂名贤书画，陈设彝鼎图书，又或添种名花，布幕芦帘，隄防雨淋日炙。亭观台榭，妆点一新，寻芳讨胜之子，极意留连。随处各有买卖赶趁，香糖、果饼，皆可入口；琐碎玩具，以诱悦儿曹者，所在成市。游玩天平、灵岩诸山者，探古迹，访名胜，兜舆骏马，络绎于途。虎丘山下，白堤七里，彩舟画楫，衔尾以游。南园、北园，菜花遍放，而北园为尤盛，暖风烂漫，一望黄金，到处皆绞缚芦棚，安排酒垆、茶桌，以迎游冶，青衫白袷，错杂其中，夕阳在山，犹闻笑语。盖春事半在绿阴、芳草之间，故招邀伴侣，及时行乐，俗谓之游春玩景。蔡云《吴歈》云：“邓侯山下梅花香，十三桥下数轻航。雪海一番风信过，武邱再访玉兰房。”又云：“慈云稽首古支硎，针线非关社日停。别业师林推第一，裙衫穿透碧珑玲。”又云：“北园看了菜花回，又早春残设饯杯。此日无钱看买酒，半壶艳色例玫瑰。”又杨韫华《山塘棹歌》云：“观音山篝最轻盈，柳侧花间好并行。依是牡丹郎蛱蝶，相随一路到天平。”又云：“寻春刚遇落花时，好遣小蛮唱柳枝。痴绝乌篷裙屐客，新诗题满白公祠。”又云：“茶寮高隐绿杨枝，玉几堆盘位置宜。一碗香茗数家食，眼前无地觅贫儿。”又云：“北园春尽菜花香，野蝶飞来都变黄。归棹齐门看落照，红灯一道出山塘。”

案：莫旦《苏州赋》有“楼船鼓吹兮暮春嬉”之语，注：“吴俗好遨游。当春和景明、莺花烂漫之际，用楼船箫鼓，具酒肴以游。上方、石湖诸处，上巳日为最盛。绮川子弟，倾城而出，茶赛博戏，无贫富早集。”卢《志》亦云：“上巳日，士女皆于池亭流觞曲水，效修禊故事。”然今皆不传。惟长、元、吴《志》并载：“二月始和，即命楼船箫鼓，游山览胜。”又范《志》：“春时，用六柱船，红幕青盖，载箫鼓以游，虎丘、灵岩为最盛。”又徐崧、张大纯《百城烟水》云：“二月始和，虎丘、天平、观音、上方诸山，游人最盛，竹舆轻窄，上下如飞。”又邵长蘅《冶游》诗云：“二月春始半，踏青邀女伴。小桃虎丘红，新柳山塘短。”今盖犹不异于昔云。《吴县志》又谓：“吴人好游，以有游地，有游具，有游伴也。游地则山水园亭，多于他郡；游具则旨酒嘉肴、画船箫鼓，咄嗟而办；游伴则选伎声歌，尽态极妍。富室朱门，相引而入，花晨月夕，竞为胜会，见者移情。”吾乡园林第宅，为近日游人所争集者。如潘儒巷之狮子林，元至正间，天如则禅师倡道之地，中多奇石，阴洞典奥，倪高士瓒爱其景，为之绘图，旧在寺中。本朝康熙间，黄小华殿撰轩之父购为涉园，圣祖、高宗南巡，屡幸其地。园中有古松五株，皆生石上，俗又名五松园。舒铁云《游狮子林作》云：“百转百丘壑，一步一阶级。缩地无近谋，漏天有余涩。云林老画师，笔笔不相袭。凝神惨经营，弹指妙结习。”载《瓶水斋集》中。北街拙政园，明王献臣别墅，后归徐氏，再易主，为海昌陈相国之遴别业。既籍官为廨署，署废为民居，乃东偏归蒋棨，名复园；西偏归叶士宽，名书园。今为吴松圃协揆璥宅。《百城烟水》称其地“林木绝胜。内有宝珠山茶三四株，交柯合理，花时，巨丽鲜妍，纷披照瞩，为江南所仅见”。阔街头巷网师园，本为清河道宋宗元构以养母，有《网师小筑十二咏》。今归太仓瞿氏，俗称瞿园。阊门外下塘花埠街刘蓉峰观察恕寒碧庄，俗称刘园。本为明徐冏卿泰时东园故址，园之东北，今尚有东园衖。恕爱石，园中聚奇石，为十二峰，载《府志》。虎丘山浜白公祠，嘉庆二年，太守任公兆垌即蒋氏塔影园改建。盖园本程氏故居，蒋氏有之，袭塔影之名，实非家云美先生故第也。中有仰苏楼、怀杜阁，又有思白堂，流泉叠石，花木郁然，为往来嘉客谳集之所。道光五年，邑侯万公台重修，即思白堂改为慕李轩，并增葺临流小阁，颜曰“塔影山光”。又一榭园，本为薛六郎坟庵，孙渊如观察星衍所筑，即其左为沪渎侯祠，一名忆啸园，中有授书堂、宝顺斋、壶天小阁，斋壁嵌置《顺陵碑》，凡四十七石；阁壁嵌置薛氏旧摹石鼓全文，凡七石。间邱坊巷钱武肃王分祠，一名息园，吾家依园故址也。乾隆时，蒋曰檪、杨大琛先后居之。嘉庆十六年，钱参军锋改筑，中有一丘，相传为梁妙岩公主墓，筑台其上，曰妙岩台。灵岩山碧玲珑馆，向为毕秋帆制府沅别业，今为虞山蒋氏祠。又盘门内之乐园，为陆氏宅，故又名陆园。他如钟吾山之上真观，西山之无隐、吾与、来鹤、何亭、德云、普贤、藕花总持林，寒山、法螺诸静室，及南城之结草庵、流水禅居诸禅房，又南濠之人参会馆、关东会馆、泉州会馆，洞泾内之同仁堂、培德堂，虎丘之同善堂，南濠之体善堂，亦皆小有花圃，群屐骈集。如古迹，则有支硎山之碧琳泉，穹窿山下之朱买臣读书台，城南之苏子美沧浪亭，桃花坞之唐六如祠，后板厂之蒋深绣谷园，中有绣水、苏斋、交翠堂诸胜。又包家墩之小云栖，为周忠介公顺昌读书处。又虎丘后山之玉兰房，相传为宋南渡时，朱勔自闽移置，将进御，而汴梁已失，遂弃植于此。明天启初，为大风所摧。今孙枝复高三寻，花时烂漫如雪。又枫桥西沿塘小停云馆，本为国朝王庭魁宅，后归袁廷梼，葺为渔隐小圃。后查氏改为绉云别墅，门对郊原，有楼翼然，菜花盛放，可以远眺，俗又名菜花楼。至若灵岩山之馆娃宫、响屧廊、采香泾、琴台，石室俗称西施洞，相传为吴王囚范蠡处。吴王井二：圆者象天，八角者象地，为吴王避暑处。池四：为浣花、上方、洗砚、浣月。石之奇巧者十有八：为石鼓二，石射堋，醉僧石，石鼍，寿星石，佛日岩，披云、望月二台，石楼，袈裟石，石髻，石城，灵芝石，石马，槎头石，献花石，藏经石幢，猫儿石，俗称灵岩十八景。名胜则有吾家山之石壁。天平山南趾之白云寺，唐宝历二年建，今改为范文正公功德院，并其祖墓在焉，故俗称范坟。其后群石林立者，曰万笏朝天。万历末，范参议公允临构为别业，亭观台榭，璀璨一时，远望如画图中。蓬莱三岛，引泉为沼，带以修廊，通以石梁，有寤言室、咒钵庵、来燕榭、听莺阁、宛转桥诸胜。其室联有“门前绿水飞奔下，屋里青山跳出来”之句。山半有白云泉，甚白而甘，盖乳泉也。别有一泉，如线注出石罅者，曰一线泉，龚明之《中吴纪闻》云：“此龙湫也，虽大旱不竭。”巏山在阳山，《百城烟水》云：“东北峰之最高者，旧名来鹤，望之如狻猊。土人指岝崿为雌，巏为雄。相传始皇时，有管仙人隐于此，故又名管山。”山上诸神祠，皆依山为榭，曲池修廊，可供游人眺赏。好事者结兰花社，会奇花异瓣，互相斗胜，韦涟怀《游巏山》诗云：“何人凿山劚云窟，排空忽架金银台。回廊曲槛路窈窕，飞栏横跨长松堆。香兰座上竞奇馥，水仙座上先春梅。钿车宝马满香陌，蝴蝶上鬓流莺猜。吴侬好事媚神鬼，冶游不惜千琼瑰。”盖实录也。山塘自大津桥下塘至虎丘，延亘七里，古名白堤，其水为唐刺史白居易所凿。下塘野芳浜，为画船争集之处，旧名新泾，明时已称野芳浜。见毛埕《记》。揽云居士诗云：“觅得百花深处泊，销魂只在野芳浜。”《元和县志》云：“虎丘山塘游赏者，春秋为盛。当花晨月夕，仙侣同舟，佳人拾翠，四方宦游之辈，靡不毕集。花市则红紫缤纷，古玩则金玉灿烂，孩童弄具，竹器用物，鱼龙杂戏，罗布星列，令人目不给赏。至于红阑水阁，点缀画桥疏柳，斗茶赌酒，肴馔倍于常价，而人愿之者，乐其便也。”南园，《祥符图经》云：“在子城西南，今府学后也。本为广陵王旧圃，大观末，为蔡京赐第。北园，即苏家园，御史苏怀愚所筑，在阊门内后板厂，后为御史李模园，今皆夷为场圃，为郡中菜花最盛处。”谚云：“天上天堂，地下苏杭。”夫杭为东南都会，南宋驻跸之所，而犹后于苏，则苏之繁盛可知矣！沈朝初《忆江南》词云："苏州好，胜景聚灵岩。响屧风流遗石上，琴台古调落高山。宫馆好跻攀。""苏州好，积翠列天平。万笏含烟浮碧玉，层岩晴日画丹青。古洞白云清。""苏州好，城里半园亭。几片太湖堆崒嵂，一篙新涨接沙汀。山水自清灵。""苏州好，城北菜花黄。齐女门边脂粉腻，桃花坞口酒卮香。处处弄笙簧。""苏州好，最好送春时。白傅堤边看嫩绿，真娘墓上唱新词。昨夜断肠诗。""苏州好，载酒卷艄船。几上博山香篆细，筵前冰盌五侯鲜。稳坐到山前。""苏州好，茶社最清幽。阳羡时壶烹绿雪，松江眉饼炙鸡油。花草满街头。""苏州好，酒肆半朱楼。迟日芳樽开槛畔，月明灯火照街头。雅坐列珍羞。"

【导读】

苏州地处长江三角洲，濒临太湖、长江，气候宜人，水土丰茂，植被丰富，物产丰饶，风景秀丽。历来以山水之美，人文之盛，被历代文人墨客所青睐。太湖山水、水乡风貌、遍布城里城外的古典园林，都是苏州人春日里游春玩景的好去处。《清嘉录》中，顾禄的原文及其所引用的文献和文人诗词，足以反映苏州人游春的盛况，在此不再赘述，就列举几首古代诗人的诗作，做全方位的理解。唐代著名诗人白居易任职苏州刺史，在一年多的任期内，写下了许多著名的游赏诗，其中有两首诗就直接名之曰《吴中好风景》，为苏州的自然美景做了极好的宣传，这两首诗有曰："吴中好风景，八月如三月。水荇叶仍香，木莲花未歇。海天微雨散，江郭纤埃灭。暑退衣服干，潮生船舫活。两衙渐多暇，亭午初无热。骑吏语使君，正是游时节。""吴中好风景，风景无朝暮。晓色万家烟，秋声八月树。舟移管弦动，桥拥旌旗驻。改号齐云楼，重开武丘路。况当丰岁熟，好是欢游处。州民劝使君，且莫抛官去。”元代绍兴籍的著名诗人杨维桢来到苏州，尤其喜爱苏州的山水自然和人文生态之美，在其《吴下竹枝词》居然认为苏州的春日美景远胜于家乡绍兴，其诗曰：“三箬春深草色齐，花间荡漾胜耶溪。采菱三五唱歌去，五马行春驻大堤。”要知道，在《世说新语》中的一句“从山阴道上行，山川自相映发，使人应接不暇”，早已使天下对绍兴之美赞不绝口，而一位绍兴人寓居苏州以后，竟然说出这样的话：“花间荡漾胜耶溪。”苏州的春天，繁花似锦，远胜于绍兴的名胜若耶溪，这足以表明苏州春色之美，其说服力自然优于苏州本土的沈朝初、袁学澜等人之诗词。

茶贡

谷雨节前，邑侯采办洞庭东山碧螺春茶入贡，谓之茶贡。

案:《府志》:“茶出吴县西山，以谷雨前为贵。”王应奎《柳南随笔》云:“洞庭东山碧螺峰石壁，产野茶数株，每岁土人持竹筐采归，以供日用，历数十年如是，未见其异也。康熙某年，按候采者如故，而其叶较多，筐不胜贮，因置怀间，茶得热气，异香忽发，采茶者争呼‘吓杀人香’。吓杀人者，吴中方言也，因遂以名是茶云。自是以后，每值采茶，土人男女长幼，务必沐浴更衣，尽室而往，贮不用筐，悉置怀间，而土人朱正元独精制法，出自其家尤称妙品。康熙己卯，车驾南巡，幸太湖。巡抚宋荦购此茶以进，上以其名不雅驯，题之曰‘碧螺春’。自是，地方大吏岁必采办，而售者往往以伪乱真。正元没，制法不传，即真者亦不及曩时矣。”

【导读】

碧螺春是苏州地产的名茶，被评为“中国十大名茶”，因产于洞庭东、西山，故而又称为“洞庭碧螺春”。洞庭东、西山所产的碧螺春，品质优异，汤色碧绿清澈，香气浓郁，滋味鲜醇甘厚，在清代被列为皇家贡品，现在已被国家列为“原产地理标志产品”。2022年11月，苏州碧螺春作为“中国传统制茶技艺及其相关习俗”代表性项目，被联合国教科文组织列入人类非物质文化遗产代表作名录。

关于碧螺春茶的得名，最为盛传的就是王应奎《柳南随笔》卷二中所记载的“吓杀人香”这个故事。

康熙帝赐名碧螺春，是因为土著称为“吓杀人香”的绿茶，色泽碧绿，白毫显露，翠碧诱人，卷曲成螺，遂以“碧螺”喻之。故事虽美，但未必确切，《柳南随笔》记载康熙帝赐名的时间是康熙三十八年己卯（1699）春，但是早在康熙十一年（1672）就已去世的诗人吴伟业的诗集中就有一首《如梦令》词，其中就明确写到了饮用苏州碧螺春茶的情景，其词曰：“镇日莺愁燕懒，遍地落红谁管？睡起爇沉香，小饮碧螺春碗。帘卷，帘卷，一任柳丝风软。”

洞庭碧螺春的采摘、炒制一般在每年的春分前后到谷雨后，其中以春分至清明采制的碧螺春茶品质最好，苏州当地称之为“明前碧螺春”。过了谷雨采制的茶叶，苏州当地就不称为碧螺春，而叫“炒青”，炒青因其价廉物美而受到本地茶客的喜爱。近些年来，为了充分利用茶树的青叶，洞庭东、西山的茶农延长了茶叶的采制时间，过了谷雨之后，在传统的碧螺绿茶的基础上，开发了新的“碧螺红茶”，受到了消费市场的认可，这一创新，既提高了茶树青叶的利用率，同时也让茶农获得了更好的经济效益。

谷雨三朝看牡丹

牡丹花，俗呼谷雨花，以其在谷雨节开也。谚云："谷雨三朝看牡丹。"无论豪家名族、法院琳宫、神祠别观、会馆义局，植之无间，即小小书斋，亦必栽种一二墩，以为玩赏。俗多尚玉楼春，价廉而又易于培植也。然五色佳本，亦不下十余种。艺花者率皆洞庭山及光福乡人。花时，载至山塘花肆求售，郡城有花之处，士女游观，远近踵至。或有入夜穹幕悬灯，壶觞劝酬，迭为宾主者，号为花会。蔡云《吴歈》云："神祠别馆筑商人，谷雨看花局一新。不信相逢无国色，锦棚只护玉楼春。"

案：欧阳修《牡丹记》："洛阳以谷雨为牡丹开候。"司马光《集》注："洛阳人谓谷雨为牡丹厄。"僧仲休《越中牡丹花品叙》云："越之所好尚惟牡丹，其绝丽者三十二种，始乎郡斋，豪家名族，梵宇道宫，池台水榭，植之无间，赏花者不问亲疏，谓之看花局。"范石湖《吴郡志》："牡丹出洛阳。顷时，朱勔家圃在阊门内，植牡丹数万本，以缯采为幕，每花身饰金为牌，记其名。勔败，皆拔为薪。中兴以来，洛阳花种至吴中者，肉红则观音、崇宁、寿安、王希、叠罗等；淡红则风娇、一捻红；深红则朝霞、红鞓、红云叶，及茜金球、紫中贵、牛家黄等，不过十数种。"旧《志》云："今诸种皆不传，近时有玫瑰紫、紫云红、玉楼春、傅家白、新红娇艳、西瓜瓤、绿牡丹等名。今复有锦帐、小桃红、紫袍、金带、墨紫、御黄、碧月诸名。"《长洲县志》云："开封蓝思稷所居万华堂，在资寿寺后，植牡丹至三千株，多于洛中名品。”沈石田《赏玉楼春牡丹》诗：“春粉腻霞微著晕，露红浙玉淡生痕。”

【导读】

牡丹国色天香，富贵繁丽，颇受国人喜欢，在民间一直有“国花”之美誉。追溯牡丹在中国的栽培历史，秦汉以前的史籍中并无牡丹的记载。东晋诗人谢灵运“始言永嘉水际竹间多牡丹”（《广群芳谱》卷三十二）。唐人韦绚在《刘宾客嘉话录》中说，北齐时期“杨子华有画牡丹处……则知牡丹花亦久矣”。宋代理学家周敦颐《爱莲说》中有谓：“自李唐以来，世人甚爱牡丹。”《广群芳谱》卷三十二记载：“开元中，天下太平，牡丹始盛于长安。逮宋，惟洛阳之花，为天下冠。”

随着人们对牡丹追捧热度的提升，牡丹的栽培越来越广，除了洛阳以外，山东菏泽、四川彭州、重庆垫江等地也以牡丹种植而闻名远近。苏州历来也有种植牡丹的传统，过去在光福和洞庭东、西山有专门培育、栽种牡丹的花农。牡丹是苏州古典私家园林中重要的观赏花卉，留园、网师园等都有专门种植，以供欣赏。自二十世纪九十年代开始，常熟市在尚湖风景区建立了江南地区种植面积最大的牡丹园，从洛阳、菏泽、宁国、盐城以及日本引进了大量的牡丹精品，成为苏州乃至江南地区市民春日赏牡丹的胜地。从清明时节到谷雨前后，不同品种的牡丹争奇斗艳，竞相开放，牡丹的盛花期因品种不同而有早有晚，过去所说的“谷雨三朝看牡丹”只是约数，且主要是针对华北地区而言的。在苏州地区，早开花品种的牡丹在清明前后就已经绽放，谷雨时节只有晚开品种的牡丹还有零星开放。

斋元坛

十五日为元坛神诞辰，谓神司财，能致人富，故居人多塑像供奉。又谓：神回族，不食猪，每祀以烧酒、牛肉，俗称斋元坛。

案：北周庾信《黑帝云门舞歌》：“北辰为政元坛。”北方，色黑。元坛，即郑康成《周礼注》所云“北郊之坛”也。称曰元坛，盖以所祭之地名之。《姑苏志》云：“神姓赵，名朗，字公明，赵子龙之从兄弟。”不知何本？

【导读】

元坛神，即“玄坛神”，清代因避康熙帝的名讳而改写成“元坛神”，就是中国古代民间传说和民间信仰中的财神赵公明。明代王鏊编纂的《(正德)姑苏志》说赵公明“与关圣同时”，是赵子龙的从兄弟，但更早的《搜神后记》则说：“赵玄坛，秦代人，得道于终南山。”元明时期，民间对赵公明的传说颇为盛行。成书于元明时期的道教典籍《三教源流搜神大全》对赵公明的肖像有如下的描写：“姓赵，讳公明，钟南山人也……头戴铁冠，手执铁鞭者……面如黑炭，胡须四张，跨黑虎。授正一玄坛元帅。能驱雷役电，呼风唤雨，除瘟剪疟，祛病禳灾。如遇讼，冤伸抑；能解释公平，买卖求财，宜利合和，无不如意。”明人王琎的《琅琊金石辑注》中有财神赵公明的故事，具有较强的传奇色彩，其情节与明代神魔小说《封神演义》大致相似，被后世的老百姓广为传播，其中有谓：“财神者，姓赵名朗，字公明，琅琊古来有之。昔者天上生十日，帝命羿射九日，其八坠海为仙，海上八仙是也。余一陨于天台，其身为石，太阳石是也，其精为人，赵公明是也。既长成，至峨眉山修炼，得神仙之术。商周交兵，遂受闻太师之邀，下山助商，失利，为太公所杀。太公岐山封神，郎受封玄坛真君，日精再归天台，遂真阳附石，神体合一。辖招宝天尊、纳珍天尊、招财使者、利市仙官，专司人间迎祥纳福之责。此后石下有庙，供真君之位，天台山亦易名财山焉。”

白龙生日

十八日，为白龙生日。前后旬日，阴晴不常，乡民以是日雨卜白龙之归，谓龙归省母，则农有秋。

案：《岁时琐事》："三月十八日，龙湫山与吴之阳山多云雾雷雨，俗传为白龙生日。相传东晋隆安中，有缪氏女，产白龙，事甚神异，土人建龙母庙于山之巅。熙宁九年，始迁于澄照寺。"宋胡伟《白龙庙碑》云："每岁三月十八日，龙归省母。前期旬日，天气肃寒，四山烟雨，乍晴复合。正诞之辰，龙必见形，或长身寻丈，隐显于众山之上，或小如蜥蜴，依于庙貌。暴风雷雨，澍沟号木，则其验也。"《常昭合志》以五月十三日为白龙生日，谓："白龙瞟娘，必主雷雨。"危致明《岳阳风土记》亦以五月十三日为白龙生日，谓："是日雨则岁丰。"

【导读】

关于白龙生日，旧时苏州地方志的记载略有出入，《清嘉录》谓农历三月十八日，《(康熙)重修常熟县志》等常熟的旧志则谓在"三月十三日"；王謇《宋平江城坊考》谓在农历三月十九日，并援引古籍叙述白龙故事和传说，具有一定的参考价值，节录于下，其文曰："按：罗春伯《见闻录》：吴中三月十九日，必有风雨。俗传白龙生日，余以淳熙十三年丙午至吴门，是日果风雨。丁未十、五六间，大晴，意谓不验矣，已而果然。范至能（按：范成大）云：五代时，阳山邢氏女子未嫁，忽有老翁来通之后，产一龙飞去，其母惊死，乡人立庙阳山。后有人见龙于湘中云：吾生于阳山，敕为龙于此。每春二月即归，至三月十九日即去。其来去之日，必大风雨。有物横亘数峰之间，日光照耀，鳞甲如银盘，或如牛形而长，下至僧舍饮水，或见小蛇玉色，宛延其母塑像，或龛帐间。去日若喜则晴，云数片，一小蛇隐隐而去；否则风雨，或大风扬沙，掀簸屋宇，木石人物城壁……今平江阳山寺有兴化白龙祠，即此龙别居也。其遇徙而南，则有迅雷甚雨，岩壑晦冥，栋宇震动。寺僧习知，遂鸣钟鼓集，梵呗设祭于祠，常有小蛇宛延供具之间。及其来归，湖水暴涨，邑人升高望之，但见水光横陈于葭笔之上。四旁村舍渔舟，皆见目前，如百步之内，人谓龙归湖矣。翌日，有经湖来者，言湖中已无寸草，率以为常。”

晚清苏州文人袁学澜有一首《姑苏竹枝词》写到白龙生日，其诗曰：“阳山云日变晴阴，薄俗人情异昔今。尽把吴绵将妾意，难寻湖镜照郎心。”诗后袁学澜有自注曰：“阳山有龙母祠，值三月十八白龙生日，多风雨晦冥。俗谓：龙归省母。吴俗以茧丝为绵，极其柔软。贞元中，渔人网得古镜于太湖中，照见脏腑，怖而弃之于水。”

东岳生日（草鞋香）

二十八日，为东岳天齐仁圣帝诞辰。城中圆妙观有东岳帝殿，俗谓：神权天下人民死生，故酬答尤虔。或子为父母病危而焚疏假年，谓之借寿。或病中语言颠倒，令人殿前关魂，谓之请喜。祈恩还愿，终岁络绎，至诞日为尤盛。虽村隅僻壤，多有其祠宇。在娄门外者，龙墩各村人，赛会于庙，张灯演剧，百戏竞陈，游观若狂。郡西巏山亦有行宫，关内外吏胥奉香火，好事者安排社会，设醮酬神。俗以诞日前后进香者，乡人居多，呼为草鞋香。

案：陆启浤《北京岁华记》云："三月二十八

日，赛东岳庙。”又沈榜《宛署杂记》云：“三月二十八日，燕京祭岳庙。民间集众为香会，有为首者掌之，盛设鼓乐旗旛，戴甲马，群迎神以往，男妇有跪拜而行者，名曰拜香。”徐崧、张大纯《百城烟水》云：“巏山道院有东岳行宫，三月二十八日诞辰，进香者多乡人，呼为草鞋香。”《昆新合志》云：“二十八日，东岳圣帝诞，各乡赛会，石牌、赵灵、车塘、更楼桥各乡民舁神进香，男妇游观若狂。”又《吴江县志》《常昭合志》皆云：“三月二十八日，东岳天齐圣帝生辰。”《震泽县志》又云：“在震泽镇者最盛，前后十余日，士女拈香，阗塞塘路，楼船野舫，充满溪河。又有买卖赶趁，茶饼果梨，装塑傀儡、走兽、飞禽，饧笙、鼗鼓、琐碎戏具，以诱悦儿曹，所在成市。”汝秋士有《东岳诞辰》诗云：“三月二十有八日，相传东岳之生辰。谁与上溯洪蒙始？山川奠位卑高陈。实之以人自稗史，街谈巷议何足论？广张罪福有巫祝，云神统摄亡者魂。两庑冥王分十殿，刀山剑树罗纷纭。遂令览揆祝圣寿，轰然耸动乡村民。黄檀之香绛蜡烛，筠筐手挈群趋奔。接踵摩肩衢路塞，何况殿场与山门？其中蒲团趺坐者，来自隔宿心尤虔。更或肉身灯一盏，以身供养酬亲恩。任他恶少恣嘲谑，来绕百匝呼其群。孝哉某氏子与女，自有善人交称叹。吁嗟陋俗相沿久，渺论户说挽回难。男女混杂不可训，三谕曾传汤抚军。草上之风厥势便，令行禁止宁非贤？簿书丛集猬毛似，此事难期今长官。囊贫况值三春暮，税未开征粮已完。”

【导读】

东岳大帝是泰山之神，在中国古代道教文化中，其地位非常重要。东岳泰山，是五岳之首，在中国古代有着举足轻重的地位，道教典籍《三教源流搜神大全》中有谓:"泰山者,乃群山之祖,五岳之宗,天帝之孙,神灵之府也。"先秦时候,人们普遍认为,东岳泰山是迎接太阳升起的地方,也是人与天相通之处,所以对泰山尤为重视。自古以来,就有"孔子登东山而小鲁,登泰山而小天下"的说法,东汉学者应劭在其《风俗通义》中引称孔子语录有曰:"封泰山,禅梁父,可得而数,七十有二。"在此基础上,进而演绎出王者功成之后,泰山封禅,以告天地的意义,其中有曰:"盖王者受命易姓,改制天下,太平功成,封禅以告平也。所以必于岱宗者,岱者,胎也;宗者,长也。万物之始,阴阳之交,触石而出,肤寸而合,不崇朝而遍雨天下,唯泰山乎!"后世历代帝王对泰山之神——东岳大帝,推尊有加,屡有加封,唐代封为"天齐王",宋代加封为"仁圣天齐王""天齐仁圣帝",历代有很多帝王亲自或委派重要官员前往泰山封禅祭天。民间老百姓则会在每年的农历三月二十八日,前往东岳泰山,焚香祭拜，庆贺东岳大帝的生辰。

泰山的岱庙供奉着泰山之神——东岳大帝，这也是全国各地东岳庙的祖庙，为了祭祀泰山之神，全国各地都效仿岱庙的基本格局，纷纷修建当地的东岳庙。苏州的东岳庙由来已久，早在南宋范成大撰著的《吴郡志》中就记载了位于常熟县福山镇的东岳庙，书中所附载昆山进士魏邦哲所作《重修岳庙记》，叙述了苏州地区东岳庙的兴建，是在宋真宗大兴泰山封禅礼的背景下修建的，其中有谓："维我宋真宗皇帝，东幸泰山，告功于天，大修封禅礼。泰山之神，显册褒嘉，位号崇隆，得非卫社稷、福生灵，运功烈于冥冥之际，宜有所报称欤？是故四方万里，不以道途为劳，往奉祠事，往往规模岱岳，立为别庙多矣，然未有盛于姑苏之福山也。福山庙，经始于至和之中，垂六十年，楼殿门廊，并诸从舍，巍然而轮奂。江淮闽粤，水浮、陆行者，各自其所，有以效岁时来享之，诚上祝天子万寿，且以祈丰年以后保其家，凡有求必祷焉。”从中可以感知这样的事实，吴地百姓祭祀东岳大帝，其意在于祈求国泰民安、风调雨顺、护佑生灵。王鏊修纂的明代《（正德）姑苏志》中也记载了苏州下属各县有多处东岳庙，分布于吴江、常熟、昆山、太仓各地。直至今天，苏州玄妙观还保留着东岳大帝庙。昆山张浦镇的东岳庙在2000年修复完成，重新开光，每年的农历三月二十四至二十九日，附近的村民会聚集前往，赶东岳庙庙会，成为当地一道独特的民俗风景。

夏之卷

四月

称 人

轧神仙

立夏见三新

立夏日，家设樱桃、青梅、穞麦，供神享先，名曰立夏见三新。宴饮则有烧酒、酒酿、海蛳、馒头、面筋、芥菜、白笋、咸鸭蛋等品为佐，蚕豆亦于是日尝新。酒肆馈遗于主顾以酒酿、烧酒，谓之馈节。蔡云《吴歈》云："消梅松脆莺桃熟，穞麦甘香蚕豆鲜。鸭子调盐剖红玉，海蛳入馔数青钱。"

案：《昆新合志》："立夏日，家设樱桃、青梅、麦蚕窨糕等物，饮烧酒，名曰立夏见三新。"与郡俗略异。

【导读】

立夏尝新是苏州一项由来已久的习俗，蔬果中的“三鲜”虽有不同的说法，但品时令、尝时鲜的意思是完全一致的，备选食物无不是新鲜上市的，诸如蚕豆、苋菜、樱桃、青梅之类。晚清苏州诗人、民俗大家袁学澜在《饯春》一诗中将江南四月时节“尝新”的菜品写得色彩艳丽诱人，且富有诗情画意：“竹梧交荫陈瑶席，樱桃殷红蚕豆碧。”（《吴郡岁华纪丽》卷四）

在江南各地，关于立夏“三鲜”的说法有很多不同的版本，次第列于后。有所谓“地三鲜”者，是指蚕豆、苋菜、黄瓜，现在苏州古城区的居民一般认为“地三鲜”指苋菜、蚕豆和蒜苗（苏州人所谓的“蒜苗”，不是北方人指称的青蒜叶，而是北方人指称的“蒜薹”）。有所谓“水三鲜”者，是指海蛳螺、鲳鱼、黄鱼；有所谓“树三鲜”者，是指樱桃、枇杷、杏子，也有指樱桃、青梅、杏子。在苏州人的饮食中，也有人家会在立夏吃发芽豆，讨“发”的口彩。发芽豆一般是由晒干的隔年老蚕豆在水中浸泡至发芽而成，发芽的蚕豆冒出一根芽尖儿，形态可爱喜人，被苏州人亲切地称为“独脚蟹”。

《(崇祯)吴县志·物产》载有吴地的品馔，其中就介绍了把田里刚刚灌浆的嫩麦采摘之后，制作麦蚕的方法：“麦蚕，取嫩麦，熟磨之，皆成细条状，如新蚕，故名。”并援引了金洞的《磨麦蚕》一诗，诗曰：“来牟成熟处，田妇巧施为。爰有桑蚕样，殊无茧瓮期。新苗方长日，旧谷已无时。先摘充饥馁，儿童亦助炊。”据《授时通考》的记载，麦蚕是用穬麦制作而成的，穬麦曾是吴地较为独特的麦子品种——元麦，江南地区曾有种植，现在则种植较少。《授时通考》卷二十六谓：“通州物产，麦有大、小，并早、晚二色。元麦俗呼为穬。三月熟者糯，带青炒食，似新蚕；又粳者，曰舜麦，色稍赤。吴县物产，麦之属大麦、小麦、穬麦、荞麦、舜哥麦、紫秆麦、西番麦。

形似稷而枝叶大，结子累累如芡实。常熟县物产，小麦有紫稗、长萁、舜哥、火烧头数种。太仓州物产，麦有三。一曰大麦，其早者皮厚，有芒；其晚收，皮薄无芒者，曰老脱须。一曰小麦，早者曰抄梅，言抄在黄梅前也；中有火烧头；晚收、长税、白壳有芒者曰百脚麦。一曰稞麦，俗呼䅟麦，微分粳、糯，红曰红䅟，紫曰紫䅟，性软宜食，但磨粉较少；青曰青䅟，白曰白䅟，性硬，磨多粉。又一种曰绿树青。大约大麦、小麦遍处皆有，䅟麦惟吴中盛州，地高比他邑，独垦，然小麦总不及北地。”

秤　人

家户以大秤权人轻重，至立秋日，又秤之，以验夏中之肥瘠。蔡云《吴歈》云："风开绣阁飏罗衣，认是秋千戏却非。为挂量才上官秤，评量燕瘦与环肥。"

案：钱思元《吴门补乘》云："立夏日，家家以大秤权人轻重。"吴曼云《江乡节物词》小序云："杭俗：立夏日，悬大秤，男妇皆秤之，以试一年之肥瘠。"诗云："悬衡一一判低昂，轻重休夸蜡貌强。莫是菜人须论价，就中愁绝是猪王。"

【导读】

立夏“秤人”，是江浙地区流行的一种风俗。据传，立夏“秤人”福气来，在立夏当天用传统的杆秤称过体重之后，夏天就不怕炎热，不会因疰夏而消瘦、体重下降。这一风俗寄托了人们对顺利平安度夏的期盼。清代浙江海宁诗人祝德麟在其《悦亲楼诗集》卷二十五有《四月十五日立夏，是日雷雨》诗，其诗有曰：“长絙缚作秋千样，巨衡挺挺将人称。老来自知筋骨懈，未暇与人权重轻。”诗人自注道：“风俗于立夏称人云。健爽不疰夏。”

过去的杆秤在老百姓生活中是重要的称重物件，民间认为“秤”谐音“称心如意”的“称”，所以在商店开业或开市揭彩、婚礼挑新娘头巾的时候，都会用杆秤挑开红布、红盖头，寓吉祥如意的美好愿景。旧时立夏秤人的时候用的都是杆秤，在称重的时候，秤砣在秤杆上应该从内往外移动，戥星（旧时杆秤上的刻度）的读数从小到大，寓意为节节高升，这叫“打秤花”。

注　夏

俗以入夏眠食不服，曰注夏。凡以魇注夏之疾者，则于立夏日取隔岁撑门炭，烹茶以饮，茶叶则索诸左右邻舍，谓之七家茶。或小儿嗜猫、狗食余，俗名猫狗饭。是日虽寒，必着纱衣一袭，并戒坐户槛，俱令人夏中壮健。

案：田汝成《西湖游览志》："立夏之日，人家各烹新茶，配以诸色细果，馈送亲戚比邻，谓之七家茶。"与郡俗不同。钱思元《吴门补乘》："立夏，饮七家茶，免疰夏。"卢《志》："夏至食李，以解注夏之疾。"王鏊《姑苏志》作端午日。王《志》："夏至，以束粽之草系手足而祝之，名曰健粽，以解注夏之疾。”张寅《太仓州志》：“立夏日，煮麦豆，和糖食之，曰不注夏。”《南郭州志》则云：“夏至，用蚕豆小麦煮饭，名夏至饭。”“戒坐户槛，云犯得注夏之疾。”江震旧《志》：“立夏，男女各试葛衣，云解蛀夏之疾。”《常昭合志》：“立夏日，煮麦豆，和糖食之，曰不疰夏。”盖疰夏之说，已见《元池说林》：“立夏日，俗尚啖李，则不蛀夏。”家治斋云：“疰与注，当作蛀。入夏不健，如树木之为虫蛀也。”《西溪丛话》：“南人不善乘船，曰苦船；北人曰苦车。苦，音库。吴下人语音如注。”又谓：“所厌恶之人，亦曰注，皆苦之讹。患苦之也。”今谓入夏眠食不服曰注夏，犹是意尔。

【导读】

注夏，即中医常说的“疰夏”，民间也称之为“苦夏”。疰夏是夏季常见的病症，随着温度和湿度的上升，人体容易受到暑湿之气的外侵，脾胃运化受阻，一些体质虚弱的人会倦怠嗜睡、食欲不振、消化不良。为了防止疰夏的发生，古人一般会在立夏和夏至这两个节气进行预防，大多数是从饮食上做调整。根据传统中医和现代医学的研究，为避免疰夏，夏季的饮食一般以清淡为主，适量地吃一些带苦味的食物，有利于健脾祛湿。

在江浙地区，立夏有很多有趣的食俗，这些大多与预防疰夏有一定的关系，如立夏时节调制的“七家茶”。吴地人在烹煮的新茶中，“配以诸色细果”，其中添加的一些食材或中药材，诸如芦根、茯苓、白术、党参、五味子、麦冬、当归、陈皮、青皮、甘草、决明子、莲心等，就有祛湿防暑的功效。江南很多地方会在立夏当天吃煮鸡蛋，有的地方会做茶叶蛋。苏州地区，人们会选用新鲜上市的蚕豆和小麦、鲜肉等烹制成“立夏饭”。南京、仪征等地则有食用豌豆糕、绿豆糕的习俗，《金陵岁时记》中记载道：“立夏叫小儿骑坐门槛，食豌豆糕，谓不疰夏。”近代学者胡朴安《仪征岁时记》中载仪征人在夏至日食豌豆糕，其意也在于防止疰夏：“夏至节，人家研豌豆粉，拦蔗霜为糕，馈送亲戚，杂以桃杏花红各果品，谓食之不疰夏。”

立夏三朝开蚕党

环太湖诸山，乡人比户蚕桑为务。三、四月为蚕月，红纸黏门，不相往来，多所禁忌。治其事者，自陌上桑柔，提笼采叶，至村中茧煮、分箔、缫丝，历一月，而后弛诸禁。俗目育蚕者，曰蚕党。或有畏护种、出火辛苦，往往于立夏后买现成三眠蚕于湖以南之诸乡村。谚云："立夏三朝开蚕党。"（开买蚕船也。）

案：《具区志》："湖中诸山，以蚕桑为务。女未及笄，即习育蚕。三、四月谓之蚕月，家家闭户，不相往来。"郭频伽《樗园消夏录》："三吴蚕月，风景殊佳，红帖黏门，家多禁忌。少妇治其事者，往往独宿。”许志进《蚕词》云：“五夜留灯照独眠，蚕房斋禁太常偏。轩渠借问秦淮海，个出《蚕书》第几篇？”

【导读】

古代，蚕丝生产是江南地区农民重要的经济来源，在家庭生产、生活中有着举足轻重的地位。过去江南地区的蚕农认为，家蚕是极为珍贵而神圣的，且极有灵性，稍有不慎就会受到病害的损伤。清人高诠所撰《吴兴蚕书》卷下“原病”条中就明确说：“蚕自小至老，须刻刻防其疾病。俗称蚕为忧虫，受一分病则歉收一分。人之饲蚕，未有不期其无病者，而蚕之病，每中于忽微，为人所不及觉，故必加意调护，以杜其病。”为了避免病害对蚕业的影响，在桑蚕养殖、结茧生产的关键时期内，江南的养蚕户（民间俗称为“蚕党”）形成一种约定俗成的风俗，禁绝来往串门。很多养蚕户会在蚕室门口张贴红纸，红纸上书写“育蚕”或“蚕月知礼”等字，也有的在蚕房大门上插上能够辟邪的桃枝、山茶花、柳枝，以示“蚕禁”。清代鄂尔泰领衔编纂的钦定《授时通考》中引用《西吴枝乘》的记载，在这一期间，即使官府的税收征稽也因此而暂停，江南人称之为“蚕禁”：“吴兴以四月为蚕月，家家闭户，官府勾摄征收，及里巷往来庆吊，皆罢不行，谓之‘蚕禁’。”

过去的养蚕人在蚕室中，也有很多禁忌，古代的农书中多有记载，清代杨屾的《豳风广义》卷二中，开列了“蚕室一切禁忌”，多达二十条之多，如：“忌西南风；忌灯火纸燃于室内、吹灭油烟之气；忌敲击门窗、箔槌及有声之物；忌夜间灯火射入蚕室窗孔；忌酒醋入室并带酒之人；忌煎炒油肉；忌正热忽着猛风暴寒；忌侧近舂捣；忌蚕室内哭泣叫唤；忌秽语淫辞……”

过去因担心不洁之物入侵蚕房的禁忌，现在逐渐被现代严格的消毒杀菌措施取代。但过去养蚕过程中因语言禁忌而形成的特殊用语，依然在江南地区的蚕农中保存流传。蚕宝宝在生长过程中需要经过四次休眠，前面三次分别叫“头眠”“二眠”“三眠”，第四次绝对不能叫“四眠”，而应称为“大眠”。又如过去的蚕农担心蚕宝宝受“冲”，所以把葱称为“香头”，直到今天很多苏州老人还把葱等香料称之为“香头”。清代浙江人陈梓在其《养蚕词》一诗中，非常详细地描写了江南养蚕人的劳心劳力，其中也涉及养蚕人的语言禁忌，其诗有曰：“田家养蚕极苦辛，蚕大费力小费心。……掘笋勿叫笋，叫笋蚕要损。吃姜勿唤姜，唤姜蚕要僵。”（陈梓《删后诗存》卷二）在陈梓的家乡浙江余姚还流传着《蚕花本子》这样的民谣，这首民谣中也全面、生动地反映了旧时蚕农留存下来的语言禁忌风俗，其歌曰：“看蚕娘娘顶认真，百样事情都要改。青姜改做辣头子，茄子改做落苏筷。烘粪笋改做粉一团，扫帚改做擂地光。犬儿改做办念子，猫儿改做官家郎。老鼠改做夜明珠，青儿改做窝一窝。见了百脚叫蜈蚣，小小花蛇叫秤梗。肉儿改做天堂地，虫虾改做倒宿娘。豆腐改做白马肉，鸡儿改做太子样。口头语言改不尽，只有一样不好改，见了婆婆叫娘娘。”

小满动三车

小满乍来，蚕妇煮茧，治车缫丝，昼夜操作。郊外菜花，至是亦皆结实，取其子，至车坊磨油，以俟估客贩卖。插秧之人，又各带土分科。设遇梅雨泛溢，则集桔槔以救之；旱则用连车，递引溪河之水，传戽入田，谓之踏水车。号曰小满动三车，谓丝车、油车、田车也。蒋士煐《南园戽水谣》云："日脚杲杲晒平地，东家插秧西家莳。养苗蓄水水易干，农夫踏车声如沸。车轴欲折心摇摇，脚跟皲裂皮肤焦。堤水如汗汗如雨，中田依旧成槁土。农天尔弗忧，天心或怜汝。尔不见，南门已阖铁冶闭，即看好雨西畴至。”

案：徐炬《事物原始》云：“西陵氏制缫车以缫丝。”《震泽志》：“黄茧绪粗，不中织染，另缫以为丝缚；惟细长而莹白者，留种茧外，乃缫细丝。”又云：“岁既获，即播菜麦。至夏初，则摘菜薹以为蔬，舂菜子以为油，斩菜萁以为薪，磨麦穗以为面，杂以蚕豆，名曰舂熟。郡人又谓之‘小满见三新’。”长、元《志》皆云：“油坊以菜子压油，在娄、葑两门。”《吴县志》云：“在新郭、横塘、仙人塘。”并云：“吴农治田，男女皆效力。春耕馌饷，夏耘踏车，老幼俱前。人力少者，雇单丁以襄其事，或长雇，或短雇，总名曰长工，又曰忙工。厚其酒肉以饲之，即《诗》所云：‘侯强侯以’之意也。”

【导读】

小满是夏季的第二个节气，这个时节，以麦类为主的夏收作物已经开始结籽、结果，逐渐饱满接近成熟，所以称为“小满”。《太平御览》卷二十三引《三礼义宗》曰：“四月立夏为节者，夏，大也。至此之时，物已长大，故以为目。小满为中者，物之生长小得并满，故以小满为名也。”所谓三车，是指榨油车、水车、缫丝车，这是小满时节最重要的三种农业生产活动中必须使用的农具。

小满时节，新收获的油菜籽经过筛选、清洗、炒制、磨碾、蒸坯、烘干等工序后，用铁圈和稻草包裹起来（俗称“包饼”），最后把一块块菜籽饼整齐地摆放在榨油车上，用多块木砧和木楔紧紧地卡住菜籽饼，由人力用巨石或重锤撞击木楔子，强大的压力对菜籽饼进行挤压，榨出的新鲜菜籽油沿着榨油车上的木槽流入容器中。旧式的榨油车完全靠人力运作，人的体力消耗极大，生产效率和出油率都较低，现在已经被机械化、自动化的榨油机替代，只有在一些偏远地区的乡村中，还保留传统的人力榨油方式。

水车，是中国古代灌溉农具的统称，古代劳动人民积极发挥聪明才智，因地制宜，发明了许多汲水、灌溉的工具，如桔槔、翻车、筒车、风戽等。小满时节，需要加强田间管理，农田里早稻的生长和中稻的栽培等都需要充足的水分，如果田里蓄水不足，就有可能造成土地干裂，甚至到芒种节气也无法栽插水稻秧苗，故而民间一直就有“小满不满，干断田坎”“小满不满，芒种不管”等农谚。小满时节，农村的水车都连续不断地汲水灌溉农田，以保持土地的墒情。

小满时节，江南地区的桑蚕开结蚕茧了，蚕农就要忙着摇动丝车进行缫丝，蚕丝业是江南农民重要的收入来源。在小满前后，吴地的蚕农为了祈求春蚕吐丝结茧的顺利和蚕茧的丰收，在紧张而繁忙的缫丝生产开始之前，会举行许多与养蚕有关的祭祀和民俗活动，其中尤以吴江盛泽先蚕祠的蚕神祭祀和小满戏最为出名。

先蚕祠，又名蚕花殿、蚕王殿，位于吴江盛泽镇，始建于清道光二十年（1840），最早是盛泽丝业商人共同建造的丝业公所，至今已有170余年的历史，2013年被列为全国重点文物保护单位。先蚕祠的正殿中供奉着黄帝轩辕氏、炎帝神农氏和蚕神嫘祖三座塑像。传说中，嫘祖是黄帝的妻子，是我国丝织行业的祖师爷，她发明并教会百姓养蚕、缫丝，史称嫘祖始蚕，老百姓亲切地称之为“蚕花娘娘”，先蚕祠中的匾额“先蚕遗泽”“衣被苍生”正是对其历史功绩的褒奖。蚕神在中国古代的农民，特别是江南的蚕农的心目中有着举足轻重的地位，为了表达对蚕神的敬仰，并表达对蚕茧丰收的美好希望，江南的蚕农举行的祭祀蚕神的活动非常隆重，也有许多相关的风俗。在吴江盛泽一带，传说小满当天是蚕神嫘祖的生日，盛泽的蚕农和丝绸商人会举办隆重的祭祀和庆典，小满戏是其中的重头戏。民国时期沈云的《盛湖竹枝词》中就记载了盛泽先蚕祠小满戏的盛况:“先蚕庙里剧登场,男释耕耘女罢桑。只为今朝逢小满,万人空巷斗新妆。”小满戏一般连演三天,小满前一天演昆剧,小满当天和后一天演出京剧,邀请江南地区的名班、名伶登台献艺,所演多为寓意祥瑞的剧目,但凡有与“丝”谐音的“私”“死”等字眼的剧目都是严格禁演的。1936年茅盾在其《盛泽的小满戏》一文中写到了这一风俗,其中有曰:“据说丝行的祖先,蚕花娘子是其中之一,他们要纪念这蚕花娘子,并且希望蚕花娘子保佑四乡农民所养的蚕有丰满的收成,所以有这种迷信举动,但是他们一半是为自己的利益着想,一半是想盛泽整个绸市的发展,因为蚕的收成一好,丝业和绸业在经营上也比较顺利一点。”现在,盛泽先蚕祠的“小满戏”已被列入苏州市非物质文化遗产名录项目。

卖新丝

茧丝既出，各负至城，卖与郡城隍庙前之收丝客。每岁四月始聚市，至晚蚕成而散，谓之卖新丝。蔡云《吴歈》云："蚕家多半太湖滨，浮店收丝只趁新。城里那知蚕妇苦？载钱眼热卖丝人。"

案：新丝，绵丝也。《吴县志》："近湖诸山家，蓄蚕取之，每岁四月始登市。"

麦秀寒

夏初，天气清和，人衣单袷，忽阴雨经旬，重御棉衣，人以其时之寒在麦秀之际，谓之麦秀寒。王鸣凤《初夏村居杂咏》云："鸭䳒催晨晓月残，数声布谷报春阑。棉衣欲换情偏懒，见说江南麦秀寒。"

案：范石湖诗："五月吴江麦秀寒。"杨诚斋诗云："麦黄秧碧百家衣，已热犹寒四月时。"陆泳《吴下田家志》亦云："四月麦秀寒，五月温和暖。"乡人以麦宜寒，蚕宜温，惟同在四月之际，两者必有一偏，尝有歌云："做天难做四月天，蚕要温和麦要寒。种菜哥儿要落雨，采桑娘子要晴干。"

卖时新

蔬果、鲜鱼诸品，应候迭出，市人担卖，四时不绝于市，而夏初尤盛，号为卖时新。赵筠《吴门竹枝词》云：“山中鲜果海中鳞，落索瓜茄次第陈。佳品尽为吴地有，一年四季卖时新。”

案：王鏊《姑苏志》：“三四月卖时新，率五日而更一品，如王瓜、茄、诸色豆、诸海鲜、枇杷、杨梅迭出。后时者，价下二三倍。”沈朝初《忆江南》词有咏四时食物，摘录数阕于此，词云：“苏州好，香笋出阳山。纤手剥来浑似玉，银刀劈处气如兰。鲜嫩砌磁盘。（兰花笋）”“苏州好，光福紫杨梅。色比火珠还径寸，味同甘露降瑶台。小嚼沁桃腮。（杨梅）”“苏州好，沙上枇杷黄。笼罩青丝堆蜜蜡，皮含紫核结丁香。甘液胜琼浆。（枇杷）”“苏州好，葑水种鸡头。莹润每疑珠十斛，柔香偏爱乳盈瓯。细剥小庭幽。（鸡头）”“苏州好，朱橘洞庭香。满树红霜甘液冷，一团绛雪玉津凉。酒后倍思量。（橘）”“苏州好，玉叠结梅酸。梦起细含消病渴，绣余低嗅沁心寒。青脆小如丸。（梅实）”“苏州好，新夏食樱桃。异种旧传崖蜜胜，浅红新样口脂娇。小核味偏饶。（樱桃）”“苏州好，豆荚唤新蚕。花底摘来和笋嫩，僧房煮后伴茶鲜。团坐牡丹前。（蚕豆）”“苏州好，湖面半菱窠。绿蒂戈窑长荡美，中秋沙角虎丘多。滋味赛苹婆。（诸菱）”“苏州好，鱼味爱三春。刀鲚去鳞光错落，河鲀剖乳腹膨脝。新韭带姜烹。（江鲚、河鲀）”“苏州好，夏月食冰鲜。石首带黄荷叶里，鲥鱼似雪柳条穿。到处接鲜船。（黄鱼、鲥鱼）”“苏州好，莼鲙忆秋风。巨口细鳞和酒嫩，双螯紫蟹带糟红。菘菜点羹浓。（银鲈、紫蟹）”“苏州好，冬日五侯鲭。蜜蜡拖油鲟骨鲊，水晶云片鲫鱼羹。糟熟截毛鹰。（鲟鳇、鲫鱼）”

【导读】

苏州物产丰富，一年四季可供烹饪的食材很多，因而逐渐形成了苏州人在饮食上对时令季节的讲究，在吴地百姓中就流行着“不时不食”的说法。清人赵筠在其《吴门竹枝词》就以诗歌的形式道出了其中的原委：“山中鲜果海中鳞，落索瓜茄次第陈。佳品尽为吴地有，一年四季卖时新。”赵筠诗所说，完全是苏州饮食生活的真实写照。若细数起苏州的“山中鲜果”，初夏时节的洞庭东、西山则是“卢橘（按：枇杷）杨梅次第新”，秋日里洞庭红橘漫山遍野挂满枝头。“海中鳞”是对苏州地区鱼虾的泛指，既有太湖的湖鲜和长江的江鲜，太仓浏河港还有海鲜的集市，这些产自江河湖海的水产品的食用随着季节的变化“次第陈”，市集上也是“一年四季卖时新”。

与之相应，吴地人的餐桌上也就体现出强烈的时令季节性，吴人慧心巧手，烹制水产也就有了“因时更迭”的传统和讲究。民间一直有这样的说法：正月塘鳢鱼、二月鳜鱼、三月甲鱼、四月鲥鱼、五月白鱼、六月鳊鱼、七月鳗鱼、八月鲃鱼、九月鲫鱼、十月草鱼、十一月鲢鱼、十二月青鱼(按：月份按农历算)。这些还只是寻常百姓家最为普通的美食，若论名贵稀罕之物现已禁捕，有清明之前的长江刀鱼(又称“刀鲚”)、河豚，初夏时节的鲥鱼、石首鱼(吴人又称之“黄花鱼”)，秋日的吴松江鲈鱼、大闸蟹，冬日的鲟鳇。

清代康熙年间的大学士张英在一首《吴门竹枝词》中就说到，吴地食鱼尤重时令，暮春初夏时节当季的鲥鱼价格“玉不如”：“杨花落后春潮长，入网霜鳞玉不如。骄语吴侬侥幸杀，千钱昨日吃鲥鱼。”一旦过了节令，价格则迅速“跳水”。江河湖海鲜是如此，最为家常的蔬果瓜茄亦不例外，《清嘉录》所引明代苏州籍大学士王鏊在《（正德）姑苏志》的这段话，正是这一真实情况的写照。至于“立夏尝新”的风俗，则可见“卖时新”“买时新”“吃时新”在苏州已是蔚然成风矣。

至于吴地百姓最擅长的苏式糕团，更是随着季节和节日风俗的迁延而体现出节令性的特点。无论是顾禄的《清嘉录》《桐桥倚棹录》，还是袁学澜的《吴郡岁华纪丽》，都记载了苏州名目繁多的节令性的糕团点心，如正月各色年糕以及元宵、二月二“撑腰糕”、三月清明“青团子”、四月十四“神仙糕”、五月初五“端午粽”、六月二十四“谢灶团”、七月中元节“豇豆糕”、八月二十四食“糍团”、九月九“重阳糕”、十月“萝卜团”、十一月“冬至团”、十二月“祭灶团”“桂花糖年糕”。此外，还有各色米制糕团，如酒酿饼、玫瑰大方糕、松子黄千糕、椒盐麻糕、薄荷糕、枣松猪油夹糕、五色松糕、马蹄糕、炒肉馅团、双馅团、松花团子，也极具季节性和时令性。

浴佛（放生会）

八日，为释迦文佛生日。僧尼香花、灯烛，置铜佛于水盆，妇女争舍钱财，曰浴佛。居人持斋礼忏，结众为放生会。或小舟买龟、鱼、螺、蚌，口诵往生咒放之，竟日不绝。

案：李善注王中《头陀寺碑》："鲁庄七年，夜明，佛生之日也。"《瑞应经》："四月八日夜，明星出时，佛从右胁坠地，即行七步。"盖《春秋·庄公七年》："夏四月辛卯夜，恒星不见。"孔氏《正义》云："于时，周之四月，则夏之仲春。杜氏以长历校之，辛卯是四月五日。"然则如来生辰当为今之二月五日。宗懔《荆楚岁时记》:“二月八日,释氏下生之日,迦文成道之辰。”《辽史·礼志》:“二月八日,为悉达太子生辰,京府及诸州县雕木为像。”云云。又《金史·海陵纪》有禁二月八日迎佛之文,则是时以二月八日为佛节,亦不知是初五日也。而《四时宝镜》:“四月八日为佛生日,京师各有浴佛斋会。”《高僧传》:“释元高,小名灵育。母寇氏,梦见胡僧持伞,香花满座,便即怀胎,四月八日生,有异香。”《灵宝经》、周密《武林旧事》、张远《隩志》、韩鄂《岁华记丽》皆云:“四月八日为佛诞日,诸寺各有浴佛会。”《宋书·刘敬宣传》:“四月八日,为灌佛之辰。”《佛运统志》亦云:“四月八日为浴佛节。”惟孟元老《东京梦华录》以十二月八日浴佛,恐讹。东坡诗:“轻寒浴佛天。”若十二月八日,安得谓轻寒乎?九邑《志》皆谓:“四月八日,为释伽诞,作传经浴佛会。”范《志》亦云:“四月八日,浮屠浴佛,遍走闾里。”褚人获《坚瓠集》:“四月八日，俗传为释迦生辰，各建龙华会，以小盆坐铜佛，浸以香水，而复以花亭、铙鼓，迎往富家，以小杓浇佛，提唱诵偈，布舍钱财。有高峰和尚偈曰:‘呱声未绝便称尊，搅得三千海岳昏。恶水一年浇一度，知他雪屈是酬恩。’”

【导读】

在佛教文化中，相传农历四月初八为佛诞日，古代佛教寺庙会在这一天举行隆重的法会，诵经纪念佛祖的诞辰，同时也要在寺庙中煎煮香汤，用香汤灌洗佛祖诞生之像，称之为“浴佛”。浴佛这一习俗，在唐代佛教盛行的时期尤盛，许多信众会在这一天布施。宋明清以来，此风长盛不衰，只是风俗因时、地略有不同。宋代孟元老《东京梦华录》中记载了北宋都城汴京(今河南开封)十大寺庙同时举办浴佛大典的盛况:“四月八日佛生日，十大禅院各有浴佛斋会，煎香药糖水相遗，名曰浴佛水。”清代的《日下旧闻考》卷一四七记载北京的浴佛节风俗有曰：“京师僧俗念佛号者，辄以豆识其数。至四月八日，佛诞生之辰，煮豆，微撒以盐，邀人于路请食之，以为结缘也。”在南方各地，在四月初八浴佛节这一天，要向佛祖供奉乌米饭（又称为“阿弥饭”），详见本卷下条“阿弥饭”的导读部分。

放生是中国古代文化中一项重要的仪式，早在先秦时期，就有正月初一放生的习俗，《列子·说符》中就有这样的记载：“正旦放生，示有恩也。”佛教传入中国以后，与中国本土的放生习俗相融合，逐渐发展演变出佛教中重要而独特的法会——放生会。据史料记载，佛教放生仪式始于浙江天台山，隋代天台山的智𫖮大师见临海的渔民以捕鱼杀生为业，劝募众人购置放生池，为池中水族说《法华经》《金光明经》等佛教经典，这是放生法会之开端，后来日渐风行。但是，一些不合理、违背生态保护科学规律的放生活动，可能会对生态环境产生负面影响，因此国家颁布了相关法规，对放生行为进行了规范，以科学知识为指导，合理放生，慈悲护生，为建设生态文明、美丽中国贡献力量。

阿弥饭

市肆煮青精饭，为糕式，居人买以供佛，名曰阿弥饭，亦名乌米糕。周宗泰《姑苏竹枝词》云："阿弥陀佛起何时？经典相传或有之。予意但知啖饭好，底须拜佛诵阿弥？"

案：孙国敉《燕都游览志》："四月八日，梵寺食乌饭。"谢去咎《事类合璧》云："道家采杨桐叶、细冬青，染饭，色青有光，名曰青精饭。"《吴县志》谓："僧家以乌叶染米，作黑饭赠人。"龙佩芳《脉药联珠》谓："取天南烛叶煮汁，渍炊之，名黑饭，故俗又名乌米饭。"又考《神隐》："西域有神，名曰佛。佛生日，以黑黍饭不落角祀之。中国奉教者，率相效仿。”今之乌米饭，疑即黑黍饭。吴曼云《江乡节物词》小序云：“杭人呼为乌饭，有制以为糕者，于立夏食之。”此又一说也。

【导读】

青精饭的历史悠久，相传最早是由太极真人所创，用青石脂、青粱米制作而成，道家在辟谷时食用，服之可以延年。南朝梁陶弘景《真诰·稽神枢四》：“霍山中有学道者邓伯原、王玄圃，受服青精石饭。”杜甫在《赠李白》一诗中有谓：“岂无青精饭，使我颜色好。”清代学者仇兆鳌的《杜诗详注》引《三洞珠囊》注曰：“王褒，字子登，汉王陵七世孙，服青精䭀饭，趋步峻峰如飞鸟。”又引陶弘景《登真隐诀》，详细介绍了青精饭的制作过程和方法：“太极真人青精干石䭀饭法，用南烛草木叶杂茎皮煮，取汁，浸米蒸之，令饭作青色，高格曝干，当三蒸、曝，每蒸辄以叶汁溲，令浥浥。日可服二升，勿服血食，填胃补髓，消灭三虫。”

古代道家的修炼中，喜欢在食物中添加矿石粉末，最早的青精饭在制作中是要添加青石脂的粉末的，故而被称为“青精石饭”，而民间的普通饮食中往往不加青石脂粉末，故称为“青精饭”。宋人林洪在《山家清供》中把道家的“青精石饭”和“青精饭”区分得很清楚：“青精饭者，以比重谷也。按《本草》：南烛木，今黑饭草，即青精也。采枝叶捣汁，浸米，蒸饭，曝干，坚而碧也。久服益颜延算。仙方又有青精石饭。世未知‘石’为何也。按《本草》：用青石脂三斤，青粱米一斗，水浸三日，捣为丸，如李大，白汤送服一二丸，可不饥。二法（按：指‘青精饭’和‘青精石饭’）皆有据。第以山居供客，则当用前法；如欲子房辟谷，当用后法。”唐代孙思邈《千金方》及明代药学家李时珍《本草纲目》中，都专门列有“青䭀饭”条目，都介绍了青精饭的制作方法，并说青精饭具有“益髭发，驻容颜”“益颜色，坚筋骨”“益肠胃”等养生功能。

南烛木，亦名“黑饭草”“乌饭草”，即古人所称的“青精”。大米经过青精汁的浸泡，晒干后呈深暗绿色，蒸熟之后乌黑油亮，民间又称之为“乌米饭”“乌饭”。这道源自道教的传统食品，在民间广为流行。后来民间传说中，人们又把每年吃乌米饭这一风俗和佛祖弟子目连救母的故事联系在一起，以纪念目连的孝道。此后，佛教徒也会在农历四月初八浴佛节制作乌米饭用来供佛，吴语中“乌米饭”和“阿弥饭”读音相近，所以佛教徒又称“乌米饭”为“阿弥饭”。

后世在乌米饭的基础上，又衍生出乌米制作的糕点和食品，如乌米糕、乌米粽。《（民国）吴县志》记载苏州的物产中就有乌米糕，其中有云：“乌米糕，亦名阿弥糕，四月八日佛诞日，市肆有之。”

七日八夜

农人以初八夜雨，主伤小麦。谚云："小麦不怕神共鬼，只怕七日八夜雨。"

案：长、元、吴《志》皆载："四月八日夜雨，则伤小麦。"并载是谚。

蛇王生日

十二日，为蛇王生日。进香者骈集于娄门内之庙，焚香乞符，归粘户牖，能远毒蛇。人又以是日雨，主坏麦，谓巳日属蛇，麦收忌雨，有此说也。蔡云《吴歈》云："日交蛇位麦登场，日纪蛇生验雨旸。更怪妖氛干正气，丛祠香火拜蛇王。"

案：钱希言《狯园》："蛇王庙，在娄门外。葑门捕蛙者祭献其中，庙旋废。不知何年重建于娄门内。祭赛者不独捕蛙船矣。"钱思元《吴门补乘》："蛇王庙，在娄门内，负城临水，杰阁巍然，与毗陵舣舟亭相似。前殿塑蛇将军，特假蛇耳。或相传，蛇王为方正学，正堪喷饭。”

【导读】

古代先民认为蛇具有一定神秘力量并将它绘作图腾。在古代传说中，中华文化的始祖伏羲、女娲都是“蛇身人面”，《拾遗记》卷二就有这样的记载：“蛇身之神，即羲皇（按：伏羲）也。”清代学者郝懿行《山海经笺疏》卷十八引用上古典籍记载说，“女娲氏”“庖牺氏（按：伏羲）”“蛇身人面，而有大圣之德”。我国南方的平原、丘陵地区多蛇，南方地区很多古老的部落，都将蛇作为部落的图腾，东汉许慎《说文解字》中对“闽”字解释道：“闽，东南越，蛇种。从虫，门声。”中华民族文化的原始图腾龙就是在蛇的基础之上逐渐演变过来的，闻一多先生在其《伏羲考》一文中就认为龙是只存在于图腾中而不存在于生物界中的一种虚拟的生物，因为它是由许多不同的图腾糅合成的一种综合体，是蛇图腾兼并与同化了许多弱小单位的结果。

中国古人对蛇的心理经历了从恐惧、害怕到依赖、信仰、崇拜，乃至神秘化的一个发展过程，因而在南方的很多地方都有蛇王庙、蛇神庙等供奉、祭祀场所。清人吴震方《岭南杂记》卷上对广东潮州、东莞地区的蛇神庙及蛇崇拜的记载尤为详尽，也曾为钱思元《吴门补乘》所节录，在此不妨摘引，可以作为参考："潮州有蛇神，其像冠冕南面，尊曰游天大帝，龛中皆蛇也。欲见之，庙祝必致辞而后出，盘旋鼎俎间；或倒悬梁椽上，或以竹竿承之，蜿蜒纠结，不怖人亦不螫人。长三尺许，苍翠可爱。闻此自梧州而来，长年三老尤敬之，凡祀神者，蛇常游憩其家，甚有问神借贷者。""粤东尚巫信鬼，故妖惑之物得以祸福人。蛇神不独潮，东莞亦有之。同年开学陆义山莱有《神蛇说》。戊戌之岁，余入粤，游于东莞，偶行市中，见有门施彩幔，内作鼓乐者，叟童男女，杂沓于门，语侏㒧嘈嘈不可辨，而入者咸有惊异非常之色，出者如瞻礼天帝庙，庭退而不敢忘端肃之状。心窃怪之。随众而入，见庭中铺设屏幛、几案、樽俎甚备，香烟郁郁，灯火荧荧。执乐者列两旁，鼓吹迭奏。几上供一磁盘，盘中小树数株，有小青蛇蜿蜒升降于树间，长不及尺，大不逾小指，一身两头，项相并，颈相连，四目二口，两舌并吐，绿质柔扰，主人鞠躬立案左。出入者以次膜拜，苟越次不整，主人正色约束，皆唯唯惟命。余怪而询之云：'此乡有双忠庙，庙祀忠臣之同时而殉节者，此两头蛇，双忠神之使也。'凌空而飞，忽然而至，所至之家，必虔祀之；蛇忽然去，则彻所祀以归于庙。如是获福，不且有大咎。"

据旧志记载，苏州在娄门城门内南埝有蛇王庙，每年四月十二日蛇王生日，百姓自发前来祭祀，香火旺盛。后来被拆毁。现在老百姓在旧时蛇王庙的旧址，今东园北门处的石亭中，安放了蛇王像，进香供奉，民间依然称之为蛇王庙。

神仙生日

十四日，为吕仙诞，俗称神仙生日。食米粉五色糕，名神仙糕；帽铺制垂须钹帽以售，名神仙帽；医士或招乐部伶人，集厅事，击牲以酬，或酌水献花，以庆仙诞。

案：《史纂》云："神仙姓吕，名岩，字洞宾。曾祖延之，浙东节度使。祖渭，礼部侍郎。父让，海州刺史。唐贞元十四年四月十四日巳时生，举进士不第，遇正阳真人钟离子，得道。"施肩吾有《钟吕传道记》。

【导读】

在中国民间，一直盛行着“八仙”的传说。八仙传说以及神仙的组成，在历代典籍的记载和民间传说中，有多个不同的版本，直到明代人吴元泰的《东游记》问世之后，八仙的成员就此确定下来，这就是现在大家耳熟能详的铁拐李（李玄）、汉钟离（钟离权）、张果老（张果）、吕洞宾（吕岩）、何仙姑（何琼）、蓝采和（许坚）、韩湘子（韩湘）、曹国舅（曹景休）。

在八位神仙中，吕洞宾在中国老百姓中的影响力最大。吕洞宾，本名吕岩，以字行世，号纯阳子。山西河中（今山西永济）人。唐德宗时湖南观察使吕渭的孙子，海州刺史吕让的儿子。咸通年间应进士试，落第后，隐居华山，后遇到隐士钟离权，钟离权向他传授金丹大药之方，又遇到苦竹真人传其驱使鬼神之法，遂得以成仙。吕洞宾的这些传说，不见于唐人的典籍记载，最早见于北宋初年名臣杨亿所写的《杨文公谈苑》之中，唐代是否确有其人，尚难论定，但清编《全唐诗》根据后世道教的很多典籍和宋元以后的诗话、笔记辑录了他的诗词作品，很多显然是后世的伪托之作。五代十国以及北宋初年，随着道教内丹修炼的盛行，吕洞宾和钟离权的仙话传说在民间就流传极广，影响很大，二者经结合，在宋代形成了盛行一时的“钟吕金丹道”。金元时期在北方兴起的全真道教，顺应民间百姓的心理需求，就把钟离权、吕洞宾等推尊为“北五祖”，把吕洞宾尊为“纯阳演政警化孚佑帝君”，习称为“吕祖”“纯阳祖师”“吕帝”。在道教典籍、民间传说、戏剧传奇、志怪小说等的合力推波助澜下，“八仙”尤其是吕洞宾的传说越传越盛，对“吕祖”的祭拜也渐成风俗。

在道教的传说中，吕洞宾精于道教的各种方术，并能以这些方术来助善除恶，解人间的急难痛苦。传说他会在每年生日（农历四月十四日）降临人间，为民济困，在苏州民间就形成了在神仙生日庆贺仙诞的风俗。据说这天吕祖会化身成为乞丐、小贩，混杂在人群之中，如果轧到吕祖化身的身边，一年都会交上好运。每逢神仙生日的前后三天，苏州都要举行庙会。在神仙生日的当天，道观中的道士会修斋设醮，举行隆重的祭祀庆典；苏州的士绅、百姓都会纷纷前往神仙庙，进献香烛、鲜花等供品，从白天一直持续到深夜，神仙庙前热闹非凡，人头攒动，摩肩接踵，俗称“轧神仙”。晚清苏州风俗诗人袁学澜有诗描写“轧神仙”的盛况曰：“福济喧游四月天，笋鞋争踏运千年。神仙轧处香尘涌，剩有归人拾翠钿。”直到今天，每年的农历四月十四日，苏州依然会举行隆重的“轧神仙”民俗活动，这一项具有独特地方特色的传统民俗活动，现已被列入国家级非物质文化遗产代表性项目名录。

神仙庙，在苏州是祭祀“八仙”的专庙，虽然名为“庙”，只是现在人们的俗称而已，实际上是道教的宫观，过去称之为“福济观”。袁学澜《吴郡岁华纪丽》中对神仙庙的位置以及庙中神像的基本情况有较为清楚的记载："福济观在吴郡皋桥东，俗称神仙庙，中奉回祖吕祖像。四月十四日为仙诞日……士女骈集进香，游人杂闹，谓之轧神仙。"袁学澜所说的是晚清时期苏州神仙庙的位置，其旧址原位于今天城内西北隅阊门内下塘132号，现移建至石路南浩街，占地六亩，已被苏州市人民政府列为控制保护建筑。追溯神仙庙的历史，可以上溯到南宋淳熙年间，《(崇祯)吴县志》卷二十七记载："福济观，在红桥西北。宋淳熙间，道士陆道坚建，初名岩天道院。元至大间，道士叶竹居奏赐今额。至正末，兵毁。本朝正统间，道士郭宗衡重建。嘉靖□年，纯阳祠毁，□□年，道士周以昂重建。"祝枝山的外祖父徐有贞《福济观重建记》有曰："所谓福济观也，观之创，自宋淳熙初，旧名岩天道院。院有真士陆道坚者，尝与省干王大猷设云水斋于此，感会纯阳吕仙翁，授以神方，大猷子孙至今传以济生。"

1937年，日本侵略者攻陷苏州，拆毁了福济观观中的迎仙堂等部分殿宇。二十世纪六七十年代，福济观曾被拆毁，七十年代末至八十年代初，随着国家民族宗教政策的逐步落实，神仙庙一度移至吴趋坊，后又迁到中街路。现在的苏州神仙庙，为后来重新修建，位于苏州石路南浩街，每年的神仙庙会和“轧神仙”民俗活动都会在这里盛大举行，成为苏州一道独特的民俗景观。

轧神仙

仙诞日，官为致祭于福济观。观中修崇醮会，香客骈集。相传仙人化为褴褛乞丐，混迹观中，而居人之有奇疾者，至日烧香，往往获疗，谓仙人怜其诚而救度也，谓之轧神仙。观中旧有迎仙阁，是日众仙聚饮阁中。后建玉皇阁，吕仙恐朝参，遂不复至。蔡云《吴歈》云："洞庭飞尽到姑苏，笑逐游人倚酒垆。今日玉皇高阁下，犹闻醉后朗吟无？"

案：徐崧、张大纯《百城烟水》云："福济观，俗称神仙庙，在皋桥东。宋为李王祠。朐山王省干大猷来吴，淳熙某年四月十四日，从岩中道院陆道坚设云水斋，感纯阳吕仙，授神方，以疗风疾，至今赖之。元至大辛亥，叶竹居重建，奏今额。”《吴县志》：“十四日，福济观谒吕纯阳。”《玉篇》：“勫，九也。”九，音轧，吴人谓人众不得出而力附之，曰九。亦作轧。

翦千年蒀

仙诞前夕，居人芟翦千年蒀旧叶，弃掷门首，祝曰："恶运去，好运来。"或又于庙中别买新叶植之，谓之交好运。

案：《陶朱公书》："四月十四日，俗传神仙生日，芟翦千年蒀旧叶，掷之通衢，令人践踏，则新叶易生。"吴人植之，以兴萎占盛衰。造房者，连根叶置梁上，以为吉谶；结姻聘币者，铰缯绢肖其形，与吉祥草及葱、松四色，并列盆中。《昆新合志》亦云："神仙生日，家户翦蒀叶，散布街坊。"盖俗"运"与"蒀"同音也。

【导读】

千年蒀，就是苏州人庭院中最常见的绿色植物——万年青。自古以来，万年青作为富有、吉祥、太平、长寿的象征，深为人们喜爱。吴地人在造房上梁、结婚礼聘时，都喜欢用万年青作为装饰物，寓意为长盛不衰。其别名“千年蒀”，也有“好运千年”的寓意。明陈继儒《致富奇书》卷二：“千年蒀，一名万年青。叶阔丛生，深绿色，冬夏不枯。吴中家家植之，以盛衰占休咎。造房者，连根叶置顶上，以为祥瑞；结姻聘币者，剪绞绢肖其形，与吉祥草及葱、松，四色并列盆中。种法于春秋二分时，分栽瓦盆，置背阴处。四月四日，俗传神仙生日，删剪旧叶，掷之通衢，令人践踏，则新叶发生，盛则再分。喜加肥土，浇用冷茶。”

神仙花

游人集福济观，争买龙爪葱归种，则易滋长。卖者皆虎阜花农，前后数日，又必竞担小盎草、木本鲜花，入观求售，号为神仙花。

案：《蔬谱》有楼葱，俗以其形似龙爪，故名曰龙爪葱。又沈朝初《忆江南》词云："苏州好，生日庆纯阳。玉洞神仙天上度，青楼脂粉庙中香。花市绕回廊。"注："四月十四日，为纯阳生日，满城妓女俱至庙中。两廊市花，谓之神仙花。"

四月十六

土俗：于十六日望晴雨，以候岁，晴则水，雨则旱，惟阴云为佳。谚云："有谷无谷，但看四月十六。"

案：江、震《志》皆载此占，又谚云："四月十六，天上有云，地上有谷。"

药王生日

二十八日，为药王生日，医士备分烧香，骈集于洙泗巷之三皇庙，即医学也，郡县医学官司香火。卢家巷亦有药王庙。诞日，药市中人击牲设醴以祝嘏，或集众为会，有为首者掌之，醵金演剧，谓之药王会。

案：沈汾《续神仙传》：“药王，姓韦，名古道，号归藏，西域天竺人。开元二十五年，入京师，纱巾毳袍，杖履而行，腰系葫芦数十，广施药饵，疗人多效。帝召入宫，图其形，赐号药王。”又韩无咎《桐阴旧话》引《列仙传》：“唐武后朝韦善俊，京兆人，长斋奉道，常携黑犬，名乌龙，世俗谓之药王。”又高士奇《扈从西巡日录》云：“药王庙专祀扁鹊。四月二十八日，贺药王生日。”又《一统志》：“药王庙，在任邱县鄚州城东北，祀扁鹊。”吴梅村《过鄚州》诗有“香火年年赛药王”之句。《府志》云：“洙泗巷清真观医学有医王庙，旧称三皇庙，在流化坊，祀伏羲、神农、黄帝。康熙二十八年改建，今所并祀夏禹。三十年，知府卢腾龙请以岐伯、伯高、鬼臾区、少俞、少师、雷公配，改名医王庙。”是止称医王，不称药王。又考徐崧、张大纯《百城烟水》云：“药王庙，在卢家巷。康熙庚申，药市中醵金建。”并载程瑞、邹溶诗，诗中皆专指神农而言。今庙中亦塑神农象，更不应有药王之称。则知俗传二十八日之辰，乃是扁鹊诞降之日，吴人不察，相沿为三皇生辰，不亦谬与！

【导读】

中国民间的药王信仰较为普遍，充分反映了人们对自己和家人健康的期盼和关注。无论佛教寺庙，还是道教宫观中，都有药王殿。此外，民间也会由老百姓或药材同业公会出资修建专门的药王庙。至于药王殿、药王庙中供奉的主神，一般都是中国历史上的名医，其中包括春秋时期的名医扁鹊，汉代名医华佗，唐代名医孙思邈、韦慈藏、韦善俊、韦古道等人。

苏州玄妙观东洙泗巷的三皇庙，实际上就是由府县医学主管的药王庙。顾震涛《吴门表隐》还详细地记载了南濠弄药王庙的位置和历史沿革，并载该庙供奉的药王是神农氏，其文有曰："药王庙，在南濠卢家巷雁字圩。康熙十三年（按：当为康熙十五年，本年丁思孔调任江南布政使）布政使丁思孔创建，药材同业奉香火。按：药王，一作韦古道，西域人，唐开元二十五年赐号（沈汾《续神仙传》）；

一作韦善俊，京兆人，唐武后时人（韩无咎《桐隐旧话》引《列仙传》）；一作扁鹊（《任邱县志》）。今祀神农氏最合。”《（同治）苏州府志》载卢家巷药王庙，“康熙二十八年毁，三十二年重建。咸丰十年毁”。民间相传，农历四月二十八是药王扁鹊的生日，后世遂以这一天作为药王生日祭祀祝嘏。

五月

划龙船

老虎头老虎肚兜

修善月斋（毒月）

释氏、羽流，先期印送文疏于檀越，填注姓字，至朔日焚化殿庭，谓之修善月斋。是月，俗又称为毒月，百事多禁忌。

案:《荆楚岁时记》:“五月俗称恶月，多禁忌曝床、荐席及盖屋。”潘荣陛《帝京岁时纪略》:“京俗：五月不迁居，不糊窗槅，名曰恶五月。”（吴俗称善月，盖讳恶为善也。蔡铁翁诗：“俗忌三旬呼毒月。”）

【导读】

在古代，农历五月一直被人视为“恶月”，在民俗上也有很多禁忌和讲究。“古今俗忌以五月为恶月，端午为恶日，赴官者顿不敢发，生子者弃不敢举。不幸而与祸会，故一切以俗忌为当然。”五月之中，又以初五（即端午，又称“重五”“重午”）为最恶，民间甚至有端午出生的孩子要丢弃的说法。面对这种民间禁忌的传说，元好问在其《靖德昭儿子高户字说》一文（《遗山先生文集》卷三十九）中给予了批判，并举汉晋时期的历史人物为反证，明确提出这一禁忌的不合理性，并“以为五月生子，往往富贵而寿”。

抛开这些不合理的迷信说法，从自然、天气、健康、社会等角度来看，五月被称为“恶月”“毒月”，自有一定的道理。农历五月，天气逐渐炎热，开始进入夏天，特别是江南地区，高温高湿的天气，加剧了人们身体上的不适感，诚如《礼记·月令》所说：“（仲夏）是月也，日长至，阴阳争，死生分。”所以，这个时候，人们的生活起居、饮食活动都需要顺应天时的变化，有所避忌和讲究，对身体还是有一定的好处的。《礼记》中给出的建议和做法是斋戒和静养，摒除欲望，“以定晏阴之成”，其中有谓：“君子齐（按：通‘斋’）戒，处必掩身，毋躁，止声色，毋或进，薄滋味，毋致和，节嗜欲，定心气，百官静事毋刑，以定晏阴之所成。”

进入夏季，还有各种蚊虫、毒物、病菌的滋生活跃，瘟疫多发，对人的身体健康都会产生一些不良的影响。在民间最为流行的有“五毒”，所谓“五毒”，一般指的是蛇、蝎、蜈蚣、壁虎和蟾蜍等有毒的动物。东汉时期王充的《论衡·言毒篇》中，就有“天下万物，含太阳气而生者，皆有毒螫”的说法，贾思勰《齐民要术》卷三中也有这样的说法：“五月芒种节后，阳气始亏，阴慝将萌，暖气始盛，蛊蠹并兴。”

为了应对这些具体的问题和生活中的困惑，古代人在农历五月，特别是端午节的许多民俗活动，多以驱邪避毒、祛灾免祸为主要目的和美好愿景，如贴天师符、挂钟馗像、喝雄黄酒、挂蒲剑蓬鞭、采百草、穿五毒服、画五毒符、燃烧辟瘟丹蚊烟、挂蒜头、戴老虎头帽、穿老虎肚兜和老虎鞋等，无不如此。因此，民间也有人把端午节称为“躲午节”。

2014年以来，网络上流行一种说法，在端午节问候的时候，不应该说“端午快乐”，而应该说“端午安康”，这就民俗文化的内涵及其演变的角度来看，是有道理的。南宋学者洪迈在其《容斋五笔》卷九中也曾明确说，端午节不可用“祝颂”之辞，其文曰：“端午故事，莫如楚人竞渡之的，盖以其非吉祥，不可施诸祝颂，故必用镜事云。”其中所谓“用镜事”，是说在竞渡的时候也要使用辟邪物来避免灾祸。

贴天师符

朔日，人家以道院所贻天师符贴厅事，以镇恶，肃拜烧香。至六月朔，始焚而送之。有贻自梵氏者，亦多以红、黄、白纸，用朱墨画韦陀镇凶，则非天师符矣。而小户又多粘五色桃印彩符，每描画姜太公、财神及聚宝盆、摇钱树之类。受符者必至院观拈香，答以钱文，谓之符金。

案：邱悦《三国典略》："张道陵，一作张陵，汉顺帝时人。入蜀，居鹤鸣山，造符书，为人治病。陵子衡，衡子鲁，以其法相授。"施宿《东坡诗注》引《张真人传》云："真人名道陵，良八世孙。汉章帝、和帝累召不起。”胡应麟《笔丛》、王宗沐《续通考》，皆本此说，然并未有天师之称。《世说》注：“郗愔与弟昙奉天师道。”《北史》：魏嵩山道士寇谦之，自言尝遇老子，命继张陵为天师。崔浩劝明帝起天师道场。郦道元《水经注》：“白马戍有张天师堂，庾仲雍谓：堂为张鲁治。”是天师之名，始于六朝也。李昉等《太平广记》亦云：“梁武帝因陶贞白诣张天师道裕，乃为立元坛三百所。”东坡《过安乐山闻张道陵所寓》诗：“天师化去知何在？玉印相传世共珍。”马贵与《通考》云：“唐天宝后，汉天师子孙嗣真教，册赠天师为太师。然亦私相称谓，未尝以之赐号也。宋祥符二年，赐信州道士张正随号真静先生。自是，凡嗣世者皆赐号。如崇宁二年，赐继先号虚静先生。迨至元十三年，乃赐张宗演灵应冲和真人之号，又赐张正常号天师。”明太祖去其旧称，改授正一嗣教真人，曰："元人不知义理，天岂有师也哉？"盖封号虽曰真人，世俗尚沿旧称。吴曼云《江乡节物词》小序云："杭俗：道家于端五送符，必署天师二字，以见其神，受者皆答以钱米。"诗云："研将朱墨任鸦涂，春蚓秋蛇认得无？但乞人施五斗米，全家饱食仗灵符。"而江、震《志》亦云："五日，道士折红、黄色纸，画天师像，为辟恶灵符，分送檀越。"《续汉·礼志》云："五月五日，朱索五色桃符，为门户饰，以止恶气。"韩鄂《岁华纪丽》："角黍之秋，浴兰之月，朱索赤符。"长、元、吴《志》亦皆云："五日，户贴朱符。"蔡铁翁诗："仙符一道贴清晨。"又云："拜送痴符盛暑交。"

【导读】

五月初五在门口挂符这一习俗源于东汉，《后汉书·礼仪志》："以五月五日，朱索五色印为门户饰，以难止恶气。”最初多用桃木印制彩色符，以辟邪。东汉末年，随着道教的形成和确立，道教创始人张道陵（信徒尊为“张天师”）以及道教符箓等方术在民间的影响越来越大，百姓在门口挂的符就逐渐演变成为道教方术中的符箓，并署以张天师的名号，人称“天师符”。中国古代的民间信仰大多出于老百姓驱灾避祸的祈愿，神祇或“灵符”等都比较庞杂，时常出现佛道混杂的情况，老百姓在家门口张贴的符，不全都是道教宫观印制的天师符，也有挂钟馗像以辟邪的，甚至有挂佛教寺庙印制的韦陀像，还有坊间印制的“姜太公、财神及聚宝盆、摇钱树”等图案，这些都是常见的现象。清富察敦崇《燕京岁时记·天师符》：“每至端阳，市肆间用尺幅黄纸，盖以朱印，或绘画天师钟馗之像，或绘画五毒符咒之形，悬而售之。都人士争相购买，粘之中门，以避祟恶。”

挂钟馗图

堂中挂钟馗画图一月，以祛邪魅。李福《钟馗图》诗云："面目狰狞胆气粗，榴红蒲碧座悬图。仗君扫荡幺麽技，免使人间鬼画符。"又卢毓嵩有诗云："榴花吐焰菖蒲碧，画图一幅生虚白。绿袍乌帽吉莫靴，知是终南山里客。眼如点漆发如虬，唇如腥红髯如戟。看彻人间索索徒，不食烟霞食鬼伯。何年留影在人间？处处端阳驱疠疫。呜呼！世上罔两不胜计，灵光一睹难逃匿。仗君百千亿万身，却鬼直教褫鬼魄。"

案：《唐逸史》："明皇因疾，昼梦蓝袍鬼从一小鬼，擘而啖之，自称终南山进士，誓除天下虚耗之业。乃诏吴道子如梦图之，批其后曰：‘灵祇应梦，厥疾全疗。烈士除妖，实须称奖。因图异状，颁显有司。岁暮驱除，可宜遍识。以祛邪魅，兼靖妖氛。’”又孙逖、张说文集有《谢赐钟馗画表》，又刘禹锡有《代杜相公及李中丞谢赐钟馗历日表》。又《五代史·吴越世家》：“岁除，画工献《钟馗击鬼图》。”沈存中《补笔谈》：“熙宁五年，上令画工模拓吴道子《钟馗象》，镌版。除夜，遣内供奉官梁楷就东西府给赐。”但考刘宋征西将军宗悫有妹，名钟葵，见其母郑夫人墓志，《梦溪笔谈》载之。家雪亭云：“今俗有《钟馗嫁妹图》，以此而讹。”又后魏有李钟馗。《北史》：“尧暄，本名钟葵，字辟邪。”又《恩幸传》有宫钟馗。又《杨慎外集》云：“钟馗，即终葵。古人多以终葵为名，其后误为钟馗。俗画一神像帖于门，手执椎以击鬼。好怪者遂相传钟馗能啖鬼，又作《钟馗图》，言钟馗为开元进士，尤为无稽。”是钟馗之名，由来已久，特开元始有画耳。胡浩然《除夕》诗云：“灵馗挂户。”则知古人以除夕，今人以端五，其用亦自不同。俗又称水墨画者，曰水墨钟馗。蔡铁翁诗：“掀髯墨象聊惊鬼。”又吴曼云《江乡节物词》小序云：“杭俗：钟进士画像，端午悬之，以逐疫。”诗云：“进士头衔亦恼公，怒髯皤腹画难工。终南捷径谁先到？按剑输君作鬼雄。”江、震《志》云：“五日，堂中悬钟馗画象。”谓“旧俗所未有”。

【导读】

钟馗是道教中的俗神，专司打鬼驱邪，从古至今一直都流传着钟馗捉鬼的故事，因而他在中国民间有着很大的影响。端午期间，老百姓会在家中悬挂钟馗画像，祈愿辟邪祛灾。在中国古代绘画史上，钟馗也是人物画的一个重要题材，历史上出现了许多以画钟馗而著称的画家，唐代有吴道子，宋代有李公麟、梁楷、龚开等，元代有颜辉。到了清代，钟馗画像颇受老百姓的欢迎，“扬州八怪”中的罗聘、黄慎等人都绘有不少《端阳钟馗图》，在清代画史上先后涌现出罗聘、高其佩、任颐等画钟馗的大家名家，也是情理之中的事。

关于钟馗的来历，有几种不同的说法，比较流行的说法是他原为唐代终南山进士，文武全修，经纶满腹，刚正不阿，不惧邪祟，待人正直，肝胆相照。其貌异相，豹头环眼，铁面虬髯，因此而科举不第，他在抗辩无果之后，怒撞殿柱而亡。唐玄宗得知此事，赐之以进士的袍、笏，安葬钟馗。晚上，钟馗出现在唐玄宗的梦中，表达愿为皇帝扫除天下的妖孽鬼魅，唐玄宗遂封钟馗为“赐福镇宅圣君”。这一传说在民间脍炙人口，流传甚广，以至于很多画家在画钟馗以及题跋中都喜欢讲这个故事。明初的紫芝山人在《题颜秋月写钟馗图后》一文中，不仅解释了历代画家画钟馗的原因，也介绍了钟馗的来历，其中有谓："余闻世传：钟馗者，终南人也。不第而死阶下，因以进士袍笏赐之。既而示形于玄宗梦中，曰：'臣当为陛下除天下虚耗之孽。'……终南进士死有灵爽，尚为天下翦除妖孽。彼明为人者，视此图宁不惕然惊省哉？然则良工用心之苦，盖有讽于世道者深矣。"（明汪砢玉《珊瑚网》卷三十三）

钟馗的传说故事在唐代广为流传，钟馗作为捉鬼驱邪之神的地位日益确立强化。唐玄宗时期，把钟馗画像作为年礼赏赐给大臣，已然成为一个惯例。道教也把钟馗尊为门神，封钟馗为驱鬼逐恶的判官。敦煌遗书中有唐写本《除夕钟馗驱傩文》，足以说明钟馗在唐代已经在古代傩舞中扮演着驱鬼的重要角色，这是后来"跳钟馗"这一傩舞表演的早期文献记载。

对于民间广为流行的这种说法，自古就有很多学者提出不同的意见，认为钟馗实乃是"终葵"之讹误，如顾炎武、赵翼等人皆主此说，追溯其源，“其说本于杨用修（按：明代杨慎）、郎仁宝（按：明代郎瑛）二人”（清赵翼《陔余丛考》卷三十五），姑录杨慎《丹铅总录》卷十三“钟葵、钟馗、终葵”条如下，作为参考：“俗传钟馗起于唐明皇之梦，非也。盖唐人戏作《钟馗传》，虚构其事，如毛颖、陶泓之类耳。《北史》：‘尧暄，本名钟葵，字辟邪。’后世画钟葵于门，谓之辟邪，由此傅会也。宋宗慤妹，名钟葵，后世画工作《钟馗嫁妹图》，由此傅会也。但‘葵’‘馗’二字异耳。又曰：终葵，菜名。《周礼·考工记》：‘大圭，终葵首。’注：‘终葵，椎也。’疏：‘齐人谓椎为终葵。’《礼记·玉藻》：‘天子搢珽。’注：‘挺然无所屈也。’或谓之大圭长三尺，杼上终葵，首于杼上，又广其首，方如椎头，是谓无所屈，后则恒直。颜之推曰：北齐有一士，读书不过二、三百卷，尝出境聘。东莱王韩问曰：‘玉珽杼上终葵首，当作何形？’乃答曰：‘珽头曲圆，势如葵叶耳。’韩乃忍笑。”

端　五

五日，俗称端五。瓶供蜀葵、石榴、蒲、蓬等物，妇女簪艾叶、榴花，号为端五景。人家各有宴会，庆赏端阳。药市、酒肆，馈遗主顾，则各以其所有，雄黄、芷、术、酒糟等品。百工亦各辍所业，群入酒肆哄饮，名曰白赏节。

案：《荆楚岁时记》：“京师以五月一日为端一，二日为端二，三日为端三，四日为端四，五日为端五。”张表臣《珊瑚钩诗话》谓：“端五之号，同于重九，世以五为午，误。”长、元、吴《志》皆载：“端午簪榴花、艾叶，以辟邪。”《昆新合志》云：“五月五日端阳节，瓶供蜀葵、石榴、蒲、蓬等物，曰端阳景。簪艾叶、榴花于头以辟邪。”而江、震《志》皆云：“儿女辈之长者，则簪艾叶、榴花。”又云：“医家亦以雄黄、衣香送于常所往来之家，家买葵、榴、蒲、艾，贮之堂中。”《常昭合志》亦载是俗。江、震《志》谓：“端午日晴，主年丰。”谚云：“端午晴干，农人喜欢。”

【导读】

农历五月初五，称为“五日”“重五”，与九月初九称为“九日”“重九”是一样的道理，因月与日相同，故称“重”。在中国古代的术数文化中，五和九都是阳数，九为阳数之极，故九月初九称为“重阳”；五位于“一三五七九”五个阳数之正中，故五月初五称之为“端阳”。“端”的本意是“正”“正中”，也有开端、开始的意思，五月是夏日之始，端五之称，也有这一层意思，晋朝周处的《风土记》中就有谓：“仲夏端午。端者，初也，正也。五日午时为正中节，故作种种物避邪恶。”端五，现在则普遍称为“端午”，则由传统干支纪年纪月法而来的，现代使用的农历是夏历，夏历的正月是建寅之月，由此推算，农历的五月就是午月，所以“五日”“重五”“端五”也可以称为“午日”“重午”“端午”。唐韩鄂《岁华纪丽》中说：“月号正阳，时惟端午。”

在古人的认识和文化传统中，认为五月是“毒月”，端午又是毒月之中最为凶险、恶毒的一天，所以，端午节的很多民间风俗都围绕着禳灾祛祸而展开，本卷“修善月斋（毒月）”条的导读部分已有说明，可以参阅。

2006年，端午节被列入国家级非物质文化遗产代表作名录；2007年，端午节与春节、清明、中秋一起，被列为中国的四大传统节日，列入国家法定假日。2009年9月，联合国教科文组织正式审议并批准中国端午节列入世界非物质文化遗产，端午节成为中国首个入选世界非遗的传统节日。

端午节除了包含着中国老百姓禳灾祛祸的愿景之外，还有一层重要的文化纪念意义，唐代诗僧文秀《端午》诗曰：“节分端午自谁言？万古传闻为屈原。堪笑楚江空浩浩，不能洗得直臣冤。”在中国流传最广的说法，就是端午节是为了纪念战国末年爱国诗人屈原。早在东汉时期，人们在五月初五那天，会在手臂上缠上五彩丝线，以此来纪念屈原，据说这项习俗也能避免生病，应劭的《风俗通义》中就有这样明确的记载。此后，古代民俗学重要的典籍，诸如《续齐谐记》《荆楚岁时记》都把五月五日向江中投粽子、龙舟竞渡等习俗，追溯到屈原忠而见弃、五月五日投汨罗江而殉国的这一历史事件，认为这是人们对屈原爱国精神的一种纪念。在苏州，人们则把端午节的起源再往前推溯到春秋时期的伍子胥。伍子胥离楚到吴，来到吴国，“象天法地，相土尝水”，修建了苏州古城，辅佐吴王阖闾励精图治，为吴国的崛起作出了重要贡献。后因伯嚭的谗言，吴王夫差令其自尽。伍子胥死后，吴地人民为了纪念这位先贤，在胥江划龙舟，希望能够打捞到伍相的尸骸；裹角黍（粽子）投入胥江，饲喂水中的鱼虾鳞介，避免其破坏伍相的尸骸。在浙江还有源于曹娥江孝女投江的说法，在北方还有源于介子推等不同说法。此外，也有学者提出了各种学说，如吴越民族龙图腾祭祀说、阴阳五行说、生态环境说、节气适应说等。

虽然端午节的起源有不同的学说，但端午节起源于中国，这是不容置疑的。中国的端午节及其深厚的文化底蕴和内涵，对周边国家，特别是东亚、东南亚国家都产生了很大的影响。如日本、朝鲜、韩国、新加坡、泰国等国，“端午”的名称、时间、习俗以及文化内涵，都和中国保持了很大程度的一致性。当然，端午文化在各国发展，也融合了各国的本土文化，形成了当地的节日文化特色。周边国家与中国一起，共同参与了端午文化的传承与发展，共同促进了端午文化的丰富性与多样性，使端午文化和中国文化在世界更大区域内共生共享。

秤锤粽

市肆以菰叶裹黍米为粽，象秤锤之形，谓之秤锤粽。居人买以相馈贶，并以祀先。

案：杜台卿《玉烛宝典》云："五月五日，以菰叶裹黏米者，以象阴阳相包裹，未分散也。"宋祝穆《事文类聚》："端午粽子，名品甚多，形制不一，有角粽、锥粽、茭粽、筒粽、秤锤粽、九子粽等名。"刘敬叔《异苑》谓："粽子，屈原姊始作。"吾乡以之祀先，盖本吴均《续齐谐记》"五日，以竹筒贮米，投水祭屈原"之意。而吴曼云《江乡节物词》小序云："杭俗：端午尚角黍，亦有依古作筒粽者。"诗云："裹就连筒米宿舂，周遭彩缕系重重。青菰褪尽云肤白，笑说厨娘藕覆松。"长、元、吴《志》及江、震、常昭《志》皆云："五日，食角黍。"《昆新合志》："五日，相饷以角黍，俗名粽子。"范《志》亦云："以角黍、水团、彩索、艾花、画扇相饷。"

【导读】

粽子早在春秋战国时期就随着端午节出现，最初用于投入水中，以祭祀屈原（或伍子胥）等先贤，亦名"角黍"。端午节成为全国通行的重要节日，粽子也就成为端午节的重要的节令美食。各地粽子的制作因地制宜，粽叶多选用本地常见的植物叶子，有芦苇叶、箬竹叶、笋壳、芭蕉叶、茭白叶等。粽子的形状多种多样，除了《清嘉录》中提及的角粽、锥粽、茭粽、筒粽、秤锤粽、九子粽之外，还有龙粽、枕头粽、小脚粽、菱形粽、塔形粽、马蹄粽等，形态各异，琳琅满目。最有趣的是粽子的馅料，在全国范围内形成了“北甜南咸”的地域差异。粽子的馅料一般以糯米为主，不同地区人们的口味喜好不同，添加的辅料也略有不同，北方人一般喜欢香甜的口味，多配以赤豆、豆沙、红枣、枣泥、蜜枣等食材；南方人喜欢咸鲜口味，辅料则会选用鲜肉、火腿、蛋黄、干贝、海鲜、梅干菜等。南方粽子以浙江嘉兴最负盛名，近些年来，嘉兴致力于打造粽子制作产业，以五芳斋、三珍斋、真真老老为代表的品牌，远近闻名。随着人民生活水平的不断提高，粽子的馅料也越来越丰富，大有“万物皆可包”的势头，口味也越来越多样，甚至出现了榴莲粽、黑松露粽、麻辣小龙虾粽、冰淇淋粽、生椰拿铁水晶流心粽、珍珠奶茶粽、巧克力粽等独特的品种。过去，粽子是端午节专属的节令美食，现在已经演变为百姓餐桌上一年四季都能享用的家常美食。端午前后，正值一年一度的升学考试季，在苏州，家中的长辈都会为考生准备应时的食物粽子和糕团，取“糕”和“粽”的谐音，寓含了对考生的美好祝愿——考试“高中”。

雄黄酒

研雄黄末，屑蒲根，和酒以饮，谓之雄黄酒。又以余酒染小儿额及手足心，随洒墙壁间，以祛毒虫。蔡云《吴歈》云：“称锤粽子满盘堆，好侑雄黄入酒杯。余沥尚堪祛五毒，乱涂儿额噀墙隈。”

案：孙思邈《千金月令》：“端五，以菖蒲，或缕或屑，以泛酒。”而冯慕冈《月令广义》则云：“五日，用朱砂酒辟邪解毒，余酒染额、胸、手足心，无虺蛇之患。又以洒墙壁、门窗，以避毒虫。实丹砂也。”吴曼云《江乡节物词》小序云：“杭俗：五日剉蒲根，入火酒，和雄黄饮之，或以涂小儿额上。”诗云：“细切蒲菹劝举觞，不须九节认灵菖。娇儿怯试烧春味，一抹妆成半额黄。”九县《志》皆载，“五日，饮雄黄菖蒲酒。”而《昆新合志》并云：“随洒墙壁间。”

【导读】

雄黄是中国古代医学中常用的一种中药材，被中医认为是解毒治疮的重要药材。李时珍《本草纲目》卷九记载它“气味苦，平寒，有毒”，主治“鼠瘘恶疮”“杀精物、恶鬼邪气、百虫毒”“杀诸蛇虺毒，解藜芦毒”，疗解各种疮、疥和“大风”“癖气”。清代学者方以智《物理小识》卷五也有谓：“夫雄黄，治疮杀蛊毒之上品也。而入肝经气分，故能定痫涎、治疟痢，又能化血为水。”农历五月，天气逐渐变得湿热，暑气上升，百虫出没，为了避免湿热之气和毒虫的侵害，防患于未然，所以古人会在端午前后喝一些雄黄酒，古语有谓：“饮了雄黄酒，病魔都远走。”需要指出的是，雄黄是砷化物，是具有一定毒性的，久服易发生砷中毒，特别是加热时会氧化成含剧毒的三氧化二砷（即砒霜），所以现在江南地区已经很少饮用雄黄酒。古人饮用的雄黄酒，也只是在白酒或自酿的黄酒里加入极微量的雄黄而成。在苏州的传统风俗中，还有端午节“吃五黄，避五毒”的说法，所谓“五黄”，就是五种黄颜色的食物：黄鳝、黄鱼、咸鸭蛋黄、黄瓜和黄酒（过去是雄黄酒，现在改为黄酒）。旧时传说黄色食物可以驱避鬼祟，此旧俗一直延续至今。

然而，有一个风俗依然在江南地区保留至今。端午节，在小孩的额头点上雄黄，或用雄黄在孩子的额头上画一个“王”字，民间风俗认为，可以驱避毒虫。其意有二：一借雄黄驱毒；二借猛虎镇邪，民间以“王”视作虎的额纹，以此代表老虎。除了在小孩的额头、鼻、耳涂抹外，还可以在房前屋后喷洒、涂抹，其意也在于消杀毒害。就这意义上来说，这一风俗具有现代卫生意义上的防疫消杀作用。清富察敦崇《燕京岁时记》："每至端阳，自初一日起，取雄黄合酒晒之，用涂小儿领及鼻耳间，以避毒物。"清末常熟人翁同龢有《端五日于扇头朱书虎字》诗曰："绿豆糕甜角黍香，雄精捣屑入蒲觞。孩提亦识尊亲义，绕膝欣题半额黄。"诗后自注道："五日，以雄黄酒写'王'字于儿童额上，吾乡旧俗也。"由此可知，过去端午节也有赠送、品尝绿豆糕的习俗。

蒲剑蓬鞭

截蒲为剑，割蓬作鞭，副以桃梗、蒜头，悬于床户，皆以却鬼。

案：《本草纲目》：“菖蒲，一名水剑。”王曾帖子：“旋刻菖蒲要辟邪。”吴曼云《江乡节物词》小序云：“蒲剑，截蒲为之，利以杀鬼，醉舞婆娑，老魅亦当退避。”诗云：“破他鬼胆试新硎，三尺光莹石上青。醉里偶然歌斫地，只怜蒲柳易先零。”《昆新合志》云：“五日，户悬蒲、蓬、桃、蒜等物以辟邪。”

【导读】

端午节是入夏以后的第一个重要传统节日，随着气温和湿度的上升，蚊虫渐多，疫疠疾病频发，古人就会在门口挂上用艾草扎成的艾束，用来驱除蚊虫和疫病。在艾束中，还会加上其他植物，表达辟邪祛病的祈愿，如蒜头、桃梗、菖蒲等。蒜头本身就有杀菌的作用，更因其形如锤，寓有击退疫病和灾祸之意；菖蒲叶子的形状如长剑，寓“利以杀鬼”之意，所以在古代方士眼中，菖蒲被视为“水剑”“蒲剑”；桃梗自古以来就是驱灾辟邪之物。在苏州，也会在艾束中加上端午节前后盛开的石榴，火红的颜色也有辟邪的寓意。这一风俗，一直保留至今，每年端午节前，苏州的菜场中都会有农民把采摘的艾草、菖蒲和大蒜头扎成艾束出售，市民纷纷购买，挂在门口，迎接端午，祈愿端午安康，仪式感满满。

采百草（蟾酥）

土人采百草之可疗疾者，留以供药饵，俗称草头方。药市收癞虾蟆、刺取其沫，谓之蟾酥，为修合丹丸之用，率以万计。人家小儿女之未痘者，以水畜养癞虾蟆，五个或七个，俟其吐沫，过午取水煎汤，浴之，令痘疮稀。

案：吴自牧《梦粱录》："五日，采百草，修制药品，为辟瘟疾等用，藏之，良验。"江、震《志》："五日，采百草，留以供药品。觅虾蟆，收蜈蚣，斩蛇头，皆以制药。"《昆新合志》："五日，采百草之可疗疾者，合诸丸药。"

【导读】

中国古代采集百草治病的历史非常悠久，上古传说中就有神农氏尝百草的故事。为了祛避百病和疫疠，古人有端午采草药的习俗，俗称“采百草”。《大戴礼记·夏小正》中有记载曰：“此日蓄药，以蠲除毒气。”梁宗懔《荆楚岁时记》：“是日，竞渡采杂药。”“可治百病。”在古人的观念中，“俗以药在是日采者佳”，故而有“端午节前都是草，到了端午便成药”这样的俗语。端午节中，人们会走到山野田间，在野外郊游，谓之“游百病”“走百病”，同时还会采摘百草，谓之“采百草”。直至现代，南方不少地区依然保留着端午采草药的习俗，并形成端午草药交易的市集，广西靖西至今还有“端午药市”。

端午百草之中，最为老百姓熟悉，也是使用最多的，则是艾草。五月初五早晨，民间普遍流行采艾、插艾、煮艾、戴艾、储艾等风俗。将采集的艾草，混合其他中药材一起煮开，用来盥洗，可以预防一些疾病，这就是古代一直长盛不衰的“兰汤浴”。早在《大戴礼记》中就有“五月五日，蓄兰为沐浴”的记载。《楚辞》中也有“浴兰汤兮沐芳华”的诗句，梁宗懔《荆楚岁时记》则明确说：“五月五日，谓之浴兰节。”“兰汤”只是一种优雅的称说，所谓“兰汤”是指百草煮制的热水，是中医“药浴”疗法在节日风俗中的留存。民间用的最多的是菖蒲、艾草等，用艾草和花椒煮成的药汤水洗浴，可以治疗皮肤疾病，防止夏天生痱子、痱子和各种疔和疮；艾草加防风，可以主治风湿。在浙江松阳等地，现在还保留着用菖蒲、鱼腥草、藿香、柴胡、苍术、肉桂、桑叶、野菊等各种中药材泡制的“端午茶”，现已列入浙江省非物质文化遗产名录。

蟾酥，是癞蛤蟆头后部皮肤腺分泌的白色浆液，是一味重要的中药材，中医认为，蟾酥能拔除一切风火热毒之邪，是治疗背部疔疮及一切肿毒的重要材料。现代中成药，如速效救心丸、麝香保心丸、六神丸中，都有蟾酥的成分。旧时药房还公开收购蟾酥，一般在端午之后，民间就开始捕捉癞蛤蟆，采集蟾酥，直至秋日。这一习俗早在贾思勰的《齐民要术》中就有记载。李时珍《本草纲目》卷四十二中还详细记载采集蟾酥、鉴别真假的方法和采集时的注意事项："眉间白汁，谓之蟾酥……取蟾酥不一，或以手捏眉棱，取白汁于油纸上及桑叶上，插背阴处一宿即自干，或安置竹筒内盛之。真者轻浮，入口味甜也。或以蒜及胡椒等辣物纳口中，则蟾身白汁出，以竹篦刮下，面和成块，干之。其汁不可入人目，令人赤肿盲，或以紫草汁洗点，即消。"

健　人

市人以金银丝制为繁缨、钟铃诸状，骑人于虎，极精细，缀小钗，贯为串，或有用铜丝、金箔为之者，供妇女插鬓，又互相献赍，名曰健人。

案：《唐宋遗纪》："江淮南北，五日钗头彩胜之制，备极奇巧。凡以缯绡翦制艾叶，或攒绣仙佛、禽鸟、虫鱼、百兽之形，八宝群花之类，绉纱蜘蛛，绮縠凤麟，茧虎绒蛇，排草蜥蜴，又螳螂、蝉、蝎，又葫芦、瓜果，色色逼真。加以幡幢、宝盖、绣球、繁缨、钟铃百状，或贯为串，名曰豆娘。不可胜纪。"盖即吾乡之健人也。吴曼云《江乡节物词》小序亦云:“杭俗:健人,即艾人,而易之以帛,作骑虎状,妇女皆戴之”。诗云:“画将眉目施襟裾,翦帛先知艾气除。何物么么呼健者,势成骑虎复何如?”而长、元《志》皆载:“五日,翦绸为人以坐虎背,或并用金丝,加以蒜、粽之类,名曰健人。”《吴县志》又谓:“以金银丝为蒜形、虎形,骑人于虎,名曰健人。极细小,悬髻上。贫家则以铜丝、金箔为之。”蔡铁翁《吴歈》注谓:“即古步摇。”诗云:“插鬓金摇亦健人。”江、震《志》亦载:“五日,以彩绒杂金,缠结符袋,戴之钗头,互相馈遗。”

【导读】

古代苏州地区的女子在端午节所佩戴的头饰也有一定的节令特征。《清嘉录》所说的“健人”,是古代女子佩带的头饰——步摇的发展,在端午节的时候，步摇上增加了艾叶、老虎、粽子、蒜头等形象，强化了端午节的风俗内容。所以，在杭州的风俗中，即认为“健人”就是艾人的别样形式，自有一定的道理。据南朝梁宗懔《荆楚岁时记》的记载，明清时期苏州女子在端午节佩带的“健人”，当为古代道教“赤灵符”的演变，在南朝时称为“钗头符”，其文有曰：“或问辟五兵之道。《抱朴子》曰：‘以五月五日，作赤灵符，着心前。’今钗头符是也。”

雄黄荷包、枭绒铜钱

制绣囊，绝小，类荷包之形，中盛雄黄，谓之雄黄荷包。彩绒枭铜钱，为五色符，谓之枭绒铜钱。皆系襟带，间以辟邪。

案：吴曼云《江乡节物词》小序云：“杭俗：妇女制绣袋，绝小，贮雄黄，系之衣上，可辟邪秽。”诗云：“石榴花底绣工忙，夹袋功收药石良。赠我定知囊可括，从来口不设雌黄。”

【导读】

因为古今货币形制的变化，旧时用彩色丝线缠绕铜钱作“五色符”的风俗今已不存，而制作雄黄荷包这一风俗在今日依然有传承和发展。现代流行的做法是把艾草、菖蒲、苍术、白芷、山奈、川芎、辛夷、藿香、紫苏、薄荷、冰片、黄芩、肉桂、金银花等各种中草药缝制在香囊或香包中，制成的香囊或香包挂在胸前，或挂在室内，中药材散发出来的芳香气味，具有一定的预防疾病的功效。

老虎头、老虎肚兜

编钱为虎头形，系小儿胸前，以示服猛，谓之老虎头。又小儿系赤色裙襕，亦彩绣为虎形，谓之老虎肚兜。

案：吴曼云《江乡节物词》小序云："杭人午日制老虎头，系小儿襟带间，示服猛也。"诗云："乙威曾不露全身，一例牙须巧制新。唤作虎头痴亦好，管中窥豹又何人？"

【导读】

老虎是百兽之王，在中国民间文化中有着重要的地位。上古时代的原始先民就已经对凶猛的老虎产生畏惧心理，把老虎视为神灵、勇气、力量的象征，无论是古代的岩画，还是民间传说中，莫不如此。在儒家经典《周易》中，虎也占据着重要的地位，和龙并列，《周易》在乾卦的传文中就有“云从龙，风从虎”的说法，而且这一说法在中国流传极广。飞龙在天，猛虎行地，虎和龙结合在一起，成为雄伟、壮美，乃至权威的象征，汉语中将龙虎并列的词语也很多，如龙腾虎跃、生龙活虎等。在古代军营中，虎也被尊为勇敢、坚强的象征，调兵遣将的兵符上就刻有老虎的形象，古称“虎符”，威猛勇敢的将士则被称为“虎将”。

虎有时也作为逐妖、驱邪、镇宅的吉祥之物，汉代应劭《风俗通义》卷八就有这样的记载曰：“虎者，阳物，百兽之长也，能执搏挫锐，噬食鬼魅。今人卒得恶遇，烧虎皮饮之，击其爪，亦能辟恶，此其验也。”人们在过端午节的时候，也想借助虎威来给小孩辟邪，特别是未满周岁的小儿，家中的女性长辈会为他们制作精美的老虎枕、老虎帽、老虎鞋和老虎兜肚等，通体采用虎的形象，在老虎的头部绣上眼睛、胡须、口齿，在虎的额头上要绣一个“王”字，作为老虎的额纹，突出老虎“百兽之王”的威猛，借以吓退一切邪祟，避凶呈祥，护佑小孩的平安。

独囊网蒜

择蒜本之不分瓣者，结线网系之以为饰，谓之独囊网蒜。

案：吴曼云《江乡节物词》亦有《咏网蒜》诗："不随葱薤付兰锜，网结千丝压线迟。绝似帘波垂影处，误他银蒜入罘罳。"

长寿线

结五色丝为索，系小儿之臂，男左女右，谓之长寿线。谭大中《长寿线》诗云："从来造物最多情，修短还凭玉指衡。五采同心延百寿，一丝缠臂订三生。黄金不买前身慧，青史难逃再世名。儿女自痴侬作达，升沉无用访君平。"

案：吴曼云《江乡节物词》小序云："杭俗：结五采索，系小儿臂上，即古之长命缕也。"诗曰："编成杂组费功深，络索轻于缠臂金。笑语玉郎还忆否？年时五采结同心。"《昆新合志》亦云："五日，以红丝线纫小儿臂，男左女右，以验日后肥瘠。"

【导读】

端午期间，人们会用红色丝线或五彩丝线缠缚在臂间，这一风俗早在汉代就见诸文献的记载，东汉人应劭在《风俗通义》中就有记载曰："五月五日，以五彩丝系臂，名长命缕，一名续命缕，一名辟兵缯，一名五色缕，一名朱索，辟兵及鬼，命人不病温。"到了南朝，梁宗懔的《荆楚岁时记》有更进一步的解说，认为仲夏时节蚕茧收获，女子便开始用蚕丝刺绣日月星辰等图案的金缕，不仅可以用来送人，还可以挂在自己胸前，显示自己女红的手艺，其文曰："仲夏，茧始出，妇人染练，咸有作，务日月、星辰、鸟兽之状，文绣金缕，贡献所尊，一名长命缕，一名续命缕，一名辟兵缯，一名五色丝，一名朱索，名拟甚多。"至于何用五色，也有解释说："赤青白黑，以为四方，黄居中央，名曰襞方，缀于胸前，以示妇人蚕功也。"

后世端午节在大人和孩子的手臂、手腕、脚踝或胸襟、脖颈等处缠带五色丝线的风俗，皆源于此。也有红色丝线缠绕香囊、荷包和铜钱的风俗，详见本卷“雄黄荷包、裊绒铜钱”条的导读部分。现代流行本命年在手腕上佩带红色丝线缠绕的饰物借以辟邪的做法，其实也是这一种传统风俗的演变和发展。

五毒符

尼庵翦五色彩笺，状蟾蜍、蜥蜴、蜘蛛、蛇、蚿之形，分贻檀越，贴门楣、寝次，能魇毒虫，谓之五毒符。郭麐《五毒符》诗云："跂跂脉脉善缘壁，蜿蜿虵虵斗风疾。周身百足强扶持，密网千丝巧罗织。庞然独踞中央坐，四虫么麽一虫大。可怜乙骨走群妖，留向午时作奇货。《五行志传》何人作？《荆楚岁时》多寄托。千秋那得孟尝君？六代谁如王镇恶？角黍须盛五采筒，蛟龙波底泣孤忠。六丁六甲符安用？且避人间虿与蜂。"

案：《青齐风俗记》："谷雨日，画五毒符，图蝎子、蜈蚣、虺蛇、蜂蜮之状，各画一针刺之，刊布家户，以禳虫毒。”吴俗则在端五。蔡铁翁《吴歈注》云：“五毒：蟾蜍、蜥蜴、蜘蛛、蛇、蚿也。”吴曼云《江乡词》小序亦云：“杭俗：午日，扇上画蛇、虎之属，数必以五，小儿用之。”

【导读】

端午画“五毒符”以驱毒，即民间所谓“以毒攻毒”的做法是也。过去“五毒符”上画的五毒，一般选择五种不同的毒物，至于哪五种，各地亦略有不同，比较常见的毒物有蟾蜍、蜘蛛、蜥蜴、蛇、蚿（吴语中俗称为“百脚”）、蜈蚣、毒蝎、毒蜂，也有在五毒符上画老虎的。

如今的端午节，画五毒符这一习俗已经较为少见，给家中的小孩准备五毒衫的习俗至今还有留存。相传，小孩在端午节穿五毒衫，可以辟邪祛病。过去一般是由家中的长辈亲自缝制，选用杏黄色的布料，裁剪、缝制成衣裤，或围嘴、包衫、肚兜，在其上刺绣“五毒”图案。也有较为简省的方法，直接把“五毒”绣在手绢上，放在小孩衣兜中。现在有商家直接把“五毒”图案印在儿童服装上，受到了消费者的欢迎。

辟瘟丹（蚊烟）

男女佩带辟瘟丹，或焚于室中，益以苍术、白芷、大黄、芸香之属，皆以辟疫祛毒。又谓五日午时，烧蚊烟，能令夏夜无蚊蚋之扰。蔡云《吴歈》云："蒲蓬卵蒜挂床前，芷术香芸地下燃。还怕夜来眠不稳，碧纱帐外点蚊烟。"

案：《月令事宜》载："五月五日，收藏浮萍干为末，和雄黄，作纸缠香，焚之能避蚊。"然江、震《志》则云："五日，采百草焚之，以避蚊蚋。"又《昆新合志》云："五日，烧苍术、白芷、辟瘟丹并蚊烟，以祛毒虫。"

【导读】

过去在端午节会焚烧艾草等中草药来驱赶蚊虫，这是古人生活智慧的体现。早在宋代，学者陆佃就在其《埤雅》卷十一中记下了这一民间生活经验："蚊性恶烟，以艾熏之，则溃。"宋代的《本草衍义》中，就记载了使用艾叶制作驱蚊用品的方法："艾叶干捣筛，去青渣，取白，入石硫黄，为硫黄艾炙。"明末谭贞默所编的《谭子雕虫》一书中还记载了古人用纸包裹鳝鱼骨粉等，制成熏赶蚊子的土法用品："蚊性恶烟，旧云，以艾熏之则溃。然艾不易得，俗乃以鳗、鳝、鳖等骨为药，纸裹长三四尺，竟夕熏之。"古时驱赶蚊子，都是采用焚烧的方法，后来的盘式蚊香、驱蚊线香都是在此基础上逐渐发展而来。随着现代科技的发展，市场上先后出现了电加热的片型电蚊香、液体电蚊香等，这些新型的蚊香具有无烟、无灰、无异味、无污染等优点，受到大众的欢迎。近些年来，绿色、健康的观念日渐深入人心，由于盘式蚊香中的除虫菊脂、杀虫剂以及有机填料、黏合剂等在燃烧过程中会产生有害物质，而电蚊香在电加热过程中也会释放甲苯等化学物质，在市场需要的推动下，出现了以物理方式灭蚊的灭蚊灯。灭蚊灯利用蚊子在夜间趋光的习性，采用负压装置把蚊虫吸引到密闭的空间，实现捕捉蚊虫的效果。整个过程中不采用任何化学灭蚊物质，因而被现代人普遍认为是一种相对环保的灭蚊方式。

划龙船(烟囱洞)

龙船，阊、胥两门，南、北两濠及枫桥西路水滨皆有之，各占一色。四角枋柱，扬旌拽旗，中舱伏鼓吹手。两旁划桨十六，俗呼其人为划手。篙师执长钩立船头者，曰挡头篙。头亭之上，选端好小儿，装扮台阁故事，俗呼龙头太子。尾高丈许，牵彩绳，令小儿水嬉，有独占鳌头、童子拜观音、指日高升、杨妃春睡诸戏，谓之𫛭(《玉篇》:“𫛭，丁了切，悬物貌。”)梢。舵为刀式，执之者谓之挡舵。画舫游客，争买土罐掷诸河，视龙舟中人执戈竞斗，入水相夺，以为娱乐，谓之掿罐头。多者受上赏，号为做胜会。胜会之时，先有葛袍缨帽之人，鞠躬声喏于前舱，手执五色小旗，插画舫之楣，而后诸龙各认旗色，回朝盘旋，谓之打招。一招，水如溅珠，金鼓之声与水声相激。出龙之前数日，祀神演试，曰下水。上岸送神，谓之拔龙头。当头之人，率皆里巷游手。隔岁，先以带叶竹竿竖桥上，为来年出龙认色，其名曰钻五。月朔，互相往来，名曰拜客。余则日驻塘河，交午曼衍，粲如织锦。男女耆稚，倾城出游，高楼邃阁，罗绮如云，山塘七里，几无驻足之地，河中画楫，橶比如鱼鳞，亦无行舟之路。欢呼笑语之声，遐迩振动。土人供买要货、食品，所在成市，凡十日而罢，俗呼划龙船市。入夜，燃灯万盏，烛星吐丹，波月摇白，尤为奇观，俗称灯划龙船。郡中踏布坊人操小舟，亦鸣金伐鼓，划桨如飞，俗呼烟囱洞。有无名氏《划龙船乐府》云："汨罗已死三千年，招魂野祭端阳前。苏州龙船夸绝胜，百万金钱水中迸。冶坊浜口斟酌桥，楼头水面争妖娆。小龙船划疾如驶，大龙船划乱红紫。胜会争夸十日游，青帘画舫结灯球。四更堤外笙歌散，博得人称假虎丘。”又蔡云《吴歈》云：“胜会山塘看水嬉，大船几处插红旗。挈瓶人向波心跳，苦忆汨罗怀石时。”

案：丁度《集韵》：“划，胡瓜切，音华。舟进竿谓之划。”欧阳修《五代史》：“萧结令祈阳，方暮春时，有州符下取竞渡船，结怒批其符曰：‘秧开五叶，蚕长三眠，人皆忙迫，划甚闲船？’守惭而止。”又《旧唐书·杜亚传》：“江南风俗，有竞渡之戏，方舟并进，以急趋疾进者为胜。亚乃令以漆涂船底，贵其速进。又为绮罗之服，涂之以油，令舟子衣之，入水而不濡。”然皆在春中，不在端阳。或曰五日竞渡，相传吊三闾大夫而作，本《荆楚岁时记》之说，但于吴地无涉。赵晔《吴越春秋》以为起于勾践，盖悯子胥之忠而作。周栎园《因树屋书影》以为习水报吴，托于嬉戏。宗懔引邯郸淳《曹娥碑》云："五月五日，迎伍君，逆涛而上，为水所淹。"谓是东吴之俗，事在子胥，不关屈氏。然则荆楚自为灵均，吴越自为子胥耳。高濂《遵生八笺》云："南方竞渡者治其舟，使轻利，谓之飞凫。又曰水车，又曰水马。盖越人以舟为车，以楫为马也。"今俗烟囱洞，殆其遗制。《吴县志》："端午为龙舟竞渡，游船聚集，男女喧哗，管弦杂沓，投鸭于河，龙舟之人争入水，相夺以为娱乐。"旧在胥门塘河，故邵长蘅《冶游》诗有"五月胥江怒，水嬉欢竞渡。团扇薄不遮，故教冶容露"之句。又族高伯祖侠君先生有《竞渡词》十首，今录其三词云："锣挟鸣涛鼓骇雷，红旗斜插蓦波来。锦标夺到轩腾处，风卷龙髯雪作堆。""香拨琵琶内府调，紫檀截管玉装箫。绝怜天上《霓裳》曲，吹遍红阑四百桥。”“鼓翻旗飐跃凫鹥，黄篾推开粉颈齐。贪看河心龙影乱，忘人偷眼柁楼西。”《昆新合志》亦云：“五日，有龙舟竞渡之戏。”康熙间，城内外有舟五六，后已绝响，近复如旧。

【导读】

当今社会影响力最大的端午传统风俗活动则莫过于吃粽子和赛龙舟。龙舟的历史在中国非常久远。古时吴越地区已有崇拜龙图腾的百越部落，当地人民会举行龙舟竞渡，以祭祀部落的图腾，《穆天子传》卷五就有这样的记载曰：“天子乘鸟舟、龙舟，浮于大沼。”而有些学者则认为《九歌·湘君》中“驾飞龙兮北征，邅吾道兮洞庭”“石濑兮浅浅，飞龙兮翩翩”诸语中的“飞龙”，就是龙舟。

后人在端午节为纪念爱国诗人屈原（苏州地区为纪念伍子胥），就将龙舟竞渡就和他们的故事联系在一起。历代诗人在端午节观看龙舟竞渡的时候，也留下了许多描写这一热闹场景的诗词名作，不胜枚举。

古代端午节的龙舟竞渡主要是一种祭祀、纪念性的节日风俗和活动，这一风俗活动现已被列入国家级非物质文化遗产名录。现代的赛龙舟活动，在节日风俗活动的基础上，逐渐演变成群众参与性极高的一项现代竞技体育运动。1980年，赛龙舟被列入中国国家体育比赛项目，并于每年端午节举行“屈原杯”龙舟赛。2010年，亚奥理事会把赛龙舟列为广州亚运会正式比赛项目。

关帝生日

十三日，为关帝生日，官为致祭于周太保桥之庙。吴城五方杂处，人烟稠密，贸易之盛，甲于天下他省，商贾各建关帝祠于城西，为主客公议规条之所，栋宇壮丽，号为会馆。十三日前，已割牲演剧，华灯万盏，拜祷唯谨。行市则又家为祭献，鼓声爆响，街巷相闻。又相传，九月十三日为成神之辰，其仪一如五月十三日制。俗以此二日雨，为关王磨刀雨，主人口平安。蔡云《吴歈》云："神诞犹传汉寿亭，神台弦管散诸伶。竹君自醉龙生日，一阵磨刀雨恰腥。"

案：元至正间，将仕郎普颜花撰《关王庙碑》云："荆楚之人相传，王于六月二十三日生，子平于五月十三日生。是日，朝拜祭赛，远近辐辏。"钱塘冯少渠《关公祖系记》云："侯以桓帝延熹三年庚子六月二十四日生。"则今之以五月十三日生者，非也。惟考永乐北征时，每见神前驱，凯旋乃制崇祀，以五月十三日祭。《祀典》："岁以春秋二仲月吉日，及五月十三日致祭。"《昆新合志》云："是日，俗传为关神武诞，士夫家宰白雄鸡以祭之。"近亦渐少。

【导读】

关帝在中国古代的民间信仰中有着举足轻重的地位，旧时，几乎每个城市乃至乡镇都有关帝庙供奉关羽，形成了具有全国性影响的"关帝崇拜"。苏州地区的方志中，就记载了苏州城内外有许多关帝庙，但很多今已不存，苏州古城内唯一保存至今的关帝庙位于西北街关帝庙弄内，略显残败；今位于娄门桥下的伽蓝寺，其前身即为旧时的城东关帝庙。清代著名学者刘献廷《广阳杂记》卷四中认为，在中国民间信仰中，“佛菩萨中之观音，神仙中之纯阳（按：吕洞宾），鬼神中之关壮缪（按：关羽），皆神圣中之最有时运者”“举天下之人，下逮妇人孺子，莫不归心向往，而香火为之占尽”。

关羽作为历史人物，是三国时期的名将，追随刘备，戎马一生，为稳固蜀汉政权出生入死，以忠义见称于世。关羽去世后，民间尊之为“关公”。儒教尊奉他为“文衡帝君”，佛教则把他尊奉为“护法伽蓝菩萨”“盖天古佛”，道教则尊奉他为“协天大帝”“翔汉天神”“武财神”等。历代朝廷多有褒奖封赏，清雍正年间，关羽被朝廷尊奉为“武圣”，与“文圣”孔子并举。关帝文化在中国古代之所以如此兴盛，主要是他一生对国以忠，待人以义，处世以仁，作战以勇，关羽身上所体现出来的忠、义、仁、勇、礼、智、信等优秀的品格让百姓信服。

古代社会中，人们对关羽的了解和认识，主要来自历史典籍的记载、民间故事的传诵、戏剧曲艺的演出等；人们对关羽的崇敬和尊奉之情，主要通过关羽生日、关羽成神日等纪念日的祭祀活动来表达。

黄梅天

芒种后遇壬为入黴，俗有“芒种逢壬便入黴”之语，而人即以入黴日数，度黴头之高下。如芒种一日遇壬，则黴高一尺，至第十日遇壬，则黴高一丈。皮物过夜，便生黴点，谓之黄梅天。又以其时忽晴忽雨，谚有云：“黄梅天，十八变。”又谓天寒主旱，谚云：“黄梅寒，井底干。”夏至后遇庚为出黴，小暑日为断黴，过此则无蒸湿之患。俗又忌小暑日雷鸣，主潦，俗呼倒黄梅，谚云：“小暑一声雷，依旧倒黄梅。”农人又以入霉日雨，主旱，谚云：“高田只怕迎霉雨。”又以入霉日雨，主阴；出霉日雨，主旱。

谚云:“雨打黄霉头,四十五日无日头。雨打黄霉脚,四十五日赤晤晤。”又以入霉日雨,主水,谚云:“迎梅一寸,送梅一尺。”

案:施真卿《丛话》谓:“淮浙以芒种节气后为梅雨。”周处《风土记》云:“夏至前,名黄梅雨。”《庚溪诗话》:“江南五月梅熟时,霖雨连旬,谓之黄梅雨。”陆佃《埤雅》云:“湘浙四五月间,梅黄欲落,蒸郁成雨,谓之黄梅雨,沾衣多腐烂。”崔寔《农家谚》:“黄梅雨未过,冬青花未破。冬青花已开,黄梅雨不来。”项瓯东谓:“江南以三月为迎梅雨,五月为送梅雨,遇雷电为断霉。”或言古语“黄梅时节家家雨”。张蒙溪谓:“梅,当作霉,雨中暑气也。”霉雨善污衣服,故又云霉涴,言其为梅所坏也。《字典》:“霉,义与黴通。”许慎《说文》:“黴,物中久雨青黑也。”《玉篇》谓:“面垢也。”《淮南子·修务训》:“舜黴黑。”又刘向《九叹》:“颜黴黦以沮败兮。”桂未谷《札朴》谓：“物伤湿曰黴，音黴，义同。”《府志》：“一说，梅作塺，尘塺也。”《楚词·九怀》：“霾土忽兮塺塺。”尘也，义异。长、元、吴《志》皆载“处暑一声雷，依旧倒黄梅”之谚。但考芒种距处暑凡七十五日，既云“夏至后遇庚出梅”，岂历三月之久，再复黄梅之理？旧占：“处暑日，忌雷鸣”，当是“小暑日，忌雷鸣”耳。蔡铁翁诗：“怕闻小暑一声雷。”《吴县志》亦载度黴之法。

【导读】

梅雨是江南地区独特的天气现象。梅雨这一天气现象的发生，和东亚季风有着密切的关系。东亚季风是亚洲季风的重要组成部分，涉及冬季的东北季风和夏季的东南季风。梅雨季节时，江南地区通常受到东南季风带来的暖湿气流影响，形成了时间相对较长的阴雨和多云天气。东南季风在夏季从太平洋地区吹来，携带着海洋中大量的水汽，当这些水汽遇到江南地区的山脉时，空气上升并冷却，导致水汽凝结成雨水，形成了梅雨季节的降雨。梅雨这一季节性的气象现象，对于江南地区的水资源管理、农业生产、社会活动以及百姓的生活，都有着重要的影响。这一时间因为正值江南的梅子成熟期，故此时的降雨被称为“梅雨”，江南人俗称这一气象现象为“黄梅天”。宋代词人贺铸的《青玉案》词中，有这样的名句：“试问闲愁都几许？一川烟草，满城风絮。梅子黄时雨。”是描写江南梅子成熟时候，阴雨绵绵景象的经典诗句。高温、高湿的环境，使得江南人家的居室和食物等极易发霉，故而梅雨又被称为霉雨。

梅雨季节的到来和结束，通常标志着季风风向的变化，也即俗称的“入梅”和“出梅”。古人一般根据干支纪日法来确定入梅和出梅的具体日期，顾禄所说的“芒种逢壬便入黴”（芒种之后的第一个壬日即为入梅)，“夏至后遇庚为出黴”(夏至之后的第一个庚日即为出梅)，便是这一传统的方法。现代气象学则要根据一系列气象要素，如降水量、气温和湿度、气压场和风向、云量和天气状况，进行气象数值的监测和综合分析，并依据气象学的标准来确定入梅和出梅的时间。气象数据的监测、搜集、研判，需要有一个过程，所以气象部门宣布入梅、出梅的时间，一般要略晚于天气实时变化的时间。各地气象部门通常会根据本地的气象特点和历史气象数据来制定相应的标准，因而确定入梅、出梅的气象标准也会因地区而有所差异，各地气象部门官宣的入梅、出梅的时间也就有不同。不同年度的气象情况和实际监测数值会有一定的差异，所以同一地区不同年份的入梅、出梅时间各不相同，有的年份黄梅天的时间特别短，有的年份则会出现“空黄梅”，也有超级长的黄梅天，俗称“倒黄梅”。苏州有俗语“小暑一声雷，黄梅倒过来”“小暑一声雷，依旧倒黄梅”等，就是吴地老百姓在长期的生活经验积累中，注意到的小暑当天打雷和倒黄梅的关系：如果小暑当天出现打雷的情况，则当年的黄梅天会变得很长，甚至双倍于正常年份，出现“倒黄梅”的现象。

梅　水

居人于梅雨时备缸瓮，收蓄雨水，以供烹茶之需，名曰梅水。徐士鋐《吴中竹枝词》云："阴晴不定是黄梅，暑气熏蒸润绿苔。瓷瓮竞装天雨水，烹茶时候客初来。"

案：长、元、吴《志》皆载："梅天多雨，雨水极佳，蓄之瓮中，水味经年不变。"又《昆新合志》云："人于初交霉时，备缸瓮贮雨，以其甘滑胜山泉，嗜茶者所珍也。"

三　时

夏至日为交时，曰头时、二时、末时，谓之三时。居人慎起居，禁诅咒，戒剃头，多所忌讳。农人又以每时之末忌雨，谚云："三时三送，低田白弄。"中时而雷，谓之腰鼓报，主大水，谚云："中时腰报没低田。"又以时中多雨，及时尽而雷，皆主涝，谚云："时里寒，没竹竿。"又云："低田只怕送时雷。"

案：施真卿《丛话》谓："淮、浙以夏至中气后为时。"而《农圃六书》谓："夏至后半月为三时，上时七日，中时五日，末时三日。"卢《志》又以"芒种后十五日为入时"。而长、元、吴《志》

又皆以“夏至日为起时，分三节，共十五日。头时三日，中时五日，末时七日”。江、震《志》并云：“时中忌雷，主雨。谚云：‘时里一声雷，低田拆舍归。’中时尤甚。”《昆新合志》云：“时之为言农时也，时有三，曰头时、中时、末时。交时后，人胥慎起居，禁诅咒，戒剃头，多所忌畏。”长、元《志》又皆云：“时雨，田所必资也，故曰时。”周处《风土记》云：“初雨为迎时雨，末雨为送时雨。”蔡铁翁诗：“惊听入时三送雨。”郡人时又呼作黝。丁度《集韵》：“黝，深黑色。”殆因呼梅蒸为黴黰，有湿气著衣物生斑沫之义，连类及之，遂以时为黝欤？

【导读】

古代江南地区的农民把夏至到小暑之间的十五天分成头时（三天）、二时（五天）和末时（七天）三段，合称为“三时”。二时、末时忌打雷下雨，在古人关于生活经验的认知中，打雷下雨预示出现水灾的概率会比较大，有可能直接影响当年的农业收成。所以，徐光启《农政全书》卷十一有曰："夏至日风色，看交时最要紧，屡验。"

分龙雨

二十日为分龙，俗以分龙之次日雨，谓之分龙雨，主雨旸调顺，岁必有秋，有“二十分龙廿一雨，水车搁拉衖堂里”之谚，又云：“二十分龙廿一雨，石头缝里都是米。”自是以后，分方行雨，俗谓之夏雨隔爿（读如辨，平声）田。蔡云《吴歈》云：“南阡朗日带长虹，北陌顽云斗疾风。偶凑分龙得新雨，山村水荡说年丰。”

案：叶石林《避暑录》：“吴俗以五月二十日为分龙日。前此夏雨时行，所及必遍。自分龙以后，或及或不及，若有命而分之者，故五六月间每雷起云簇，而不移时，谓之过云雨。虽二三里亦有不同。”长、元、吴《志》皆作：“夏雨隔田晴。”又云：“四月二十日为小分龙，五月二十日为大分龙。分龙次日雨，主丰稔。”

拔草风

梅雨既过，飒然清风，弥旬不歇，谓之拔草风。俗又以小暑日东南风，主旱，谚云：“小暑吹了东南风，四十五日拔草风。”

案：高德基《平江纪事》：“梅雨之际，必有大风连昼夜，谓之舶趠风。”卢《志》云：“此风从海外来，舶上祷于海神而得之。”东坡诗序云：“是风起，天不雨，约十日余止。”诗云：“三旬已过黄梅雨，万里初来舶趠风。几处萦回度山曲，一时清驶满江东。惊飘簌簌先秋叶，唤醒昏昏嗜睡翁。欲作兰台快哉赋，却嫌分别问雌雄。”又长、元、吴《志》皆载：“小暑日，若东南风，及成片白云起，则有舶趠风，主退水，兼主旱。”崔寔《农家谚》云：“舶趠风云起，旱魃深欢喜。”《吴县志》：“舶趠，又作白掉，今更讹为拔草。”蔡铁翁诗：“拔草风从何处来？”

【导读】

中国古人在生产、生活中，积累了大量的分析物候、预测气象的经验，并用农谚俗语进行归纳总结，朗朗上口，便于传播。在大量的农谚俗语中，有很多是通过看风来预测、识天气的，“小暑吹了东南风，四十五日拔草风”即这类的代表，其意思与“五月南风下大雨，六月南风井底干”“春起东风雨绵绵，夏起东风并断泉”等较为接近。此外还有很多看风识天气的农谚俗语，如“久晴西风雨，久雨西风晴”“风静闷热，雷雨强烈”“雨前有风雨不久，雨后无风雨不停”“大风怕日落，久雨起风晴”“雨后生东风，未来雨更凶”等。

六月

乘风凉

荷花荡

黄昏阵

俗以初三日晴，主旱，若是夜黄昏有雨，则日日有之，谓之黄昏阵。谚云："六月初三打个黄昏阵，上昼耘稻下昼困。"又云："初一落雨井泉枯，初二落雨井泉波（读为普胡切，作溢字解也），初三落雨夜夜阵，初四落雨通太湖。"盖此时农民望泽孔殷，如久晴，则立竿制纸旗以祷雨。街坊小儿出松花会，呼曰："小儿求雨天欢喜。"蔡云《吴歈》云："六月不逢夜夜阵，满城扯遍七星旗。草鞋人散松花会，正是湖乡雨透时。"

案：崔寔《四民月令》："六月初三起个黄昏

阵，七十二个隔夜阵。”长、元、吴《志》皆载：“六月初一日不宜雨。谚云：‘初一井泉枯，初二井泉浮，初三连太湖。’”江、震《志》谓：“初三日晴，主旱。谚云：‘六月初三晴，山筱尽枯零。’”钱思元《吴门补乘》亦载松花会之俗：“会中之人，皆曳草鞋。”并云：“久雨，则翦纸为女形，持苕帚，悬檐际，名扫晴娘。”

六月不热，五谷弗结

俗又以三伏日宜热，谚云："六月不热，五谷弗结。"

案：崔寔《农家谚》云："六月不热，五谷不结。"又长、元、吴《志》皆载是占。而《昆新合志》并云："六月宜大。谚云：'六月大，瓜茄落苏箩来坐。'"（大，俗读作度字音。）

山糊海幔

俗又以夏中日出时，云雾迟开，主热，谓之山糊海幔。谚云："山糊海幔，晒杀老鹳。"

案：丁度《集韵》："鹳，水鸟，好水，将雨则鸣。"《禽经》："鹳仰鸣则晴，俯鸣则雨。"褚人获《坚瓠集》载吴谚云："日出晏，晒杀雁。"

龙　挂

浓云中见若修尾下垂蜿蜒屈伸者，谓之龙挂。

案:《府志》载龙挂之说，谓:“雨止乎一方。”仁和钱谢盦有《太湖看龙挂》诗云:“羲和抛丸走流汗，银刀划空云脚断。水声惊起洞庭君，六双老龙飞出云。苍鳞细如蛇蚓结，白波四面作人立。吸干具区三万顷，雨气斜翻半天湿。蜻蜓阵散风色凉，吴娘缆船炊饭香。珠宫卷绡伺龙睡，西峰日轮红未坠。”

【导读】

宋代学者叶梦得《避暑录话》卷下中就记载了这一说法，比顾禄的记载更细致，可补充如下："吴越之俗，以五月二十日为分龙日，不知其何据。前此夏，雨时行，雨之所及必广；自分龙后，则有及、有不及，若有命而分之者也。故五六月之间，每雷起云族，忽然而作，类不过移时，谓之过云雨，虽三二里间，亦不同。或浓云中见若尾坠地、蜿蜒屈伸者，亦止雨其一方，谓之龙挂。"范成大有《大暑舟行含山道中雨骤至霆奔龙挂可骇》《上沙遇雨快凉》，陆游有《龙挂》等诗描写过夏日龙挂的景象，陆游诗曰："成都六月天大风，发屋动地声势雄。黑云崔嵬行风中，凛如鬼神寒虚空。霹雳迸火射地红，上帝有命起伏龙。龙尾不卷曳天东，壮哉雨点车轴同。山摧江溢路不通，连根拔出千尺松。未言为人作年丰，伟观一洗芥蒂胸。"

谢灶（素菜）

初四、十四、念四日，比户祀司灶，谓之谢灶。谚云："三番谢灶，胜做一坛清醮。"祀时，以米粉作团，素羞四簋，俗称谢灶素菜。

案：汉应劭《风俗通》引《周礼说》："颛顼氏有子，曰黎，为祝融，祀以为灶神。"《后汉书·阴就传》："灶神，姓张，名祥，字子郭，一作郭禅。"又，《五经异义》云："灶神，苏吉利，夫人王抟头。"段成式《酉阳杂俎》云："灶神，名隗，状如美女。夫人字卿忌，有六女，皆名察洽。尝以月晦日上天，白人罪状。一曰灶神名壤子。"今不详何指。《月令》："夏祀灶。"孔氏

《正义》云:“灶神常祀在夏。”俗祀于夏,固合于礼。然阅班固《白虎通》:“祭灶以鸡。”及干宝《搜神记》:“汉阴子方以黄羊祭灶神。”东坡《纵笔》云:“明日东家应祭灶,只鸡斗酒定燔吾。”《荆楚岁时记》:“以豚酒祭灶。”范石湖《祭灶》诗:“猪头烂肉双鱼鲜。”又,陈藻《平江腊月二十五日》诗云:“昨夜宰猪家祭灶。”又,明嘉定王槐《祀灶词》云:“陉边烂煮黄毛鲜。”又,《五行书》:“五月辰日,猪头祭灶,治生万倍。”又,《图经》:“十二月二十四日,民间用白鸡、黑菽、糖果祀灶神。”又,《僧道行书》:“正月己丑日,白鸡祭灶,宜蚕。”又,江、震旧《志》:“腊月二十四日,祀灶,用荤品。”是古者皆以鱼牲祀灶,今俗相沿用素,直以佛待神矣。《昆新合志》:“六月初四、十四、念四日,皆祀灶。”与郡俗同。

狗龇浴

谚云："六月六，狗龇浴。"谓六月六日，牵猫犬浴于河，可避虱蛀。郭麐《浴猫犬词》云："六月六，家家猫犬水中浴。不知此语从何来，展转流传竟成俗。流传不实为丹青，孰知物始睹厥形。孰居庄严成坏住，劫前八万四千横竖飞走一一知其名。而况白老乌龙不同族，何以降日为同生？一笑姑置之，听我为媒词。司马高才号犬子，拓跋英雄称佛狸。乌员锦带纷绮丽，韩卢宋鹊尤魁奇。世上纷纷每生者，李义府与景升儿。金钱犀果洗若属，但有痴骨无妍皮。猫乎犬乎好自爱，洞里云中久相待。伐毛洗髓三千年，会见爬沙登上界。”

案：沈德符《野获编》：“六月六日，本非令节，猫犬之属俾浴于河。”田汝成《西湖游览志》：“郡人于六月六日，舁猫狗浴于河，致有汩没淤泥，踉跄就毙者，其义不可晓。”徐祯《尧山堂外纪》载：“明毛栗庵埕往谒杨南峰，适浴，阍人以告，不获见。后南峰答拜，栗庵亦以浴辞。南峰即题所投刺曰：‘君来拜我我沐浴，我来拜君君沐浴。君拜我时四月八，我拜君时六月六。’谓俗有‘六月六，浴猫犬’之谣也。”钱思元《吴门补乘》云：“‘六月六日，浴猫狗。’吴郡他邑咸有是说。”丁度《集韵》：“靧，音悔，洗也。同颒，义同。”《玉藻》：“沐稷而靧粱。”吴人悔作入声，为忽音之转耳。

【导读】

旧时为了避免猫犬等家养小动物身上长虱等寄

生虫，人们会牵着它们到河边洗澡，特别是夏天，天气炎热，给猫犬等小动物洗澡不仅可以驱除虫虱等，也可以给猫犬降温。这是中国古人爱护动物的一种体现，也是对动物福利的初步理解和体现。现代人在家中饲养猫犬等宠物日渐普遍，于是，社会上应运而生了宠物医疗这一新兴行业，为猫犬等宠物提供医疗诊治和日常的洗澡、护理等服务项目，已经为社会普遍接受和认可。

晒　书

六日故事：人家曝书籍、图画于庭，云蠹鱼不生。潘奕隽《六月六日晒书》诗云："三伏乘朝爽，闲庭散旧编。如游千载上，与结半生缘。读喜年非耋，题惊岁又迁。呼儿勤检点，家世只青毡。"

案：沈德符《野获编》："六月六日，内府皇史宬曝列圣实录、御制文集诸大函，为每岁故事。"钱思元《吴门补乘》亦云："六月六日，曝书画。"崔寔《四民月令》则以"七月七日暴经书及衣裳，不蠹"。

【导读】

农历六月初六，在唐宋时期是传统的节日，名曰“天贶节”。天贶节的来源有两种不同的说法。一种说是源于唐玄奘西天取经，玄奘法师在取经回国的路上不慎使取回的经文落水，在六月初六将浸湿的经书取出晒干。后来就流行六月初六皇家晒龙袍、民间晒衣物和书籍等风俗。还有一种说法，说是源于北宋时期宋真宗祭祀汾阴，《宋史·真宗本纪》记载，大中祥符四年（1011）正月，宋真宗“诏以六月六日天书再降日，为天贶节”。于是把六月初六定为“天贶节”。

江南民间流传着“六月六晒龙袍”的俗语，百姓会在这一天把衣袍、图书等放在太阳底下曝晒。经历了梅雨季节连续的阴雨潮湿，衣物、图书等物极易长霉、生虫，农历六月初六，适逢梅雨结束前后，通过太阳曝晒，可以防霉和防虫，这一风俗是江南百姓生活经验的积累。据史籍记载，晒衣物的风俗早在晋代就已经形成，不过《世说新语》记载的是在七月初七，不是六月初六，其中有曰：“阮仲容(咸也)、步兵居道南，诸阮居道北。北阮皆富，南阮贫。七月七日，北阮盛晒衣，皆纱罗锦绮，仲容以竿挂大布犊鼻裈于中庭，人或怪之，答曰：‘未能免俗，聊复尔耳。’”

六月初六晒书，也成为旧时文人的一种风雅的活动。历史上也产生了很多有趣的故事，其中最为著名的当数东晋名士郝隆袒腹晒书的故事，郝隆年轻时无书不读，素有“博学”之名，且颇为自负幽默，《世说新语·排调》记载曰：“郝隆七月七日，出日中，仰卧，人文其故，答曰：‘我晒书。’”直到今天，苏州古城，每年都会在平江路举行“晒书节”，其内涵由过去单一的曝晒，演变为图书交流、交换等，且活动时间也不固定在六月初六，每年都会有所调整，但也可以看成是六月初六晒书这一风雅的延续。

翻　经

是日，诸丛林各以藏经曝烈日中，僧人集村妪为翻经会，谓翻经十次，他生可转男身。

案：陈文恭公宏谋抚吴时，风俗条约有禁六月六日翻经之文。

三伏天

旧俗有夏九九，今已不传。但从夏至日起，第三庚为初伏，第四庚为中伏，立秋后初庚为末伏，谓之三伏天。好施者于门首普送药饵，广结茶缘。街坊叫卖凉粉、鲜果、瓜、藕、芥、辣、索粉，皆爽口之物。什物则有蕉扇、苧巾、麻布、蒲鞋、草席、竹席、竹夫人、藤枕之类，沿门担供不绝。土人翦纸为方圆、六八角灯及画舫、宝塔、舟车、伞扇诸式，或以鸭卵空其中，粘五色楮彩，画成鱼，穴孔纳萤，谓之萤火虫灯，供小儿嬉玩。浴堂亦暂停爨火。茶坊以金银花、菊花点汤，谓之双花。面肆添卖半汤大面，日未午，已散市；早晚卖者，则有臊子面，以猪肉切成小方块为浇头，又谓之卤子肉面，配以黄鳝丝，俗呼鳝鸳鸯。沈钦道《吴门杂咏》诗云："流苏斗帐不通光，绣枕牙筒放息香。红日半窗刚睡起，阿娘浇得鳝鸳鸯。"

案：周遵道《豹隐纪谈》："石湖居士戏用乡语云：土俗以夏至后九日为炎燠之候，相传有'夏至未来莫道热'之谚。"又陆泳《吴下田家志》："夏至后一说云：'一九至二九，扇子弗离手。三九二十七，冰水甜如蜜。四九三十六，拭汗如出浴。五九四十五，树头秋叶舞。六九五十四，乘凉弗入寺。七九六十三，床头寻被单。八九七十二，思量盖夹被。九九八十一，家家打炭墼。'"《汉·郊祀志》："六月伏日，周时无，至此乃有之。"师古曰："伏者，谓阴气将起，迫于残阳而未得升，故为藏伏，因名伏日。"《阴阳书》云："夏至后第三庚为初伏，第四庚为中伏，立秋后初庚为末伏。”何逊诗：“愿以三伏天，催促九秋换。”

【导读】

三伏天，是一年中最炎热的时节。所谓“三伏”，包括初伏、中伏、末伏（也称“后伏”），是根据传统的干支纪日法来推算的，唐徐坚《初学记》卷四也引用《阴阳书》曰：“‘从夏至后第三庚为初伏，第四庚为中伏，立秋后初庚为后伏，谓之三伏。曹植谓之三旬。’《史记》曰：‘秦德公始为伏祠。’《荆楚岁时记》曰：‘伏日进汤饼，名为辟恶。’”夏至后的第三个庚日是初伏的第一天，也叫“入伏”；第四个庚日进入中伏；末伏则是立秋后的第一个庚日。三伏持续的时间为30天或40天，初伏和末伏都是10天，中伏则要看夏至到立秋有几个庚日，如果只有四个庚日，中伏是10天，如果有五个庚日，中伏则长达20天。

三伏天来临之前，苏州人都会准备好各种夏令用品，顾禄文中所载的很多物品至今都在使用。如用金银花、菊花泡制的“双花茶”，因其性寒，可以清热去火，直到今天也是苏州市民夏日的家常饮品。现代苏州人在三伏天还有用莲心、苦瓜、决明子、薄荷等药材（食材）泡水喝解暑的。至于顾禄说的“竹夫人”，现代则很少见了。在古代，竹夫人是用竹篾编制而成的消暑之物，形状为圆柱形，中空，四周布满网眼，透气性好，再加上竹制品本身就比较凉爽，所以是旧时夏日里必备的消暑用品。

苏州人吃汤面讲究热汤热碗热面，但三伏天天气炎热，滚烫的面汤令人望而却步，所以在顾禄生活的时代，面馆就会在早市上推出“半汤”面。所谓“半汤”，在苏州俗称“紧汤”，面碗里的汤水比较少。现代苏州的苏式面馆中，则会在三伏天推出更适合夏日食用的葱油拌面、风扇冷拌面等新的面品，面浇头依然可以丰富多样，炒素、面筋、双菇等素浇，与夏天的凉拌面更搭，更受人们的欢迎。至于顾禄所说的臊子面（又名“卤子肉面”）以及另配黄鳝丝的“鳝鸳鸯”，则是北方面食文化与苏州面食的融合，在晚清时期依然在市面上有售，袁学澜《吴门竹枝词》中有诗曰：“水槛风亭大酒坊，点心争买鳝鸳鸯。”其自注曰：“夏日市卖卤子肉面，配以黄鳝丝，名曰鳝鸳鸳。”《（民国）吴县志》中也有记载。

凉 冰

土人置窨冰，街坊担卖，谓之凉冰。或杂以杨梅、桃子、花红之属，俗呼冰杨梅、冰桃子。鲜鱼肆以之护鱼，谓之冰鲜。蔡云《吴歈》云："初庚梅断忽三庚，九九难消暑气蒸。何事伏天钱好赚？担夫挥汗卖凉冰。"

案：王鏊《姑苏志》："三伏市上卖凉冰。"《元和县志》："冰窨，在葑门外，设窨二十四座，以按二十四气。每遇严寒，戽水蓄于荡田，冰既坚，贮之于窨。盛夏需以护鱼鲜，并以涤暑。"尤倬《冰窨歌》云："我闻古之凌阴备祭祀，今何为者惟谋利。君不见，葑溪门外二十四，年年特为海鲜置。潭深如井屋高山，潴水四面环冰田。孟冬寒至水生骨，一片玻璃照澄月。窨户重裘气扬扬，指挥打冰众如狂。穷人爱钱不惜命，赤脚踏冰寒割胫。槌舂撞击声殷空，势欲敲碎冯夷宫。砯砰倏惊倒崖谷，淙琤旋疑响琼玉。千筐万筥纷周遭，须臾堆作冰山高。堆成冰山心始快，来岁鲜多十倍卖。海鲜不发可奈何？街头六月凉冰多。”

【导读】

早在周朝的时候，中国古人就已经开始采冰、储冰。冬天把河湖中的天然冰块采集起来，储存在隔热保温效果好的山洞或冰窖中，供给周王室成员在夏天防暑降温，或者用于冰镇食物。在周代有专门用来储存冰块的容器，叫作“冰鉴”，也有专门掌管冰窖的官员，叫作“凌人”，《周礼·天官·凌人》：“凌人，掌冰；正岁十有二月，令斩冰，三其凌，春始治鉴。……祭祀供冰鉴，宾客共冰。”郑玄注：“掌冰政，主藏冰之政也。”后来，民间也开始掌握并使用这种窖藏冬天自然冰块的方法，到夏天就可以用冰块来降温，给食物保鲜，甚至还可以利用这些冰块制作冰糕、冰棍等夏日的食品。随着现代家用电器和制冷技术的发展，家庭制冰已经是极为普通平常之事，冰箱、冰柜已经成为现代人食物保鲜、冷藏的主要工具。与此同时，各色品种、口味的冰淇淋、雪糕等夏日冷饮、冰品，也成为现代人消暑的美食。

珠兰茉莉花市（诸色花附）

珠兰、茉莉花，来自他省，薰风欲拂，已毕集于山塘花肆。茶叶铺买以为配茶之用者，珠兰辄取其子，号为撇梗；茉莉花则去蒂衡值，号为打爪花。花蕊之连蒂者，专供妇女簪戴。虎丘花农盛以马头篮，沿门叫鬻，谓之戴花。零红碎绿，五色鲜浓，四时照映于市，不独此二花也。至于春之玫瑰、膏子花，夏之白荷花，秋之木犀米，为居人和糖、春膏、酿酒、钓露诸般之需。百花之和本卖者，辄举其器，号为盆景；折枝为瓶洗赏玩者，俗呼供花。蔡云《吴歈》云："提筐唱彻晚凉天，暗麝生香鱼子圆。帘下有人新出浴，玉尖亲数一花钱。”又蒋宝龄《吴门竹枝词》云：“蘋末风微六月凉，画船衔尾泊山塘。广南花到江南卖，帘内珠兰茉莉香。”

案：王稚登《咏茉莉篇》云：“章江茉莉贡江兰，夹竹桃花不耐寒。三种尽非吴地有，一年一度买来看。”王鏊《姑苏志》云：“虎丘人善于盆中植奇花异卉、盘松古梅，置之几案，清雅可爱，谓之盆景。春日卖百花，更晨代变，五色鲜浓，照映市中。其和本卖者，举其器；折枝者，女子于帘下投钱折之。”沈朝初《忆江南》词云：“苏州好，小树种山塘。半寸青松虬干古，一拳文石藓苔苍。盆里画潇湘。”李翊《俗呼小录》云：“俗数钱以五文为一花。”

【导读】

明清以来，虎丘山麓一带聚集了大批花农，种植大量鲜花，据顾禄《桐桥倚棹录》记载：“自桐桥迤西，凡十有余家，皆有园圃数亩，为养花之地，谓之园场。种植之人俗呼‘花园子’。”“（花园）弄口即花场，每晨鬻花处也。凡山塘市肆、工作，多散居于诸弄之内。”南起山塘街，北至三花村一带，“其地多艺花人所居，遍地种桂，高下林立，人至其间，香沁肺腑，如行天香深处……游者往往自一天门渡至其处，徘徊不去。”虎丘周边盛产各种花卉名木，常见花木不下百种，其中尤以茉莉花、白兰花、玳玳花、栀子花、茶花等最为著名，《桐桥倚棹录》记载曰：“大抵产于虎丘本山及郡西支硎、光福、洞庭诸山者居半。其有来自南路者，多售于北客；有来自北省者，多售于南人。惟必经虎丘花农一番培植，而后捆载往来。”山塘街遂成为明清时期江南地区最为著名的花卉贸易集散地。虎丘、山塘栽培花卉之盛况，清代苏州状元石韫玉的《山塘种花人歌》一诗中表现得颇为形象集中：“江南三月花如烟，艺花人家花里眠。翠竹织篱门一扇，红裙入市花双鬟。

山家筑室环山市，一角青山藏市里。试剑石前陂发青，谈经台下岩花紫。花田种花号花农，春兰秋菊罗千丛……”

虎丘花市的鲜花一年四季供应不断，春天的玫瑰、膏子花，夏天的白荷花，秋天的木樨（即桂花）和菊花，且用途各异，有用于盆栽观赏的，也有用于配茶、插花的，或者是制成各种花露，也可以制作成鲜花美食。在初夏时节，最为出名、也最受苏州人欢迎的，则莫过于以茉莉花、白兰花、玳玳花等为代表的地产“三花”。三花多被苏州人作为夏日里随身的配饰，用自然的花香祛除夏日里的体汗味，十分清新雅致。在虎丘山麓，有一个自然村落专种三花，因此得名“三花村”。现在，每年三花上市的时节，苏州的虎丘景区和虎丘街道都会举办“三花文化节”。苏州古城中还有数十位卖花的老妪，身着水乡传统的服饰，在主要的风景旅游点或闹市区，操着吴侬软语叫卖“三花”：“栀子花、白兰花、茉莉花……”成为苏州古城一道独特而靓丽的风景。

苏州原本不盛产茉莉花，据明代文人王稚登《虎丘花市茉莉曲》记载，苏州的花农从广州和江西赣州等地引进了优质的茉莉花品种，引得苏州等地的富豪不惜血本，纷纷购买，其诗曰：“章江茉莉贡江兰，夹竹桃花不耐寒。三种尽非吴地有，一年一度买来看。”“赣州船子两头尖，茉莉初来价便添。公子豪华钱不惜，买花只拣树齐檐。”“卖花伧父笑吴儿，一本千钱亦太痴。侬在广州城里住，家家茉莉尽编篱。”种植、购买、采摘、佩带茉莉花，一时成为苏州人的时尚，苏州民歌《茉莉花》的流传，更见证了这一盛况。苏州人冯梦龙在其编辑的苏州民歌集《挂枝儿》中就收录了脍炙人口的歌谣：“闷来时，到园中寻花儿戴。猛抬头，见茉莉花在两边排。将手儿，采一朵花儿来戴。花儿采到手，花心还未开。早知道你无心也，我也毕竟不来采。”

苏州话吆喝的卖花声独具吴风吴韵，晚明文人陈继儒在《小窗幽记》中就把吴语卖花声视为天下最美的声音，其文曰："论声之韵者，曰溪声、涧声、竹声、松声、山禽声、幽壑声、芭蕉雨声、落花声，皆天地之清籁，诗坛之鼓吹也。然销魂之听，当以卖花声为第一。"陆游《临安春雨初霁》"小楼一夜听春雨，深巷明朝卖杏花"，一直为人称道，苏州话吆喝的卖花声，在不少诗人笔下，亦绝不逊色于此。明代常熟人邵圭洁一首《苏台竹枝词》，就饱含着对家乡的深挚之情，深情地摹状了江南纵横交错水巷中的卖花声："平川荡桨一十里，深巷卖花三五声。"清代常州诗人刘嗣绾离乡到苏州谋生，在山塘河上听到了苏州女子的"卖花声"，颇感亲切优雅，不禁写下了《题水阁》中的经典诗句："一程春雨一程愁，小阁重帘水上头。依约晓窗人未起，卖花声里到苏州。"现代著名作家周瘦鹃在其《浣溪纱》词中也用清词丽句写出了苏州姑娘卖花声的柔美："生小吴娃脸似霞，莺声嘹呖破喧哗。长街叫卖白兰花。借问儿家何处是？虎丘山脚水之涯，回眸一笑髻鬟斜。”

苏州花卉种植的发展，也促进了苏州盆景艺术的发展和繁荣，苏派盆景成为中国盆景艺术中最富盛名的一大流派。早在晚明时期，文震亨等苏州文人对盆景艺术就有深入系统的研究，文震亨的《长物志》中多有精彩的论说，如：“吴人洗根浇水，竹剪修净，谓朝取叶间垂露，可以润眼，意极珍之。余谓此宜以石子铺一小庭，遍种其上，雨过青翠，自然生香。”（文震亨《长物志》卷二《盆玩》）盆景为文人几案间之雅玩，从明代以来，苏州盆景艺术就讲究书卷气以及与绘画艺术的相通、相摄，文震亨所希望的盆景作品，其形象是要“结为马远之欹斜诘曲、郭熙之露顶张拳、刘松年之偃亚层迭、盛子照之拖拽轩翥等状，栽以佳器，槎牙可观”（文震亨《长物志》卷二《盆玩》）。现代苏派盆景艺术大师周瘦鹃先生也非常强调这种“虽由人做，宛自天开”的艺术境界，这就是他所谓：“盆景制作六分自然，四分人工。”周瘦鹃大师在苏派盆景艺术的成就，莫不得益其深厚的文学修养、清雅的文人志趣以及对盆景艺术的执着和专注，他有很多盆栽就是依照古人的名画来创作的，如依唐寅《蕉石图》、沈周《鹤听琴图》、夏仲昭《竹趣图》等制作的小景。

此外，袁宏道在苏州担任吴县县令时，对苏州文人圈中盛行的插花艺术进行了归纳总结，撰写了《瓶史》十二篇。此书传到日本以后，对日本的插花艺术影响深远，直到今天，依然被日本花道界奉为经典。

乘风凉

纳凉谓之乘风凉。或泊舟胥门万年桥洞，或舣棹虎阜十字洋边，或分集琳宫梵宇、水窗冰榭，随意留连。作牙牌、叶格、马吊诸戏，以为酒食东道，谓之斗牌。习清唱为避暑计者，白堤青舫，争相斗曲，夜以继日，谓之曲局。或招盲女、瞽男弹唱新声绮调，明目男子演说古今小说，谓之说书。置酒属客，递为消暑之宴。盖此时烁石流金，无可消遣，借乘凉为行乐也。

案：《正字通》云："牙牌，今戏具也。俗传宣和二年所设，高宗时，诏颁行天下，名曰骨牌，如博塞、格五之类。今俗，竹者亦曰骨。"《谈书录》:“天九之戏,见明潘之恒《续叶子谱》。”《晁氏读书志》云:“世传:叶子,晚唐时妇人也,撰此戏。”宋辕文《笔记》谓:“‘葉子’二字,拆其上半字,乃‘廿世’二字,下‘木’字合‘子’字,作‘李’字,为唐有二十帝之谶。”陈确庵《顽潭诗话》:“马吊,谓即戳戏,始明万历年间,崇祯间尤甚,创于常熟冯犹龙,百老用献,千生用闯,无何有闯、献二贼之祸。王石隐有《戳谶谣》。”李斗《扬州画舫录》云:“清唱,近时以叶广明唱口为最,著《纳书楹曲谱》,为世所宗。”阮吾山《茶余客话》:“盲女琵琶,元时已有,至今江淮尤甚。”瞿存斋《过汴梁》诗云:“陌头盲女无愁恨,能拨琵琶说赵家。”是也。又有瞽男者,见陆放翁诗:“夕阳衰柳鲍家庄,负鼓盲翁正作场。”杨诚斋集有《听盲妇携琵琶唱鼓子词》。支小白撰《小青传》:“或呼琵琶唱盲词。”沈朝初《忆江南》词云:“苏州好,盲女拨琵琶。

纵少秋波横翠黛，也多春色照红霞。一样鬓堆鸦。”明姜南《洗砚新录》云：“演小说，谓演说古今小说，以觅衣食也。”

【导读】

在烁石流金的夏天，夏夜乘风凉是旧时最具烟火气的市井风情。乘风凉的地点一般选在树荫下或桥洞旁、水岸边等较为凉爽的处所。乘凉的人们在聚集前，还会在地面上浇洒大量的河水或井水，以降低地表的温度。当地表的热气蒸腾、暑热稍退之后，人们纷纷搬出竹椅、竹榻或竹床，聚集在一起纳凉。

《清嘉录》中说到的牙牌、叶格、马吊等几种桌游，是明清以来最为盛行的。其中叶格（也称“叶子戏”）的历史最为悠久，是古代流行的一种纸牌游戏，因纸牌大小如树叶，故称。它的起源有多种不同的说法，传说在汉代的时候已经出现了，唐代已经非常盛行。早期的叶子戏有四十张牌，分为十万贯、万贯、索子、文钱四种花色，到后世，逐渐演变为字牌、马吊、麻将等古代的桌上游戏。英国著名科技史专家李约瑟在其《中国科学技术史》中，认为现代扑克牌和全球流行的桥牌就源于中国古代的叶子戏。这一说法得到了欧美国家的普遍认同。

马吊是明代时盛行的一种“叶子戏”，清人金学诗《牧猪闲话》中详载马吊的牌具，其中有曰：“戏具，四十页为一具，一页为一种，分为四门，自相统辖。曰十万贯，曰万贯，曰索子，曰文钱。万贯、索子皆始于一而尊于九，十万贯自二十万贯始至万万贯共十一页，俱绘人形与万贯同。文钱一门最尊者为空汤，次枝花，次以一至九，并举《水浒传》宋江诸人实之。古云马吊脚，谓四门如马之四足也。”十万贯、万贯的牌面上画有《水浒传》中的人像形象，晚明画家陈洪绶就曾画有《水浒叶子》；索子、文钱的牌面上则画索和钱的图形。马吊兴起于吴地，时称为“吴吊”。从明代万历开始，马吊之戏在民间一直长盛不衰，顾炎武《日知录》中说：“万历之来，太平无事，士大夫无所用心，间有相从赌博者，至天启中，始行马吊之戏。而今之朝士，若江南、山东，几于无人不为此。”清初苏州人褚人获在《坚瓠十集·纸牌说》中也说：“独是年来，马吊风驰，几遍天下。”晚明时期的江南文人潘之恒、冯梦龙都撰写过《叶子谱》和《马吊牌经》这样的专书。据胡适先生考证，后世流行的麻将，正是由“马吊”这一纸牌游戏演变发展而来的。

牙牌，又称骨牌、牌九、天九，旧时游戏用具。《红楼梦》中就多次写到贾府中女眷推牌九的场景，周定一主编《红楼梦语言词典》对牙牌有较为具体的解释：“共有牌三十二张，点、色组合共二十一种。其中天、地、人、和，及三种长牌（长二、长三、长五）和四种短牌（幺五、幺六、四六、五六）均各两张，其余十种皆一张。每张牌由上下两部分的点数组成，最小为一，最大为六。一点、四点为红色，其余点数或为绿色，或红绿两色相配组成。”需要略作补充的是，天、地、人、和也是长牌，其点数分别是长六（十二点）、长幺（二点）、长四（八点）、幺三（四点）；有两张的牌统称为“文牌”，只有一张的十种牌称为“武牌”，分别是四五、三六、二六、三五、三四、二五、幺四、二三、二四、幺二。

夏夜中乘风凉，除了《清嘉录》中所写到的牙牌、叶格、马吊诸戏以及昆曲清曲的演唱和评话、弹词的说表之外，最为常见的是男女老少手持蒲扇，围坐在一起，闲聊各种见闻故事，苏州人俗称为“谈山海经”；长辈带着小孩做游戏，哼唱吴地儿歌，其乐融融。2016年，宁波籍的大学生徐雨娃创作了一首歌曲《乘风凉》，在网络上迅速传播，引起了许多江南人的对儿时的回忆和情感共鸣。歌词以写实的手法，细腻生动地写出了祖母带着小孩在乘风凉时做游戏的场景，充满着江南情韵和浓浓的亲情，歌词这样写道："斗斗鸡，猫猫来，咯咯飞去……夏天公乘风凉，搬只小矮凳，蒲扇轻轻扇，奶奶有来我身旁边。天要黑出来，星星就要蹔出来。伸出脰颈望牢天上看看，数数看。一颗、两颗、三颗、四颗、五颗、六颗、七颗、八颗、九颗、一百颗。风啊轻轻吹，吹到小人心窝里。教我唱只歌曲，唱到外婆桥。摇啊摇，摇到外婆桥，外婆叫我好宝宝……夏天公乘风凉，搬只小矮凳，蒲扇轻轻扇。奶奶有来我身旁边。天老早黑唻，星星月亮蹔出来，一弗小心已经困唻。"

虎丘灯船

豪民富贾，竞买灯舫，至虎丘山浜，各占柳阴深处，浮瓜沉李，赌酒征歌。腻客逍遥，名姝谈笑，雾縠冰纨，争妍斗艳。四窗八拓，放乎中流，往而复回，篙橹相应，谓之水辔头。日晡，络绎于冶芳浜中，行则鱼贯，泊则雁排；迫暮，施烛焜煌，照彻月辉，与波光相激射，舟中酒炙纷陈，管弦竞奏，往往通夕而罢。蔡云《吴歈》云：“避暑天天闹虎丘，连前端午后中秋。船涡那得凉风到？急放一回水辔头。”又云：“灯船入夜尽张灯，五色玻璃列上层。赢得火光人面映，夜凉犹著薄吴绫。”

案：龚明之《中吴纪闻》云："虎丘，旧名海涌山。阖闾既葬之后，金精之气化为虎，踞其坟，故号虎丘。后避唐讳，改为武邱。"黄省曾《吴风录》："虎丘自胡太守（缵宗）创造台阁数重，益增眺胜，四时游客，无寥落之日。寺如喧市，妓女如云。"谚有"假虎丘"之称，言非真山也。卢湛《竹枝词》云："侬今住近真娘墓，郎莫传言假虎丘。"香雪道人《南窗杂志》："虎丘山塘，七里莺花，一湖风月，士女游观，画船箫鼓，舟无大小，装饰精工，窗有夹层，间以玻璃，悬设彩灯，争奇竞巧，纷纶五色，新样不同。傍暮施烛，与月辉、波光相激射。今灯舫窗棂，竞尚大理府石镶嵌，灯则习用琉璃（俗呼明角），设遇风狂，毋虞击碎也。"王冈龄《山塘灯船行》云："夕阳明灭遥山遮，湖波淡沱收残霞。曜灵退避赤乌匿，欻忽焰吐金虾蟆。长空一碧浩无际，晶光烂烂铺晴沙。良辰美景岂易得？

一时胜举千秋夸。江南夙号佳丽地，金阊习尚尤豪奢。山塘七里箫管沸，绮罗镇日争喧哗。莺声呖呖花外转，竹枝低唱多娇娃。重三双七恣游衍，隔帘鬟影看窒娿。兹来炎暑更消遣，红栏绿水环人家。鱼鳞一带屋高下，雁齿两岸桥横斜。今夕何夕月正望，清辉万里穷幽遐。忽闻人语竞鼓噪，延堤橹窸声咿哑。黄头之郎蜗角妓，鱼衣划破兰桡划。清歌嘹喨出云表，嘈嘈切切鸣筝琶。明灯一道衔尾过，中流拉沓纷如麻。蝉联鱼贯互分合，蜂屯蚁聚争盘拏。前船后船相断续，蜿蜒直似长山蛇。是时灯光如白昼，平湖旷望无津涯。南油西漆纷照灼，九枝火树堆银花。琉璃千重势闪烁，璎珞一片形鬖髿。灿如银河披瑞霭，丽似琼岛开朝霞。珠宫贝阙水晶域，千影万影相交加。世间那有此奇景，得毋海上来仙槎？又岂巧工类丁缓，创制妥贴精无瑕。吴侬斗胜真好事，掠钱买醉穷繁华。舫斋促坐列珍味，八窗四拓轻褡纱。谁家姹女三五队，亭亭小髻梳双丫？长眉弯环晕柳叶，纤手莹白抽姜芽。连翩侠少正麇集，宝马杂沓随香车。吾闻君子戒逸乐，屏除丽色兼淫哇。何为终日事游冶？外强中干空頠頔。椸无完衣儿女泣，盎乏粒米妻孥嗟。徒夸逐队作豪举，百缗酒券还须赊。何如居家习素业，男耕妇织良非差。白堤花柳纵烂熳，会须处处栽桑麻。”

【导读】

虎丘、山塘河一带的画舫、游船之盛，自明清以来，一直为天下人所艳称。直至今日，虎丘、山塘河的旅游迅速发展，依然保留了山塘河水上乘画舫的游览项目。来自世界各地的游客，乘坐着精美的画舫，慢游山塘，在船舱里可以欣赏苏州评弹的温婉和柔美，点唱一曲评弹蒋调《白蛇传·赏中秋》：“十里山塘景物新……”或是弹词开篇《苏州好风光》:“上有呀天堂，下呀有苏杭，杭州西湖，苏州么有山塘，哎呀两处好地方……”无疑都是最应景、最契合的选择。放眼两岸，可以领略枕河人家的建筑、生活场景，别具江南风情，成为苏州旅游的一大特色。

明清时期苏州山塘河灯船之盛，顾禄《桐桥倚棹录》卷十二专列“舟楫”一目，全面详细地介绍了虎丘灯船各种形制以及盛况，还有山塘河中舟楫上的买卖、娱乐等丰富多彩的市井风情，可以参考。故不必繁琐，引用于下。

“沙飞船，多停泊野芳浜及普济桥上下岸，郡人宴会与估客之在吴贸易者，辄赁沙飞船会饮于是。船制甚宽，重檐走轳，行动捩舵撑篙，即昔之荡湖船，以扬郡沙氏变造，故又名沙飞船。今虽有卷艄、开艄两种，其船制犹相仿佛也。艄舱有灶，酒茗肴馔，任客所指。舱中以蠡壳嵌玻璃为窗寮，桌椅都雅，香鼎瓶花，位置务精。船之大者可容三席，小者亦可容两筵。凡治具招携，必先期折柬，上书‘水窗候光，舟泊某处，舟子某人’。相沿成俗，寖以为礼。迓客于城，则别雇小舟。入夜羊灯照春，凫壶劝客，行令猜枚，欢笑之声，达于两岸。迨至酒阑人散，剩有一堤烟月而已。沈朝初《忆江南》词云：‘苏州好，载酒卷艄船。几上博山香篆细，筵前冰碗五侯鲜。稳坐到山前。’盖承平光景，今不殊于昔也。”

“郡城灯船，日新月异，大小有三十余舟。每岁四月中旬，始搭灯架，名曰试灯。过木犀市，谓之落灯。多于老棚上竖楣枋椽柱为椠，有镫有镦，灯以明角朱须为贵，一船连缀百余。上覆布幔，下舒锦帐，舱中绮幕绣帘，以鲜艳夺目较胜。近时船身之宽而长，几倍于昔。有以中排门扃锢，别开两窦于旁，如戏场门然。中舱卧炕之旁，又有小衖可达于尾。舱顶间有启一穴，作洋台式者，穹以蠡窗，日色照临，纤细可烛。炕侧必安置一小榻，与栏楹桌椅，竞尚大理石，以紫檀红木镶嵌。门窗又多雕刻黑漆粉地书画。陈设则有自鸣钟、镜屏、瓶花。茗碗、吐壶以及杯箸肴馔，靡不精洁。值客必以垂髫女郎贡烟递茶，其人半买自外城。间有船娘已出者，大致因伺佳丽之登舟者而设也。佳丽来自院中，与长年相表里，有主人携至佐酒者，有所招之客，挈至自娱者。酒酣席散，无论主宾与侑觞之伎，各以番钱相饷，有幺三、幺四之目，幺则给与值舱之舟女，三、四则给与榜人，俗呼酒钱。良辰令节，狎侣招游，谓之下虎丘。必先小泊东溪，日晡，与诸色游船齐放中流，篙橹相应，回环水中，俗呼水辔头。少选，红灯一道，联尾出斟酌桥，迤逦至野芳浜，亦必盘旋数匝，谓之打招，与月辉波光相激射。传餐有声，睹爵无算，茉莉、珠兰，浓香入鼻，能令观者醉心。设有不欲明灯者，亦任客所指。其头、中、尾舱，必燃灯一二十盏，以自别于快船。予时驾小艇，尽灭灯火，往来其间，或匿身高阁与树林深处，远而望之，不啻近斗牛而观列宿也。吴周钤《灯船歌》云：‘水嬉吴下盛，绝丽推灯船。操船十七户，多住白堤边。兰桡桂楫芳塘路，曾与龙舟夸竞渡。待到秋来月上弦，正宜秉烛晚凉天。盘螭舞凤翻新样，费出豪门不计钱。宾携幸舍骄珠履，妓选倾城耀翠钿。玉树歌声传夜半，银河星采即筵前。夜夜银河恣欢乐，舟师便是填桥鹊。买笑金多尽许分，黄头气焰铜山托。争睹当场热戏豪，那知转盼惊波作。呵禁朝来下急符，威行赤棒敢支吾。星桥火树俱销歇，剩有湖心片月孤。莫讶官司如束湿，由来薪突防宜急。金穴何堪逐水流，昆冈也虑飞灰及。寄语乌衣白面郎，欢场弹指易炎凉。秋风破屋人多少，宵烛何妨赐末光。’”

“快船之大者，即灯船之亚，亦以双橹驾摇，行运甚速，故名曰快船，俗呼摇杀船，有方棚、圆棚之别。户之绮，幕之丽，帘窗之琼绣，金碧千色，嵬眼晃面，与灯船相仿佛，但不设架张灯耳。有等舟身甚小，位置精洁，只可容三、四客者，谓之小快船，行动更疾如驶，即舒铁云诗所谓‘吴儿驶船如驶马’

是也。泊船之处，各占一所，俗呼船涡。捧轴理棹者多妇女，故顾日新有‘理楫吴娘年二九，玉立人前花不偶。步摇两朵压香云，跳脱一双垂素手’之句。”

“有本船自蓄歌姬以待客者，近亦葺歌院，可以登岸追欢。其船多散泊于山塘桥、杨安浜、方基口、头摆渡等处。运动故作迟缓之势，似舟行逆水中，俗呼逆水船。其人间有负一时盛名者，分眉写黛，量髻安花，虽未能真个销魂，直欲真个销金，盖亦色界之仙航、柔乡之宝筏也。船中弦索侑酒，又必别置辫发雏姬，女扮男装，多方取悦于客，俗呼鼻烟壶，言其幼小，未解风情，只堪一嗅而已。舒铁云诗‘不男不女船中娘’，正谓此也。闺秀席蕙文《虎丘竹枝词》云：‘画舫珠帘竞丽华，玻璃巧代碧窗纱。吴歈宛转香喉滑，小调新翻剪靛花。’林焕《画舫雏姬词》云：‘阳春二三月，杨柳垂堤边。柔波戛鸣橹，划破桐桥烟。豪贵扣舷坐，宾从何联翩。娇痴十龄女，短发垂双肩。岂知梦云乐，故作眉语传。一吹引凤箫，再拨鲲鸡弦。

新歌翻《子夜》，博取黄金千。黄金有时尽，白璧终难坚。安得大海波，净洗出水莲？’”

“虎丘游船，有市有会。清明、七月半、十月朝为三节会，春为牡丹市，秋为木犀市，夏为乘凉市。一岁之中，惟龙船市妇女出游为最盛，船价亦增数倍。小户妇女，多雇小快船，自备肴馔，载以俱往。豪民富室，率赁灯船，罗袂藻水，脂香涨川，女从如云，语言嘈杂。灯船停泊之处，散在上津桥、接官亭、杨安浜、通贵桥、八房河头一带。城河狭窄，路通而不能入，以是女眷出游，每肩舆至阊门马头，或接官亭、钓桥登舟。夜归，则仆从候久，弃水登旱，舆帘下垂，花香徐拂，道旁行客知人家眷属归也。李福《虎丘游船词》云：‘秋罗衫子艳于霞，雅鬓争簪茉莉花。偷眼何人在篷底，东船西舫本无遮。’‘忽然归棹又相逢，人影灯残花气浓。上得香舆如驶去，静听街鼓响冬冬。’”

“有等小本经纪之人，专在山塘河中卖水果为生。每值市会，操小划子船，载时新百果，往来画舫之间，日可得数百钱，俗呼水果船。”

“杂耍之技，来自江北，以软硬工夫、十锦戏法、象声、间壁戏、小曲、连相、灯下跳狮、烟火等艺擅长。每岁竞渡市，合伙驾栏杆驳船，往来于山浜及野芳浜等处，冀售其技。每至一舟，则必葛袍缨帽，手递戏目，鞠躬声喏于前舱。搬演一出，索值一二百文不等。又有一名堂者，乃嘉兴人，能以一人打十番锣鼓，并为昆腔、摊簧诸戏，手动足踹，音节悉合，亦日坐小艇，来往游船之际，以技觅食。过十五日，弃之他往。有等游民，呼朋引侣，自雇小舟，敲动粗细锣鼓，并为盘杠、盘叉、舞火把诸戏，自得其乐。闺秀徐映玉诗云：‘戎戎山市翳烟萝，斟酌桥西柳荫多。春昼画船相次泊，氍毹小部拂云和。’”

“虎丘每逢市会，有等老妪或乡间之人，操疲舟，驾朽橹，泊山浜、野芳浜，于灯船杂遝之际，渡人至上、下塘买物，或游玩乐便，每人只乞一二文，谓之摆渡船。然乘危履险，识者有覆溺之虑，宁行纤道，不敢褰裳也。”

“人有于虎丘、浒关等处或入城勾当者，多雇乘小艇，往来代步，其值甚廉。艇制短小而窄，创于浒关之税厅。一篙一橹，行动捷如飞凫，俗呼关快，亦名七里趸。泊处有九，一在小普陀，一在花园衖口，一在快哑场，一在桐桥，一在缸甏河头，一在白姆桥，一在新桥，一在通贵桥，一在山塘桥。操舟者皆西郭桥八都、九都之乡人，不务农桑，专在水面日觅升合之供。犁旦已鼓枻而出，迫暮仍欸乃而还，虽寒暑晴雨无间也。”

合　酱

谓造酱餾，曰罨酱黄。餾成之后，择上下火日合酱，俗忌雷鸣。谚云："雷鸣不合酱。"郭麐《合酱》诗云："笾豆周官重，卵鱼内则谙。食齐酱用八，执馈老尊三。数典和羹得，齐民近制参。重罗面如雪，轹釜豆留泔。溲作牢丸大，烝成馎饦甘。黄添云子色，藉用白茅函。曝处分窭薮，先时涤石甔。吴霜飞暑路，新水汲澄潭。泛溢波初沸，浸淫味已含。三投比麴糵，几宿自沉酣。盎盎疑无滓，霎霎虑有潍。斗杓投木杼，圆盖像筠篮。醲郁缘沉浸，清深或澹涵。食单元异剂，列器各分坩。利用群生遍，称名异物覃。椒辛来自北，蒟美遂通南。乌鲗登盘暂，黄梅消渴堪。胡麻研琐琐，勺药和醃醃。间及嘉蔬渍，能令下箸贪。姜芽红敛指，玉版绿抽篸。蔓实余瓜果，溪毛撷藻蕈。均分盐法志，足使醢人惭。迩者桓宽议，争先榷酤探。高官司操刺，大贾饱酣婪。编户常忘味，海氓窃负担。井疆区晋楚，迫逐互戈铁。地本盐官接，人皆淡食妉。趁虚聊裹箬，覆瓿孰盈坛？隶事非征博，陈风当剧谭。酸咸君辨否，有味亦醰醰。”

案：崔寔《农家谚》云：“上火不落，下火滴沰。”俗以历日中有两火相连者，曰上下火日，本此。《风俗通》云：“雷鸣不得作酱。”今亦有此忌。蔡铁翁诗：“选火避雷忙作酱。”《广韵》：“罨，乌合切，”音遏。吴语谓覆物使不漏风，曰罨。

【导读】

俗话说："开门七件事，柴米油盐酱醋茶。"酱是旧时百姓生活中不可或缺的生活必需品，许多地方都有需要地方政府颁发生产、营业执照的酱园，旧时苏州城里、城外就有很多知名的酱园，如葑门一带的"金永盛""吴鼎源""瑞泰"，各领风骚，胥门的"同丰润"和大太平巷的"万康"也久负盛名。甚至一些达官贵人也开办酱园，如苏州大名鼎鼎的贵潘家族先后在城里城外开出了"潘所宜酱园""潘万成酱园"；著名书画家顾文彬也在山塘街开了一爿酱园，自认为得其所哉，遂把酱园取名为"顾得其"。"万康"自清同治年间搬迁到乌鹊桥畔，至今一直专营苏式酱品和酱菜，获评"中华老字号"。瑞泰酱园也在2018年葑门横街改造时，在原地恢复了生产经营。旧时的许多江南人也会在自己家里制作酱，自家制作的酱品和酱菜，带着浓浓的亲情和乡情，温暖着每一个苏州游子的心魂。著名社会学家费孝通在《话说乡味》中详细记述了制酱的过程，也表达了深厚的桑梓之情，文中写道："每年清明后雨季开始的黄梅天，阴湿闷热，正是适于各种霉菌孢子生长的气候。这时就要抓紧用去壳的蚕豆煮熟，和了定量的面粉，做成一块块小型的薄饼，分散在养蚕用的匾里，盖着一层湿布。不需多少天，这些豆饼全发霉了，长出一层白色的绒毛，逐渐变成青色和黄色。这时安放这豆饼的房里就传出一阵阵发霉的气息。不习惯的人，不太容易适应。霉透之后，把一片片长着毛的豆饼，放在太阳里晒，晒干后，用盐水泡在缸里，豆饼溶解成一堆烂酱。这时已进入夏天，太阳直射缸里的酱。酱的颜色由淡黄晒成紫红色。三伏天是酿酱的关键时刻。太阳光越强，晒得越透，酱的味道就越美。"

经过长时间烈日的暴晒，酱色呈紫红，上下一致，且泛出油光，也就意味着酱熟了。深褐色的酱，甜香四溢，浓郁扑鼻。在酱缸中心插入一个锥筒形的竹漏斗，滗出来的酱汁清澄透亮，味道鲜美，也就是俗称的头抽，苏州人则习惯把它称为“母油”，传统苏帮菜“母油鸭”使用的就是这种新鲜、纯天然的“母油”。缸中的酱也可以制成各种家常的酱菜和菜肴，在苏州百姓日常生活中最受欢迎的角直萝卜干以及平望的童子蜜黄瓜、玫瑰大头菜，都是用酱和各种调料腌制、浸泡而成的。在苏州人家中，用酱制作的最为家常的下饭菜则莫过于“八宝酱”，在新鲜美味的酱中，加入豆腐干丁、笋丁、肉丁、虾米、毛豆子、花生米等食材，用文火炒制，是下饭的佳品。费孝通先生的《话说乡味》也有述及：“我小时候更多的副食品是取自酱缸。酱缸里不但供应我们饭桌上常有的炖酱、炒酱——那是以酱为主，加上豆腐干和剁碎的小肉块，在饭锅上炖熟，或是用油炒成，冷热都可以下饭下粥，味极鲜美。”至于清代苏州文人沈复《浮生六记》中所写，其妻芸娘为它所做的“双鲜酱”，用“麻油加白糖少许，拌卤腐”，再用“卤瓜捣烂，拌卤腐”，则属沈复家中私房菜的独门秘方。

火神素

二十三日，为火神诞，以神司火，祷谢者众。至是，或有不御荤、酒者，谓之火神素。

案：干宝《搜神记》："炳灵公，东岳三郎也。"宋祥符间改封，世传为火神。而道书又以五月十二日为炳灵公诞。或曰：此火神为祝融。考重黎为高辛氏火正，帝喾命曰祝融，共工氏作乱，使重黎诛之，不尽，乃以庚寅日诛重黎，而以其弟吴回为祝融。吴回生禄终，故今人称遭火为回禄。《左传》："郑禳火于回禄。"《注》："火神也。"俗奉为火神，未知孰是？

【导读】

火的发现和使用是人类文明的重大进步。在中国上古神话传说中，燧人氏钻木取火，火不仅给人类带来了光明，也让原始先民能够吃到烤熟的食物。人们为了纪念他的功绩，就把他尊为“火神”，这是中国历史上最早的火神。

在后代，火神的形象因时代、地域的不同而产生了巨大的差异，除燧人氏之外，炎帝、祝融、回禄、王灵官、阏伯（按：即契）、炳灵公，都被民间尊奉为火神或“火德神”，众说纷纭，各位火神的诞辰也各不相同，所以在中国各地，祭祀火神的时间存在着较大的差异。在古代，最为人民广泛接受的火神应该是祝融。祝融是颛顼高阳氏的曾孙，本名重黎，楚人的先祖，《史记·楚世家》记载说：“高阳者，黄帝之孙，昌意之子也。高阳生称，称生卷章，卷章生重黎。”《世本》也说：“老童（按：即卷章）生重黎及吴回。”《山海经》中也有基本相同的记载。《山海经·海外南经》中曾对祝融的模样有过这样的描述:“南方祝融,兽身人面,乘两龙。”郭璞注曰:“火神也。”祝融死后,他的弟弟吴回(又名“回禄”)接替他担任管火之官,主要负责观测天空的火星,掌管部落用来照明、取暖、熟食的火种。神话中的火神祝融,到春秋战国时期,已经逐步演化成掌管司火的官职,《左传》中就有“火正曰祝融”这样的说法。唐、宋、元、明时代,一般都以祝融为火神。明宣宗即位后,宣布以王灵官为火德神。清代则把祝融、阏伯一起配飨火神殿,并将每年的六月二十三日定为地方官员到火神庙举行祭祀的日子。苏州人则在这一天不食用荤,不饮酒,称之为“火神素”。

雷　斋（接雷素）

二十四日，为雷尊诞，城中圆妙观、阊门外四图观，各有神象，蜡炬山堆，香烟雾喷，殿前宇下，袂云而汗雨者，不可胜计。庙祝点烛之赀，何止万钱！有为首者集众为醮会，伶人舁老郎神象入观，监齐、卤簿、仪从，皆梨园子弟所充。羽流吟咏洞章，拜表焚疏，严肃整齐，不敢触犯天神，谓报应速也。自朔至诞日茹素者，谓之雷斋。郡人几十之八九，屠门为之罢市。或有闻雷茹素者，虽当食之顷，一闻虺虺之声，重御素肴，谓之接雷素。蔡云《吴歈》云："香进雷尊匝月斋，老郎监醮仗新排。美人曾现氍毹相，看杀梨园子弟佳。”

案:《景霄琅书》所载五雷大法，有高上碧霄九天应元雷声普化天尊，即今俗称雷尊是也。《道经》:“六月初六日，为清暑日，宜修清暑斋。”今人六月中多不御荤，或亦清暑之意，俗以延羽流禳祓，曰打醮。见《吴志·吕蒙传》“蒙病笃，权命道士于星辰下为之请命”是也。然“醮”字已见《竹书纪年》:“黄帝杀五牲以醮之。”

【导读】

醮，在上古时代是男子成年时行冠礼，以及婚礼时所举行的一种仪式。《说文解字》:“醮，冠娶礼祭。”段玉裁注:“详经文不言祭，盖故本作‘冠娶妻礼也；一曰祭也。’转写有夺，与祭者别一义，不蒙冠礼。”之所以称为“醮”，是因为在仪式中接受敬酒者，只需要将酒饮尽即可，不需要回敬。《礼记·昏义》记载曰："父亲醮子而命之迎。"孔颖达疏："以乡饮酒礼、燕礼之属，皆为宾主相酬酢，故不称醮。其醮，则但受爵者饮而尽之，又不反相酬酢，直醮尽而已，故称醮也。"

道教产生以后，继承并借鉴了儒家冠礼和婚礼中"醮"祭祀的内容和含义，发展出具有宗教色彩的祭祀程序和仪轨，借以沟通神灵，称之为"醮法"，简称为"醮"。道教中的"醮法"名目繁多，但凡世俗有祈祷上天鬼神的需求，道士们都会设醮坛，举行各种醮祷活动和法事。醮祷一般根据祈祷事项，分为清醮和幽醮，清醮一般祈祷的是人世间的阳事，如庆贺祈福、祛病延年、祝颂迎祥、祈求风调雨顺、解厄禳灾等；幽醮祈祷的是冥间的阴事，如招摄、超度亡灵等。道教宫观及道教的信徒也会在每月的朔日、望日（民间俗称初一、十五）以及道教的重要节日设醮坛，举行斋醮仪式。

封斋开荤

嗜斋之先，戚若友必馈肴馔，以相暖热，谓之封斋。既开斋，又如之，谓之开荤。

案：家元庆《檐曝偶谈》云："里俗：久斋，其戚若友必先日具肴馔，以相暖热，当谓之封荤。既嗜荤，当谓之开斋。"俗以断鱼肉之属曰斋，本梁武帝奉佛，戒不食鱼肉之说。然考罗愿《尔雅翼》云："西方以大蒜、小蒜、兴渠、慈葱、茖葱为五荤；道家以韭、蒜、芸薹、胡荽、薤为五荤。"今人以朱子注"斋必变食"，有"不饮酒、不茹荤"之文，遂以鱼肉为荤而戒之，谬也。

【导读】

“荤”在中国古代民间信仰和宗教中的含义，是随着历史年代的而有所演变的，最初是指有强烈刺激性气味的蔬菜。《仓颉篇》曰：“荤，辛菜也。”《说文解字》谓：“荤，臭菜也。”五代时期徐铉在《说文注》中解释道：“荤，臭菜也，通谓芸薹、椿、韭、葱、蒜、阿魏之属，方术家所禁，谓气不洁也。”其他典籍也有不同的说法，但所涉及的都是有强烈刺激性气味的蔬菜和食材，如《尔雅翼》所称引“五荤”，佛教指大蒜、小蒜、兴渠、慈蒜、茖葱，道教指韭、蒜、芸薹、胡荽、薤。直到南朝时期，梁武帝禁止佛教僧侣吃肉，就把“腥”（本义为动物性的肉食）和“荤”并列，都成了僧人的禁忌食物，后世遂把“荤腥”简称为“荤”，自然而然地默认“荤”为肉食。

二郎神生日

是日，又为二郎神生日。患疡者拜祷于葑门内之庙，祀之必以白雄鸡。先夕，土人于庙中卖萤灯、荷花、泥婴者如市。蔡云《吴歈》云："巧制萤灯赛练囊，摩睺罗市见昏黄。儿童消得炎天毒，葑水湾头谢二郎。"

案：宋高翥《菊涧小集》有《辇下酒行多祭二郎神及祠山神》诗云："箫鼓喧天闹酒行，二郎赛罢赛张王。"考皇甫汸《长洲志》及钱湘灵、陆灿《常熟县志》云："赵真君，名昱，灌洲人。仕隋，大业为嘉州太守，有蛟患，入水斩之。卒后，嘉州人见雾中乘白马、越流而过者，乃昱也，因立庙灌江，号灌口二郎神。宋真宗时，进今封。邑中患疡者，祷之辄应。相传六月廿四日为神生辰，男女奔赴，以祈灵贶。”褚人获《坚瓠集》云：“六月二十四日，为清源妙道真君诞辰。吴人祀之，必用白雄鸡，相传已久，不解其故。及阅陈藏器《本草拾遗》云：‘白雄鸡生三年者，能为鬼神所役使。’吴人用祀真君，或亦山川不舍骍角之意。”

【导读】

摩睺罗，源于古代印度佛教，是梵语的音译，也译作“磨喝乐”，宋代孟元老《东京梦华录》卷八“七夕”条有注释云：“磨喝乐，本佛经摩睺罗，今通俗而书之。”至于印度佛教的具体出处，早在宋元时代就不甚了了，后代研究者的说法各异。胡适的《魔合罗》一文中认为是从印度大黑天演变而来的，大黑天音译为“摩诃迦罗”，与“摩睺罗”音、形皆相近；

傅芸子的《宋元时代的“磨喝乐”之一考察》则认为，“磨喝乐”是佛教八大护法神（“天龙八部”）之一的蛇头人身大蟒神——“摩睺罗迦”。

在传入中国之后，“摩睺罗”就与中国文化融合，在唐宋时期，和中国传统的“化生”联系在一起，逐渐演变成为送子的神祇。元代高僧圆至在《三体唐诗》中注释晚唐诗人薛能《吴姬》诗中“芙蓉殿上中元日，水拍银盘弄化生”一句中“化生”二字，引唐《岁时纪事》云：“七夕，俗以蜡作婴儿形，浮水中以为戏，为妇人宜子之祥，谓之化生。本出西域，谓之摩睺罗。”则唐宋时期已把“摩睺罗”视为生子的祥瑞吉物，这个说法延续到明末清初，在清初张尔岐的《蒿庵闲话》卷一中也有明确的记载曰：“或曰：化生，摩睺罗之异名。宫中设此，以为生子之祥。”唐宋以来，“摩睺罗”在民间就逐渐脱离了佛教文化，逐渐演变成为天真可爱的童子形象，人们就把蜡制的、泥塑的、玉雕的孩童玩偶叫作“摩睺罗”。北宋都城开封就有很多出售摩睺罗的店铺，孟元老《东京梦华录》卷八有记载曰："七月七夕，潘楼街东宋门外瓦子，州西梁门外瓦子，北门外、南朱雀门外街及马行街内，皆卖磨喝乐，乃小塑土偶耳。悉以雕木彩装栏座，或用红纱碧笼，或饰以金珠牙翠，有一对直数千者。禁中及贵家与士庶为时物。"还有小孩在七夕前三五日，特地作新妆，学着磨喝乐的造型，手执新买的荷叶，"七夕前三五日，军马盈市，罗绮满街，旋折未开荷花，都人善假做双头莲，取玩一时，提携而归，路人往往嗟爱，又小儿须买新荷叶执之，盖效颦磨喝乐，儿童辈特地新妆，竞夸鲜丽"。

在宋代，七夕节购买"磨喝乐"的风俗，大有赶超传统的"乞巧"之势，各地都有"摩睺罗"的制作和售卖。摩睺罗的制作材质有玉石、金银、泥土、蜡等，其中尤以苏州制作的摩睺罗最为精巧，为"天下第一"。南宋学者陈元靓《岁时广记》卷二十六有记载曰："摩睺罗，俗讹呼为磨喝乐，南人目为巧儿。

今行在（按：古代称皇帝所在之地为‘行在’，南宋迁都临安，故此处是指南宋都城临安。）中瓦子后市街众安桥，卖磨喝乐最为旺盛。惟苏州极巧，为天下第一。进入内庭者，以金银为之。谑词云：‘天上佳期，九衢灯月交辉。摩睺孩儿，斗巧争奇。戴短檐珠子帽，披小缕金衣。嗔眉笑眼，百般地敛手相宜。转睛底工夫不少，引得人爱后如痴。快输钱，须要扑，不问归迟。归来猛醒，争如我活底孩儿。’”明清以来，苏州虎丘山一带就有许多专门制作泥塑摩睺罗（虎丘泥人）的工匠艺人，技艺高超，其制作的泥人造型生动传神，享誉天下。苏州虎丘泥人历史悠久，地位显赫，已被列入国家级非物质文化遗产保护名录，与无锡惠山泥人、天津泥人张、潮州浮洋泥塑并称为中国四大泥塑。

顾禄《桐桥倚棹录》卷十一专门介绍了虎丘泥塑，其文较详，曰：“塑真，俗呼捏相，其法创于唐时杨惠之，前明王氏竹林亦工于塑作。今虎丘习此艺者不止一家，而山门内项春江称能手。虎丘有一处泥土最滋润，俗称滋泥。凡为上细泥人、大小绢人塑头，必此处之泥，谓之虎丘头，塑真尤必用此泥。然工之劣者，亦如传神之拙手，不能颊上添毫也。肢体以香樟木为之，手足皆活动，谓之落膝骱。冬夏衣服，可以随时更换。位置之区，谓之相堂，多以红木、紫檀镶嵌玻璃，其中或添设家人妇子，或美婢侍童，其榻椅几杌以及杯茗陈设，大小悉称。韩崶有《赠捏相项春江》诗云：'傅岩访梦弼，麟阁图勋臣。顾张不可作，阿堵半失真。我本山泽癯，颊角撑嶙峋。几经画工手，动觉非其人。因思绘画事，不敌塑作能。绘只一面取，塑乃全体亲。百骸与九窍，一一赅而存。顾惟七尺躯，肮脏羞倚门。生前忽作俑，毋乃儿曹惊。所宜就收缩，无取夸彭亨。何妨竿木场，着此傀儡身？虎丘有项伯，家与生公邻。世传惠之艺，巧思绝等伦。熟视若无睹，谭笑忘所营。岂知掌握中，云梦八九吞。取材片埴足，妙用两指生。始焉胚胎立，继配骨肉匀。按捺增损间，不使差毫分。秾纤彩色傅，上下须眉承。五官既毕具，最后点其睛。呼之遂欲动，对镜笑不胜。自怜饭颗瘦，忽讶瓜皮青。周旋我与我，何者为形神？乃谋置几榻，且复携儿孙。居然壶公壶，盎如一家春。伟哉造物者，本以大块称。我亦块中块，万物土生成。今以块还块，总不离本根。他年归宿处，仍此藏精魂。固宜相印合，不假炉锤烦。情知皆幻质，撒手鸿毛轻。要念此天授，惟圣乃践形。奈何逐物化，周蝶空纷纭。且宝径寸珠，任转万劫轮。'又《青溪风雨录》载歌伎双姬《虎丘竹枝词》云：'技艺山塘妙莫过，香泥捏像肖偏多。一身自恨同瘤赘，添个愁人做甚么。'"

荷花荡

是日，又为荷花生日。旧俗：画船箫鼓，竞于葑门外荷花荡，观荷纳凉。今游客皆舣舟至虎阜山浜，以应观荷节气。或有观龙舟于荷花荡者，小艇野航，依然毕集。每多晚雨，游人赤脚而归，故俗有“赤脚荷花荡”之谣。蔡云《吴歈》云：“荷花荡里龙船来，船多不见荷花开。杀风景是大雷雨，博得游人赤脚回。”

案：徐崧、张大纯《百城烟水》云：“荷花荡，在葑门外二里许，其东南接黄天荡。”又云：“六月二十四日，画船箫鼓，竞于荷花荡，观荷纳凉。”旧《府志》：“二十四日，游荷花荡。”又《城南草堂集》:“六月廿四，谓之荷诞，实无所出。惟《内观日疏》:‘是日为观莲节，晁采与其夫，各以莲子相馈遗。’昔有扶乩者，是日降坛，诗云:‘酒坛花气满吟笺，瓜果纷罗翰墨筵。闻说芙蕖初度日，不知降种自何年？’盖嘲之也”云云。然相沿既久，类成风俗。读张远《南歌子》曲，犹想见当时之盛，词云:“六月今将尽，荷花分外清。说将故事与郎听，道是荷花生日，要行行。粉腻乌云浸，珠匀细葛轻。手遮西日听弹筝，买得残花归去，笑盈盈。”邵长蘅《冶游》诗云:“六月荷花荡，轻桡泛兰塘。花娇映红玉，语笑熏风香。”今数十年来，翠盖红衣，零落殆尽，烟波浩渺，剩有小艇渔父，相为莫逆而已。又沈朝初《忆江南》词云:“苏州好，廿四赏荷花。黄石彩桥停画鹢，水晶冰窨劈西瓜。痛饮对流霞。”注:“六月廿四日，为荷花生日，游人都至葑溪，溪傍置冰窨，盛暑不热。”然今俗亦都非矣。

【导读】

在中国古典诗歌中，莲花与江南水乡似乎有着某种割不断的紧密联系。自汉代以来，就有民歌传唱“江南可采莲，莲叶何田田”“采莲南塘秋，莲花过人头。低头弄莲子，莲子清如水”。苏州地处江南文化的核心区域，水网密布，“近湖渔舍皆悬网，向浦人家尽种莲”（明张羽《过姑苏城》），种莲、赏莲、采莲这样的风习，千百年以来经久不衰。唐代苏州著名诗人陆龟蒙在《重台莲花》中自豪地写道：“水国烟乡足芰荷。”每年的农历六月，莲花盛开之际，苏州的百姓士绅自发地前往城内外的各处胜地，观莲赏荷，在明代形成了苏州独有的节日——“观莲节”（“荷花生日”）。

晚明公安派文学巨匠袁宏道莅苏，出任吴县知县，曾亲历了苏州人夏日的狂欢节——观莲节。他以清丽灵动的小品，写尽了苏州人的“游冶之盛”，这也许是古人对“荷花生日”盛况的最早记载。其文曰："荷花荡，在葑门外。每年六月廿四日，游人最盛。画舫云集，渔刀小艇，雇觅一空。远方游客，至有持数万钱无所得舟，蚁旋岸上者。舟中丽人，皆时妆淡服，摩肩簇舄，汗透重纱如雨。其男女之杂，灿烂之景，不可名状。大约露帏则千花竞笑，举袂则乱云出峡，挥扇则星流月映，闻歌则雷辊涛趋。苏人游冶之盛，至是日极矣。"天启二年（1622）六月二十四日，浙江名士张岱偶至苏州，正赶上苏州一年一度的"荷花生日"，"见士女倾城而出，毕集于葑门外之荷花宕"，赏荷场景之热闹，让他颇为震撼。后来，他把这段见闻记载在《陶庵梦忆》中，其场景、文字与袁宏道之文相类，可作相互印证。

消夏湾看荷花

洞庭西山之址，消夏湾为荷花最深处。夏末舒华，灿若锦绣，游人放棹纳凉，花香云影，皓月澄波，往往留梦湾中，越宿而归。

案：《府志》："消夏湾，在洞庭西山之址，深入八、九里，三面峰环，一门水汇，仅三里耳。旧传为吴王避暑处。"范成大有《销夏湾》诗云："蓼矶枫渚故离宫，一曲清涟九里风。纵有暑光无著处，青山环水水浮空。"又高启诗云："凉生白苧水浮空，湖上曾开避暑宫。清簟疏帘人去后，渔舟占尽柳阴风。"《府志》又云："荷花有红、白、黄数种，洞庭东、西山人善植荷。夏末秋初，一望数十里不绝，为水乡胜景。”沈朝初《忆江南》词云：“苏州好，消夏五湖湾。荷静水光临晓镜，雨余山翠湿烟鬟。七十二峰间。”

【导读】

太湖消夏湾曾经是苏州赏荷的胜地。消夏湾传为吴王、西施避暑行宫之地，后也成为苏州人避暑之胜地，明代苏州大学士王鏊《消夏湾》诗有曰：“信是人间无暑地，我来消夏又消闲。”湖湾中田田弥望的荷叶和灿若锦绣的荷花，更为夏日里增添了些许清凉和风雅。“十里荷香明镜间，扁舟往来乐渔蛮。柳阴深处凉风起，独占吴王消夏湾。”清代诗人朱方霭的这首《吴中杂咏》，以浅切清雅的文字，赋予市井乡野生活以无限的诗情画意。清代大诗人洪亮吉晚年归隐江南，游览洞庭东、西山时，坐船从东山到消夏湾，夜宿于消夏湾的荷花中，独自静享着荷花的千娇百媚，摇曳多姿：“荷花碍月舟不前，花气熏客宵难眠。三更一棹破花出，客梦尚结花香边。东山荷花十里长，千枝万枝送客忙，花朵露滴波心凉。西山荷花一湾好，千枝万枝迎客早，曙色上波花愈姣。杨梅树绕荷花湾，深紫已落新红殷。荷花香破梦亦阑，再转已入仙人关。”(《初九夜乘月自东山放舟至西山消夏湾宿荷花间》)

此外，在苏州园林中赏荷，亦是苏州人夏日里独一份的福利和雅趣。古代苏州士大夫、官宦人家造园，都会在园中营缮赏荷的景观。王献臣建造拙政园之初有三十一景，其中就有“水华池”“芙蓉隈”二景。五百年前的文徵明在园中赏荷时，就曾作诗以纪其胜：“方池涵碧落，菡萏在中洲。谁唱田田叶，还生渺渺愁。仙姿净如拭，野色淡于秋。一片横塘意，何当棹小舟？”“林塘秋晚思寥寥，雨浥红蕖淡玉标。出水最怜新句好，涉江无奈美人遥。”今日之拙政园，依然是苏州人赏荷的最佳选择之一，虽然园中不复有文徵明时代的“水华池”“芙蓉隈”之名，但“远香堂”“香洲”“留听阁”，皆可“适耳目之观”，延续着拙政园绵长悠远的赏荷风雅。

在苏州历史上，还有一处赏荷胜地，与苏州文脉紧相关联，那就是昆山顾阿瑛的玉山草堂。元末，顾阿瑛玉山草堂中的并蒂莲被文人墨客视为天下尤物，成为人们竞相吟咏的对象，在《玉山名胜集》中就留有许多佳句，其中魏鹏的《并头莲花》诗，将并蒂莲这一奇珍异卉的风神和情态，写得曼妙多姿，引人入胜：“若耶溪里万红芳，那似君家并蒂祥。韩虢醉醒殊态度，英皇浓淡多梳妆。徒劳画史丹青手，谩费词人锦绣肠。向夜酒阑明月下，只疑神女伴仙郎。”1934年，著名学者叶恭绰偶得一方刻有《并蒂莲》诗的古砚，铭文注明莲出正仪东亭。叶恭绰遂循此来到正仪绰墩，考察东亭莲池中并蒂莲花的子遗，经过考证，他认为这一元代遗存物种“即天竺传来之千叶莲”。随后，他便着手整治顾氏园亭，修葺东亭荷花池。次年夏天，他和著名摄影师郎静山等一大批友人再度前来正仪，欣赏顾氏玉山遗物——“并蒂莲”，填写《五彩同心结》词，以记其盛事。在词序中，叶恭绰对此事的来龙去脉有详细的记载曰：“昆山真义镇之东亭子，为顾阿瑛玉山佳处故址之一。今岁池荷盛开，重台骈萼，并蒂至五六花。余偕姚虞琴、江小鹣、郎静山临赏。以其叶小，藕窳而不结莲房，又花瓣襞积，卷如蕉心，正与吴中华山刘宋造像中所刊千叶莲同，因断为即天竺传来之千叶莲。盖花中如海棠、海石榴、山茶，凡舶来种恒现多层，此殆同例也。元末明初迄今已六百年，沦落荒村中，今始幸邀吾徒之一顾。感赋此阕，以属阿瑛，兼示同人。”其词曰：“前身金粟，俊赏琼英，东亭恨堕风涡。六百年来事，灵根在、浑似记梦春婆。濠梁王气，都消歇，空回首、金谷笙歌。无人际、红香泣露，可堪愁损青娥。　栖迟野塘荒溆，甚情移洛浦，影换恒河。追忆龙华会，拈花笑、禅意待证芬陀。五云深处眠鸥稳，任天外、尘劫空过。好折供、维摩方丈，伴他一树桫椤。”今天，并蒂莲已经和昆石、琼花并称为“昆山三宝”，正仪古镇和昆山亭林公园都种有并蒂莲，且都是顾阿瑛玉山草堂之遗物，尤足珍贵。

辛斋

二十五日，为辛天君诞辰。谓天君为雷部中主簿神，凡奉雷斋者，至日皆茹素，以祈神佑。又月之辛日，及初六日，俗呼三辛一板六，不御荤，谓之辛斋。

案：《庄子》："颜回曰：'回之家贫，不茹荤、不饮酒数日矣，可以为斋乎？'孔子曰：'是祭祀之斋，非心斋也。'"云云。据此，则俗之辛斋，当是心斋之讹尔。

【导读】

辛天君，又称"辛元帅"，是古代道教中诸雷神中的雷霆正令大神，左手执雷簿，右手执雷笔，被尊奉为“太乙五雷判府天尊”“雷霆三十三天大都督青帝天君”“正令大神辛天君”“雷霆正令铁笔注律大神青帝辛天君”“正令大神青帝辛天君”等。在一些道教的宫观中，设有邓、毕、刘、辛、庞这五位雷部元帅，辛天君就是其中之一。关于辛天君的来历，道教典籍《三教源流搜神十大全》卷五中有较为详细的介绍。据记载，辛天君，姓辛，名兴，字震宇，雍州人氏。自幼家中贫苦，以打柴为生，赡养其母张氏。所居住的地方有雷神山，“至惊蛰时雷气发扬”“威气闪赫，无物不折”。每到夏、秋时节，“雷藏地中”，幻化为鸡形，“入于溪谷内”。某年八月的一天，辛兴在山中打柴，捉到五只鸡，其实那是雷神的化身。他把鸡带回家中，给母亲吃。当辛母抓出其中的一只鸡准备宰杀时，鸡忽然开口说话：“予雷耳，不可啖也，乞宥一剐之恩。”张氏没有应允。鸡被杀后，“雷霹雳而起”“母破胆昏跪”而死。辛兴回家见状，大哭道："予何极也，抑至此邪！"他擦干眼泪，忽然见母亲的后背上有一段金色的文字："混一之气，青帝之英，威令所加，莫予敢撄，劈恶诛邪，唯吾司命。"才知道鸡是雷神所变。愤怒之下，他拿起木棒欲槌打另外四只鸡，就在此时，乌云密布，"英气冲虚，而电雨风霸交至，欲下击状"。但雷神被辛兴对母亲的孝义所感动，于是就变成道士，上前向辛兴作揖，说："孝子独不畏雷而反制雷。吾雷神，误以伤尔母，尔母以怨也，余等愿唯而所命，以谢厥罪。"雷神给了辛兴十二颗"火丹"，辛兴服用后，"遂易形，妖其头，喙其嘴，翼其两肩，左尖右槌，脚踏五鼓"，飞腾而去，直上青天。"天帝感其至孝也，迎而封之，为雷门辛元帅，与毕帅共五方事，往来行天，剪幽明中邪魔鬼恶"，专门铲除幽冥中的各种邪魔恶鬼。

相传农历六月二十五为辛天君生日，敬奉雷神的人都在这一天戒荤，号为"雷斋"。但凡农历六月的辛日和六月初六，也不能茹荤，名为“辛斋”。六月多不御荤的原因，顾禄在本卷的“雷斋（接雷素）”一条中已有解释，可以参阅，他引《道经》曰：“六月初六日，为清暑日，宜修清暑斋。”今人六月中多不御荤，或亦清暑之意，俗以延羽流禳祓，曰打醮。

秋之卷

七月

巧果

烧青苗

预先十日作秋天（作，俗读租，去声）

立秋前数日，罗云复叠，细雨廉纤，金风欲来，炎景将褪，似乎有新凉之意思。谚云："预先十日作秋天。"李福《偶得吴谚成诗》云："梧桐满院绿阴连，引得新凉到枕边。细雨斜风几番过，预先十日作秋天。"

案：韩昌黎诗："非阁复非船，可居兼可过。君去问方桥，方桥如此作。"今方音"作"读"佐"，俗用"做"。《正字通》云："做，俗'作'字。"《字汇》："租，去声，又音佐。"不知"作"本有去、入二音，分"作""做"为二，非。

秋觳碌，收粃谷（天收）

立秋日雷鸣，主稻秀不实。谚云：“秋觳碌，收粃谷。”又以稻秀时，浓雾大作，中有白虹横贯者，俗呼白鲎，亦主获粃谷，谓之天收。蔡云《吴歈》云：“雨洒风飘日又晴，先秋十日借秋声。雪瓜火酒迎新爽，怕听天边玉虎鸣。”

案：卢《志》：“立秋日，忌雷声。谚云：‘秋孛鹿，损万斛。’”范石湖《秋雷叹》云：“立秋之雷损万斛，吴侬记此占年谷。汰哉丰隆无藉在，政用此时鸣孛辘。向来夏旱连三月，吁嗟上诉声满屋。讼风未憖复占雷，助魃为妖天更酷。我虽闲寂忝祠史，家请官供尚仓粟。尘甑贫交满目前，卒岁将何救枵腹？但愿吴侬言不验，共割黄云炊白玉。天人远近叵戏论，禅灶安能尸祸福？”范《志》又云：“立秋后虹见，为天收，虽大稔亦减分数。”《农桑要览》：“虹，俗呼鲎，以形如鲎鱼背，故名也。”蔡铁翁诗：“一秋无鲎慰村农。”江、震《志》云：“立秋后丁卯日，忌雨。谚云：‘雨打秋丁卯，田中获烂稻。’”

【导读】

吴语中称彩虹为“鲎”，王鏊《（正德）姑苏志》、冯桂芬《（同治）苏州府志》中皆有谓：“谓虹曰鲎。”吴地人还根据彩虹出现的方位来预测天气，俗语有曰：“东鲎日头西鲎雨，南鲎发大风，北鲎落大雨。”元末明初学者娄元礼《田家五行》卷上：“虹，俗呼曰鲎。谚云：‘东鲎晴，西鲎雨。’谚云：‘对日鲎，不到昼’，主雨，言西鲎也。若鲎下便雨，还主晴。”明代著名农学家徐光启《农政全书》及清代鄂尔泰《授时通考》皆引用其说。

鲎是一种古老的海洋节肢动物，至今仍保留着4亿多年以前的古老样貌，有“海洋活化石”之称。中国福建、广东、广西沿海地区分布着中国鲎、南方鲎等濒危种群，这些濒危的鲎现已受到国家法律的保护。鲎的血液为蓝色，可以制成鲎试剂，广泛应用于注射液、放射性药品、疫苗、生物制品、液体、食品和奶制品等的毒素检测和定量中。

鲎的体形比较特殊，身体由头胸部、腹部和剑尾三部分组成，头胸部和腹部均向背面隆起，前面较圆厚，往后趋向扁平，整体呈弯曲拱起的圆弧形。江浙地区的方言中就用“鲎”来指称一些弯曲拱起的形状或物品，如驼背常常叫作“鲎背”；夏天皮肤表面热出痱子叫作“鲎出痱子”；扁担中间拱起说“扁担鲎起”；木匠检查木板表面是否刨平，是否有凸起的地方，叫作“寻鲎”；彩虹因其弯曲的拱形，因而被称为“鲎”。“鲎”也被引申于表示不平整、不整齐的状态，乃至用于形容心情不平和、烦闷或天气闷热不爽快之意。直至今天，在吴语的很多地方还在使用“鲎势”这一词语。黄梅天闷热潮湿，时常说天气“鲎势”；心情不爽，寻衅滋事，则称作“寻鲎势”。

朝立秋，凉飕飕；夜立秋，热吽吽（秋老虎）

土俗又以立秋时之朝夜占凉燠，谚云："朝立秋，凉飕飕；夜立秋，热吽吽。"自是以后，或有时仍酷热不可耐者，谓之秋老虎。

案：崔寔《四民月令》作"朝立秋，冷飕飕；夜立秋，热到头。"《世说》："刘真长见丞相王导，时方盛夏，导以腹熨弹棋局，曰：'何乃凉？'刘出曰：'未见他异，惟闻吴语。'"丁度《集韵》："凉，音轰。"吴俗谓冷曰凉，转为于禁切，音窨。岑参《登嘉州凌云寺作》："僧房云蒙蒙，夏月寒飕飕。"飕飕，寒意也。《前汉·东方朔传》："狋吽牙者，两犬争也。"注："吽，五侯反。”吴人谓气不足而喘者，辄笑以为狶（音希）吽（音吼，平声）。吽吽，热盛气促意也。

【导读】

古人有许多与二十四节气密切相关的谚语。“朝立秋，渹飕飕；夜立秋，热吽吽”，也有作“朝立秋，冷飕飕；夜立秋，热到头”等不同版本，其意是指，立秋的时间在早上，则立秋以后天气就会比较凉爽，在民间称之为“公秋”（又叫“睁眼秋”）；如果是在夜里立秋，则接下来的日子极有可能遇到“秋老虎”，还会持续一段时间的高温炎热，在民间称之为“母秋”（又叫“闭眼秋”），民间还有俗语曰：“闭眼秋脱衣秋，睁眼秋穿衣秋。”这一经验之谈，并不十分科学。

立秋西瓜

立秋前一月，街坊已担卖西瓜，至是，居人始荐于祖祢，并以之相馈贶，俗称立秋西瓜。或食瓜，饮烧酒，以迎新爽。有等乡人小艇载瓜，往来于河港叫卖者，俗呼叫浜瓜。

案：陆容《菽园杂记》："金时，王予可《咏西瓜》云：'一片冷裁潭底月，六湾斜卷陇头云。'"是西瓜金已有之。《五代史·四夷（附录）》："胡峤居契丹七年，上自京东去四千里，到真珠寨，始食菜。明年，东行，始食西瓜。土人云：'契丹破回纥，得此种，以牛粪覆棚而种，大如中国冬瓜而甘。'"杨升庵引胡峤《陷虏记》云："于回纥得瓜种，结实大如斗，味甘，名曰西瓜。"则自峤始入中国也。贺方回《秋热》诗："西瓜足解渴，割裂青瑶肤。"文信国亦有《西瓜吟》。旧《志》："西瓜出双凤镇者佳，名寺前瓜，以其在法轮寺左右也。"卢《志》："白瓜，生长洲大姚村；算筒瓜，出昆山杨庄；金子瓜，不甚大，子小，色如金，生吴县。"《姑苏志》："出跨塘荐福山者，曰荐福瓜，味甘里松。"《元和县志》："出虎邱者，名徐家青，其种最佳；甫里次之。"近时以常熟梅前结实者为佳，俗呼梅瓜，较别邑土产甘松可爱。崔寔《四民月令》："初伏则荐麦瓜于祖祢。"吴俗则以立秋日荐瓜。而《昆新》《常昭志》皆云："立秋日，按时食西瓜。"盖本《豳风》"七月食瓜"之意也。

【导读】

西瓜原产于非洲，公元九世纪前后传入中国，明代农学家徐光启《农政全书》中说:“西瓜,种出西域,故之名。”明代学者杨慎《丹铅总录》卷四曾言及西瓜传入中国的历史,其中有曰:“尝疑《本草》不载西瓜,后读五代郃阳令胡峤《陷虏记》云:‘峤于回纥得瓜,种以牛粪,结实大如斗,味甘,名曰西瓜。’是西瓜至五代始入中国也。”

然而,另一位明代著名的科学家李时珍在《本草纲目》卷三十三中却认为:西瓜在中国过去又名“寒瓜”,并引用陶弘景之论加以证明:“陶弘景注瓜蒂,言永嘉有寒瓜甚大,可藏至春者,即此也。盖五代之先,瓜种已入浙东,但无西瓜之名,未遍中国尔。”李时珍的看法颇值得注意,他认为,西瓜之被称为“寒瓜”,是因为其“性寒解热,有天生白虎汤之号”,“皆属生冷”,“世俗以为醍醐灌顶,甘露洒心,取其一时之快,不知其伤脾助湿之害”,故而“不宜多食”,尤其是立秋之后,寒凉的西瓜要少食用。李时珍还引用宋代学者真德秀的《卫生歌》奉劝世人，真氏诗曰：“瓜桃生冷宜少飧，免致秋来成瘧痢。”在江南民间，立秋日有“咬秋”（或叫“啃秋”）的风俗，立秋当天，要吃点西瓜，这也将是本年度最后一次吃西瓜，因为立秋之后，天气渐凉，多吃性寒的西瓜，对脾胃多有不利。

传统中医也并非认为西瓜不能食用，毕竟审时度势，辨证施治才是祖国医学的精髓所在。中医认为，在大暑时节适量地吃些西瓜，可以清热祛暑、利尿消肿，是夏季防暑降温的重要途径之一，也是冬病夏治的一味重要方剂。祖国传统医学还充分利用西瓜的性寒的特征，开发了许多治疗热证的方子，如《松漠记闻》云：“有人苦于目病，令以西瓜切片曝干，日日服之，遂愈，由其性冷降火故也。”又《随息居饮食谱》亦有类似的食疗方法：“目赤、口疮，用西瓜肉曝干，腌食之；唇内生疮，用西瓜皮烧研噙之。”其中特别提到“口腔炎，用西瓜皮晒干，炒焦，加冰片少许，同研末，用蜂蜜调涂患处”。后来在此基础上，发明了西瓜霜。过去民间百姓制作西瓜霜，首先要挖去新鲜西瓜的瓜瓤和种子，其次把芒硝填入空心的瓜内，再把瓜密封放置在阴凉通风处，瓜皮表面就会析出一层白霜，最后刮下的白霜就是可以治疗口腔和咽喉疾病的西瓜霜。

旧时农民进城卖西瓜，划着小船，往来于苏州城内纵横交错的河港，沿途叫卖，大声吆喝“下浜来”，意即喊周边的住户到河浜边上来买新鲜的西瓜，故而俗称“叫浜瓜”，这种叫卖声现在已经难以听到。

巧 果

七夕前，市上已卖巧果，有以面白和糖，绾作苧结之形，油氽令脆者，俗呼为苧结。至是，或偕花果，陈香蜡于庭或露台之上，礼拜双星以乞巧。蔡云《吴歈》云：“几多女伴拜前庭，艳说银河驾鹊翎。巧果堆盘卿负腹，年年乞巧靳双星。”

案：王鏊《姑苏志》云：“七夕，市上卖巧果。”又九县《志》皆云：“七夕，以面和糖，油煎令脆，食之，名曰巧果。”盖以吃巧果，叶“乞巧”也。沈朝初《忆江南》词云：“苏州好，乞巧望双星。果切云盘堆玉缕，针抛金井汲银瓶。新月挂疏棂。”然孟元老《东京梦华录》亦云：“七夕，以油、面、糖蜜，造为笑靥儿，谓之果食，花样奇巧。”又陆启浤《北京岁华记》云：“七夕，市上卖巧果。”又吴曼云《江乡节物词》小序云：“杭俗：七夕，设时果，祀双星，谓之巧果。或以花俪之，为闺房韵事。”诗云：“乞巧谁从贷聘钱？瓜花谷板献初筵。阿侬采得同心果，不为双星证夙缘？”吴中旧俗：七夕陈瓜果，焚香中庭，僧尼各聚男女烧香者为会。见《吴县志》。又范《志》：“七夕亦有乞巧会，令儿女辈悉与，谓之女儿节。”又王《志》：“七夕，以青竹戴绿荷，系于庭，作承露盘，男女罗拜月下。饤果皆曰巧。又以线刺针孔，辨目力。明日，视盘中蜘蛛含丝者，谓之得巧。余皆举露饮之。”今俗皆废。《字汇》：“汆，土恳切，音吞，上声，水推物也。”《字林撮要》：“汆，在水上为汆。”吴语谓以水推物，曰汆。

【导读】

巧果是七夕节应景的节日小吃，各地百姓都会制作造型各异的精美面食点心，如荷花酥、金鱼酥、菊花酥等。自古以来，苏州人就很重视、讲究面点、糕点的制作，制作水准极高，这些精美的面点并不罕见。到现代，糕点商家一年四季都有供应，不仅在七夕节才能品尝。在七夕的各种面点小食中，最为家常的当数“苧结”（俗称“芝麻条”）和“麻叶子”（或称为“麻叶”）。“苧结”和“麻叶子”制作的主要食材有小麦粉、黑芝麻、鸡蛋、饴糖（现代一般采用绵白糖或白砂糖）等。把所有食材加水混合在一起，揉成均匀的面团，苧结是把饧过之后的面团擀成较厚的片，再切成细条，蘸上鸡蛋液，在表面裹上一层芝麻，最后放入油锅炸制即可。麻叶则是把饧过之后的面团擀成厚薄均匀的薄面片，切成菱形的小块，形如树叶，放入油锅，炸至金黄即可出锅。为了使炸出的成品酥脆可口，最好再快速复炸一遍。考究的人家，会在麻叶出锅后，趁热在表面撒上一层白糖和红绿丝，色泽鲜艳靓丽，口感香甜爽脆。

顾禄在注文中，对“油汆”的“汆”字进行了解释。“汆”字，在日常生活的语言运用中，特别容易和“氽”字混淆。“汆”是指用食用油对食材进行炸制，常见有汆油条、汆虾片、油汆馒头、油汆花生米等。徐珂《清稗类钞·饮食类》中就写到了家常的油汆猪肉皮的做法：“猪肉皮略泡，入沸油汆之。”七夕节的巧果（麻叶）就是油汆而成的。“氽”是指把食材放到沸水中快速煮一下，如家常的氽丸子、氽烫新鲜蔬菜等，这种做法一则可以防止食物因高温烹调而流失营养成分，二则可以保持食材的美观造型，还能使食物口感鲜醇、脆嫩爽口。

瞀　巧

七日前夕，以杯盛鸳鸯水，掬和，露中庭，天明，日出晒之，徐俟水膜生面，各拈小针，投之使浮，因视水底针影之所似，以验智鲁，谓之瞀巧。

案：沈榜《宛署杂记》："燕都女子七日以碗水暴日中，各投小针，浮之水面，徐视水底日影，或散如花，动如云，细如线，粗如椎，因以卜女之巧。"刘侗《帝京景物略》谓之"丢巧针"。吴曼云《江乡节物词》小序谓："即古穿针遗俗，杭人谓之针影。"诗云："穿线年年约比邻，更将余巧试针神。谁家独见龙梭影？绣出鸳鸯不度人。"瞀，《广韵》："冬毒切。"《集韵》："都毒切。"

并音笃，落石也。吴语谓弃掷曰砮，其义可通。

【导读】

七夕节是中国的传统节日之一，尤受闺中女子喜爱。七夕节源于中国古代对牛郎星、织女星等自然天象的崇拜，在后来的发展演变中，逐渐加上了牛郎织女的爱情故事。在牛郎、织女相会的这个浪漫七夕中，人们会在庭院中设置几案，在几案上摆放新鲜的瓜果、祭品，祭拜天上的牛郎星、织女星，周处《风土记》说："七月七日，其夜洒扫庭中，露施几筵，设酒时果，散香粉于筵上，以祀河鼓、织女。"在祭拜的时候，闺中女子心中默默祈求织女赋予自己聪慧灵巧的心灵和双手，乞求幸福美满的婚姻和爱情。由此衍生出乞巧的风俗，乞巧在古代主要是妇女的活动，但并不只限于女子，所以七夕节又名之曰"乞巧节"。早在汉代，《西京杂记》中就有这样的记载："汉彩女常以七月七日穿七孔针于开襟楼，人俱习之。”古人对这一活动非常重视，为了乞巧还专门建起了“乞巧楼”，宋孟元老《东京梦华录》载曰：“唐时，京师七夕，贵家多结彩楼于庭，谓之乞巧楼。”乞巧有不同的方法，有的很单纯，只在拜祭二星时祈求祷告；有的用针线之类的女红用具来乞巧，《西京杂记》以及顾禄《清嘉录》中记载的“穿七孔针”和“磐巧”，都属于这一类的乞巧活动；还有用蜘蛛作为乞巧工具的，这种方式在唐宋时期非常流行，五代王仁裕《开元天宝遗事》中就记载杨贵妃在七夕节用蜘蛛乞巧的细节：“帝与贵妃每至七月七日之夜，在华清宫游宴时，宫女辈陈瓜花酒馔列于庭中，求恩于牵牛、织女也。又各捉蜘蛛闭于小盒中，至晓开，视蛛网稀密，以为得巧之候，密者言巧多，稀者言巧少。民间亦效之。”北宋都城东京（今河南开封）也流行这一风俗，宋吴自牧《梦粱录》所载：“七夕，乞巧于牛女，或取小蜘蛛，以金银盒盛之，次早观其丝圆，名曰得巧。”

染红指甲

捣凤仙花汁，染无名指尖及小指尖，谓之红指甲。相传留护至明春元旦，老年人阅之，令目不昏。

案：周密《癸辛杂志》：“凤仙花，红者捣碎，入明矾少许，染指甲，用片帛缠定过夜，如此三四次，则其色深红，洗涤不去，日久渐退回，人多喜之。”《花史》：“李玉英秋日捣凤仙花，染指甲。”又明瞿佑《红甲》诗云：“金盆和露捣仙葩，解使纤纤玉有瑕。一点愁凝鹦鹉喙，十分春上牡丹芽。娇弹粉泪抛红豆，戏掐花枝镂绛霞。女伴相逢频借问，几回错认守宫砂。”

但不定在七夕耳。惟《昆新合志》则云："七夕，少女捣凤仙花汁染指尖。"

【导读】

染红指甲这一风俗，可以说是现代女性美甲的前身。现代女性会根据自己的喜好等对指（趾）甲进行装饰美化，俗称"美甲"，又叫"甲艺设计"。古代虽然没有指甲油之类的化妆用品，但也会因地制宜、就地取材，采摘凤仙花等来给指甲染色。采摘下来的凤仙花和叶，加入少许明矾，也有加烟草丝的，混合放置在石臼或钵中，捣碎，然后将捣碎的花泥敷在指（趾）甲上，用丝瓜等植物的叶子包裹，扎紧，一夜之后，指甲便染成淡红色，日久不褪色。元末诗人杨维桢有《染甲》诗曰："夜捣守宫金凤蕊，十尖尽换红鸦嘴。闲来一曲鼓瑶琴，数点桃花泛流水。"旧时凤仙花染指甲，一般不染食指，据老人传说，染过色的食指易招惹蛇虫。

看天河

七夕后，看天河显晦，卜米价之低昂，谓晦则米贵，显则米贱。予有《七夕看天河》诗云："未弦月色映前溪，静夜银弯一望低。欲卜秋来新米价，天孙远嫁在河西。"

案:《昆新合志》云："七夕天河去，以河来日久速，卜米价贵贱。大约十日则一两。"郭频伽《樗园消夏录》载戴石屏《舟中夜坐》诗云："独坐观星斗，一襟秋思长。天河司米价，太乙照时康。"谓此语流传已久。

烧青苗

是时，田夫耕耘甫毕，各醵钱以赛猛将之神，舁神于场，击牲设醴，鼓乐以酬，四野遍插五色纸旗，谓如是则飞蝗不为灾，谓之烧青苗。

案：吴县旧《志》亦载烧青苗之俗，谓横塘、木渎等处尤盛。

【导读】

苏州各地，尤其是太湖周边的乡镇会在正月十三刘猛将生日时举行隆重的祭猛将活动，详见本书卷一“祭猛将”顾禄记载及导读部分。

在中元节（农历七月十五）前后，适逢田间青苗长势旺盛，苏州农村也会举行秋季祭猛将的活动，称之为“烧青苗”或“青苗会”“青苗社”。活动一般持续三天左右，农民在田间遍插五彩三角纸旗，俗称“猛将令箭”，有猛将挥动令旗、令箭，驱除蝗虫等各种害虫及啄食稻穗的麻雀等飞鸟的寓意。在活动期间，还会请人演唱《猛将神歌》或《猛将宝卷》等，有的地方也会请民间戏班前来演戏助兴。最后一天，村民会抬着猛将的神像出巡，在乡间地头奔跑，“舁像如飞，倾跌为敬”，“名曰趔猛将”（顾震涛《吴门表隐》）。一路上，百姓追随奔跑，沿途表演地方特色的歌舞等，用来娱神，以祈求稻谷等农作物的丰收。

七月十五烧青苗，是古时秋社这一风俗的遗存和发展，一直延续到民国时期，今天在苏州太湖周边的乡村依然长盛不衰，且与祭祀田神的“斋田头”相伴。《（民国）吴县志》：“中元前后，农人耕耘甫毕，醵钱赛猛将之神。舁神于场，击牲设醴，鼓乐以酬。四野遍插五色纸旗，云可避飞蝗灾，谓之烧青苗。又祀田神，各具粉团、鸡黍、瓜蔬之属于田间十字路口，再拜而祝，谓之斋田头。案韩昌黎诗：'共向田头乐社神。'《周礼疏》曰：'社者，五土之总神，又为田神所依。'则是今之七月十五日之祀，犹古之秋社耳。"

青龙戏

老郎庙，梨园总局也，凡隶乐籍者，必先署名于老郎庙。庙属织造府所辖，以南府供奉需人，必由织造府选取故也。每岁竹醉日后，炎暑逼人，宴会渐稀，园馆暂停烹炙，不复歌演，谓之散班。散而复聚，曰团班。团班之人，俗称戏蚂蚁。中元前后，择日祀神演剧，谓之青龙戏。迤逦秋深，增演灯戏。灯戏出场，先有坐灯，彩画台阁人物故事，驾山倒海而出，锣鼓敲动，鱼龙曼衍，辉煌灯烛，一片琉璃。盖金阊戏园，不下十余处，居人有宴会，皆入戏园，为待客之便。击牲烹鲜，宾朋满座，阑外观者，亦累足骈肩，俗目之为看闲戏。有无名氏《新乐府》云："金阊市里戏馆开，门前车马杂遝来。烹羊击鲤互主客，更命梨园演新剧。四围都设木阑干，阑外容人仔细看。看杀人间无限戏，知否归场在何地？繁华只作如是观，收拾闲身闹中寄。"

案：钱思元《吴门补乘》："老郎庙，在镇抚司前，梨园弟子祀之。其神白面少年，相传为明皇。因明皇兴梨园故也。"又引郭璞《山海经》云："騩山，耆童居之，其音常如钟磬音。"云耆童，老童也，颛顼之子。老郎疑即老童，为音声之祖。郎与童，俱年少称。介休刘澄斋观察有《老郎庙》诗，亦作唐明皇，有句云："梨园十部调笙簧，路人走看赛老郎。老郎之神是何许？乃云李氏六叶天子唐明皇。"王梦楼太守又谓是唐庄宗，尝题《老郎画赞》，有句云："人言天宝，我为同光。"沈朝初《忆江南》词云："苏州好，戏曲协宫商。院本爱看新乐谱，舞衣不数旧《霓裳》。昆调出吴阊。”

【导读】

明清时期，苏州的戏剧创作和演出达到鼎盛，发源于苏州地区的昆曲成为其中的翘楚，清初苏州文人汪琬甚至将“梨园子弟”和“苏州状元”并列，视为苏州的两大“土产”（钮琇《觚剩续编》卷四）。在苏州的梨园行内，有自己专属的神灵——老郎，并修建了专门供奉的祠庙——老郎庙，又称为“翼宿神祠”“翼宿星君庙”，苏州老郎庙原址在郡庙（即苏州城隍庙）旁，后移建在镇抚司前（原苏州市湖笔厂院内）。老郎庙是旧时戏曲艺人借供神而聚集议事的场所，也是苏州戏剧界的“梨园公所”，而且也是官府承认的管理梨园戏班和宫廷选拔艺人的机构。所以入乐籍的戏剧从业人员，都必须在老郎庙登记，即顾禄《清嘉录》中所谓“凡隶乐籍者，必先署名于老郎庙”。老郎庙“属织造府所辖”，苏州织造府专为皇家操办丝织品业务，如果皇家需要选调演员进宫献演，也就由织造府一并办理，就比较方便。

苏州老郎庙是天下戏剧梨园行的“总局”，所以苏州老郎庙的建设、活动费用，大多来自于全国各地的戏班捐赠，乾隆年间的《翼宿神祠碑记》中就记录了来自苏州、扬州、杭州、上海、南京、无锡、镇江、湖州、嘉兴、仪征、安庆、邳州、天津、保定等地，以及福建、台湾、湖北、湖南、河南、山东等省戏班的捐款情况，从中可见一时之盛况。到道光年间，苏州的老郎庙开始逐渐衰落。咸丰十年（1860）前后，太平军攻占苏州，经战火兵燹的洗劫，老郎庙破败倾圮。直到光绪七年（1881），再由苏州梨园集资重修。老郎庙现已不存，然旧时老郎庙中的十多块碑刻资料得以保存，江苏省博物馆所编《江苏省明清以来碑刻资料选集》有完整的著录，是研究昆曲发展和中国古代戏曲史的重要参考文献。

关于老郎庙中供奉的“老郎”到底是谁，梨园行中一般认为是创设“梨园”且自称“皇帝梨园子弟”的唐玄宗李隆基。但在历史上，有一些学者提出了不同的看法，顾禄所引的钱思元《吴门补乘》卷三中更倾向于古代“音声之祖”——颛顼之子“魑山耆童”。

此外，还有五代十国时期的后唐庄宗、唐玄宗时期的乐工雷海青等不同的说法，然其影响并不是很大。平步青《霞外攟屑》卷十《老郎菩萨》条：“梨园演剧后场，必供奉老郎菩萨。按《寄蜗残赘》卷十三：‘吴中老郎庙，梨园子弟祀之。相传为唐明皇，或云后唐庄宗。《山海经》：颛顼之子名老郎，居魑山，其声如钟磬，为音乐所自始。殆其人欤！又吴中让皇庙，亦司音乐，称为虞仲，有‘句吴至圣’额。考南唐徐知诰迁吴主于丹阳，尊为让皇，其太子琏，性喜音乐。让皇庙，或祀吴主，亦未可知。（按：吴主为杨溥。）’若汪鹏《袖海编》云：‘习梨园者，共构相公庙，自闽人始。旧说为雷海青而祀，去雨存田，称田相公。'《茶香室丛钞》卷十五云：'伶人祖之，亦未谬。'老郎为明皇，实为轻亵，似不若葵愚引《山海经》之为的也。"平步青的看法与钱思元较为一致，认为葵愚道人《寄蜗残赘》引《山海经》传说，以老郎为颛顼之子为准。

老郎庙以及类似的风俗，在戏剧发达的扬州也有，团班、散班以及团班之人的名称叫法基本与苏州相同，偶有差异而已。李斗的《扬州画舫录》卷五有记载曰："城内苏唱街老郎堂，梨园总局也。每一班入城，先于老郎堂祷祀，谓之挂牌。次于司徒庙演唱，谓之挂衣。每团班在中元节散班，在竹醉日。团班之人，苏州呼为戏蚂蚁，吾乡呼为班揽头。吾乡地卑湿，易患癣疥，吴人至此，易于沾染，班中人谓之老郎疮。梨园以副末开场为领班。副末以下，老生、正生、老外、大面、二面、三面七人，谓之男脚色。老旦、正旦、小旦、贴旦四人，谓之女脚色。打诨一人，谓之杂。此江湖十二脚色，元院本旧制也。苏州脚色优劣，以戏钱多寡为差，有七两三钱、六两四钱、五两二钱、四两八钱、三两六钱之分。内班脚色皆七两三钱，人数之多，至百数十人，此一时之胜也。”

七月半

中元，俗称七月半，官府亦祭郡厉坛，游人集山塘，看无祀会，一如清明。人无贫富，皆祭其先。新亡者之家，或倩释氏、羽流诵经超度，至亲亦往拜灵座，谓之新七月半。

案：宋本颜之推《家训·终制篇》云："有时斋供，及七月半盂兰盆，望于汝。"是称中元为七月半，由来已久。吴自牧《梦粱录》："中元节祀先，用麻谷窠儿。"寓预报秋成之意。又云："有力者于家设醮荐悼。"江、震《志》皆载："中元日，多以五更素食享先。新亡者之家尤早。"

【导读】

七月十五，在民间有“七月半”“鬼节”“中元节”“盂兰盆会”等多种不同的叫法，且多有混淆。其实，若仔细甄辨，这些不同的叫法包含的文化内涵各有不同，顾禄在《清嘉录》中把“七月半”和“盂兰盆会”分开，是符合古代风俗传统的文化内涵且自有其合理性的。为了把问题说得更加清晰，本篇导读就把“七月半”“鬼节”“中元节”“盂兰盆会”放在一起进行对比解说。大致来说，“鬼节”属于民间老百姓的鬼神信仰，“中元节”是道教文化的产物，而“盂兰盆会”则是佛教文化背景下逐渐发展出来的风俗。

在古人的民间信仰和习俗中，认为农历七月是“鬼月”，传说七月初一阎王打开鬼门关（“地门”），地府的各路鬼都会来到人间，享受人间的供祭，直到七月最后一天方才返回阴间，所以俗语中有谓：“七月初一地门开，七月十四鬼乱窜。”“七月半”是

“鬼月”最重要的节点，故又称为“鬼节”。旧时的老人，会告诫家人，特别是儿童，不要在夜间出行，七月十五晚上也要在家中设醮祭奠祖先，这与清明节祭祖需要上坟并修整祖坟存在着明显的差异。此外，还会在七月十五之前，供祭路边河畔的各路孤魂野鬼，乞求他们不要作祟生祸，保佑家人平安。

“中元节”则源于道教的“三元说”。道教中所谓的“三元”，是指农历的正月十五、七月十五和十月十五日。东汉末年，早期的道教中就有“三官”（天官、地官、水官）之说，到了北魏时期，道士寇谦之杜撰了“三元”的神话，说陈子祷与龙王三公主结为夫妇，在正月十五、七月十五和十月十五日先后生下了三个儿子——天官、地官、水官，分别掌管人间的赐福、赦罪和解厄。中元节是地官的生日，也是他赦人间罪恶之日，所以道士和道教徒会在这一天设醮做法事，以三牲和鲜花蔬果等物品祭奠、普度十方孤魂野鬼。“中元节”正式确定为固定的节日，大约是在唐代中后期，中唐诗人王建在其《宫词》中写道："看着中元斋日到，自盘金线绣真容。"北宋时期的《云笈七签》卷五十六中更有这样的说法："夫混沌分后，有天、地、水三元之气，生成人伦，长养万物。"

至于"盂兰盆会"则与佛教文化密切相关。"盂兰盆"，是梵语"救倒悬"的音译，即解救在地狱受苦的鬼魂。这一习俗源于佛教中的《佛说盂兰盆经》。佛教的这一说法，与中国儒家的孝道观念有一定的类似，大同四年（538），推崇佛教的梁武帝就把七月十五确定为民俗节日，在同泰寺就设立盂兰盆斋，逐渐形成包括放焰火、施饿鬼食、在河中放莲花灯等风俗，最初的主要功能是供奉佛祖。到了宋代以后，佛教的"盂兰盆会"和民间"鬼节"信仰以及道教的"三官""三元"有些结合和混同，活动逐渐演变成为拜祭先祖，超度亡灵，驱赶灾祸疫病，祈求吉祥平安等内容。

但在宋代人的生活中，中元节也不完全都是悲伤、肃穆的，甚至是一个欢愉的佳节，人们在夜里尽享月色之美，同时还有张灯、赏灯的盛会。孟元老在《东京梦华录》中也记载了汴京中元节时的繁闹场景，说其景“亦如七夕”“耍闹处亦卖果食、种生、花果之类”“家市卖冥衣，亦有卖转明菜花、油饼、酸馅、沙馅、乳糕、丰糕之类”。中元张灯三日，也是宋代京城汴梁的重要风俗，《宋会要辑稿》就记载了“开宝四年（971），“七月中元节，京城张灯”。《宋史·礼志》也有记载曰：“太平兴国二年（977）七月中元节，御东角楼观灯，赐从官宴饮。五年十月下元节，依中元例，张灯三夜。”这些欢愉的场景同样也在文人的诗词作品得以充分的展现。宋代诗人黄公度《贺陆盐允济》一诗中有谓：“天上台星对南极，人间佳节是中元。”朱熹《中元雨中呈子晋》中也说道：“兹辰喜佳节，凉雨忽惊秋。”苏州人范仲淹在中元夜游览百花洲，即兴写了一首《中元夜百花洲作》，其中有曰：“南阳太守清狂发，未到中秋先赏月。百花洲里夜忘归，绿梧无声露光滑。天学碧海吐明珠，寒辉射空星斗疏。西楼下看人间世，莹然都在青玉壶。从来酷暑不可避，今夕凉生岂天意？一笛吹销万里云，主人高歌客大醉。客醉起舞逐我歌，弗舞弗歌如老何？”

斋田头

中元，农家祀田神，各具粉团、鸡黍、瓜蔬之属，于田间十字路口，再拜而祝，谓之斋田头。

案：韩昌黎诗："共向田头乐社神。"又云："愿为同社人，鸡豚宴春秋。"《周礼疏》云："社者，五土之总神，又为田神之所依。"则是今之七月十五日之祀，犹古之秋社耳。

盂兰盆会（水旱灯）

好事之徒敛钱纠会，集僧众，设坛礼忏诵经，摄孤判斛，施放焰口。纸糊方相长丈余，纸镪累数百万，香亭幡盖，击鼓鸣锣，杂以盂兰盆冥器之属，于街头城隅焚化，名曰盂兰盆会。或翦红纸灯，状莲花，焚于郊原水次者，名曰水旱灯，谓照幽冥之苦。徐倬《盂兰盆会歌》云："城头鼓角吹遥空，沉沉月色来阴风。阴风淅沥纸钱飞，金山银山光闪红。道场洁净大欢喜，撞钟伐鼓声隆隆。声隆隆，灯烂烂，千盏万盏莲花散。莲花散成般若台，欲泛慈航登彼岸。啾啾众鬼泣荒邱，栖苔附草招同伴。

魂来风月明竹枝，满地幡影横魂去。风月落森森，夜色转萧索。须弥一粟不可量，杯中净水甘露凉。安得甘露化为酒？孤魂一吸消愁肠。雉矫矫，狗喔喔，蟾蜍影灭高树颠，萤火飞光不成绿。”

案：陆放翁《老学庵笔记》：“故都残暑，不过七月中旬，俗以望日具素馔享先，织竹作盆盎状，贮纸钱，承以一竹，焚之，视盆倒所向，以占气候，向北则冬寒，向南则冬温，东、西则寒温得中，谓之盂兰盆。盖俚俗老妪辈之言也。又有‘盂兰盆倒则寒来’之谚。晏元献诗：‘红白薇英落，朱黄槿艳残。家人愁溽暑，计日望盂兰。’”则盂兰盆乃以占气候者。然《青泥泊》载：“目莲救母，具五味百果，著盆中，供养十方大德佛，得脱饿鬼之苦。”《释氏要览》：“盂兰者，天竺语，犹云倒悬救急器也。”遂相沿作佛氏之说。颜之推《家训·终制篇》云，有“盂兰盆望于汝”之语，是六朝时已行之。唐代且行之禁中，如《六典》载：“中尚署七月十五日进盂兰盆。”《旧唐书·代宗》：“七月望日，于内道场造盂兰盆，饰以金翠，所费百万。”孙思邈《千金月令》：“七月十五，营盆供寺，为盂兰会。”又孟元老《东京梦华录》：“中元，买冥器，以竹斫三脚如灯窝状，谓之盂兰盆，挂冥钱、衣服在上，焚之。后人且广为华饰，刻木削竹，饴蜡翦彩，模花叶之形，为盂兰盆。”又吴自牧《梦粱录》云：“有力者中元夜于家设醮，荐拔孤魂。僧寺建盂兰盆会。”又周密《武林旧事》：“中元节，僧寺作盂兰盆斋。”又陆启浤《北京岁华记》：“中元节，各寺设盂兰盆，以长椿寺为盛。”则知此风非吴独有。卢《志》：“七月十五日，僧舍悉预营斋供佛，人荐亡，谓之盂兰盆会。嘉熙间，郡守王公怪盂兰盆会之不经，作文禁止，是岁竟不敢作。”江、震《志》皆云：

“中元夜，沿河放灯，谓之照冥。”吴曼云《江乡节物词》小序云：“杭俗：翦纸作灯如荷，遍地焚之，谓照幽冥之苦。”但在七月晦日，不在中元。又陆启浤《北京岁华记》云：“都城七月晦日，积水河、泡子河，各有水灯。”

棉花生日

二十日，俗传棉花生日，忌雨。谚云："雨打七月念，棉花弗上店。"

案：《岁时琐事》："七月二十日，谚谓'陈棉花生日'，喜晴。"

【导读】

长江中下游地区曾是中国重要的棉花产地，棉花曾是苏州等江南地区重要的经济作物，苏州的棉花种植业也带动了晚清以来江南地区的棉纺织业的发展。20世纪初，棉花被选为上海市花，《申报》1929年4月29日的报道中说："棉花为农产品中主要品，花类美观，结实结絮，为工业界制造原料，衣被民生，利赖莫大，上海土壤，宜于植棉，棉花贸易，尤为进出口之大宗，本市正在改良植棉事业，扩大纺织经营，用为市花，以示提倡，俾冀农工商业，日趋发展……希望无穷焉。”

棉花收成之丰歉，与重要生长节点的天气状况有着密切的联系。农历七月，棉花处于花蕾吐絮期，雨水多、湿度大、光照不足都极易造成棉花落蕾、落铃，极大地影响棉花的产量，不利于农民的收成，故有“雨打七月念，棉花弗上店”的说法。苏州农村棉花生日还分“陈棉花生日”和“新棉花生日”。邓琳《虞乡志略》：“正月二十日，为陈棉花生日，宜晴。谚云：‘雨打正月廿，棉花弗上店。’”“七月二十日，为新棉花生日，宜晴。谚云：‘雨打七月念，棉花弗上店。’是日有雷，主棉花贵。俗谓：‘雷穿蒲包底’。”

地藏王生日

晦日，为地藏王生日，骈集于开元寺之殿，酬愿烧香。妇女有脱裙之俗，裙以红纸为之，谓曾生产一次者，脱裙一次，则他生可免产厄。点肉身灯，为报娘恩。以纸锭管纳寺库，为他生资，谓之寄库。昏时，比户点烛庭阶，谓之地藏灯。儿童聚砖瓦成塔，烧赝琥珀屑为戏，俗称狗屎香。蒋元熙《地藏灯》诗云："金仙转劫降东瀛，教主偏从晦日生。一点禅灯分宝焰，顿教黑地尽光明。"又蔡云《吴歈》云："脱裙解秽一重重，村妇纷投地藏宫。砖塔夜来燃珀屑，水灯放后地灯红。"又郭麐《七月晦日》诗云：

“万百千灯并一炬，幽幽鬼火青如雨。人间那识那落迦？但闻中有幽冥主。盂兰盆会佛所传，始自弟子目犍连。七月卅日夜灯火，考于彼法无有焉。天龙人鬼趣殊别，未卜他生安所适？纷纷翦纸管库来，阴天纯作金银色。四轮持世地何藏，地藏乃亦称为王。可怜焰摩擅威福，时复铁汁镕其肠。我生坐破米汁戒，堕地生天不蒂芥。但愿探支张说所铸之横财，先为今生偿酒债。”

案：《本愿经》云：“地藏王，初为长者子，见师子佛相好，因问：‘作何行愿，而得此相？’佛言：‘欲证此身，当须久远脱度受苦众生。’因发愿言：‘我今尽未来际，为是罪苦六道众生，广设方便，尽令解脱，而我自身，方成佛道。’以是于彼佛前立斯大愿，于今百千万亿那由他劫，尚为菩萨。”又云：“诸分身地藏菩萨，各复一形，白佛云：‘我所分身，遍满百千万亿恒河沙世界，每一世界化百千万亿身，每一身度百千万亿人’云云。”太白有《地藏菩萨赞》。陆启浤《北京岁华记》：“七月晦日，为地藏佛诞，供香烛于地，此风辇下亦行之。”《昆新合志》云：“七月杪，相传为地藏王诞，夜点烛庭阶，曰幽明灯。携楮锭，至地藏殿焚之，以遗亡者。”《常昭合志》：“三十日，为地藏王生日，证度庵士女进香者极盛。”

【导读】

地藏王生日焚香礼佛这一风俗，在苏州以开元寺为盛，城内外各处寺庙，以及有经幢、塔幢处，亦属习见，其意与七月十五盂兰盆会镇邪驱魔、恤孤追荐的意思大致相同。吴雨苍手稿《砖幢》：“在相门内甲辰巷市桥头侯姓家有砖幢一座，八角形实心，砖塔造型，每层的四面有象征性的壶门与直棂窗，约三米高，现存五层，这是苏州唯一现有的砖幢。原来苏州城内有七塔八幢的名称……相门的砖幢顶已没有，实际上仅剩半截。据附近居民说，过去每逢七月卅日，这里很热闹，善男信女都来幢前焚香燃烛。按七月卅日俗为地藏王菩萨诞辰，这类幢的作用，一是镇邪驱魔，二是恤孤追荐的意思，是民间各个地区的慈善活动，与盂兰胜会的含义差不多。”

苏州民间称此日焚香为“狗屎香”，一说为纪念元末农民起义领袖张士诚。元末战乱，张士诚起兵，占据平江城（今苏州）。在苏期间，吴王张士诚优抚百姓，增收减税，深得民心。张士诚兵败于朱元璋后，苏州百姓为纪念张士诚，遂在他的忌日（一说生日）七月三十日，焚香祭奠。传说张士诚起兵时曾宣称自己是地藏菩萨转世，因其乳名为九四，所以苏州人给地藏王诞辰烧香的风俗逐渐衍变为纪念张士诚的“九四香”，又称“九思香”“狗屎香”。《（民国）吴县志·风俗》记载“烧地香”这一风俗时，在注文中清晰地述及这一风俗的迁变，其中有曰：“或曰

‘九思香’。按：九四，张士诚乳名也。士诚据吴，恩惠及民，故吴民思之，相沿至今不废。俗称‘狗屎香’，音误也。”陶惟坻《（民国）相城小志·风俗》中所载亦同：“九思香，七月三十夜，家家购香烛，焚于庭际。或云张士诚于是日亡，吴民思其惠，追悼之，俗称狗屎香。”

八月

石湖串月

秋 兴

天　灸

朔日，蚤起，取草头露，磨墨，点小儿额、腹，以祛百病，谓之天灸。

案：卢《志》及长、元、吴《志》皆载天灸之俗。又《风俗通》云："是日为六神日，以露调朱砂，蘸小指，点额，去百病。"

【导读】

天灸，袁学澜《吴郡岁华纪丽》卷八记载更详，札录于此："天灸，《潜居录》：'八月朔，以盌盛取树叶露，研辰砂，以牙筋染点身上，百病俱消，谓之天灸。'古人以此日为天医节，祭黄帝、岐伯。《郡志》

载：吴中天灸之俗，朔日，蚤起，取草头露，磨墨，点小儿额、腹，以祛百病。《荆楚岁时记》载天灸则在于八月十四日。”然其注文中引《荆楚岁时记》则曰：“楚俗以八月一日以露研朱墨，点小儿额，为天灸，以压疾病。”八月十四当为袁氏误植。明人姚旅《露书》卷八亦引《荆楚岁时记》记载八月一日天灸之俗，并云：“古人以此日为天医节，今俗便不知有此节矣。”可见在明代天医节逐渐为人淡忘。

灶君生日

初三日，为灶君生日，家户具香蜡、素羞以祀。天王堂及福济观之灶君殿，进香者络绎终日。有集男妇嗜斋为会者，谓之灶君素。

案：《道经》："八月三日，为东厨司命真君诞辰"，故俗称灶神为灶君。《礼记》："夫爨者，老妇之祭，盛于盆，尊于瓶。"故妇女多预之。

八字娘娘生日

八日，为八字娘娘生日，北寺中有其像，诞日香火甚盛，进香者多年老妇人。预日，编麦草为锭式，实竹箩中。箩以金纸糊之，两箩对合封固，上书某门某氏姓氏。是日，焚化殿庭，名曰金饭箩，谓如是能致他生丰足。

案：八字娘娘像在城中北寺内，一半老妇人，插花满头。相传与人生前造命，妇女爇香献履，再生可转男身。

【导读】

八字，又名“生辰八字”，这是中国古人日常生活中非常重要的一个概念，在汉族民俗信仰中占有相当重要的地位。八字是根据人的出生时间，由“天干”（甲乙丙丁戊己庚辛壬癸）和“地支”（子丑寅卯辰巳午未申酉戌亥）构成的，年、月、日、时的干支合在一起总共八字，故名。在旧时人们的观念中认为，生辰八字可以推算人的命运，而八字娘娘掌管人们的生辰八字，所以备受民间百姓的膜拜。据顾震涛《吴门表隐》记载，苏州有两处八字娘娘庙，分别在“北寺内，每岁正八月八日，妇女祈祷资福”“又在善人桥北马岗山上”。这些旧时的风俗、信仰，在现代社会逐渐淡化、消失。

《（民国）吴县志·风俗》中则以为，“八字娘娘”实乃是“北寺娘娘”之讹：“八日，群聚于城北报恩寺，俗传‘八字娘娘’生日。‘北寺’误为‘八字’，可笑。进香者皆老妇，并携金纸所糊之竹箩，中实锭帛，以两箩对合封固，上书某门某氏，曰金饭箩。就殿庭焚之，谓如是能致他生丰足。前后数日，寺僧于塔之周遭遍布油灯，入夜燃之，光照一城，谓之熏塔。”袁学澜《姑苏竹枝词》《适园丛稿》以及《吴郡岁华纪丽》均持此说，袁氏有谓：“因‘北寺’讹作‘八字’，而又附会以造命之说，此俚俗之无稽，可笑也。”

八月半

中秋，俗呼八月半。是夕，人家各有宴会，以酬佳节。人又以此夜之晴雨，占次年元宵阴晴，谚云："八月十五云遮月，来岁元宵雨打灯。"又云："雨打上元灯，云罩中秋月。"蔡云《吴歈》云："闷闷中秋云罩月，哓哓元夜雨淋灯。谁知篱豆花开日，养稻正需水满塍。"

案:《常昭合志》:"邑人以中秋夜晴雨，占次年元宵晴雨，良验。"然此语已见《周恭肃公集》:"但愿中秋不见月，博得元宵雨打灯。"

小摆设

好事者供小财神，大不逾尺，而台阁几案、盘匜衣冠、卤簿乐器、博奕戏具，什物亦缩至径寸，无不称之，俗呼小摆设。士女纵观，门阑如市。蔡云《吴歈》云："耗财供奉小财神，摆设争看缩本新。底事清宵作儿戏，门阑好驻冶容人。"

案：《正韵》："摆，排而振之也。"马融《广成颂》："摆牲班禽。"吴俗谓陈设为摆设，其义本此。

【导读】

江南民间的收藏之风，历来兴盛，明清时期臻于鼎盛，其中以苏州为最。书画彝鼎、金石碑拓、笔墨纸砚、图书古籍、茶香陶瓷以及各色文房雅玩和清供，无不成为江南人的收藏之物。明代中后期，江浙文人项元汴（字子京）的《蕉窗九录》、屠隆的《考槃馀事》、李日华的《紫桃轩杂缀》、文震亨的《长物志》等，都较为全面地记载了各自家族中收藏的盛况。收藏热潮在一定程度上促进了文玩的交流和切磋。自元代起，江南民间就有“显宝”交流的风俗，明清时期快速发展，形成鼎盛局面。二十世纪五十年代一度中断。改革开放后，民间收藏热再次兴起，以苏州文庙文玩市集为代表的民间文玩交流、交易日渐趋热，每周双休日的交流市集，热闹非凡。2014年，在吴江黎里古镇，恢复了传统的“中秋显宝”风俗，每年中秋前后，长三角地区民间古玩收藏爱好者都会前来“显宝”交流、“淘宝”交易，丰富了人民群众的精神文化生活。这一传统风俗也被列入苏州市非物质文化遗产名录。

斋月宫

比户瓶花香蜡，望空顶礼，小儿女膜拜月下，嬉戏灯前，谓之斋月宫。

案：陆启浤《北京岁华记》：“中秋之夕，人家各置月宫符像，符上兔如人立。陈瓜果于庭，饼面绘月中蟾兔，男女肃拜烧香，旦而焚之。”吴俗不设月宫符象，向空展拜而已。

【导读】

苏州斋月宫的习俗，只是对空祭拜而已。北京中秋斋月宫时有挂月宫符像的风俗，对这一独特之处，顾禄在注文中加以特别说明。月宫符像和月饼的饼面上都有玉兔的形象，这是人们根据月宫中有嫦娥、玉兔的神话传说，把玉兔作为祭拜月宫的代表性意象。

烧斗香

香肆以线香作斗，纳香屑于中，僧俗咸买之，焚于月下，谓之烧斗香。尤崧镇《斗香诗》云："拈将香线匀兼细，长短编成斗样同。只合灵檀和木屑，岂宜旨酒荐琼宫？佳人撤帐腰频折，处士占星柄自空。吴俗中秋传韵事，满庭馥桂正临风。"又云："愧无丽藻拾山香，才思难将此物量。烛焰冲来槎贯月，檀心陷处胆如囊。烟萦尚结科文细，灰烬犹留印样方。深夜群真倘下界，不嫌斗室咏《霓裳》。"

案：吴曼云《江乡节物词》小序云："杭俗：糊纸为斗，炷香其中，高者可二尺许。中秋夜祀月则设之。”诗云：“心字烧残寸寸灰，灵香上请月轮开。斗量毕竟人间少，桂粟新收万斛来。”

【导读】

中国自春秋战国时期以来，就有用香的历史记载。《诗经》和《楚辞》中就有古人佩戴香草或香囊的记载，如“芄兰之叶，童子佩韘”(《诗经·芄兰》)；“扈江离与辟芷兮，纫秋兰以为佩”(屈原《离骚》)。随着时代的发展，特别是汉唐时期中西文化交流频繁，中国古代制香、用香的方式也有了很大的发展。从原始的佩戴、汤沐发展出熏香、焚香，制作香品的原料也越来越丰富。中国古代的香品，都用天然香料制作而成，其中尤以沉香、檀香、龙脑香(一说龙涎香)、麝香最为名贵，有四大名香之称。天然香品或气味芳香，或幽淡清新，具有安神养生和祛病的功效。就其制作工艺来看，根据食用香料的多寡，可分为单品香(使用单一香料)和合香(使用两种以上香料调制而成）；根据香品的形态和造型来分，有原态香、线香、盘香、塔香、香丸、香粉、篆香、香膏、涂香、香汤、香囊、香枕等。顾禄所写到的“斗香”就是用线香扎制而成，做成斗的形状。吴曼云诗中“心字烧残寸寸灰”，所描写的就是篆香。

中国古代用香的传统，主要有以下这些功能：

一、药用功能。早在汉代，名医华佗就用丁香、百部等药物制成香囊，悬挂在居室内，用来预防疫病。明代药学家李时珍在《本草纲目》中，就认为“惟线香可入疮科”，采用调配的线香来“熏诸疮癣”，并且公布了他的合制的配方：“白芷、芎䓖、独活、甘松、三柰、丁香、藿香、藁本、高良姜、角茴香、连乔、大黄、黄芩、柏木、兜娄香末之类为末，以榆皮面作糊，和剂，以唧筩笮成线香，成条如线也。”挂香囊、插艾蒿等端午节的民间习俗，正是这一传统的遗存。至于现代流行的保健药枕、芳香精油等，无不可视为传统芳香疗法的现代传承。

二、饮食功能。在古代，也有把香料调入饮食的做法。宋代孟元老的《东京梦华录》中就记载了用香料调配食材制作而成的“香药果子”“香药糖水”等。周密的《武林旧事》中也记载了南宋时期临安流行的“醽醁沉香酒”“沉香水”，将天然香料调配在茶团，也成为宋代人的风习。

三、美化居室环境功能。天然香料，以其馥郁芬芳的气味，为人们所喜爱，司马迁《史记·礼书》中就有谓：“故礼者，养也。稻粱五味，所以养口也；椒兰芬茝，所以养鼻也；钟鼓管弦，所以养耳也……”汉代以后，熏香在皇家和上层贵族中就极受欢迎，《汉武内传》中曾有记载，描写汉武帝“七月七日，乃修除宫掖，设坐大殿，以紫罗荐地，燔百和之香，张云锦之帏，燃九光之灯……”所焚烧的“百和之香”，其制作工艺之繁复可见。与此同时，汉代还出现了以博山炉为代表的各种器具，后来又不断涌现出诸如香匙、香盘、薰笼、斗香等用具。香品不仅可以美化、净化居室的环境，焚香熏衣，自汉代以来也逐渐成为一种时尚。明清以来，用香美化居室环境、熏衣之风日盛，文人的笔记著作中亦颇多记载，《红楼梦》中多次写到林黛玉房中和衣袖上飘出的“幽香”“冷香”，如“宝玉信步走入，只见湘帘垂地，悄无人声，走至窗前，觉得一缕幽香从碧纱窗中暗暗透出”（第二十六回）；“（宝玉）只闻见一股幽香，却是从黛玉袖中发出，闻之令人醉魂酥骨”（第十九回）。淡雅清新、若隐若现的熏香，逐渐受到现代人的喜爱，它不仅可以美化、净化居室、公共空间环境，也让人在品香中愉悦身心，让身心得到彻底放松。越来越多的香品爱好者会在家居、办公室内用香。此外，诸如影剧院、宾馆、宴会厅等公共场所，用香的情况也越来越常见。

四、礼神祭祀功能。礼神祭祀这一功能的历史久远，也是最为普遍。儒、道、佛在举办各种典礼、仪轨的时候，都会用焚香的方式，礼敬先贤和神灵。历代各种重要的仪式场合，也都会采用焚香进香的方式，以示虔诚和隆重，上至天子祭祀天地、封禅、躬耕礼，下至平民百姓祭祖吊唁，祈求风调雨顺、生活平安，莫不若此。百姓生活中，但凡有所祈愿，都会以进香的方式来表明心迹和寄托，如出入平安、奠基上梁、开业求财、开工问吉，乃至生儿育女延续香火……不胜枚举。顾禄《清嘉录》一书中，很多重要传统节日中，苏州百姓都会以各种名目焚香礼拜，也正是这一功能在民俗中的体现，本书其他各处有关用香、焚香的习俗不再重复论说。

五、文房雅玩功能。宋元以来，品香逐渐成为达官贵人和文人雅士怡情养性的风雅盛事，北宋以来的民谚中就有谓："烧香点茶，挂画插花，四般闲事，不宜戾家。"（吴自牧《梦粱录》卷十九）在传统士大夫的引领下，明清时期的香道在物质和精神两个层面，都得到了前所未有的发展。明人周嘉胄在"南宋以来""洪刍、叶廷珪诸家"《香谱》之后，潜心研究香道，撰写了集大成的《香乘》二十八卷，“凡香名品、故实，以及修合、赏鉴诸法，无不旁征博引，一一具有始末。自有《香谱》以来……谈香事者，固莫详备于斯矣。”（《四库全书总目》卷一一五）此外，高濂《遵生八笺》、文震亨《长物志》等典籍中也有精彩的记载。在这一过程中，逐渐形成了文人雅士品香的基本礼仪和讲究。香道还和理学、佛学相结合，形成“坐香”“课香”等习俗，成为明代文人参禅礼佛、自我修行的重要功课。随着香道文化的推广和普及，品香作为文人雅士日常生活的重要组成部分，香炉、香瓶、香盒、香案、香几等物品也成为明清时期文人书房中重要的清供和雅玩。

走月亮

妇女盛妆出游，互相往还，或随喜尼庵，鸡声喔喔，犹婆娑月下，谓之走月亮。蔡云《吴歈》云："木犀球压鬓丝香，两两三三姊妹行。行冷不嫌罗袖薄，路遥翻恨绣裙长。"

案：《昆新合志》："中秋夕，游人踏月马鞍山前。"《吴江志》："是夕，群集白漾欢饮，竹肉并奏，往往彻晓而罢。"震泽旧《志》："中秋夜，携榼胜地，联袂踏歌。"《昭文志》："八月望，游人操舟，集湖桥望月。"又卢《志》及长、元《志》皆云："中秋，倾城士女出游虎邱，笙歌彻夜。"《吴县志》又云："作腹会，各据胜地，延名优清客，打十番，争胜负。十二、三日始，十五止。”邵长蘅《冶游》诗有“中秋千人石，听歌细如发”之句。又沈朝初《忆江南》词云：“苏州好，海涌玩中秋。歌板千群来石上，酒旗一片出楼头。夜半最清幽。”今虎丘踏月听歌之俗，固不逮昔年，而画舫妖姬，征歌赌酒，前后半月，殆无虚夕。并录蔡云《吴歈》于此，词云：“七里山塘七里船，船船笙笛夜喧天。十千那彀一船费，月未上弦直到圆。”

【导读】

中秋节是中国最为重要的传统佳节之一，家人团圆，赏月、吃月饼、走月亮等基本习俗，几乎全国通行，且至今也没有太多的变化。但在苏州，有一个全国独一无二的节日风俗——“虎丘曲会”。中秋月圆之夜，苏州的文人雅士、词曲名家、梨园子弟、市井百姓，各式人等自发地盛装出游，聚集在虎丘山脚下的千人石上，举行声势浩大的虎丘曲会，一起吟咏演唱，献艺竞巧，交流切磋，这不仅见证了明清之际昆曲在苏州的发展和兴盛，也是苏州人挚爱昆曲的表现。很多文人的文学作品中都有生动而详细的描写，这些文献可补《清嘉录》之简，引录数首于下。

张岱《陶庵梦忆》卷五《虎丘中秋夜》专记虎丘曲会盛况曰："虎丘八月半，土著流寓、士夫眷属、女乐声伎、曲中名妓戏婆、民间少妇好女、崽子娈童及游冶恶少、清客帮闲、傒僮走空之辈，无不鳞集。自生公台、千人石、鹤涧、剑池、申文定祠下，至试剑石、一二山门，皆铺毡席地坐，登高望之，如雁落平沙，霞铺江上。天暝月上，鼓吹百十处，大吹大擂，十番铙钹，渔阳掺挝，动地翻天，雷轰鼎沸，呼叫不闻。更定，鼓铙渐歇，丝管繁兴，杂以歌唱，皆'锦帆开，澄湖万顷'同场大曲，蹲踏和锣丝竹肉声，不辨拍煞。更深，人渐散去，士夫眷属皆下船水嬉，席席征歌，人人献技，南北杂之，管弦迭奏，听者方辨句字，藻鉴随之。二鼓人静，悉屏管弦，洞箫一缕，哀涩清绵，与肉相引，尚存三四，迭更为之。三鼓，月孤气肃，人皆寂阒，不杂蚊虻。一夫登场，高坐石上，不箫不拍，声出如丝，裂石穿云，串度抑扬，一字一刻。听者寻入针芥，心血为枯，不敢击节，惟有点头。然此时雁比而坐者，犹存百十人焉。使非苏州，焉讨识者？”此外，明人沈明臣《虎丘看月行》诗曰：“中秋看月何处好？除却十洲与三岛。东南胜事说苏州，最好从来是虎丘。虎丘十里遥连郭，错落青山尽楼阁。千年霸气剑池寒，一片清光水晶薄。通国如狂歌舞来，木兰载酒笙镛作。男女杂坐生夜光，香风舄履吹交错。歌吹香风真可怜，三三五五各成筵。千人石满千人坐，千顷云浮千顷烟。月华未冷罗衣湿，白露如珠白莲泣。《白苧》歌终《子夜》兴，《乌栖》曲缓《乌啼》急。姣童似玉紫英悲，艳女如花韩重思。千秋死魄还生气，一夜香魂枯骨知。香魂死魄知何处？明月在天人在地。天上人间一种情，桂花合结相思树。嫦娥亦是独眠人，牛女年年一问津。谁家少妇今宵里，捣尽寒砧秋复春？”康熙间大学士张英《吴门竹枝词》亦有曰：“虎丘待月中秋节，玉管冰弦薄暮过。山畔若教明月上，便愁无地驻笙歌。”

虎丘曲会在乾隆年间随着昆曲的衰落，而逐渐走向沉寂、消亡，故而《清嘉录》中有谓：“虎丘踏月听歌之俗，固不逮昔年。”二十世纪八十年代，部分昆曲爱好者和有识之士曾自发尝试恢复虎丘曲会，但影响甚微。2001年，昆曲被联合国教科文组织列入首批“人类口述和非物质遗产代表作”，曲会作为昆曲传承发展中的一种重要形式，再次受到世人的关注和重视。在苏州市文联等单位的支持下，沉寂、消失多时的虎丘曲会，自2000年中秋前后正式恢复。恢复后的虎丘曲会，无论规模和影响力都不及历史鼎盛时期，但它对提高业余曲友的演唱、欣赏水平，加强曲友的交流，以及推广昆曲，扩大昆曲的社会影响，都起到了重要的作用。

塔　灯

村民于旷野以瓦叠成七级浮屠，中供地藏王像，四围燃灯，谓之塔灯。

案：昆新风俗：是夕亦点塔灯，或用芦粟及琉璃。郡俗：并七月晦日。或曰：此以之照幽冥，非徒事游观也。梅霜崖《中秋瓦塔》诗云："不须缩版筑崚嶒，一柱擎空七级灯。铜雀台灰余片片，灵光殿砾积层层。烛龙鳞甲冲霄动，蛤蚌珠玑拔地升。士女倾城齐伫望，芳辰皓月景弥增。"

【导读】

中秋燃塔灯这一风俗，今日吴地不再流行，元明清时期江南文人的诗歌中多有形象的描写，如元代谢宗可《咏物诗》中有专咏《塔灯》，其诗曰："拔地烧空宝炬长，烛龙挂影照穹苍。七层火树云生暖，九曲神珠夜吐光。霞点彤幡归净界，星随绛节下西方。如来应到天坛上，万斛金莲绕步香。"明代曹学佺《中秋宴集秦淮水阁同用灯字》："一时佳会集良朋，试上高楼复几层。明月清秋度银汉，青山此夜是金陵。雁飞浦口惊渔笛，树傍城南映塔灯。何似曲江来骋望，相从应识有枚乘。"清代兴化诗人李骥有《瓦塔》诗，诗题下注明"在广陵"，其诗曰："七级从何幻？崇朝出市中。倕输应让巧，土木岂劳工？铃铎聊粗备，香灯亦自红。皈依学顶礼，狂喜走儿童。""风俗留都旧，维扬始自今。倾城争此聚，入夜不知深。驿舍疑祇树，江涛即梵音。中天明月照，俨似佛光临。""然灯蕃国俗，胡竟染中原。

雁塔摩天起，蜂台遍地存。浸淫及孺子，嬉戏亦沙门。学礼陈樽俎，谁知吾道尊？”

时至今日，这一风俗在广东、福建、江西的不少地方依然存在，以广东潮汕地区为最盛，一些地方也把中秋烧塔列入当地的“非遗”加以传承。《（顺治）潮州府志》：“中秋玩月，剥芋食，谓之‘剥鬼皮’。儿童烧塔为乐。”《（光绪）潮阳县志》亦有谓：“中秋猥芋，制团圆饼，号月饼，晚间玩月以为乐。儿童则聚瓦片结小塔燃之。”在潮汕等地，传说此俗源于元末农民起义，潮汕地区的百姓相约在八月十五，在空旷之地用瓦片搭砌称瓦塔，在塔中燃烧大火，作为起事的信号，取“烧塔”与“烧鞑”谐音之意。作为当地中秋的一项重要民俗活动，现代烧塔更多的是表达百姓对收获的喜悦，对美好生活的愿望，希望生活像塔火一样红红火火。

月　饼

人家馈贻月饼，为中秋节物。十五夜，则偕瓜果以供祭月筵前。祁启蓴《月饼》诗云："中秋节物未为低，火熯罗罗出釜齐。一样饼师新制得，佳名先向月中题。"

案：《吴县志》："中秋卖饼，谓之月饼。"又《常昭合志》："中秋以月饼相馈贻。"然冯慕冈《月令广义》亦云："燕都士庶，中秋馈遗月饼、西瓜之属，名看月会。"田汝成《西湖游览志》："中秋，民间以月饼相遗，取团圆之义。"又吴曼云《江乡节物词小序》："杭俗：中秋食月饼，夜设祭月，取人月双圆意。"诗云："粉膏圆影月分光，不是红绫亦饱尝。只恐团圞空说饼，征人多少未还乡。”

【导读】

关于月饼的起源，有多种不同的说法。中国古代食饼的历史悠久，到唐宋时期的文献中方见饼与圆月联系在一起，苏轼《留别廉守》诗中有谓：“小饼如嚼月，中有酥与饴。”宋人吴自牧《梦粱录》所记载的北宋开封城内的四时点心中，就有月饼，但并未说与中秋有关。关于中秋食月饼的起源，在苏州地区一直流传着这样的传说，元末农民起义中，张士诚相约八月十五夜集体起事，将写有消息的纸条放置在月饼中，通过相互馈赠月饼，暗中传送消息。此后，吴人在中秋食用月饼，在苏式月饼的表面还要放置一张方形小纸片（现在有的苏式月饼已省去这张纸片），以此来纪念张士诚。

各地月饼的制作工艺和口味多因地制宜，极具地方特色，各具风味。传统月饼有四大流派：苏式、广式、京式、潮式（一说滇式）。苏式月饼源于苏州，流行于江浙沪地区，饼皮采用的是层次分明、口感酥松的酥皮，月饼的馅料除了豆沙、莲蓉、百果、玫瑰等之外，最受吴地人民喜爱的当属咸口的鲜肉月饼，现烤现吃，别有风味。广式月饼的饼皮是口感酥软的浆皮，馅料丰富，以莲蓉馅最负盛名。近些年，在广式月饼基础上发展而来的港式月饼，开发出的流心奶黄月饼、冰皮月饼，则成为现代人的新时尚。京式月饼吸收了全国各地月饼的特点，在原料的使用上考究，重用麻油，口味清甜，口感脆松，传统的自来白、自来红都是京式月饼的代表。潮式月饼，极具浓郁的潮州乡土特色，因饼皮的原料中拌和了猪油，故称作“朥饼”，饼身比其他地区的月饼略薄，入口香酥。滇式月饼采用酥皮，馅料极具云南地方特色，云腿月饼和鲜花饼是滇式月饼中最受欢迎的产品。现代月饼的口味越来越丰富，各地也开发出符合现代人口味的很多新式月饼，地域性的流派越来越多，诸如港式月饼、台式月饼、徽式月饼、晋式月饼、秦式月饼等。

石湖串月

十八日，游石湖。昏时，看行春桥下串月。旧俗多泊舟望湖亭，今亭废，而画舫皆不轻往，或借观串月之名，偶有一二往游者。金乌未坠，便已辞棹石湖，争泊白堤，征歌赌酒矣。蔡云《吴歈》云：“行春桥畔画桡停，十里秋光红蓼汀。夜半潮生看串月，几人醉倚望湖亭？”又云：“怒涛影叠饶溪港，皓魄光连宝带桥。共说楞伽秋坐好，那知春月漾春潮？”又徐士铉《吴中竹枝词》云：“秋风十里绿蒲生，串月看来虚有名。十八桥环半遮没，渔村一点水边明。”

案：周密《齐东野语》：“石湖，在楞伽山

下，太湖之一派也。”王鏊《姑苏志》云：“界吴县、吴江之间，有茶磨诸峰映带，颇为绝胜。相传范蠡从入五湖处。”徐崧、张大纯《百城烟水》：“八月十八日，群往楞伽山望湖亭看串月，为奇观。”卢《志》：“十八日昏时，登楞伽山，遥望湖亭，士女为看串月之游。”长、元、吴《志》皆载：“十八日昏时，游石湖，观宝带桥下串月。”褚人获《坚瓠集》云：“从宝带桥外出，数有七十二，此横说也；或云从葑门外饶溪港，光影相接，望如塔灯，此竖说也。然亦如阿閦佛国，才一现耳。”族高伯祖侠君先生有《八月十八夜看串月歌》云：“治平山寺何岧峣，湖光吐纳山连遥。烟中明灭宝带桥，金波万叠风骚骚。年年八月十八夜，飞廉驱云落村舍。金盆出水耀光芒，琉璃迸破银瓶泻。散作明珠千万颗，老兔寒蟾景相吓。鱼婢蟹奴争献奇，手搴桂旗吹参差。水花云叶桥心布，移来海市秋风时。吴侬好事邀新客，舳舻衔尾排南陌。红豆新词出绛唇，粉胸绣臆回歌席。绿蛾淋漓柁楼倒，醒来月在松杉杪。”又邵长蘅《冶游》诗有“十八楞枷山，湖亭待串月”之句。尤西堂诗云：“常是携儿看串月，行春桥畔听吹箫。”盖是时游客皆泛舟石湖也。土人云：“二月十八夜，亦见串月。”又云：“郡城眼目司堂前桥中，亦可看串月之影。”沈朝初《忆江南》词云：“苏州好，串月看长桥。桥畔重重湖面阔，月光片片桂轮高。此夜爱吹箫。”注云：“行春桥跨石湖之上，八月十八日，月光初起，入桥洞中，其影如串。”或云：十八夜，串月从上方塔铁练中看出。是夜，月之分度，适当铁练之中，倒影于地，联络一串，故云。

【导读】

据顾禄所引长、元、吴《志》以及褚人获《坚瓠集》

等文献来看，皆明言所观赏之景实乃是月串宝带长桥，顾禄的高伯祖顾嗣立（字侠君）所作的《八月十八夜看串月歌》中也是明言："烟中明灭宝带桥，金波万叠风骚骚。"顾禄的《清嘉录》可能是受了沈朝初诗注错误解释的影响，对顾嗣立《串月歌》产生了误读。顾禄的误读，对后世产生了很大的影响，后人多承《清嘉录》之说，以为石湖串月这一民俗活动观赏的是行春桥桥洞。然而，根据中秋前后月亮运行的轨迹、方位等规律来看，再结合行春桥的坐落位置和朝向、方位，基本不可能看到月串行春桥桥洞的景观，今人也曾试图寻找探求而不得。

《清嘉录》案语中所引褚人获之说，实源于明末苏州文人徐波的《落木庵诗集》。明天启六年丙寅（1626），徐波初次体验上方山看串月，作诗一首（并序），详细记载了上方山观串月的详情，诗和序中都明言，所谓石湖串月的景观，实乃月影穿过宝带桥的桥孔，映照在远处的澹台湖，其序曰："吴中数十年来，盛传楞伽山八月十八夜一串月。余年三十七矣，未尝一见。侪辈商度，或云从宝带桥外出，数有七十二，此横说也。或云葑关外饶溪港，是夜月出其方，光影相传，望如塔灯，此竖说也。然亦意如阿閦佛国，才一现耳。今岁丙寅，秋宇澄霁，适李长蘅、周安期辈，蓄意而往。少憩紫薇村黄君兆家，薄暮登山。月出较迟，列坐灵官殿庭，远水纵横，昏昏莫辨。更余，孤魄渐升，从溪港一一现形，分身无数，始大异之。二更后益奇。总之，所谓玉塔者近是，向之横竖，俱不足言。游人匆遽而返，亦未尽其变也。别后各纪一诗，余实首倡。"其诗曰："山亭露坐天如幕，待月不出资谐谑。轻风似欲扫浮云，将以所见证所闻。纤微吞吐诚非易，光影飞沉无定位。真月犹未现全身，先见第三与第二。一溪一月非无因，于月不知谁疏亲？孤魄渐离烟雾窟，众壑写尽琉璃轮。金光激射难可拟，工塔倒悬聊近似。塔颠一月独分明，千百化身从此止。忽堕云中不可呼，余光散入澹台湖。烛灰神醉庙门闭，露冷林昏人尽去。年年此夜幸相思，月出未尝离此处。”同样的记载也留存于清初华亭诗人钱金甫的《上方山看串月》诗中，诗序中说得尤为清楚，所谓石湖串月，是登上上方山，远眺澹台湖之畔的宝带桥，月亮运行的轨迹渐次串过湖、山、月、桥相映，美不胜收。其序曰：“去胥门二十里，有上方山。环山而逶迤者，为石湖。去石湖二里许，为太湖。太湖而东数里，有桥隆然，起七十二洞，为宝带桥。每年八月十八，月恰与桥相映，桥恰与湖相映，山又与湖、桥相映，吴门遂有串月之会也。甲寅（康熙十三年，1674）中秋，余结伴游焉。故记之，以志不忘尔。”其诗写道：“石湖空濛横匹练，才过中秋月成串。胜景难逢久寂寥，白头野叟中年见。主人爱客移兰桡，乌衣纷错蛾眉娇。肩舆蹑屐上方顶，松涛千树生泬寥。须臾桑榆堕红日，烟昏云暝层峦失。碧天四照星斗稀，匝地红光月东出。明月出地十丈高，湖光映澈穷秋毫。岸侧团圞见清影，妆阁美人前后镜。月容乱堕盈石湖，湖中历历清光铺。舍利七级透宝塔，琉璃一片悬冰壶。光芒直射老蛟窟，错落疑挂骊龙珠。波纹微绉白如雪，水晶宫里层冰结。隔湖仿佛成楼台，九微华灯互明灭。此时观者如堵墙，披襟矫首天苍茫。玉兔陵波蟾魄炫，林鸦叫树鲸鱼藏。月斜漏转露华湿，七十二湾桥影立。船头灯火飞萤流，短箫急管中流集。人生会少离群多，良辰乐事空蹉跎。共酌金杯倚红袖，玉山颓唐奈尔何！呜呼！玉山颓唐奈尔何！”

“烟中明灭宝带桥，金波万叠风骚骚”，“忽堕云中不可呼，余光散入澹台湖”，“月斜漏转露华湿，七十二湾桥影立”，综合以上诸诗的描写，我们可以确定，石湖串月的景观，并非月串行春桥桥洞，而是登临上方山，由望湖亭向东远眺宝带长桥，月串长桥七十二孔的景象。旧时上方山、石湖以东，土地平旷、水面浩渺，一览无余，直可见宝带桥如长虹卧波；今日已然为林立的高楼所遮蔽，上方山已很难见宝带串月的胜景。曾经的胜景通过诗词的吟咏，永远留在苏州人的历史文化记忆中，今人也就大可不必因一种误读而缘木求鱼，考证哪个角度能够看到行春桥洞里看月亮的景象。

餈团

二十四日，煮糯米，和赤豆，作团祀灶，谓之餈团。人家小女子，皆择是日裹足，谓食糍团缠脚，能令胫软。蔡云《吴歈》云："白露迷迷稻秀匀，粳团户户已尝新。可怜绣阁双丫女，初试弓鞋不染尘。"

案：许慎《说文》："餈，稻饼。谓炊半烂，捣之，不为粉也。"长、元、吴《志》及《常昭合志》皆云："二十四日，以新秫米为糍团，祀灶。""餈"，又作"糍"，见吴自牧《梦粱录》："怀信坊俗呼糍团巷。"是糍团之名旧已。

【导读】

每年新米上市时节，品尝新米饭，是为自古以来的传统，一则为祭祀祖先、感谢大自然之恩赐，二则为犒劳一年来的辛苦劳作。明人徐㶿《秋日田园杂兴》诗："连枷打稍大家忙，半积高囷半入仓。厨下软炊新米饭，一盂先荐祖宗尝。"新米饭以其清香软糯的口感，备受人们的喜欢。明代苏州状元吴宽的《新米饭》诗歌就有曰："绕厨香饭喷初成，吴下长腰旧有名。"清初桐城诗人钱澄之《夏日田家作》："南村稻何早？今晨已食新……新米饭极香，炊以召所亲。"直至今天，苏州郊外横泾、望亭等稻米产区的农民，也会将收获的新稻米，馈赠亲友。

稻生日

农人以是日为稻生日，雨则藁多腐，谚云：“烧干柴，吃白米。”

案：九邑《志》皆载：“八月二十四日为稻藁生日，忌雨。”又《岁时琐事》：“稻藁日雨，则虽得稿亦腐。”

木犀蒸

俗呼岩桂为木犀，有早、晚二种，在秋分节开者曰早桂，寒露节开者曰晚桂。将花之时，必有数日鏖热如溽暑，谓之木犀蒸，言蒸郁而始花也。自是金风催蕊，玉露零香，男女耆稚，极意纵游，兼旬始歇，号为木犀市。

案：张邦基《墨庄漫录》："浙人呼岩桂曰木犀，以木之纹理如犀也。"曾几诗："团团岩下桂，表表木中犀。"《罗湖野录》："晦堂和尚谓黄山谷曰：'闻木犀香乎？'"又张先《桂花》诗："此木玉之犀，更贮万斛香。"是古时皆作木犀，今人"犀"字加木傍，作"木樨"，非是。

范成大《吴郡志》:“桂本岭南木,吴地不常有之。唐时始有植者,白乐天守郡日,谓苏之东城,古吴都城也,今为樵牧之场,有桂一枝,生乎城下,惜不得其地,赋《东城桂》诗唁之,有‘子堕本从天竺寺,托根今在阖闾城’之句。”今随在有之。莫旦《苏州赋》注云:“周虎家有古桂数千本,号凌霜。”

【导读】

桂花是中国十大名花之一,也是苏州市的市花。苏州太湖之畔的光福古镇,是中国最负盛名的桂花产地之一,素有“桂花之乡”的美誉,桂花的种植面积、桂花产量和质量都居全国之首,其中尤以窑上村最为出名。每当桂花盛开时节,漫山遍野充盈着桂花馥郁的芬芳,沁人心脾。光福种植桂花的历史非常悠久,民国时期著名书法家于右任四度来光福赏桂花,欣赏到一株唐代的桂花树,有千年以上的树龄。于右任在光福留下很多题咏桂花的诗句，诸如：“老桂花开天下香，看花走遍太湖旁。归舟木渎犹堪记，多谢石家鲃肺汤。”（《邓尉看桂，归次木渎，与林少和、王启黄、张文生、祁筱峰饮于石家饭店》）“桂花香里鲃鱼肥，载酒行吟归不归？秋老太湖人醉也，江山满目雁南飞。”（《邓尉看桂》）在这两首诗中还提及归程中品尝到的木渎石家饭店美食——鲃肺汤。现在窑上村有百年以上树龄的桂花树一千多株，500年以上树龄的桂花树五六十株，在西碛山坞里还有数株800年以上树龄的桂花树。长期以来，桂花也成为光福百姓重要的经济来源，村民会把采摘下来的新鲜桂花，制作成干桂花、糖桂花，还会混合本地产的青梅酱，制成梅酱桂花，这些都是苏州人制作各种甜点、小吃的重要调料。桂花糕、桂花糖年糕、桂花糖藕、桂花小圆子、桂花鸡头米等经典美食都离不开桂花的加持，故而清人李虹若《花糕》诗有曰：“中秋才过又重阳，又见花糕各处忙。”此外，苏州人还会酿制桂花酒，其中最有名的当首推苏州人冬至节必饮的桂花冬酿酒。于右任在《邓尉看桂》诗中，也描写了光福村民采摘桂花，喜获丰收的场面：“家家摘蕊尽盈筐，晚桂丰收万井香。曳杖行吟香雪海，人间何事不能忘？”现代苏州人，利用桂花独特的天然香气，开发制作出现代人喜欢的香水、香氛、香片等文创产品。

苏州人家喜欢在房前屋后种植桂花，特别是在苏州古典私家园林中，桂花与亭、台、楼、阁等建筑，或是假山湖石相配，相得益彰。园林中桂花的种植形式不拘一格，有单植，有群植，也有对植，取“双桂留芳”“双桂当庭”之意；还有与其他花卉组合种植，喻有吉祥之意，如与白玉兰一起，喻“金玉满堂”之意，与玉兰、海棠、牡丹、桂花四种传统名花同植庭前，以取“玉堂富贵”之谐音双关之意。至今苏州园林中还保留很多赏桂的景点，诸如留园中的“闻木樨香”等。

1982年，桂花被确定为苏州市的市花。1998年10月，占地16.5公顷的桂花公园建成，公园内栽培的桂花品种多达260余种，涵盖了四季桂、银桂、金桂和丹桂四大品种群，其品种之丰富，数量之多，居全国首位，是名副其实的桂花“种质资源库”和基因库，也成为苏州市民不出城市就能尽赏桂花的胜地。

风 潮

七八月间，大风陡至，先有海沙云起者，谓之风潮。蔡云《吴歈》云：“裂残火伞作罗纹，萧飒声来退暑氛。又恐风潮坏棉稻，东南莫起海沙云。”

案：海粟道人《庄谐杂志》：“吴中七八月间，大风陡起，一二昼夜不息者，名为风潮。万窍怒号，扬沙走石。元人诗有云：‘排空疑有鬼神战，对面不闻人语音。’”

秋 兴

白露前后，驯养蟋蟀，以为赌斗之乐，谓之秋兴，俗名斗赚绩。提笼相望，结队成群，呼其虫为将军，以头大、足长为贵，青、黄、红、黑、白正色为优，大小相若，铢两适均，然后开栅。斗时有执草引敌者，曰蹵草。两造认色，或红或绿，曰标头。台下观者即以台上之胜负为输赢，谓之贴标。斗分筹马，谓之花。花，假名也，以制钱一百二十文为一花。一花至百花、千花不等，凭两家议定，胜者得彩，不胜者输金，无词费也。

案：陆玑《诗草木虫鱼疏》："蟋蟀，似蝗而小，正黑，目有光泽如漆，有角翅，善斗。”幽州人谓之趣织，督促之言也。吾乡谓之赚绩，其义本通。陆佃《埤雅》：“蟋蟀善跳，其鸣在股，吴人取其雄而矫健者，驯养以斗。”贾秋壑《促织经》：“虫之色白不如黑，黑不如赤，赤不如青。”又陆丹扆《小知录》云：“有红铃、月额诸名，吴人养之，以仰头、卷须、练牙、踢腿为四病。”《吴县志》：“出横塘楞伽山诸村者健斗，明宣德中，有朱镇抚者，进此得宠，遂加秩。”《厉樊榭集》注：“远客泊舟，来斗蟋蟀，俗称客虫。”先希冯公《玉篇》云：“蓳，同菣，牵去声。”《尔雅·释草》：“蔚，牡菣。”注：“蔚，即蒿之雄无子者。”家景星作《斗蟋蟀记》有云：“蓳，一茎六穗，或三穗，对节生，取茎长五寸余，披其首如氂，蒸熟用之，以便驱拨。”又云：“江北呼为蛩蛩，江南呼为赚绩。白露后开斗，重阳后止斗。”

【导读】

自唐宋以来，斗蟋蟀就是中国民间一项长盛不衰的民俗活动。据《开元天宝遗事》记载，唐明皇爱蓄斗蟋蟀，另外“宫中秋兴，姬妾辈皆以小金笼贮蟋蟀，置枕畔，听其声”，聊慰深宫中的长夜寂寞。后来由听声逐渐演变成观斗，以至博彩输赢，传至民间，遂成为广泛的季节性活动。另《负曝杂记》也有类似的记载：“斗蛩亦始于天宝间，长安富人镂象牙为笼而蓄之，以万金付之一啄。”唐宋时期京中蟋蟀均从各处征来，最著名的便是苏州、杭州、绍兴、扬州及徽州。

自宋以来，苏州楞伽山所产蟋蟀曾名扬天下，据王世贞《弇州史料》后集卷三十一记载，明宣德九年，皇帝曾下诏给苏州知府况锺，说他“所进促织数少，又多有细小不堪的”，要苏州选贡蟋蟀，令况锺“可协同他干办，不要误了”。据《吴县志》记载，明宣德中，有朱镇抚者，进楞伽山名蟀“黄大头”而得宠，遂加官进爵。进献上等蟋蟀，一时成为仕进之捷径，天下趋之若鹜。明代文学家袁宏道曾记述此中情景：“京师人至七八月，家家皆养促织。余每至郊野，见健夫小儿群聚草间，侧耳往来，面貌兀兀，若有所失者。至于溷厕污垣之中，一闻其声，踊身疾趋，如馋猫见鼠。瓦盆泥罐，遍市井皆是，不论老幼男女，皆引斗以为乐。”（袁宏道《畜促织》）明清时期的苏州也成为全国养蟋蟀、斗蟋蟀的中心。苏州话中蟋蟀名曰“赚绩”，谐音“财积”，有积累财富的寓意。蟋蟀的选择颇有讲究，善战的蟋蟀个大、骨骼结实、牙齿坚硬，多产在含钙量较高的钙质褐土地区，如山东宁阳、宁津、乐陵，以及河南新乡等地。过去，每到秋天，蟋蟀的爱好者会到北园、南园、彩香、虎丘以及上方山脚下的菜地中去捉蟋蟀。在城市化的进程中，苏州本地蟋蟀越来越少，皮市街花鸟市场内商户出售的蟋蟀，以北方蟋蟀为主。至于商户所出售的蟋蟀罐，则以苏州本地产的最为有名，也最受欢迎。

明清时期苏州斗蟋蟀的风行，也带动了蟋蟀罐制作技艺的发展，出现了天津和苏州两个制作中心，两地所产的蟋蟀罐分别是“北盆”和“南盆”的代表。南盆以陆墓（今改为陆慕）的余窑、御窑和庙前窑所制为代表，苏州民间一直有“楞伽蟋蟀陆墓盆”的俗语。陆墓“南盆”以做工精细、造型美观、线条圆润、刻画相宜而著称。其制作技艺繁复，需要经过选泥取泥、浸泡除杂、搅拌筛滤、采浆储存、练泥锻锭、搓泥压模、修刮打光、压章粘底、锯槽配盖、刻纹印花、做光烘干、装窑焙烧、出窑浸水、研磨雕刻、上色抛光等百余道工序。宋元时期，苏州蟋蟀盆作为贡品专供皇室使用。明宣德皇帝朱瞻基嗜好斗蟋蟀，一时风行京城，陆墓蟋蟀盆名声大噪。明清以来，陆墓先后涌现了邹显之、邹振荣、邹宏法、邹唯新、李公亮、杨鸿兴、袁鸿石、袁鸿德等“南盆”制作高手。“文革”时，制盆业一度被彻底禁止；20世纪80年代初，重新恢复生产。现在，陆慕蟋蟀盆制作技艺已被列入江苏省非物质文化遗产名录，“南盆”精美的生产工艺得到了保护、传承和发展。

此外，北方的蟋蟀爱好者中，还盛行一种装蟋蟀的器具——蝈蝈葫芦，亦是近年来较受欢迎的文玩雅物和收藏品。王世襄《说葫芦》一书中对作为畜养蟋蟀器具的葫芦，专门写《捉虫》《育虫》《养虫》诸篇，叙之尤详。其中有谓，葫芦作为“畜虫系鸽诸具，亦足以赏心悦目，养性怡情”“良以葫芦静止，有虫则灵，声出于中，愈增其美。言葫芦而不遗鸣虫，亦爱屋之及乌也。更以葫芦畜虫，由来已久，为博视听欢娱，破寒冬寂寞，萃多人之心力，寄无限之情思，长期研习，世代相传，乃形成特殊之耽爱”“鸣声务求其悦耳，器用不厌其妍华。凡此虽得诋之为玩物丧志，亦喜其可冶性陶情。毁誉纵殊，终不失为我国独有之民间习俗。鉴于明清以来，鲜有形诸笔墨，故不辞琐碎，缕缕述之。知我罪我，皆非所计”。

过去文人雅士斗蟋蟀，玩的是一种情趣，但也不乏玩物丧志者，更有甚者沉湎于斗蟋蟀的赌局之中，对社会风气产生不良影响，即便现代也曾有过警方捣毁斗蟋蟀聚众赌博窝点的报道。作为一种传统的风俗和娱乐活动，要充分发扬其文化意义和有益身心健康的娱乐功能。当代学者王世襄搜集了《秋虫谱》《鼎新图像虫经》《促织经》《蟋蟀谱》《功虫录》《虫鱼雅集》《蟋蟀试验录》等多种历代研究蟋蟀的谱录，编成《蟋蟀谱集成》，书末附录他所写的《秋虫六忆》，完整详细地介绍了蟋蟀的生活、养好蟋蟀的方法以及斗蟋蟀这一娱乐活动的文化内涵，值得一读。

处暑十八盆　白露身弗露　处暑若还天不雨，纵然结实也难收　白露白迷迷，秋分稻秀齐　稻秀只怕风来摆，麦秀只怕雨来霖　分后社，白米遍天下；社后分，白米像锦墩　寒露没青稻，霜降一齐倒　霜降见霜，米烂陈仓（未霜见霜，粜米人像霸王）

土俗以处暑后天气犹暄，约再历十八日而始凉，谚有云：“处暑十八盆。”谓沐浴十八日也。又谚云：“白露身弗露。”言至是天气乃肃，可以授衣耳。又以处暑日宜雨，谚云：“处暑若还天不雨，纵然结实也难收。”又以白露前后雾，主稻穗易实，谚云：“白露白迷迷，秋分稻秀齐。”又以稻秀时忌风，谚云：“稻秀只怕风来摆，麦秀只怕雨来霖。”又以秋分在社前，主年丰；秋分在社后，主岁歉，谚云："分后社，白米遍天下；社后分，白米像锦墩。"稻田收割，又皆以霜降为候，盖寒露乍来，稻穗已黄，至霜降乃刈之，谚云："寒露没（读如蓦音，平声）青稻，霜降一齐倒。"又以霜降日宜霜，主来岁丰稔，谚云："霜降见霜，米烂陈仓。"若未霜而霜，主来岁饥，谚云："未霜见霜，粜米人像霸王。"

案：长、元、吴《志》皆载："秋分在社前，则田有收而谷贱；分在社后，则无收而谷贵。"又《岁时广记》载谚云："秋分在社前，斗米换斗钱；秋分在社后，斗米换斗豆。"江、震《志》云："冬至日无霜，主来岁荒歉。谚云：'冬至无霜，碓杵无糠。'"

【导读】

中国古代的农业生产受自然天气的影响很大，

因而古代的农民非常注重对天气情况，以及对气候规律的研究，久而久之，在民间形成了很多经验性的农谚。许多农谚都是先民们在长期生产、生活实践里总结出来的经验，其中涉及天文、气象、历法、节气、土壤、水文、作物生长等多方面的常识，比如看风识天气、看云识天气、看物候判别作物的长势、据节气和气候进行中长期的天气预测等，很多农谚在古代典籍都有记载，历史上对指导农业生产起过重要作用。农谚因其语言通俗浅近、简短流畅、生动形象，极易在民间流传，具有广泛的群众性，因而有许多农谚一直流传到今天，依然有着重要的参考价值。著名气候学家、物候学家竺可桢在《物候学》中就把农谚和划分物候季、自然历作为预告农时的三大方法。民国学者费洁心在其《中国农谚》一书中说："农谚是一种流行民间最广的谚语，它是农民经验的结晶，农民立身处世、耕种饲养，都用来做标准的。……中国数千年来，因农民识字知书的不多，农事著作的稀少，他们只知农谚是一种切合需要的知识，所以父诏其子，兄教其弟，一切稼穑之事，都取法于农谚的。于是农谚便成为农家唯一的课本。农人虽然一字不识，却能念之成诵，脱口而出。”

随着现代科技大发展，在天气预报、水文探测等方面的水平大大提高，有些农谚也未必很准确，因而在学习阅读时，需要加以一定的鉴别。

此外，农谚还具有显著的地域特征和时代特征，《清嘉录》中所记载的很多农谚，以苏州为中心的江南地区为主，其中涉及的自然现象、生产、生活风俗都以吴地为主，其用语也多为吴语。《清嘉录》一书中大量记录了清中叶在苏州地区流传的农谚、俗语，这对了解当时苏州农业生产和百姓的生活有着重要的参考价值，也是了解古代苏州科学水平（气象观测、物候观测、水文观测等）的重要窗口。随着现代人与古代一些传统知识的疏远，甚至逐渐退出人们的知识视野，如干支纪年纪月纪日、星宿、伏九等，很多农谚在现代人看来，就显得有些陌生了。若要清晰准确地理解这些古代的农谚，则需要系统了解这些古代的文化常识。

九月

登高

菊花山

重阳信

重阳将至，盲雨满城，凉风四起，亭皋落叶，陇首飞云，人以是为立秋后第一寒信，谓之重阳信。俗又有“九月九，蚊虫叮石臼”之语。又谓重阳日晴，则一冬无雨雪。谚云：“夏至有风三伏热，重阳无雨一冬晴。”李福《重阳日风雨》诗云：“重阳七字足千古，断句不劳后人补。天公也似可其诗，到此年年例风雨。昨朝皎日悬清光，秋花弄影留余芳。彻夜狂飙作势急，半庭冷绿芭蕉湿。纵然佳节不宜晴，那见登高笠屐行。落帽清狂兴既阻，题糕雅韵诗谁赓？破寂聊凭一杯酒，唤起东篱吾老友。篱边但听雨声喧，不见黄花开笑口。时序炎凉感递迁，重阳一过将残年。屋角群鸦飞作阵，漫天都是催寒信。催来寒信莫便嗔，多少寒衣未制人。”

案：《荆楚岁时记》：“重阳日，常有疏风冷雨。”吾乡呼为秋风盲雨。长、元、吴《志》皆云：“九月九日晴，冬无雨雪。”马大壮《天都纪载》谓：“钦天监柱联作：‘夏至酉逢三伏热，重阳戊遇一冬晴。’”吴人谓“有风”“无雨”，当是“酉逢”“戊遇”之误。

登　高

登高旧俗，在吴山治平寺中，牵羊赌彩，为摊钱之戏。今吴山顶机王殿犹有鼓乐酬神，喧阗日夕者。或借登高之名，遨游虎阜，箫鼓画船，更深乃返。蔡云《吴歈》云："文穆祠荒少客过，治平古寺暮云多。肉山酒海伤心后，近日销金别有窝。"

案：吴均《续齐谐记》："费长房语桓景：'九日当登高，饮菊叶酒。'因齐家登山。"孟嘉从桓温游龙山，亦九日登高之举。后遂相承为故事。《南齐书·礼志》："宋武帝在彭城时，九日上项羽戏马台登高。"《齐武帝本纪》："九日，孙陵冈商飚馆登高宴群臣。”《全唐诗话》：“唐中宗临渭山登高。”皆是。然古人登高，不止九日。石虎《邺中记》及《隋文帝本纪》有正月十五日登高之会，桓温参军张望有《七日登高》诗，晋李充有《七日登剡山寺》诗，韩退之有《人日城南登高》诗，元魏东平、王翕有《人日登安仁山铭》，盖即老子所云“众人熙熙，如登春台”之意，与九日登高祓除之义不同。沈朝初《忆江南》词云：“苏州好，冒雨赏重阳。别墅登高寻说虎，吴山脱帽戏牵羊。新酿酒城香。”注：“吴山九日登高，牵羊戏博，俗呼扑羊。”又邵长蘅《冶游》诗：“何许更登高，吴山黄花节。”今俗皆非。并录申时行《吴山行》，尤见当时奢靡之习，诗云：“九月九日风色嘉，吴山胜事俗相夸。阖闾城中十万户，争门出郭纷如麻。拍手齐歌太平曲，满头争插茱萸花。横塘迤逦通茶磨，石湖荡漾绕楞伽。兰桡桂楫千艘集，绮席瑶尊百味赊。玉勒联翩过羽骑，青帘络绎度香车。飘缨挟弹谁家子？跕屣鸣筝何处娃？不惜钩衣穿薜荔，宁辞折屐破烟霞。万钱决赌争肥羜，百步超骧逐帝騧。落帽遗簪拚酩酊，呼卢蹋鞠恣喧哗。只知湖上秋光好，谁道风前日易斜？隔浦晴沙归雁鹜，沿溪晓市出渔虾。荧煌灯火阗归路，杂遝笙歌引去槎。此日遨游真放浪，此时身世总繁华。道旁有叟长太息，若狂举国空豪奢。比岁仓箱多匮乏，县官赋敛转增加。闾阎凋瘵谁能恤？杼柚空虚更可嗟。何事倾都溷邱壑，何缘罄橐委泥沙？白衣送酒东篱下，谁问柴桑处士家？”《昆新合志》：“九日，邑人胥上马鞍山登高。”江、震《志》但云：“九日登高，燕饮者必簪菊泛萸。”不言登高之处。《常昭合志》：“虞山登高。”

【导读】

重阳节是中国古代的重要传统节日之一。重阳正值秋收时节，先民会举行各种仪式进行祭祀，庆祝丰收，《吕氏春秋·季秋纪》中有明确的记载曰：“（九月）命家宰，农事备收，举五种之要。藏帝籍之收于神仓，祗敬必饬。是日也，大飨帝，尝牺牲，告备于天子。”农历九月初九日，民间称为“重九”，在中国传统的术数文化中，九为阳数之极，故而民间又称之“重阳节”。到汉魏时期，重阳逐渐被古人寄托了“长久”的美好寓意，会在这一天举行各种“享宴高会”，曹丕在《九日与钟繇书》中就曾说道：“岁往月来，忽复九月九日。九为阳数，而日月并应，俗嘉其名，以为宜于长久，故以享宴高会。”东晋诗人陶渊明在他的《九日闲居序》中，就写到赏菊、喝菊花酒的习俗：“余闲居，爱重九之名。秋菊盈园，而持醪靡由，空服九华，寄怀于言。”此外还有佩茱萸、食“蓬饵”（即后来的糕）等习俗。据说，这些重阳习俗的起源，可以追溯到西汉初年高祖刘邦的宠姬戚夫人，在重阳前后，“九月佩茱萸，食蓬饵，饮菊花酒，令人长命。菊花舒时，并采茎叶，杂黍米酿之，至来年九月九日始熟，就饮焉，故谓之菊花酒”（晋葛洪《西京杂记》卷三）。

至于重阳登高的风俗，由来已久，宗懔《荆楚岁时记》就引用《续齐谐记》中费长房、桓景的传说故事，以为重阳登高习俗之始。苏州人重阳登高，城外的虎丘、天平、灵岩、上方、莲花、阳山诸峰都是很好的选择。顾禄在注文中也言之甚明，不再赘述。明清时期，苏州人还会在重阳节举行斗羊比赛，这就是顾禄正文中重点介绍的治平寺“牵羊赌彩”，通过斗羊比赛来进行博彩。参赛的公羊用犄角相互抵抗冲撞，两两决斗厮杀，取“重阳（羊）”的谐音。治平寺重阳节的斗羊比赛，时见于清人的诗文作品中，除了沈朝初《忆江南》词之外，周亮工《书影》卷十记载其盛况有曰：“吴门治平寺，重阳日，游人竞集，系羊千百相与博，谓之‘博羊’，满山如雪者竟日。”惠周惕《九日病起有怀》诗曰：“斜阳细草吴山路，低帽簪花看赌羊。”有曰：“苏州好，冒雨赏重阳。别墅登高寻说虎，吴山脱帽戏牵羊。新酿酒城香。”直到民国时期，范君博在其《治平寺》一诗中也写到了这一独特的风俗：“茱萸留住好秋光，无雨无风折屐忙。盍向治平寺中去，牵羊赌彩赏重阳。”（范君博《吴门坊巷待輶吟》）

重阳糕

居人食米粉五色糕，名重阳糕。自是以后，百工入夜操作，谓之做夜作。蔡云《吴歈》云："蒸出枣糕满店香，依然风雨古重阳。织工一饮登高酒，篝火鸣机夜作忙。"

案：谢肇淛《五杂组》引吕公忌云："九日天明时，以片糕搭儿女头额，更祝曰：'愿儿百事俱高。'此古人九日作糕之意。"邵博《闻见后录》："刘梦得作《九日》诗，欲用'糕'字，以五经中无之，辍不复为。宋子京以为不然，故子京《九日食糕有咏》云：'飚馆轻霜拂曙袍，糗餈花饮斗分曹。刘郎不敢题糕字，空负诗中一世豪。’”吕希哲《岁时杂记》云：“二社、重阳尚糕食，而重阳为盛，以枣为之，或加以栗，亦有用肉者。”崔正言诗：“归去醵钱烦里社，买糕沽酒作重阳。”孙国敉《燕都游览志》：“重九日，敕赐百官花糕宴。”又刘侗《帝京景物略》：“九日，父母家必迎女归宁，食花糕，皆重阳糕也。”《吴郡志》：“九月九日，食重阳糕。”范《志》：“重九，以菊花、茱萸，尝新酒，食栗粽花糕。”雅《志》：“重阳日，蒸五色糕相饷，谓之重阳糕。”《吴县志》：“九日，卖糕作黄色，名重阳糕。”《昆新合志》云：“用面发丰糕，糁百果于其上。”江、震《志》云：“以面裹肉炊之。”《常昭合志》云：“用面和脂而蒸之。”王《志》又谓之：“骆驼蹄，盖旧俗，用面裹肉炊之，形如驼蹄，故名。”长、元《志》又皆云：“今以糕代，名重阳糕。”

【导读】

据晋葛洪《西京杂记》的记载，重阳食糕的传统源自汉高祖刘邦的宠姬戚夫人“食蓬饵”。中国各地的百姓因地制宜，或用黍米，或用小麦粉，或用大米粉制作成各式各样的重阳糕，寓意为“步步高”“节节高”。苏州的重阳糕，主要用糯米和粳米按照一定的比例配方制作而成。传统的重阳糕的表面还会放上当季新收获的红枣、板栗等食材，加以红绿丝点缀，蒸熟之后插上彩色的纸旗，俗称“花糕”。宋代孟元老《东京梦华录》中就记载了当时开封人在重阳“前一二日，各以粉面蒸糕遗送，上插剪彩小旗，掺饤果实，如石榴子、栗子黄、银杏、松子肉之类”。清代北京通州人杨静亭《都门杂诗·论糕》有曰：“中秋才过又重阳，又见花糕各处忙。面夹双层多枣栗，当筵题诗傲刘郎。”现在的重阳糕一般都省去了枣、栗以及彩旗等装饰。在苏州，以“糕团大王”黄天源为代表的糕团店，在重阳前夕都会应季制作、销售各色重阳糕，并赠送给敬老院的老人和在外地的苏州籍两院院士。为了让更多的年轻人体验传统风俗、品尝美食，半月斋、明月楼、万福兴等糕团店还推出了一些年轻人喜欢的新口味和新品种。

旧时在重阳节这一天，父母要迎接出嫁的女儿回家省亲，女儿要品尝母亲制作的花糕，刘侗《帝京景物略》就记载了“九月九日……父母家必迎女来食花糕”的这一传统风俗。九月初九重阳，有“长久长寿”的美好寓意，1989年我国将农历九月初九定为“老人节”，倡导全社会敬老、爱老的风尚。重阳拜访慰问老人，给老人赠送重阳糕也成为一个新民俗。

祭钉靴

十三日，俗祭钉靴，占一冬晴雨，晴则冬无雨雪，谚云："九月十三晴，钉靴挂断绳。"

案：《岁时琐事》："九月十三日，为钉靴生日，是日宜晴。"江、震《志》皆云："是日晴，主一冬少雨，利收获。谚云：'九月十三晴，不用盖稻亭。'"

【导读】

钉鞋为旧时雨天所穿的防雨水的鞋履。用布制成鞋、靴，经太阳曝晒，在鞋底、鞋帮上均匀地抹上桐油，然后晒干，反复数遍。最后在鞋底的前、后部位钉上细圆柱形的铁钉，故名钉鞋。桐油抹鞋，铁钉垫底垫高，都是为了防雨水渗到鞋膛内。钉鞋是古时人们生活中的常见之物，嵇璜《续文献通考》卷九十三就记载了朝廷官员雨天上朝时穿钉鞋的情景："先是，百官入朝遇雨，皆蹑钉靴，声彻殿陛。"明代杭州人丁熇写过一首《咏钉靴》诗，脍炙人口，为人所传诵，其中有曰："行过落花香啮齿，步回芳草软埋头。"因钉鞋极重，穿着不便，现代橡胶工业发展以后，被胶制的雨鞋、雨靴取而代之，钉鞋遂退出了人们的生活视线。

旗纛信爆

霜降日，天向明，官祭军牙六纛之神。祭神时，演放火枪阵，俗名信爆。先期，张列军器，金鼓导之，赴教场之旗纛庙。盖俗以春之迎喜为开兵，至是为收兵也。护龙街南北，观者如云，谓之看旗纛，能祓除不祥。俗于是夜五更，相戒醒睡，以听信爆，云免喉痛。或剥新栗置枕边，至时食之，令人有力。蔡云《吴歈》云："队伍森严号令明，钬铮金铁挟秋声。马腾士饱年年乐，信爆连珠报太平。"

案：《府志》："旗纛庙，在教场演武厅旁。"旧在苏州卫治内，故《吴县志》云："每岁霜降日，本卫官致祭旗纛。”康熙间，移置今所。

【导读】

“纛”，古代军队或仪仗队中的大旗，是等级最高的军旗。“陆纛”，是军牙的六纛之神，是古代军队中的军旗之神。传说，军旗之始源于黄帝，黄帝擒获蚩尤后，为了展示军威，剥“兵神”蚩尤的皮做成箭靶，用蚩尤的头发做成皂纛，俗称“蚩尤旗”。宋人高承《事物纪原》卷二有谓：“《六典》曰：‘后魏有纛头。’《宋朝会要》曰：‘皂纛本后魏纛头之制。’唐卫尉纛居其一，盖旄头之遗像。”

明初，朱元璋下诏，在京师以及各地卫所、都司建立“旗纛庙”，安放军中大旗，定期进行庙祭和行祭，苏州和其他州府一样，都设立了旗纛庙，每年春、秋祭祀。陈道《(弘治)八闽通志》卷五十八记载：“洪武元年，礼部奉旨定，拟于都督府后筑坛立庙，设军牙六纛神位，每岁惊蛰、霜降日，祀以太牢。先期，各官斋戒，至日，戎服行，三献礼。凡遇出师，则取旗以祭；班师，则以旗纛置于庙。天下守镇官亦于公廨厅后立庙，置祭如前。今自都指挥使司，至各卫指挥使司，皆每岁霜降一祭牲，惟用少牢。”黄光升《昭代典则》卷五也有相同的记载：“诏立旗纛庙，京师于都督府治之后，天下卫所于公署后，以霜降日致祭。”

菊花山

畦菊乍放，虎阜花农已千盎百盂担入城市。居人买为瓶洗供赏者，或五器、七器为一台，梗中置熟铁线，偃仰能如人意。或于广庭大厦，堆叠千百盆为玩者，绉纸为山，号为菊花山，而茶肆尤盛。蔡云《吴歈》云：“堆得菊山高复高，铜瓶瓷碗供周遭。酒边灯下花成厄，笑倒柴桑处士陶。”

案：范成大《菊谱略》：“菊所在有之，吴下尤盛。春苗尺许时，掇去其颠，数日则歧出两枝，又掇之，每掇益歧。至秋，则一干所出数百、千朵。人力勤，土膏亦沃，花亦为之屡变。

成大植于范村，得三十六种，以黄为正，杂色次之。有胜金黄、叠金黄、太真黄、棣棠黄、叠罗黄、麝香黄、千叶小金钱、单叶小金钱、垂丝菊、鸳鸯菊、荔枝菊、球子菊、小金铃、藤菊、十样锦、甘菊、五月菊、金杯玉盘、喜容千叶、御衣黄、万铃菊、芙蓉菊、莲花菊、茉莉菊、木香菊、酴醾菊、艾叶菊、白麝香、白荔枝、银杏菊、波斯菊、佛顶菊、桃花菊、胭脂菊、孩儿菊等名。”今同里贝三泉善艺菊，著有《艺菊说》，种皆来自海洋，自养苗至放花，备载培植之方，韦涟怀为之跋。

【导读】

菊花原产于中国，是中国十大传统名花之一，栽种历史悠久。早在春秋时期的文献中就有记载，《礼记·月令》中就写到了秋天盛开黄色的野菊花，所谓：“季秋之月，鞠有黄华。”屈原《离骚》以诗性的语言写到了菊花：“朝饮木兰之坠露兮，夕餐秋菊之落英。”东晋陶渊明“独爱菊”，写下了许多咏菊名句，如“采菊东篱下，悠然见南山”“秋菊有佳色，裛露掇其英”等，此后菊花遂成为文人墨客之所好，成为诗词题咏中常见的花卉，被人誉为“花中隐士”。

宋代以后，菊花栽培技艺得到长足的发展，菊花品种越来越多。宋代苏州人栽培菊花热情高涨，不仅种植广泛，且培育了许多新的品种。范成大《吴郡志》卷三十中就把菊花作为苏州的“土物”加以记载：“菊，所在固有之，吴下尤盛。城东西卖花者，所植弥望，人家亦各自种圃者。”淳熙十三年（1186），范成大在隐居的石湖范村，培育种植了三十六种菊花，并将这些品种全部记录下来，写成《范村菊谱》。比范成大略早一些的史正志隐逸苏州，亦喜菊花，有感于“自昔好事者为牡丹、芍药、海棠、竹笋作谱记者多”“独菊花未有为之谱者”，便著《史氏菊谱》一卷，所列菊花“凡二十七种”。

明清以来，苏州士人艺菊、赏菊之风日盛，虎丘一带以艺菊为生的花农，种植技艺高超，善于培育新品，以求高价，而且产量高。文人雅士中也出现了撰写菊花专书的热潮，先后出现了黄省曾《艺菊书》、杨循吉《菊花百咏》、许兆熊《东篱中正》等专写菊花的著作。顾禄也著有艺菊专著《艺菊须知》，对菊花的接本、置盆、剔泥等栽培技艺进行细致的说明。此外，文震亨《长物志》、周文华《汝南圃史》等书中也都专门写到菊花。菊花成为明清时期苏州园林主人的至爱，"花中隐士"独有的文化内涵与气质与园林的旨意立意相辅相成，相得益彰。文震亨《长物志》曾描写其盛况有云："吴中菊盛时，好事家必取数百本，五色相间，高下次列，以供赏玩。"直到今天，苏州各大古典园林，也会在重阳节前后举办菊花展，吸引广大市民和游客前来赏菊。晚清苏州人王韬在《瀛壖杂志》中记载了上海、苏州一带重阳前后菊花会的盛况，与今日之情景相仿佛："菊花会多在九月中旬。近或设于萃秀堂门外，瘦石疏苔，曲廊小榭，已觉萧然有秋意。绕湖石折而东北，境地开朗，遥见菊影婆娑，毕呈眼底。循回栏而入，则万卉齐花，高低疏密，罗列堂前，棐几湘帘，磁盆竹格，无不尽态极妍，争奇斗胜。所有之花，先经识者品评，第其甲乙。凡区为三种：一曰新巧，二曰高贵，三曰珍异。名目之繁，不可胜记。盆盎皆标列艺菊主人别字，殊令观者神飞心醉。微风偶拂，清香徐来。如此盛集，亦足以点缀秋光矣。”晚清诗僧敬安《又观菊花会》诗写菊花会之盛况曰：“看罢深黄又浅黄，枝枝叶叶竞斜阳。似邀万亿陶彭泽，同到江南醉晚香。”

唤黄雀

八九月间，弋人罗黄雀立铁竿颠，教之衔旗、啄铃为戏。畜养既驯，放之能复飞回，谓之唤黄雀。家绍先《唤黄雀》诗云：“顽童忘日短，教诲不嫌忙。呼叱凭铃铎，舒徐饱稻粱。但成傀儡戏，不学凤凰翔。勖汝多机巧，冲飞入上方。”又蔡云《吴歈》云：“场逢鞬踢便身搀，博得浑身汗透衫。调雀风檐忙底事？铜铃响处彩旗衔。”

案：《府志》：“黄雀出海边，每岁冬初，西风急，则千百成群，自江外飞至。”长、元《志》皆云：“黄雀食稻而肥，又呼稻头雀。”

养叫哥哥

秋深笼养蝈蝈，俗呼为叫哥哥，听鸣声为玩。藏怀中，或饲以丹砂，则过冬不僵。笼刳干葫芦为之，金镶玉盖，雕刻精致。虫自北来，薰风乍拂，已千筐百筥，集于吴城矣。郭麐《咏蝈蝈琐窗寒》词云：“络纬啼残，凉秋已到，豆棚瓜架。声声慢诉，似诉夜来寒乍。挂筠笼，晚风一丝，水天儿女同闲话。算未应输与，金盆蟋蟀，枕函清夜。　　窗罅见低亚。簇几叶瓜华，露亭水榭。胡卢样小，若个探怀堪讶。笑虫虫，自解呼名，物微不用添尔雅。便蛇医，分与丹砂，总露蝉同哑。”

案：《瓶花斋集》云："有一种似蚱蜢而身肥者，京师人呼为蝈蝈儿，南人谓之叫哥哥。喜捕养之，食丝瓜花及瓜练。音声与促织相似，而清越过之，露下凄声，彻夜酸楚异常，俗耳为之一清。"韩宝筌《咏叫哥哥》诗云："少小怜为客，关山万里过。樊笼甘我素，口舌让人多。北望空回首，南音孰倚歌？世途行不得，何苦叫哥哥？"

【导读】

顾禄注文所引袁宏道《瓶花斋集》中文字与袁宏道《畜促织》有较大差异，录《畜促织》文字如下，可以作为参考："又有一种，似蚱蜢而身肥大，京师人谓之青聒，亦捕养之。南人谓之纺线娘。食绿豆花及瓜穰，音声与促织相似，而清越过之。余尝畜二笼，挂之檐间露下，凄声彻夜，酸楚异常，俗耳为之一清。少时读书杜庄，晞发松林景象，如在目前，自以蛙吹、鹤唳不能及也。又一种亦微类促织，而韵致悠扬，如金玉中出，温和亮彻，听之令人气平，京师人谓之金钟儿。见暗则鸣，遇明则止。两种皆不能斗，故未若促织之盛。”

斗鹌鹑

霜降后，斗鹌鹑角胜。标头一如斗蟋蟀之制，以十枝花为一盆，负则纳钱一贯二百，若胜，则主家什二而取。每斗一次，谓之一圈，斗必昏夜。至是，畜养之徒彩缯作袋，严寒则或有用皮套把于袖中，以为消遣。

案：《尔雅疏》："鹌鹑为二，无斑者为鹌，有斑者为鹑。"但形状相似，俱黑色，今人总以鹌鹑名之。陆启浤《北京岁华记》云："霜降后，斗鹌鹑，笼于袖中，若捧珍宝。"蔡铁翁诗："辛苦霜天把瘦鵪。"

【导读】

霜降斗鹌鹑的风俗，早在宋代就已经出现，吴自牧《梦粱录》中就把斗鹌鹑和“斗黄头”“养百虫蚁、促织儿”“擎鹰架鹞”“调鹁鸽”“斗鸡”一起，列为市井闲人的游艺。明代也曾流行，谢肇淛《五杂俎》卷九有记载，言斗鹌鹑比斗鸡更勇健而近雅：“斗鹌鹑，其鸟小而驯，出入怀袖，视斗鸡又似近雅……鹑虽小而驯，然最勇健，善斗。食粟者不过再斗；食稌者尤耿介，一斗而决，故《诗》言‘鹑之奔奔’，言其健也。此物至微，而上应列宿，有鹑火、鹑首、鹑尾等象，与朱雀、玄武灵异之物同列，有不可解者。一云，凤，鹑火之禽。天文之鹑，盖指凤也，非鹌鹑之鹑，亦未知是否。”

晚清时期的苏州、上海依然盛行，王韬《瀛壖杂志》卷一记载曰：“沪人于霜降后多尚斗鹌鹑。畜养之徒，彩缯作囊，笼于袖中，若捧珍宝。斗时角胜，贴标头，分筹马，每斗一次，谓之一圈。按：鹌鹑为二，无斑者为鹌，有斑者为鹑，但形状相似，俱黑色，今人总名之曰鹌鹑。多产于沪上田间。”这一风俗，今日极少见。鹌鹑和鹌鹑蛋成为市民餐桌上的禽类食品。

阳山观日出

三十夜半，登阳山浴日亭，看日月同升，间亦有云海之奇。蔡云《吴歈》云：“宾日阳山浴日亭，秋云幻态瞰沧溟。下方不识高寒境，谁博宵来双眼醒？”

案：张大纯《采风类记》云：“阳山顶有浴日亭，每年九月三十日，郡人登此，观日月同升。”明汪膺诗序云：“箭缺壁立对峙，相去数武，夜半日出，适当其间，为西山绝胜。”韦涟怀云：“天平山顶莲花洞，是夜亦可观日月并出。”

【导读】

顾禄案语所引“箭缺壁立对峙，相去数武，夜半日出，适当其间，为西山绝胜”实为汪膺诗题，而非诗序，原文不录诗作，今补录于此：“宿雨欣膏沐，零露石上湿。扪葛升青萝，晞阳耀原隰。连峰邀侣过，重云夹山立。浮桴纷落鹜，堕磴俨负笈。双阙开芙蓉，象纬动呼吸。合坐当悬瞰，聚足拾危级。何云慥流霞，松花倘可挹。”

明清时期苏州文人登临阳山，观赏日出箭缺的美景，渐成一种风气，并时有诗歌佳作流传，在顾禄《清嘉录》所引诗作之外，再列数首如下。明初诗人高启《登阳山诗》：“我登此山巅，不知此山高。但觉众山总在下，坐抚其顶同儿曹。又见太湖动我前，汹涌三十万顷烟波涛。长风吹人度层嶂，不用仙翁赤城杖。峰回秋碍海鹘飞，日出夜听天鸡唱。此时望青冥，脱略尘世情。白云冉冉足下起，如欲载我升天行。古来名贤总何有？惟有此山长不朽。欲呼明月海上来，照把长生一瓢酒。浮邱醉枕肱，洪崖笑开口。天风吹落浩歌声，地上行人尽回首。”晚明苏州诗人陈仁锡《海日》诗：“山中清漏彻莲花，翠冷巉岏湿露华。杯引沧溟分席近，杖移星斗过檐斜。梦回兜率空千界，目极扶桑灿五霞。一自咸池歌浴日，天鸡呼醒万人家。”清初太仓诗人王摅《登阳山》：“梯回磴复逐松声，群峭摩空类削成。海日自明无晓夜，湖天不尽有阴晴。一泓下注龙湫伏，千仞横开箭阙平。坐览众山凌绝顶，长风吹起暮愁生。”

阳山浴日亭观日的详情，袁学澜《吴郡岁华纪丽》中有较为详细的描写：“箭缺壁立，对峙相去数武，夜半日出，适当其间。于时天鸡同唱，箕风息吹，疏星犹睒，朝光未通，俯视下方，混沌一气。山中忽吐白云，蓬勃扶摇而升，渐次弥满，络绎山谷，东奔西骤，若霓幢、羽节为之前导者。久之，见东边深黑中，朱霞晃漾，方用凝注，倏又灭没。又久之，遐睇海门，景状渐异，俄而现白毫相，俄而现绀宝相，俄而现种种色妙衣相。徐乃血线般起，金光万道，一喷一鲜，转瞬间如大赤盘，踊跃而出。倏有皓月一轮，如白玉盘，岌岌腾上，将及日轮。日轮倏落，月轮随落，日轮复上，月轮亦复上，一上一落，如跳丸状，凡数十次。百宝沖瀜，蜿蜒荡漾，九光十色，莫可名象，所谓沐日浴月是也。既而砰然并落，云雾晦黑，经两三须臾，见旭影徐动，一轮倏升，闪闪岩阿，辉辉江介，笼连宇宙，纯是霞光，照耀乾坤，都成金气，而日已登于扶桑矣。此则银阙金庭，琪花瑶草，神仙楼观，如在阿堵间，令人神与天游，超然有御风、骑气之思焉。”

近年来，登阳山、观日出，再次成为苏州市民游赏的热点。从阳山山麓的菖蒲泉出发，沿山路登顶大阳山，途径一处陡峻的山坡绝壁，被旅游和摄影爱好者称之为“绝望坡”。游历者夜上山坡，凌晨时分静候日出，绝望坡观日出，已成为近年新晋的“网红”打卡点。

冬之卷

十月

盐菜

天平山看枫叶

十月朝

月朔，俗称十月朝，官府又祭郡厉坛，游人集山塘，看无祀会。间有墓祭如寒食者，人无贫富，皆祭其先，多烧冥衣之属，谓之烧衣节。或延僧道作功德，荐拔新亡，至亲亦往拜灵座，谓之新十月朝。蔡云《吴歈》云："花自偷开木自凋，小春时候景和韶。火炉不拥烧衣节，看会人喧十月朝。"

案：《昆新合志》云："十月朔，墓祭，士大夫家有。"然江、震《志》皆载："十月朔，人家祭奠祖考，持斋荐亡，至亲亦祭灵座，或有举扫松、浇墓之仪。"范《志》亦云："十月朔，再谒墓。"

卢《志》并云："十月朔，名烧衣节。"盖十月朔为阴祀之日，宜祭祖考，扫墓与清明同。说见《神隐》，今俗多沿之。周密《武林旧事》亦云："十月朔，都人出郊拜墓，用绵裘、楮衣之类。"又吴自牧《梦粱录》云："士庶以十月节出郊扫松，祭祀坟茔。"又陆启浤《北京岁华记》云："十月朔上冢，如中元祭，用豆骨朵。"又刘侗《帝京景物略》云："十月朔，纸坊翦纸五色，作男女衣，长尺有咫，曰寒衣；奠焚于门，曰送寒衣。"而吴曼云《江乡节物词》小序则云："杭俗：翦纸为衣，以施鬼之无衣者，曰冥衣。"但行于中元节耳。潘陆有《十月朔山塘看无祀会》诗："吴趋人好鬼，风俗自年年。百戏陈通国，群神冠进贤。气喧秋雁后，花晚岭梅先。不断山塘路，香飘游女船。"又徐崧诗云："萧瑟冬方始，迎神出郭门。逢桥行愈密，倚棹看何喧。鼓吹还终日，旌旗又几村？谁当无祀祭，能不感蘋蘩？"

【导读】

寒衣节起源于西周时期,《诗经·豳风·七月》中有曰:“七月流火,九月授衣。”到了农历九月,天气转凉,人们开始准备添置过冬的衣服,故称“寒衣节”,又叫“授衣节”。到北宋时期,寒衣节的习俗定在农历十月朔日(初一),故又称为“十月朝”。古时候,家中的女子会给远赴他乡戍边的亲人寄上寒衣,传说这一习俗源于孟姜女千里送寒衣。在民间,古人还会祭祀祖先和亡故的亲人,把纸制的寒衣(或用五彩纸为替)作为祭品,焚化给祖先、亡人,寒衣节逐渐演变为与清明节、中元节并列的中国三大“鬼节”。

顾炎武《日知录》载,天宝二载(743)唐玄宗制告天下:“自今以后,每至九月一日,荐衣于陵寝,贻范千载,庶展孝思。”顾炎武补充曰:“今关中之俗,有所谓送寒衣者,其遗教也(今俗乃用十月一日)。”晚清常州诗人汤贻汾《送寒衣》诗及序言之甚详，其序曰："邑有哭俗，清明、中元、十月朔三夕，妇女各于门外，向所亲邱陇哭之。惟十月朔焚五色纸，曰送寒衣。家有男子，则上冢焚之也。"其诗曰："十月朔，家家哭。纸灰红，纸灰绿，纸灰那得成裳服？地上儿孙地下亲，地上空忧地下贫。严霜急雪飞不到，地下岂有炎凉判冬夏？千金裘，五色锦，裹得儿孙自寒痒。没后能将片纸偿，莫嫌纸薄情犹长。"近代上海，是日还有所谓"炉节"，王韬《瀛壖杂志》卷一："沪俗于十月朔日开炉煮饼，献于家祠，故亦称炉节。至于祭厉坛，祀祖考，则各处所同也。"

天平山看枫叶

郡西天平山，为诸山枫林最胜处。冒霜叶赤，颜色鲜明，夕阳在山，纵目一望，仿佛珊瑚灼海。在三太师坟者，俗呼为九枝红。游者每雇山篼，以替足力。蔡云《吴歈》云：“赏菊山塘尚胜游，一年游兴尽于秋。天平十月看枫约，只合诗人坐竹兜。”

案：徐崧、张大纯《百城烟水》云：“常熟吾谷，霜后丹枫，望若锦绣，骚人韵士往往觞咏其下。”而《吴县志》只载：“枫似白杨，叶作三脊，霜时色丹，故有‘枫落吴江冷’之句”，不言游赏处。高平范氏墓在天平山，俗称三太师坟者，葬赠太师徐国公梦龄、赠太师唐国公赞时、赠太师周国公墉，坟前大枫九枝，非花斗妆，不春争色，远近枫林，无出其右。李悔庐有《天平山看枫叶记》，中有云："泛舟从木渎下沙河，可四里，小溪萦纡。至水尽处，登岸，穿田塍，行茅舍，鸡犬遥带村落。纵目鸡笼诸山，枫林远近，红叶杂松际，四山皆松、栝、杉、榆，此地独多枫树。冒霜则叶尽赤，天气微暖，霜未著树，红叶参错，颜色明丽可爱也。"沈朝初《忆江南》词云："苏州好，船泛洞庭秋。一片枫林围翠嶂，几家楼阁叠丹邱？仿佛到瀛洲。"似当时洞庭东、西两山，亦有枫林也。

【导读】

苏州的天平山与北京香山、南京栖霞山、长沙岳麓山，并称为中国四大赏枫胜地，天平山以其独有的"五彩枫"见胜，嫩黄、橙红、赭红、血牙红、深红……在秋日中犹如群芳争艳，姹紫嫣红，蔚为壮观，历来就有“天平红枫甲天下”的美誉。

天平山种植红枫的历史，要上溯到范仲淹十七世孙范允临。明代末年，范允临在云南为官，“文化武功，勋绩烂然”；后升任福建布政司参议，“会遭时忌，引疾归，卜居天平山麓”。范允临为官清正廉洁，离开福建时，购买了三百多株枫树苗，作为压舱之物。回乡后，遂将枫树苗遍植于天平山祖坟四周，于是，范氏天平山庄“池馆亭榭，擅胜一时”。回乡以后的范允临，“家居以翰墨自娱，尤重敦睦之谊，尝捐腴田千亩入义庄，助族众廪给及备修葺庙祠之费，祖泽由是复振”（民国十年汪凤瀛作《重修天平山范参议公祠堂记碑》，原碑现置于天平山岁寒堂门口）。

清代以后，天平赏红枫便日渐风行，成为苏州人秋日里的一大风尚，文人墨客题咏者极多。晚清诗人袁学澜《天平山看枫叶》一诗不仅描写了天平红枫的胜景，也提及范允临的高义，其诗曰："青女行霜下空碧，一扫千林变成赤。谁令乌爪掷丹砂，九枝红照幽人宅。郁郁佳人万笏环，霞标煜爚耀寒山。疑是神仙移绛节，故将奇景眩尘寰。焚香已歇三春市，无复青旗挑醉坐。转绿回黄俄倾间，二月花开十月里。高义犹存参政祠（按：天平山有纪念范允临的范参议祠），云泉明媚夕阳时。好将设色荆关笔，画出珊瑚七尺枝。"

经过四百年的风霜洗礼和岁月沉淀，当年范允临手植的古枫树尚存150余棵。苏州园林部门又在天平山山麓种植了成片红枫。每到深秋时节，天平山满山红叶若红霞缭绕，层层片片，蔚为壮观，市民络绎不绝，纷纷前来赏枫。

收租完粮

有田之家，择日开仓收租，有头限、二限、三限之目，逢限，量免米若干。或有放舟下乡收租者。官仓完纳漕粮，近有先乡后城之例。蔡云《吴歈》云：“城南城北官仓开，城户未完乡户来。不惜余粮半狼藉，但求早放空船回。”又家震涛《收租完粮行》云：“扁舟之河浒，小泊斜阳渡。篙停犬忽吠，人来鸟飞去。深入蔓筠中，乃得前村路。为问某某家，指点门前树。（一解）老农牵犊归，率众迎田主。纷纷呈岁歉，秋旱戽水苦。幸有处暑雨，新苗得少补。若欲征全租，凭君诉官府。（二解）叱汝勿多言，言多也难免。上年收只半，今年难再减。丰歉难概论，高下有分辩。天庾供应早，莫教官驱遣。（三解）东家交未足，西家租又缺。妇女话嘈嘈，邻父从旁说。升合尚艰难，斗斛安所设？吁嗟输官粮，好米作六折。（四解）”

案：沈朝初《忆江南》词有“仓廪仲冬开”，似是时开仓多在十一月。然《昆新合志》亦云：“十月朔，有田之家开仓收租，始田主立限，分头限、二限、三限之目，逢限，量免米若干，以励急公。”

【导读】

古时，苏州地主将收租的事宜都托付给“催子”（又名“催甲”）办理。催子是专门为地主办理放租、收租等具体事务的人。每年秋收之后，一般在立冬前后开仓收租，先由催子把征租单据发给佃农，开列租额的名目和数量。开仓收租时，每十日为一限，分为头限、二限、三限。头限按照原定租额收，二限加收一成，三限再加收一成。催子往往会和衙门的胥吏勾结，采用种种办法盘剥农民。所谓的头限、二限、三限往往设在农历九月，而田里的稻谷一般要到农历十月才大面积收获，使得农民常常过征收的期限。此外，还会在斗、秤等计量器具上动手脚，更有“折色”等各种手段，盘剥农民，顾震涛《收租完粮行》中“吁嗟输官粮，好米作六折”一句，就是揭露征收官粮时将好米“折色”的内情。清代浙江诗人俞承德《完粮行》一诗所述，较顾震涛更为详尽：“去年田水一丈强，今年田水还平塘。北风萧萧吹稻芒，县官骑马催开仓。开仓多在十月底，后及城市先四乡。诚知市人猾，不若乡人愚。乡人粒米等珠玉，仓胥践踏如泥涂。较升量斗不足惜，最怕南粮与折色。折色一升钱二百，南粮三石作一石。医疮剜肉真可怜，乡人何处呼苍天？夜深空抱牛衣泣，胥吏扬扬归度年。”

五风信

檀火斯改，飘风欲来，使人预备御寒之具，谓之五风信。土俗又以月旦之雨晴占一冬寒暖。蔡云《吴歈》云："寒衣未办费商量，月旦占晴也太慌。风信五番都过了，棉花须定价低昂。"

案：陈晦伯《天中记》："吴俗以十月五日为五风生日，太湖渔者千余家，飨濒湖诸神祠，祈是月有风。每五日，如期而至，终岁皆然，可以扬帆捕鱼，谓之五风信。"又《岁时琐事》及吴县旧《志》皆载是说。卢《志》："十月旦晴和，则少寒。贾人候此，知棉艰于售。"

【导读】

陈淏子《花镜》卷一以为五风生日在十月望日，据是日天气，可以预测来岁之风雨、气温等，有谓：“十五月望，为五风生日。此日有风，主终年风雨如期，谓之五风信。天晴，主暖；月蚀，主鱼贵。”近代上海风俗中亦有，商人也会根据这一天的天气来事先调整商品的销售方案。王韬《瀛壖杂志》卷一：“是月有风，每五日如期而至，故谓之五风信。土俗又以月旦之雨晴，占一冬寒暖，或云：十月旦晴和则少寒，贾人候此，知棉艰于售。”

冬酿酒

乡田人家以草药酿酒，谓之冬酿酒。有秋露白、杜茅柴、靠壁清、竹叶清诸名。十月造者，名十月白。以白面造曲，用泉水浸白米酿成者，名三白酒。其酿而未煮，旋即可饮者，名生泔酒。蔡云《吴歈》云：“冬酿名高十月白，请看柴帚挂当檐。一时佐酒论风味，不爱团脐只爱尖。”

案：崔寔《四民月令》：“十月上辛，命典馈清曲，酿冬酒，供腊祀。”《内则》有稻醴、黍醴、粱醴。《左传·哀十一年》：“进稻醴。”《释文》云：“以稻米为醴酒。”桂未谷《札朴》云：“糯米为甜酒，俗呼白酒，即稻醴也。”长、元、吴《志》皆云：“以草药酿成，置壁间月余，色清香洌，谓之靠壁清，亦名竹叶清，又名秋露白，乡间人谓之杜茅柴。以十月酿成者尤佳，谓之十月白。”沈朝初《忆江南》词注云：“苏城俱于腊底酿酒，四月中窨清，色味俱佳。”又有“酒娘新搭杜茅柴”之句。

【导读】

冬酿酒，原名“冬阳酒”，是苏州人冬至节必喝的佳酿。在古人的观念中，阴极而阳，冬至过后，阳气逐渐上升，万物开始复苏，故而将冬至喝的酒命名为“冬阳酒”。后来因蔡云《吴歈》诗中有这样的诗句：“冬酿名高十月白，请看柴帚挂当檐。一时佐酒论风味，不爱团脐只爱尖。”遂名之曰“冬酿酒”。苏州的冬酿酒采用的原料为本地新收获的糯米，糯米蒸熟冷却过后，均匀地拌入酒曲，发酵而成。冬酿酒在发酵的过程中，还会被加入当季的新桂花，酿成的酒水呈金黄色，口感香甜，色泽诱人。以元大昌为代表的苏州老字号，每年出品一次桂花冬酿酒，深受苏州百姓的推崇和喜爱。每年冬至节前，市民都会自发到元大昌排长队购买零拷的冬酿酒，成为现代苏州一道独特的民俗景观。苏州郊县的农民，在稻米丰收之后，依然保留自制米酒的风俗，俗称“老白酒”。

江南民间酿酒的草药（酒药、酒曲），一般采用红蓼花捣成汁，和面粉发酵制作而成，现在商店或超市亦有售卖。清代大型类书《渊鉴类函》中有记载曰：“古人种蓼为蔬，收子入药。后世饮食不用，惟造酒曲者，用其汁耳。”

煠　蟹

湖蟹乘潮上簖，渔者捕得之，担入城市，居人买以相馈贶，或宴客佐酒，有“九雌十雄”之目，谓九月团脐佳，十月尖脐佳也。汤煠而食，故谓之煠蟹。孙晋灏《食蟹》诗云：“荒蒲飒飒绕渔舍，西风昨夜清霜严。一星远火照秋水，郭索数辈行傴僂。鯿鱧博带纷出簖，厥名则异实则咸。往常但侈鱼肉味，尖团嗜好殊酸咸。朵颐翠釜灶觚立，老饕口腹真贪馋。金膏浓腻一筐足，玉脂滑润双螯缄。分擘肌理析条缕，攘臂那恤污衣衫？脐防性冷戒勿噬，譬如萧艾终当芟。森森坐销戈戟气，积甲熊耳何巉岩？

面目奇丑固骇视，《尔雅》有释宜开函。以貌取物失诸蟹，岂知内蕴非同凡？九雌十雄语可谱，从此乐得深杯衔。豪情未减毕吏部，酒泉之郡谁为监？”

案：《府志》：“蟹凡数种，出太湖者，大而色黄壳软，曰湖蟹。冬月益肥美，谓之十月雄。沈偕诗：‘肥入江南十月雄。’”又云：“出吴江汾湖者，曰紫须蟹。”莫旦《苏州赋》注云：“特肥大，有及斤一枚者。陆放翁诗：‘团脐磊落吴江蟹。’”又云：“出昆山蔚洲村者，曰蔚迟蟹；出常熟潭塘者，曰潭塘蟹，壳软、爪拳缩，俗呼金爪蟹。至江蟹、黄蟹，皆出诸品下。吴中以稻秋蟹食既足，腹芒朝江为乐。”又云：“蟹采捕于江浦间，承峻流，纬萧而障之，名曰蟹簖。”簖，沪也。陆龟蒙《渔具诗》序：“网罟之流，列竹于海澨，曰沪。”注：“吴人谓之簖。”《博雅》：“煠，沦也，汤煠也，音闸。”桂未谷《札朴》

云："菜入汤曰煤。"叶广明《纳书楹曲谱》载无名氏《思凡》一出，有"油锅里煤"之语。

【导读】

大闸蟹即将上市的时候，苏州有一句俗语曰："秋风起，蟹脚痒。"大闸蟹的学名叫"中华绒螯蟹"。在苏州，阳澄湖、太湖都盛产大闸蟹，其中尤以阳澄湖蟹最为出名。正宗的阳澄湖大闸蟹体大膏肥，肉质细腻，鲜甜肥厚，是国家地理标志产品，其形体特征可归纳为"青壳、白肚、金爪、黄毛"八字。国学大师章太炎的夫人汤国梨在《苏州杂诗》中有谓："不是阳澄湖蟹好，人生何必住苏州？"

苏州的螃蟹之所以被称为"大闸蟹"，近代苏州文人包天笑在《大闸蟹史考》一文中曾有过解释："'大闸蟹'三字来源于卖蟹人之口……人家吃蟹总喜欢在吃晚饭之前，或者是临时发起的。所以，这些卖蟹人为了吸引顾客，总是在下午挑了担子，沿街喊道：‘闸蟹大闸蟹。’这个‘闸’字音同‘sa’（在当地方言中如是），蟹以水蒸煮而食，谓‘sa’蟹。……有人说：‘煮’字与‘闸’字音相近，是方音的变迁。有人说字典上有‘煠’字，即是以水蒸之的解释。有一日，在吴讷士家作蟹宴，座有张惟一先生，是昆山人，家近阳澄湖畔，始悉起原委。他说：‘闸’字不错。凡捕蟹者，他们在港湾间，必设一闸，以竹编成，夜来隔闸，置一灯火，蟹见火光，即爬上竹闸，即在闸上一一捕之，甚为便捷，这便是闸蟹之名所由来了。”

“九雌十雄”，是苏州人食蟹时的讲究，体现了苏州人饮食的节令特征，农历九月雌蟹的蟹黄饱满，十月雄蟹的蟹膏肥腴，品质最好。大闸蟹最通行的食法就是清蒸或水煮（苏州方言谓之“煠”）；应现代食客的需求，大闸蟹的烹饪方法也越来越丰富，出现了一些较为著名的苏式菜品和美食，如蟹粉豆腐、蟹粉狮子头、雪花蟹斗、秃黄油、蟹粉小笼

（汤包）、六月黄炒年糕、糟醉熟蟹等。

自古以来，赏菊、持螯、饮酒一直是文人在秋日的最爱。早在唐代，大诗人李白的《月下独酌》诗中就写道：“蟹螯即金液，糟丘是蓬莱。且须饮美酒，乘月醉高台。”江南人食蟹时的最佳搭配是黄酒。黄酒有暖胃和驱寒的功效，可以去除大闸蟹的寒凉之性，也可以增添大闸蟹的口感。明清以来，文人题咏持螯饮酒的诗词作品，比比皆是。清初苏州文人褚人获的《吴门歌》历叙苏州之节令风俗，写到秋天时有谓：“左持螯蟹右持酒，不觉今朝早重九。登高又向天池岭，桂花万树天香浮。一年好景最斯时，橘绿橙黄洞庭有。满园还剩菊花枝，雪片横飞大如手。”宝鋆《九月团脐十月尖》：“莼菜鲈鱼后，江村蟹又添。月佳分九十，脐美合团尖。碧簖平堤接，红灯小艇瞻。色含橙实老，芒去稻花铦。候恰秋冬续，声谁郭索嫌？香黄重甲晕，肥白一筐黏。螯酒情常惬，盘飧味已兼。有姜浑不撤，梅影笑窥帘。”

旧时的贵族、文人雅士吃蟹还有一整套专用的工具，名曰“蟹八件”，其中包括镦、锤、钳、铲、匙、叉、刮、剪（即蟹砧、蟹锤、蟹镊、蟹斧、蟹勺、蟹叉、蟹刀、蟹剪）八种工具，在吃蟹时分别用来垫、敲、夹、劈、盛、叉、剔、剪。后来的食蟹工具越来越多，当代苏州作家陆文夫的小说《美食家》中谓，鼎盛时期，最繁复的一套吃蟹工具多达六十四件。旧时的蟹八件有铜制的，也有银制的，现代苏州还可以见到“蟹八件”，多用不锈钢制成，使用的人已不多。

盐　菜

比户盐藏菘菜于缸瓮，为御冬之旨，蓄皆去其心，呼为藏菜，亦曰盐菜。有经水滴而淡者，名曰水菜。或以所去之菜心，刬菔蘡为条，两者各寸断，盐拌酒渍入瓶，倒埋灰窖，过冬不坏，俗名春不老。孙晋灏《盐菜》诗云："寒菘秀晚色，油油一畦绿。残年咬菜根，嗜此亦称酷。所少园官送，绝喜野人劚。压肩一担霜，百钱买十束。结绳戾严风，摊檐暴晴旭。飞白撒晶盐，杀青断苍玉。但觉两眼馋，那顾双手瘃？酸酱醡中滴，醢鸡瓮中浴。每饭饱黄齑，铛焦就厨绿。谁信苜蓿盘，至味等菽粟。旨蓄在室中，御冬亦已足。”又蔡云《吴歈》云：“晶盐透渍打霜菘，瓶瓮分装足御冬。寒溜滴残成隽味，解酲留待酒阑供。”

案：《南史·江泌传》：“菜不食心，以其有生意也，惟食老叶而已。”长、元、吴《志》皆载：“藏菜，即箭秆菜，经霜，煮食甚美。秋种肥白而长，冬日腌藏，以备岁需。”莫旦《苏州赋》注：“吴下比屋盐齑，为御冬之旨蓄。”吴曼云《江乡节物词》小序则云：“杭俗：腌菜，例以冬至开缸，先祀而后食，故居节物之一”。诗云：“吴盐匀洒密加封，瓮底春回菜甲松。碎翦冰条付残齿，贫家一样过肥冬。”《礼记·内则》：“屑桂与姜，以洒诸上而盐之。”吴语谓以鹾腌物，曰盐。桂未谷《札朴》谓：“盐藏鱼菜曰腌。”义异。

【导读】

旧时秋冬季节，农业生产几乎处于休整的状

态，再加上天气寒冷，新鲜蔬菜产量较小，在过冬之前，一般人家都会腌制蔬菜，作为御冬的储备，这就是顾禄所谓的“御冬之旨”。小雪前后，天气渐冷，腌菜一般在此时，江南民间流传着“小雪腌菜，大雪腌肉”的俗语。苏州地区腌制的蔬菜品种繁多，常见的有雪里蕻（雪菜）、萝卜、青菜、芥菜等。蔬菜经过盐腌渍后，可以延长保存时间，且别具风味。虽然现代医学主张少食用腌制食品，但腌菜并未完全退出苏州人的生活。人们少量食用，更多的是对独特口味的追求，对传统风俗的追怀。腌菜与其他食材搭配，可以制作成独具苏州地方特色的美食，如雪菜肉丝面、雪（雪菜）冬（冬笋）肉丝、雪菜黄鱼、咸菜豆瓣汤、咸菜豆腐、萝卜干炒毛豆、蒸臭苋菜梗（用腌制大青菜的卤汁浸泡过的苋菜梗）等。此外，角直古镇腌制的萝卜头、萝卜干，周庄古镇的阿婆菜（腌菜苋）、吴江七都古镇的腌大头菜等，都是风味独具、名闻遐迩的地方土特产。

十一月

拜冬

冬至团

冬至大如年

郡人最重冬至节。先日，亲朋各以食物相馈遗，提筐担盒，充斥道路，俗呼冬至盘。节前一夕，俗呼冬至夜。是夜，人家更速燕饮，谓之节酒。女嫁而归宁在室者，至是必归婿家。家无大小，必市食物以享先，间有悬挂祖先遗容者。诸凡仪文，加于常节，故有“冬至大如年”之谚。蔡云《吴歈》云：“有几人家挂喜神，匆匆拜节趁清晨。冬肥年瘦生分别，尚袭姬家建子春。”

案：周遵道《豹隐纪谈》：“吴门风俗多重至节，谓曰肥冬瘦年。”又云：“互送节物，颜侍郎度有诗云：‘至节家家讲物仪，迎来送去费心机。脚钱尽处浑闲事，原物多时却再归。’”又江、震《志》皆云：“邑人最重冬至节，前夕名节夜。”又《昆新合志》云：“冬至节，亲朋各相馈遗。”

【导读】

苏州人的冬至是尤为隆重的，自古以来，就有“肥冬瘦年”的说法，清初苏州人褚人获在其《坚瓠集·吴门风俗》中有曰：“吴门风俗多重冬至节，谓曰肥冬瘦年，互送物件，宋颜度有诗曰：‘至节家家讲物仪，迎来送去费心机。脚钱尽处浑闲事，原物多时却再归。’”

“冬至大如年”，冬至作为苏州本地重要的节日风俗，已被列入江苏省非物质文化遗产名录，不仅非常受当地居民重视，在苏州高校大学生中也产生了很大的影响。为了传承、推广冬至这一独特的文化习俗，苏州大学自二十世纪八十年代起，在冬至夜给全校在读学生发放“加餐券”，食堂增加饮食供给，以方便学生体验苏州的冬至节。有的学校还会在冬至节前后组织绘制“九九消寒图”、手工编织中国结等活动。有的学校为方便师生过冬至，决定冬至夜当天的下午、晚上全校停课。这是传承优秀传统文化，把地方传统节日作为学校假日的一种有益尝试和探索。

冬至团

比户磨粉为团，以糖、肉、菜、果、豇豆沙、芦菔丝等为馅，为祀先、祭灶之品，并以馈贻，名曰冬至团。

案：《岁时通考》载："十月初二日，吴俗作糯米京团，列酒果祀先以告冬。"今俗以冬至前一夜。江、震《志》则云："冬至舂糍糕，以祀先祖，并以馈贻，家家祭灶。"盖犹本崔寔《四民月令》"冬至荐黍糕于祖祢"之意。蔡铁翁诗："大小团圆两番供，殷雷初听磨声旋。"注："有馅而大者为粉团，冬至夜祭先品也。无馅而小者为粉圆，冬至朝供神品也。"此后有年节糕、谢灶团，春朝、年朝粉圆，磨声不绝矣。

【导读】

中国北方以有馅料与无馅料来区分包子与馒头；在苏州，发面制作的点心统称为“馒头”，无馅的称“白馒头”，有馅的称“肉馒头”“菜馒头”等。苏州对米粉制作而成的点心区分清楚，有馅料的称“团子”，如冬至团、谢灶团、松花团、炒肉馅儿团子等；没有馅料的称“圆子”，如过年时节的小圆子、鸡头米小圆子、赤豆糊小圆子等。袁学澜《吴郡岁华纪丽》卷一：“上元，市人搓粉为丸，名圆子。范石湖诗称‘捻粉团栾意’，周益公诗‘称匀圆万里’，同皆是物也。”苏州的团子，馅料品种丰富，不仅有豆沙馅、芝麻馅、玫瑰馅等甜口，还有萝卜丝肉馅、猪肉馅、荠菜馅等咸口品种。

拜　冬

至日为冬至朝，士大夫家拜贺尊长，又交相出谒；细民男女，亦必更鲜衣以相揖，谓之拜冬。徐士鋐《吴中竹枝词》云：“相传冬至大如年，贺节纷纷衣帽鲜。毕竟勾吴风俗美，家家幼小拜尊前。”

案：《宋书·礼志》：“魏晋，冬至日，受万国百僚称贺，因小会，其义亚于岁旦。”蔡邕《独断》云：“冬至，阳气起，君道长，故贺。”然则前汉已行贺礼。《齐书》：“库狄伏连冬至之日，亲表称贺。”崔寔《四民月令》云：“冬至之日，进酒肴，贺谒君师耆老，一如正日。”盖至宋、元益盛，如孟元老《东京梦华录》及赵与时《宾退录》、吴自牧《梦粱录》、周密《武林旧事》、赵与可《孤树裒谭》诸书皆载“一阳贺冬”，吴中亦沿之。徐崧、张大纯《百城烟水》及江、震《志》亦皆云：“冬至驰贺，一如元日之仪。”长、元、吴《志》则皆载：“冬至尊长处贺节。”《昆新合志》：“冬至日，士大夫家拜贺尊长如正旦。”而不及于庶民之家。

【导读】

冬至，古称“亚岁”，按周、秦时期的历法，冬至为新年伊始，故其礼类于新年。清代学者秦蕙田《五礼通考》较为清晰完整地介绍了古代冬至拜贺的来龙去脉，其文曰：“《宋书·礼志》：汉以高帝十月定秦，且为岁首。至武帝，虽改用夏正，然朔犹常飨会，如元正之仪。魏晋则冬至日受万国及百寮称贺，因小会，其仪亚于岁旦。”（卷一百四十）

古人以北斗七星斗柄的运转作为计算月令的参照，斗柄所指之辰谓之斗建（月建）。夏历正月指寅，为建寅之月；二月指卯，为建卯之月，如此类推。明郎瑛《七修类稿·月建》谓：“正月节戌时，北斗之杓指于寅位之初，雨水正月中气，斗杓戌时指寅位之中。”自从汉武帝确立了“夏正”，此后一般不再改正朔。汉武帝以前，改朝换代的时候，新王朝都要改正朔。《礼记·大传》孔颖达疏曰：“改正朔者，正谓年始，朔谓月初，言王者得政，示从我始，改故用新，随寅、丑、子所建也。周子，殷丑，夏寅，是改正也；周夜半，殷鸡鸣，夏平旦，是易朔也。”此前的夏朝以寅为正月，商朝以丑（相当于夏历的十二月）为正月，周朝以子（相当于夏历的十一月）为正月，秦朝以亥（相当于夏历的十月）为正月。冬至节在夏历十月末、十一月初，以此推算，在周秦时代，应属新年。所以，北齐时期杜台卿《玉烛宝典》有云：“十一月建子，周之正月，冬至日，南极景极长，阴阳日月万物之始，律当黄钟，其管最长，故有履长之贺。”

虽然汉武帝改用夏正，但依然保留了周秦时期拜冬、祭祀等仪式，东汉崔寔《四民月令》有记载曰：“十一月，冬至之日，荐黍、羔，先荐玄冥于井，以及祖祢……其进酒尊长，及修刺谒贺君、师、耆老，如正月。”宋人典籍中还记载着宋代开封、杭州冬至的盛况：“十一月冬至。京师最重此节，虽至贫者，一年之间，积累假借，至此日更易新衣，备办饮食，享祀先祖。官放关扑，庆祝往来，一如年节”（孟元老《东京梦华录》）；“朝廷大朝会，庆贺排当并如元正仪。而都人最重一阳贺冬。车马皆华整鲜好，五鼓已填拥杂遝于九街。妇人小儿，服饰华炫，往来如云”（周密《武林旧事》）。此后，冬至的节日风俗在各地逐渐式微，唯独苏州至今还保留着这一古老的冬至习俗，且长盛不衰，民间一直有“冬至大如年”的说法。

连冬起九

俗从冬至日数起，至九九八十一而寒尽，名曰连冬起九，亦曰九里天。歌云：“一九二九，相唤弗出手。三九廿七，篱头吹觱栗。四九三十六，夜眠如露宿。五九四十五，穷汉街头舞，不要舞，不要舞，还有春寒四十五。六九五十四，苍蝇垛屋枕。七九六十三，布衲两肩摊。八九七十二，猫狗躺淯地。九九八十一，穷汉受罪毕。刚要伸脚眠，蚊虫獦蚤出。”又谓头九暖，主寒，谚云：“头九暖，九九寒。”又谓四九时必多雨雪，谚云：“雨雪连绵四九天。”又云冬至前宜寒，谚云："冬前弗结冰，冬后冻杀人。"时则朔风布寒，晚景萧疏，名胜旗亭，青望都收。居人有宴会，则皆入戏馆，为待客之便。裁云镂月，人家莫不暖阁新装，绣帷低拂，浅斟低唱，团坐围炉，貉裘之客，不惜倾囊买笑。至若花飞六出，则塑雪佛、雪狮，堆雪山，蓄雪水，间有放舟胜地，观看雪景。家宴又各烹羊炮雉，递为消寒之会。喜舍之人，以钱米周济里闬之困苦无告者；或集赀为棉衣会，俗称施棉袄；或倩工购干稻秧，织为半臂式，俗名秧荐马夹，裸裎贫丐，赖以御寒，届岁除而止，总目之为做好事。蔡云《吴歈》云："露宿何曾熟夜眠？太阳照户一欣然。若教穷汉街头舞，还有春寒卌五天。"又云："连冬起九验天寒，只怕寒消九九难。第一莫贪头九暖，连绵雨雪到冬残。"

案：陆泳《吴下田家志》："冬至后，《九九歌》云：'一九至二九，相叫弗出手。三九二十七，篱头吹笮篥。四九三十六，夜眠如鹭宿。五九四十五，太阳开门户。六九五十四，贫儿争意气。七九六十三，布衲两肩摊。八九七十二，猫儿寻阴地。九九八十一，犁耙一齐出。一日脱膊，十日龌龊。’”《仙里麈谈》及褚人获《坚瓠集》皆载冬至后“九九”之说，与今歌略异。《荆楚岁时记》谓：“从冬至次日数起，至九九八十一日，为寒尽。”吴俗则从冬至日数起，故有“春打六九头”之谚。然周遵道《豹隐纪谈》载范石湖语，谓：“从冬至后九日，为寒来之候，有‘冬至未来莫道寒’之谚。”其说更自不同。

【导读】

冬至是一年中黑夜最长的一天，标志着天气进入最寒冷的时节，在江南民间，便把这一天定为“入九”，又叫“进九”。入九以后，人们尽量减少外出，也有进九以后冬令进补的习俗。人们还会开始倒计时数九，期盼着春天的来临，以九天为一个单元，数到九九八十一，即为“出九”。其中流行最广的当属“九九消寒歌”和《九九消寒图》。

我国幅员辽阔，各地气候相差悬殊，因此“九九消寒歌”在不同地域以及不同年代有不同的版本，顾禄著录的是清代苏州地区的。“一九二九不出手，三九四九冰上走，五九六九沿河看柳，七九河开，八九雁来，九九加一九，耕牛遍地走。”这也是现在流行较广的版本。大约在宋元时期，闺阁女子在“冬至后，贴梅花一枝于窗间，佳人晓妆，日以胭脂图一圈，八十一圈既足，变作杏花，即暖回矣”。这是元代杨允孚《滦京杂咏》的诗注，记载很清晰，其诗曰：“试数窗间九九图，余寒消尽暖回初。梅花点遍无余白，看到今朝是杏株。”明清时期，《九九消寒图》已经非常盛行，常见的是每天染一瓣梅花花瓣，刘侗、于奕正《帝京景物略》载曰：“日冬至，画素梅一枝，

九九消寒图

为瓣八十有一，日染一瓣，瓣尽而九九出，则春深矣，曰《九九消寒图》。有直作圈九、丛丛九圈者，刻而市之，附以九九之歌，述其寒燠之候。歌曰：一九二九，相唤不出手。三九二十七，篱头吹觱篥。四九三十六，夜眠如露宿。五九四十五，家家堆盐虎。六九五十四，口中呬暖气。七九六十三，行人把衣单。八九七十二，猫狗寻阴地。九九八十一，穷汉受罪毕。才要伸脚睡，蚊虫蠓蚤出。”晚清时期，还流行一种《九九消寒图》，用清宣宗道光皇帝御制词中的“亭前垂柳，珍重待春风”二句，每字各九画，双钩其外形，自冬至起，每天填一画，标注每天的天气若“阴晴风雪”，八十一天填满。

干净冬至攋搕年

俗以冬至前后逢雨雪，主年夜晴。若冬至晴，则主年夜雨雪，道途泥泞，谚云："干净冬至攋搕年。"

案：蔡铁翁诗："慌将干湿料残年。"注："俗有'干冬湿年，湿冬干年'之说。"《广韵》："攋搕，和杂也。"家雪亭《土风录》云："俗以不洁净为攋搕。"上，音腊；下，惭入声。

冬舂米

入腊，计一岁之粮，舂白以蓄诸仓，名曰冬舂米。有四糙、发极黄诸名。郭麐《冬舂米乐府》云："东家稻堆高并屋，西家砻场如切玉。长腰洁白荔枝红，明年之米今年舂。前年仅足供官庾，夜夜空囤啮饥鼠。去年米贵官征钱，半粜新谷过残年。雄鸡胶胶雌粥粥，有米冬舂一生足。"

案：范石湖《冬舂米乐府》云："腊中储蓄百事利，第一先舂年米计。群呼步碓满门庭，连杵成风雷动地。筛匀箕健无粞糠，百斛只费三日忙。齐头圆洁箭子长，隔篱辉日雪生光。土仓瓦龛分盖藏，不蠹不腐尝新香。去年薄收饭不足，今年顿顿炊白玉。春耕有种夏有粮，接到明年秋刈熟。邻叟来观还叹嗟，贫人一饱不可赊。官租私债纷如麻，有米冬舂能几家？”陆容《菽园杂记》：“吴中民家计一岁食米若干石，冬月舂白以蓄之，名冬舂米。闻之老农云：春气动，则米芽浮起，米粒亦不坚，是时舂者多碎而为粞，折耗颇多。冬月米坚，折耗少，故及冬舂之。”《昆新合志》云：“入腊，聚乡村男妇，并力舂米，藏之廪舍，经岁不蛀坏，谓之冬舂米。”江、震《志》亦皆云：“入腊，并力舂一岁之粮，谓以此时风气斶发，米坚不碎故也。”又云：“宋、元间藏之土瓦瓮中，明乃多用稿囤，并经久不蛀坏。今土瓦瓮之制久废，稿囤亦惟米少者用之，若多藏之家，则贮之于仓。”长、元《志》亦皆云：“旧藏诸稿囤，今用仓廒。其米之杵，多而好者，曰四糙，次米冬舂，间有七日即黄者，此为发极。”

起荡鱼

畜鱼以为贩鬻者，名池为荡，谓之家荡。有所谓野荡者，荡面必种菱、芡，为鱼所喜而聚也。有荡之家，募人看守，抽分其利，俗称包荡。每岁寒冬，毕集矢鱼之具，荡主视其具，衡值之低昂。而矢鱼之多寡，若有命而主之者，鱼价较常顿杀，俗谓之起荡鱼。

案：《府志》云："鱼秧，细如针缕，池囿间，以时下，此三年可食矣。东乡人畜以贩鬻。"今长洲境北庄基、南庄基，鱼荡尤多。

乳　酪

寒冬，乡农畜乳牛，取乳汁入瓶，日担于城，鬻于主顾之家，呼为乳酪。

案：《府志》及《吴县志》皆载：“牛乳出光福诸山，田家畜乳牛，冬日取其乳，如菽乳法点之，名曰乳饼。别点其精者为酥，或作泡螺、酥膏、酥花。”莫旦《苏州赋》注：“吴县顾搭村出乳饼最佳。”钱思元《吴门补乘》云：“北街安雅堂酏酪，为郡城第一。”

饧 糖

土人以麦芽熬米为糖，名曰饧糖。寒宵担卖，锣声铿然，凄绝街巷。蔡云《吴歈》云：“昏昏迷露已三朝，准备西风入夜骄。深巷卖饧寒意到，敲钲浑不似吹箫。”

案：《楚词》注：“饧，谓之饴，即古之张餭也。”吴人呼为糖。盖冬时，风燥糖脆，利人牙齿。《府志》：“出常熟直塘市者，名葱管糖；出昆山如三角粽者，名麻粽糖。”蔡铁翁《吴歈》注云：“寒宵多卖饧者，夜作人资以疗饥。”嘉善钱竹西诗：“饧挑夜担闻锣卖。”

【导读】

早在先秦时期，中国古代人民就已经掌握了麦芽糖的制作技艺，将麦芽糖称为“饴”或“饧”，《诗经·大雅·绵》中有“周原膴膴，堇荼如饴”，这也是常用成语“甘之如饴”的出处。自古至今，吴地人一直把柔软稠厚的麦芽糖称为“饧糖”。“饧”字有“xíng”和“táng”两个读音，吴地俗读为“xíng”，在古时就有一些不同的说法。清代学者徐文靖在《管城硕记》中，在梳理历代辞书和训诂文献的基础上，对“饧”字的读音和意义，做了较为详细而清晰的解说：“饧，注云：《说文》：‘饧，和馓者也。’孙愐：‘徐盈切。’《六书故》曰：‘饧、糖，同一字。‘易’与‘唐’同一音，从易，非徐盈之声。’旧注徐盈切，次徒郎切，分二音，非。”“按：《诗》：‘箫管备举’，郑《笺》曰：‘箫，编小竹管，如今卖饧者所吹也。’陆氏曰：‘饧，夕清反，蜜也。又音唐，夕清、徐盈二反，其音非一也。’《方言》：‘饧，谓之糖。’刘熙《逸雅》：‘糖之清者曰饴，稠者曰饧。’饧亦非与糖同一字也。沈佺期诗：‘马上逢寒食，春来不见饧。洛中新甲子，何日是清明？’则正作徐盈切矣。刘禹锡《历阳书事》诗‘湖鱼香胜肉，宫酒重于饧’亦然。《正韵》及旧注皆分二音，是也。”

在蔗糖制作技艺传入中国之前，麦芽糖和蜂蜜一直是中国重要的糖源。麦芽糖的原料主要是小麦和大米，将浸泡发芽的小麦和蒸熟晾凉的大米混合在一起，进行发酵，利用麦芽中天然的淀粉酶将大米中的淀粉转化成糖。经过淘洗所得的汁液，用小火熬煮成深黄色的黏稠糖浆，便是吴地百姓俗称的“饧糖”。柔软的饧糖可作为调味料，也可以直接食用，旧时江南儿童常用两根小竹棍挑一些饧糖，反复缠绕，俗称为“绕饧糖”“绕糖”“搅搅糖”。江南的手艺人会采用拉扯、揉抻、吹捏、烙烫等手法将温热的饧糖制作成糖人、糖画等各种造型，栩栩如生，这与现代西餐中的糖艺有异曲同工之妙，只是现代西式糖艺的食材、技法和造型更为丰富繁复。

在江南民间，秋冬季节时有货郎挑着担，穿梭在街巷中叫卖麦芽块。他们通常手持铜钲（或铜片），一边敲击铜钲一边叫卖；也有商贩不用铜钲，用吹箫吸引顾客，蔡云《吴歈》和钱竹西诗中所咏情状，即为写实。此番情景，依然常见于二十世纪六七十年代苏州的街巷中。听闻货郎的叫卖，附近居民会用平日积攒的可回收利用的废旧物品换一些日常用品，也可给孩子换一些麦芽糖块。货郎则将大块的麦芽糖紧靠着铁礅子，用小锤子敲下一小块，因敲糖时会发出“叮当”的声响，故而称之为“叮当糖”。在交换买卖的过程中讨价还价，人们常会对货郎说“饶一点”“讨点饶头”。“饶头”是苏州俗语，就是向商家多讨要一些货物的意思。清代学者朱骏声《说文通训定声》中有谓：“今苏俗买物，请益谓之讨饶头。”胡文英《吴下方言考》中也有曰：“吴中谓物之增益者曰饶头。”章太炎《新方言》亦谓：“江宁市间买物欲其增益曰饶。”在《吴歌戊集》中也有这样的民歌唱道：“娘问囡吾买肉买得能长远？扳牢砧磴讨饶头。”

麦芽糖是苏式糖果制作中重要的原料。柔软的饧糖经过反复拉扯（俗称“拉糖”）之后，深黄色的饧糖逐渐变成白色的糖块。在“拉糖”之前，可以在糖浆中添加不同的食材，搅和均匀，最后可以制作成不同口味、不同形状的糖果。在苏州最负盛名的苏式糖果，如贝母贡糖、松仁粽子糖、玫瑰糖、薄荷糖、梨膏糖、桂圆糖、脆松糖、芝麻管糖、龙须糖等，都是在饧糖中添加各式花、果食材，制作成不同形状，独具风味，蜚声海内外。光绪年间，苏州名医曹沧洲入宫为慈禧太后治病，进献采芝斋的粽子糖，深得慈禧之心，便被赐名为“贡糖”。1954年，周恩来总理在日内瓦召开的国际会议上，用采芝斋的苏式糖果招待外国友人，粽子糖因此声誉大振，有“中国糖”之美誉。

窨　花

冬末春初，虎丘花肆能发非时之品，如牡丹、碧桃、玉兰、梅花、水仙之类，供居人新年陈设，谓之窨花。蔡云《吴歈》云：“牡丹浓艳碧桃鲜，毕竟唐花尚值钱。野老折梅柴样贱，数枝也彀买春联。”

案：周密《癸辛杂志》载：“唐花之法，以纸饰密室，凿地作坎，缏竹置花其上，粪土以牛溲、硫黄，尽培溉之功。然后置沸汤于坎中，候汤气薰蒸，则扇之微风，经宿则花放矣。”陆启浤《北京岁华记》云：“腊月束梅于盎，匿地下五尺许。更深三尺，用马通燃火，使地微温，梅渐放白，用纸笼之，鬻于市。小桃、郁李、迎春皆然。”张萱《疑燿》云：“京师地窖养花，其法传自汉世。大官园冬种葱韭菜茹，覆以屋庑，昼夜燃煴火，得温气，诸菜皆生。召信臣为少府，谓此皆不时之物，有伤于人，不宜以奉供养，奏罢之。”但此法以养菜蔬，未尝养花木也。且在汉止言覆以屋庑，今皆掘堑坑以窖之。盖入冬，土中气暖，其所养花木，借土气、火气相半也。钱塘吴曼云有是题诗云：“天将巧伎付花师，幻出奇芳日几枝。似此火攻真易易，却嫌风信故迟迟。挽回造化司春事，点缀冰霜匝地时。安得小长芦太史，试灯佳节共裁诗。”

【导读】

明清以来，虎丘山麓一带聚集了大批花农，种植大量鲜花，由此而形成名闻遐迩的虎丘花市，详见本书卷六“珠兰茉莉花市”条的导读部分。虎丘花农的园艺水平高超，掌握了“窨花”技术，可以在春节期间反季节上市销售牡丹、碧桃、玉兰等鲜花。这一技术在古代又叫作“唐花”或“堂花”。所谓“唐”，即“煻”，指在室内花房中，用灰堆中的小火烘烤，提高室温，实现花期调整和控制，让原本花期在仲春及晚春的花卉在春节绽放。因不同季节的鲜花在春节期间齐聚一堂，故而又称为“堂花”，潘荣陛、富察敦崇《燕京岁时记》有谓：“谓熏治之花为唐花……牡丹呈艳，金桔垂黄，温香扑鼻，三春艳冶，尽在一堂，故又谓之堂花也。”晚清诗人黄遵宪就曾在春节时见莲花、菊花、桃花齐插于一瓶的场景，遂作《以莲菊桃杂供一瓶作歌》曰：“唐人本自善唐花，或者并使兰花梅花一齐发。”

随着现代生物技术的发展，调整、控制花期的技术更为成熟简便，加上现代物流的发达，南方热带产的花卉也能在春节前后供应至苏州乃至更寒冷的北方地区，古人所谓的“唐花”在现代已不再稀奇。

这些花走进千家万户，美化家居环境，给节日增添了喜庆的氛围。

三朝迷路发西风

土俗以寒冬连朝，久雾不开，主西风大作，谚云："三朝迷路发西风。"

案：陶谷《清异录》谓雾曰"迷空步障"，《表异录》作"迷天步障"。吾乡谓雾曰迷路，谓雾重迷不得路径也。

弥陀生日

十七日，相传为弥陀佛降生东土。农人候风占米价，若吹东南风，主米贵；西北风，主米贱。谚云：“风吹弥陀面，有米弗肯贱；风吹弥陀背，无米弗肯贵。”

案：长、元、吴《志》皆云：“十一月十七日，为弥陀生日，农人候风，以占米价之贵贱。”并载是谚。

腊　雪

腊月雪，谓之腊雪，亦曰瑞雪，杀蝗虫子，主来岁丰稔，谚云："腊天一寸雪，蝗虫入地深一尺。"又以腊中得雪三次，宜麦，谚云："若要麦，见三白。"又云："腊雪是个被，春雪是个鬼。"

案：九县《志》皆云："十二月喜雪，杀蝗虫子，主来年丰。"长、元《志》皆载谚云："一寸雪入泥一尺，一尺雪入泥一丈。"又苏东坡诗："遗蝗入地应千尺。"《吴县志》又云："冬至后第三戊为腊，腊前三番雪，名曰三白。"张鷟《朝野佥载》云："一腊见三白，田公笑吓吓。"

十二月

廿四夜送灶

年夜饭

跳灶王（跳，俗呼如条音；王，呼作巷，平声。）

月朔，乞儿三五人为一队，扮灶公、灶婆，各执竹枝，噪于门庭以乞钱，至二十四日止，谓之跳灶王。周宗泰《姑苏竹枝词》云："又是残冬急景催，街头财马店齐开。灶神人媚将人媚，毕竟钱从囊底来。"

案：李廓《镜听词》："匣中取镜辞灶王。"是称灶神为灶王，唐时已然。又李绰《秦中岁时记》："岁除日，进傩，皆作鬼神状，内二老儿，为傩公、傩母。"家雪亭《土风录》谓，即今之灶公、灶婆。蔡铁翁诗："索钱翁媪总成双。"《后汉》："季冬大傩，谓之逐疫。"《梁书》云：

“傩，谓之野云。”《南史·曹景宗传》：“尝于腊月使人在宅中作邪呼逐除，为野云戏。”赵彦卫《云麓漫钞》亦云：“岁将除，都人相率为傩，俚语呼为野云戏。”褚人获《坚瓠集》云：“今吴中以腊月一日行傩，至二十四日止，丐者为之，谓之跳灶王。”《昆新合志》又谓之“保平安”，户各舍米，升合不等。盖旧俗于二十四日，是日必祀灶，有若娱灶神然。后以一日不能遍，改而先期，今遂以月朔始矣。如长、元《志》载：“二月初一日，观傩于市，二十四日止。”《吴县志》：“十二月朔，给孤园中人扮灶王，二十四日止。”而范《志》谓：“腊月二十五夜，观傩。”今非。惟江、震《志》并载：“二十四日，丐者涂抹变形，装成男女鬼判，嗷跳驱傩，索之利物，俗呼跳灶王。”周密《武林旧事》亦云：“二十四日，市井迎傩。”又吴曼云《江乡节物词》小序云：“杭俗：跳灶王，丐者至腊月下旬，涂粉墨于面，跳踉街市，以索钱米。”诗云：“借名司命作乡傩，不醉其如屡舞傞。粉墨当场供笑骂，只夸囊底得钱多。”

【导读】

本条和下一条“跳钟馗”都属于民间傩舞的表演，《（乾隆）长洲县志》卷十就言之甚明：“十二月，观傩于市，初一日扮男女灶王，向人家跳舞乞钱，至二十四日止。”傩舞是汉民族传承至今最为古老的一种舞蹈表演形式，它源于原始先民的自然崇拜、图腾崇拜和巫术意识。原始先民为了祈求自然的恩赐，庆祝丰收和喜庆，驱除各种灾难、疾病，就身穿神灵的服饰，戴上面具，模仿神灵起舞。傩舞以其浓郁的宗教色彩和艺术感染力，在民间具有很大的影响，是中国古代重要的民间信仰活动。明清时期，傩舞依然盛行于全国各地，傩舞的内容和表演形式不断丰富，还形成了京派、苏派、闽派、湘派等不同的流派和风格。2010年，联合国教科文组织将傩舞列入人类非物质文化遗产代表作名录。

以苏州、无锡、常州为代表的苏派傩舞，自成体系，舞蹈内容丰富，体现出水乡生产劳作的特色，如祭祀水神、龙王、土地等，祈求风调雨顺，农业丰收。此外，还有跳灶神、跳钟馗这样极具吴地生活风情的内容。吴地傩舞在民间舞蹈艺术中融合了优美的江南民间音乐、戏剧、服饰等各种艺术，具有重要的艺术审美价值和社会文化内涵。尤其是明清以来苏州繁荣发达的戏装、戏具制作行业，为江南地区傩舞表演提供了制作精美的服饰、面具和各种表演道具。

跳钟馗

丐者衣坏甲胄，装钟馗，沿门跳舞以逐鬼，亦月朔始，届除夕而止，谓之跳钟馗。周宗泰《姑苏竹枝词》云："残须破帽旧衣裳，万两黄金进士香。宝剑新磨堪逐鬼，居然护国有忠良。"

案：吴自牧《梦粱录》云："入腊，街市即有丐者，三五人为一队，装神鬼、判官、钟馗、小妹等形，敲锣击鼓，沿门乞钱，呼为打夜胡。"在宋时已始于月朔。又《吴县志》："十二月朔，亦有扮钟馗者，至二十四日止。"今俗则否。《昆新合志》亦云："除夕乃止。"家雪亭《土风录》

云："装钟馗、判官，即'方相氏蒙熊皮，黄金四目，执戈扬盾，以索室驱疫'之遗意。"

腊八粥

八日，为腊八，居民以菜果入米煮粥，谓之腊八粥。或有馈自僧尼者，名曰佛粥。李福《腊八粥》诗云："腊月八日粥，传自梵王国。七宝美调和，五味香糁入。用以供伊蒲，借之作功德。僧尼多好事，踵事增华饰。此风未汰除，歉岁尚沿袭。今晨或馈遗，啜之不能食。吾家住城南，饥民两寺集（时开元、瑞光两寺，官设粥厂，救济贫民）。男女叫号喧，老少街衢塞。失足命须臾，当风肤迸裂。怯者蒙面走，一路吞声泣。问尔泣何为？答言我无得。此景亲见之，令我心凄恻。荒政十有二，蠲账最下策。

悭囊未易破，胥吏弊何极！所以经费艰，安能按户给？吾佛好施舍，君子贵周急。愿言借粟多，苍生免菜色。此志虚莫偿，嗟叹复何益？安得布地金？凭仗大慈力。睠焉对是粥，跂望蒸民粒。”

案：《荆楚岁时记》：“十二月初八日，为腊日。”《魏台访议》：“汉以戌腊，魏以丑腊。”是腊非定以初八日也。又《西域诸国志》云：“天竺国以十二月十六日为腊。”而《唐书·历志》以十二月为腊月，故八日为腊八。吴自牧《梦粱录》云：“十二月八日，寺院谓之腊八。大刹等寺俱设五味粥，名曰腊八粥。”又孟元老《东京梦华录》：“十二月初八日，诸僧寺送七宝五味粥于门徒斗饮，谓之腊八粥。”一名佛粥，陆放翁诗：“今朝佛粥更相馈，反觉江村节物新。”周密《武林旧事》云：“寺院及人家皆有腊八粥，用胡桃、松子、乳蕈、柿、粟之类为之。”又孙国敉《燕都游览志》云："十二月八日，民间作腊八粥，以米果杂成多者为胜。"又吴曼云《江乡节物词》小序云："杭俗：腊八粥，一名七宝粥，本僧家斋供，今则居室者亦为之矣。"诗云："双弓学得僧厨法，瓦钵分盛和蔗胎。莫笑今年榛栗少，记曾画粥断齑来。"而九县《志》亦皆云："十二月八日，以菜果入米煮粥，名曰腊八粥。"

【导读】

"腊八"的历史可以追溯到古时的岁末"蜡祭""腊祭"。"蜡祭""腊祭"早先是有着一定区别的。"蜡祭"在先秦时期是岁末的重大祭祀活动，据《礼记·郊特牲》等典籍的记载，丰收的年份或丰收的地区，在岁末都会举行盛大的"蜡祭"，用各种丰盛的收获之物，作为祭品祭祀天地自然以及与农业生产有关的各路神灵，在一定意义上具有感恩自然之意。这正如《礼记·郊特牲》所说："万物育功民者，神使为之也，祭之以报焉。”《礼记·郊特牲》中明确记载了“天子大蜡八，伊耆氏始为蜡”，并摘录了伊耆氏时代在蜡祭时候所歌唱的《蜡祝辞》：“土反其宅，水归其壑，昆虫毋作，草木归其泽。”体现了先民祈求来年风调雨顺、作物丰收的美好愿景。“腊祭”则是用干肉祭祀祖先的岁末祭祀仪式。后世，“蜡”“腊”混用不分，统作为岁末的重要祭祀活动，汉代大儒郑玄在笺注这段记载的时候说：“祭谓既蜡，腊先祖五祀也，于是劳农以休息之。”

从郑玄的笺注可以看出，周代的蜡祭除了感恩自然之意外，还有“劳农”“休息”的意义，因而在周代文献的记载中，岁末蜡祭在隆重的祭祀典礼之外，还有民众庆祝丰收的狂欢内容。《周礼·春官》记载了岁末蜡祭时的歌舞场景曰：“国祭蜡，则吹《豳》颂，击土鼓，以息老物。”而《诗经·豳风·七月》更是通过形象生动的笔触描写蜡祭时，新稻酿新酒、烹羊宴饮的狂欢：“朋酒斯飨，曰杀羔羊。跻彼公堂，称彼兕觥，万寿无疆。”孔子的弟子子贡见到岁末蜡祭的这般盛况后，不觉感叹道：“一国之人皆若狂。”孔子对此作出这样的评价道：“百日之劳，一日之泽，非尔所知。”（《礼记·杂记》）认为这是百姓在常年的辛勤劳作之后，在岁末蜡祭中应有的喜庆和欢乐。

汉代学者应劭在其所著《风俗通义》中把孔子对蜡祭的这种理解加以延续，同时在风俗中增加了辞旧迎新的内涵：“腊者，接也，新故交接，故大祭以报功也。”直到今日，无论南方还是北方，民间都有“过了腊八就是年”的说法，家家户户开始准备年货，准备和家人团聚，为迎新祈福做各种准备。

南北朝时期，佛教在中国的传播越来越广，影响力日增，与佛教文化紧密相关的“腊八”逐渐和先秦时期的“蜡日”“蜡祭”混杂、合流。南朝梁宗懔在《荆楚岁时记》中有记载曰：“十二月八日为腊日，《史记·陈胜传》有腊日之言，是谓此也。”经历了唐宋时期，早期的“蜡祭”和“腊八”逐渐融合，被“腊八”所替代。就现存的文献来看，北宋时期的“蜡祭”和“腊八”还是有所区别的，吴自牧《梦粱录》记载宋都开封城内十二月的节俗时，还明确说道：“至冬至后戌日，数至第三戌，便是腊日，谓之君王腊……此月八日，寺院谓之腊八，大刹等寺俱设五味粥。”

对后世影响最大的腊八节风俗就是喝腊八粥。关于腊八粥的来历，也有多种不同说法，在民间故事和民间传说中尤多。吴地的寺庙，每年腊月初八都会布施腊八粥，因而与佛教有关的故事流传最广。在佛教传统中，腊月初八是“佛成道日”，这一说法源自《佛本行集经》中的记载：释迦牟尼在修佛成道的过程中，曾食用了善生村主二女奉上的乳糜，因而“身体相好，平复如旧，端正可喜”，在菩提树下冥想七七四十九天之后，终于悟道，修成“无上正等正觉”。此日正是腊月初八，后世佛教徒将此日称为“佛成道日”。为了庆祝这一重要的日子，每年的腊月初八，寺庙都会“恭遇本师释迦如来大和尚成道之辰，率比丘众，严备香花灯烛茶果珍羞，以申供养”（唐代《百丈清规》卷二），同时还会选用五谷杂粮果品等食材熬粥来供佛，并用于布施，让天下的黎民百姓在一碗暖意十足的腊八粥中，驱除冬日的寒冷和各种疫病灾难，感受到丰收的喜悦和人情的温暖。

腊八粥因选用食材丰富，在苏州亦有“八宝粥”之称，《（民国）吴县志·物产》中有谓：“八宝粥：糯米杂果品伴粥，曰八宝粥。夏日用绿豆，曰绿豆粥；十二月八日，僧尼以八宝粥馈遗檀越，曰腊八粥。”腊八粥在熬制时，因使用食材的不同，有甜口和咸口的区别。甜口的腊八粥一般多选用红枣、莲子、桂圆、核桃仁、花生仁、红豆、葡萄干等适合做甜品的各种食材，咸口的腊八粥一般选用大米、咸肉、鲜肉、鸡肉、香菇、火腿以及青菜、慈姑等各种新鲜蔬菜和豆类一起熬制。腊八粥选用食材的品种和多寡，各家不一，丰俭由人。

清代末年黄云鹄所著《粥谱》《广粥谱》也记载了腊八粥，并从养身的角度，对熬制腊八粥的各种食材的养生功效多有阐述，诸如调养脾胃、养肝明目、养心清肺、利尿通便等，这些理念不仅在现代医学中得到证实，也受到越来越多现代人的认可。在《广粥谱》的序言中，黄氏更把包括腊八粥在内的传统“粥道”中所寓含的“仁心仁术”加以阐述和弘扬，其中有曰：“予既辑《粥谱》，为养老、养生之助，因思俭岁救饥，必资糜粥。得法则多全生命，不得法则弊生而饥民，转易死。仁心仁术，两相资，不得不豫为讲求也。”

随着人口流动的加速，来苏州生活工作的北方人日渐增加，北方腊八节腌制“腊八蒜”的习俗在苏州也有一定流传，这给苏州腊八节的民俗增添了新的内容。

2017年1月，姑苏区开启了首届腊八民俗文化节，举办各种与腊八节相关的民俗活动，其中最受人关注的当数给城市志愿者、交警赠送“暖心腊八粥”，发扬腊八节的感恩文化内涵。2018年的第二届腊八民俗文化节上，又发布了腊八节的吉祥物——“腊哥八妹”，采用桃花坞木刻年画的艺术表现手法，塑造了一对生动可爱的兄妹形象。他们分别手托盛满甜、咸两种口味腊八粥的青花瓷碗，美味的腊八粥让他们不由自主地伸出舌头舔着嘴唇。在此基础上，又设计并推出了“腊哥八妹”的表情包，融入网络文化中。

年　糕

黍粉和糖为糕，曰年糕，有黄、白之别。大径尺而形方，俗称方头糕；为元宝式者，曰糕元宝。黄白磊砢，俱以备年夜祀神、岁朝供先，及馈贻亲朋之需。其赏赉仆婢者，则形狭而长，俗称条头糕；稍阔者曰条半糕。富家或雇糕工至家，磨粉自蒸；若就简之家，皆买诸市。春前一二十日，糕肆门市如云。蔡云《吴歈》云："腊中步碓太喧嘈，小户米囤大户廒。施罢僧家七宝粥，又闻年节要题糕。"又李福《年糕》诗云："珍重题糕字，风光又一年。为储春糗饵，预听磨盘旋。筛细堆檐雪，蒸浮袅灶烟。吉祥同粽熟，摩按胜粢坚。甘许糖调蔗，香应稻识莲。尺量圭待琢，寸断线频牵。外倩瓜仁剥，中容枣实填。狭看持石笏，方拟运花砖。品佐酬神馔，盘添压岁钱。馈遗亲谊厚，赉赏大家便。回首重阳酒，掌腰二月天。人情还可笑，黄白肖形偏。”

案：《周官·笾人职》曰：“羞笾之实，糗饵粉餈。”注：“《方言》：‘饵谓之糕，或谓之餈。’糕，捣黍为之。”《楚词》有“粔籹”，注曰：“环饼。吴人谓糕曰膏环，亦谓之‘寒具’。《方言》谓之‘糕’。”杨循吉《除夜杂咏》云：“邻里馈糕通。”吴谷人有《糕元宝》诗云：“世人皆爱宝，名字及糕糍。口腹奢如此，金银饵岂知？老馋争炙热，一饱已倾赀。转笑堆成屋，何曾会疗饥？”

【导读】

春节期间，年糕是苏州人餐桌上必不可少的食物，桂花糖年糕和猪油年糕、小圆子、糯米八宝饭，号称苏州人年味的“四大名旦”。过去，一般人家会在家里蒸制年糕，现在仅有苏州的少数地区还保留了这一习俗，更多的人则到黄天源、明月楼、万福兴等知名的糕团店购买。

糕团是苏州人一年四季不可缺少的重要食物，每个节令都有应季的糕团。现在苏州市面上常见的时令糕团有二月初二“撑腰糕”，三月清明“青团子”，四月十四“神仙糕”，五月初五“绿豆糕”，六月二十四“谢灶团”，七月中元节“豇豆糕”，八月二十四“糍毛团”，九月九“重阳糕”，十月“萝卜团”，十一月“冬至团”，十二月“桂花糖年糕”。用大米制作的糕点名目繁多，还有枣泥拉糕、五色大方糕、松子黄千糕、椒盐麻糕、枣松猪油夹糕、五色松糕、马蹄糕、炒肉馅团、双馅团、薄荷糕、米蜂糕、松花粉团子、南瓜团、南瓜糕、油氽团子等。此外还有面粉制作的各色糕点，如梅花糕、海棠糕、玫瑰酒酿饼、苏式鲜肉月饼等，无不深受苏州百姓和外地游客的喜爱。

冷　肉（祭山猪）

乡人豢猪于栏，腊月宰之，卖于居人，充年馔之需，谓之冷肉。或乡人自备，以祭山神者，祭毕，复卖于人，俗名祭山猪。

案：陆放翁诗："釜粥芬香饷邻父，阑猪丰腯祭家神。"自注："蜀人豢猪于阑，腊中供祭，谓之岁猪。"吴谷人《新年杂咏》小序云："杭俗：岁终祀神尚猪首，至年外犹足充馔。定买猪头，在冬至前，选皱纹如寿字者，谓之寿字猪头。屠人肩送至门，曰送元宝来。于是腌透风干，以备敬神之用。"吾乡祀神，偶或用猪头，则多以鲜者。

【导读】

旧时，乡村饲养的猪等家畜通常集中在岁末出栏宰杀，以备过年之需，民间称之为“年猪”。明清时期，苏州生猪交易和贸易较为活跃发达。乾隆二十七年（1762），二十余位猪行老板在山塘河南岸的莲花斗创建了“毗陵公墅”，也就是苏州老百姓俗称的“猪行”，此地后来就以“猪行河头”命名，一直延续到今天。苏州还有一条叫作“腌猪河头”的小巷，位置则在山塘桥的东侧。乾隆时期，苏州人徐扬所绘《盛世滋生图》（又名《姑苏繁华图》）中，山塘街上有一店家门口挂着“腌猪老行”的店招，这里就是山塘街东面腌制咸肉的集散地——“腌猪河头”，这一地名今日犹存。旧时，穷人只有过年的时候会到此地购买咸肉或。

年猪除了过年供家人食用之外，还有一个重要的作用——祭祀。古代帝王祭祀宗庙的规格最高，祭品备有整头的牛、羊、猪三牲（或用牛头、羊头、猪头），称为“太牢”；诸侯、卿大夫祭祀宗庙时的牺牲，只用羊、猪二牲，称为“少牢”；民间百姓在年节祭祀时的祭品，则根据家庭条件等实际情况，用猪头、整块猪五花肉，或是整条的鱼类、蛋类等。

送历本

各图地保以新历逐户分送人家，必酬以钱文，如市价而倍之，号为送历本。

案：周密《武林旧事》："都下自十月以来，朝天门内外竞售锦装新历。"吾乡新历，在阊、胥一带书坊悬卖，有官板、私板之别。官板，例由理问厅署刊行；所谓私板，民间依样梓印，印成仍由理问厅署钤印，然后出售。闻诸父老云："里正送新历，始行于乡村，后沿于城中。"张渔川有《咏时宪书庆清朝》词云："珠殿颁初，书棚悬后，行行墨翠朱殷。须省数时，探节趋避多端。纵不识丁也买，开编春早又冬阑。随年换，糊窗帖绣，故纸抛残。　　闲儿女，多拘泥，为上头穿耳，撰日偷看。那得此身重见，花甲循环。却笑虫鱼草木，厕名月令管暄寒。闻郎返，检逢归忌，又蹙眉山。”

【导读】

我国古代的历法具有悠久的历史，殷墟甲骨刻辞中就有一页甲骨历，充分表明早在三四千年前，中国已经具有完备的历法体系。随着雕版印刷术的发展和成熟，唐宋时期已经出现了雕版印刷的历书（日历，后世也称为“通书”“时宪书”“皇历”“黄历”等）。据史书记载，唐文宗大和九年（835），官方开始印制历书，甫一推出，深受百姓欢迎，民间很快就出现了私印的历书，为此，唐文宗旋即下诏严禁私置历日之板。唐代官印历书上，除了历日、岁时之外，还有大量有关行事宜忌等的内容，一直延续至后世。英国伦敦不列颠博物馆藏有两件唐代的官印历书，分别是唐僖宗乾符四年（877）和中和二年（882）的，是现今世界上所存最早的中国古代刻印的历书。

由于古代的历书一般都是由皇家官印的，故而俗称为“皇历”。出于政治、经济双重因素的考量，历代政府对私印历书都明令禁止，且惩罚严厉。但毕竟民间需求数量巨大，且官方印制的历书价格较高，因而民间私下编印历书屡禁不绝。清乾隆十六年（1751），朝廷顺应民意和社会需求，准许民间翻刻官印的历书，且不必加盖钦天监的印信，民间私板历书就不算违法。自此之后，民间商家开始争夺历书的市场份额，民间的私板历书，内容越来越丰富，除了日期、干支、节气等内容之外，但凡百姓喜欢的内容，诸如“三千百”（《三字经》《千字文》《百家姓》）、民间偏方、对联诉状等，无不登载，堪称一本“百科全书”，历书在民间也就有了“万事不求人”的别称。但是在顾禄《清嘉录》的记载中，即便朝廷有了新的规定，在苏州，民间私板历书依然要由理问厅（江苏布政使司直属，掌管勘核刑名等事务）勘核钤印。

民国时期，在孙中山先生的倡导下，我国开始使用西历（俗称“公历”），历书也随之而发生变化，采用“阴阳合历”。这一时期，传统的历书在江南农村依然很常见，在农民的日常生活中有着举足轻重的地位，费孝通《江村农民生活及其变迁》一书中曾说：“历本并非村民自己编排，他们只是从城镇买来一红色小册子，根据出版的历本来进行活动。他们不懂其历法的原理，他们甚至不知道历本是哪里发行或经谁批准的。因政府禁止传统历，出版这些小册子是非法的。……在任何一家人的房屋中都可以找到这本小册子（按：指历书），而且在大多数情况下，这往往是家中唯一的一本书，人们通常将它放在灶神爷前面，被当作是一种护身符。”

晚清民国以来，上海逐渐兴起了一种兼具实用性、艺术性、观赏性的新型月历——“月份牌”。月份牌的兴起，与上海开埠有着密切的联系。早期在上海开厂设店的外商，为了宣传自家的产品，把商品广告融入在配有月历、节气的中国传统年画中，俗称“历画”“月份牌”。早期的“月份牌”多由中国画师绘制，除了商品之外，题材包罗万象，有中国传统的山水、仕女人物、戏曲故事等，采用传统绘画的工笔手法，施以重彩或淡彩。后期的“月份牌”则集中表现上海都市生活的时尚和“摩登”，多以时装美女为主要形象，多采用西洋绘画的写实手法，色彩明艳鲜亮。有了现代印刷工艺的推波助澜，这种采用铜版纸彩色胶印的现代月份牌深受欢迎，并迅速风行全国，风靡一时，成为年代感极强的一种记忆。“月份牌”一般被商家作为赠品用来宣传、推销商品，往往在岁末年初大量赠送。清光绪九年十二月二十八日（1883年1月25日）《申报》头版的显要位置，就刊发了《申报》馆免费派发“月份牌”的启事：“本馆托点石斋精制华洋月份牌，准于明正初六日随报分送，不取分文。此牌格外加工，字分红绿二色，华历红字，西历绿字，相间成文。华历二十四节气分列于每月之下，西人礼拜日亦挨准注于行间，最宜查验。印以厚实洁白之外国纸，而牌之四周加印巧样花边，殊堪悦目。诸君或悬诸画壁，或夹入书毡，无不相宜。”甚至上海的彩票行也在《申报》登载广告，也标明随彩票附送“月份牌”。

现在的历书形式多样，不仅有传统的老黄历，还出现了主题多样、设计新颖、印刷精美的各种挂历、年历、台历、工作日历、手账等。特别是近年来出现的各式文创台历，很受青年人的喜欢。如3D纸雕模型日历，每过一天撕掉一页日历纸，一年过后，呈现的是一个3D立体模型。随着电子时代科技的发展，已经出现了各种应用便捷的电子台历、手机应用软件日历APP，同时载有公历、农历和干支的对照，查阅方便，还可以用来随手记录工作计划、安排和作为备忘录使用。

又，顾禄正文所及“各图地保”中的“图”，是指古代村一级的行政规划，以前叫“里”，后来改成“图”。顾炎武《日知录》卷二十二专门对“图”作出解释：“宋时登科录必书某县某乡某里人。《萧山县志》曰：‘改乡为都，改里为图，自元始。’《嘉定县志》曰：‘图即里也。不曰里，而曰图者，以每里册籍首列一图，故名曰图。’是矣。今俗省作图。谢少连作《歙志》乃曰：‘图，音鄙。《左传》：都鄙有章，即其立名之始。’赵宦光亦曰：‘都，鄙，本作啚，俗误读图。’其说凿矣。”

叫火烛

残年，永夕有击柝，沿街高唱“警防火烛小心”者，名曰叫火烛。

案：蔡铁翁诗云：“黄昏火烛何人叫？乞丐沿门打竹梆。”今俗即巡更者为之。

【导读】

现在苏州古城区的一些小区新村中，还保存着社区工作人员或志愿者在傍晚时分巡视社区安全，用传统“巡更”“叫更”的做法，提醒居民住户关好门窗、小心火烛等，这些安全提醒和防范措施，是打造现代安居环境的重要途径之一。

打埃尘

腊将残，择宪书宜扫舍宇日，去庭户尘秽。或有在二十三日、二十四日及二十七日者，俗呼打埃尘。蔡云《吴歈》云："茅舍春回事事欢，屋尘收拾号除残。太平甲子非容易，新历颁来子细看。"

案：《岁时琐事》："十二月二十四日，扫舍宇，凡有所为，不择宪书，多嫁娶，谓之乱丝日。"《月令精钞》："二十四日为无忌日。"九邑《志》皆于二十四日祓房尘，犹本"乱丝无忌"之说。徐崧、张大纯《百城烟水》则云："二十七日，扫屋尘，曰除残。"杨循吉《除夜杂咏》云：

"除尘旧室攻。"又吴自牧《梦粱录》云:"士庶家不论贫富,俱洒扫门闾,去尘秽,净庭户。"亦在除夕。

【导读】

"打埃尘",俗称"掸檐尘""掸尘",在新年来临之际,在家中打扫卫生,在旧时有"除旧布新"之意。《(光绪)周庄镇志》中记载了民间的一种传说:"(腊月)二十五日,相传诸神下降,察人善恶,戒出粪秽。"故而在此之前需要在屋内屋外彻底打扫,扫尽埃尘、蛛网等污秽之物。岁末洒扫,也是现代人迎接新年的一项重要家务活动和节日习俗,只是不一定如古人那样,明确在腊月二十三、二十四。随着现代生活条件的提高,一般人家还会用绿植、鲜花、窗花以及中国结、红灯笼等挂件进行适当的布置和美化,营造窗明几净的优雅环境,喜度新春。

在苏州的太仓,把扫尘与驱傩仪式结合在一起。

《(康熙)太仓州志》有记载曰:“二十四日,拂屋尘,乞儿涂面执竹枝傩于门。”施若霖《(道光)璜泾志稿》卷一亦有同样的记载,在追溯其源的同时还作有考证曰:“二十四日,拂屋尘,乞儿涂面,执竹枝,傩于门,名‘跳(音同调)灶王’。《志略》曰:‘《邑乘小识》云:古巫觋婆娑乐神,今俗祀神,而歌舞以娱之,曰跳神。’但傩所以逐疫,自是古礼,今以是日祀灶,而以‘跳灶王’名之,失其意矣。”

过　年

择日悬神轴，供佛马，具牲醴、糕果之属，以祭百神。神前开炉炽炭，俗呼圆炉炭。锣鼓敲动，街巷相闻，送神之时，多放爆仗，有单响、双响、一本万利等名。或有买编成百千小爆，焠之连声不绝者，名曰报旺鞭。谓之过年，云答一岁之安，亦名谢年。蔡云《吴歈》云："三牲三果赛神虔，不说赛神说过年。一样过年分早晚，声声听取霸王鞭。"又云："饮福叨尝酒满壶，通红火炭就圆炉。年头年尾空还愿，到底钱神有也无？"

案：许慎《说文》："冬至后三戌为腊，腊祭百神。”汉应劭《风俗通》云：“腊者，接也，新故交接，故大祭以报功也。”吴自牧《梦粱录》云：“除夜迎神，则备香花供物，以祈新岁之安。”范《志》：“除夕祭瘟神。”又江、震《志》：“除夕祀众神。”云：“门、井、圊厕、豚棚、鸡埘皆有祭。”长、元《志》皆云：“爆仗声多者，名霸王鞭。”杭州《府志》亦作“霸王鞭”。又吴谷人《新年杂咏》小序云：“爆仗有单响、双响、遍地锦、霸王鞭、一本万利、春雷百子，名目不同，音响斯别。”或云“霸王鞭”应作“报旺鞭”，报来岁兴旺之意。朱鹿田《五夜灯词》云：“报旺鞭走火长轮。”

盘龙馒头

市中卖巨馒，为过年祀神之品。以面粉抟为龙形，蜿蜒于上，复加瓶胜、方戟、明珠、宝锭之状，皆取美名，以谶吉利，俗呼盘龙馒头。

案:《华亭县志》载:“施相公，讳锷，宋时诸生，山间拾一小卵，后得一蛇，渐长，迁入筒。一日，施赴省试，蛇私出乘凉，众见金甲神在施寓，惊呼有怪，持锋刃来攻，无以敌。闻于大僚，命总兵殛之，亦不敌。施出闱，知之，曰:‘此吾蛇也，毋患。’叱之，奄然缩小，俯而入筒。大僚惊曰:‘如是，则何不可为？’奏闻，施立斩。蛇怒，为施索命，伤人数十，莫能治。

不得已，请封施为护国镇海侯。侯嗜馒首，造巨馒祀之，蛇蜿蜒其上以死。至今祀者，盘蛇象于馒首，称侯曰相公。”云云。吾乡谢神筵中，必祀施相公，馒首特为施而设，蜿蜒于上者，乃蛇也，而皆作龙形，亦日久沿讹耳。

【导读】

馒头制作要经过发酵、蒸制的过程，俗以“发”“蒸”之音寓“富贵发财”“蒸蒸日上”等口彩，故南北各地都会制作馒头、馍等面食，迎接新年。在山东、山西、河南、陕西、甘肃等北方地区，在过年前就会制作寓意吉祥、造型精美丰富、色彩鲜艳的“花馍”（也称“面花”“面塑”“窝窝花”“糕花”），用于祭祀神灵、祖先，也作为节日里的馈赠礼品。“花馍”的制作技艺已被列入国家非物质文化遗产名录。面食虽不是吴地最主要的食物，但年节里，人们也会制作诸如“盘龙馒头”这样的花式面点。在常州的部分农村，至今依然保留着春节前制作“堆花糕团”的习俗，只是所用食材的原料是糯米粉，而不是面粉，“堆花糕团”也被列入常州市非物质文化遗产名录。

念四夜送灶

俗呼腊月二十四夜为念四夜，是夜送灶，谓之送灶界。比户以胶牙饧祀之，俗称糖元宝。又以米粉裹豆沙馅为饵，名曰谢灶团。祭时，妇女不得预。先期，僧尼分贻檀越灶经，至是，填写姓氏，焚化禳灾。篝灯载灶马，穿竹箸作扛，为灶神之篙，舁神上天，焚送门外，火光如昼。拨灰中篝盘未烬者，还纳灶中，谓之接元宝。稻草寸断，和青豆为神秣马，具撒屋顶，俗呼马料豆。以其余食之，眼亮。蔡云《吴歈》云："媚灶家家治酒筵，妇司祭厕莫教前。剉柴撒豆喂神马，小小篮舆飞上天。"又郭麐《送灶词》云："白米出磨如玉尘，张馇作饼甘入唇。青竹灯檠缚舆轿，红笺翦碎糊车轮。愿侯上天莫逡巡，祝侯之来福我民。勃溪诟谇侯不闻，男呻女吟侯不嗔。常时突烟有断绝，有时腷膊烧湿薪。侯居我家亦云久，亮如鲍叔知我贫。上天高高帝所远，虮虱小臣纵疏懒。平生所事不欺人，何况我侯皆在眼。今朝再拜前致词，富且不求余可缓。有酒在瓶盛在盆，故事聊以糟涂门。安知司命不一醉，我已独酌余空樽。千家送神爆竹齐，小儿索饭门东啼。"又杨秉桂诗云："残蜡匆匆一年又，门丞贴旧须眉皱。祀灶人家好语多，烛影草堂红善富。记得年时小除夕（江、震风俗：以二十四日为小除夕），堆盘寒具香粳白。相传是夕侯升天，拜跪都求侯感格。今年小民觉善祷，东邻更比西邻早。谓言春在廿四前，准诸腊祭当参先。我闻此说颇心契，晨炊犹遵汉时祭。铙吹江乡黩祀多，得一古风足勉厉。一室团栾阿荣拜，阿熙爆竹惊如怪。索果哇哇戏阿勋，痴呆欲共而翁卖。司命一醉底复醒？元亭有客愁瓶罄。”

案:《韵鹤轩笔谈》谓:“昔吴主女讳二十，故至今吴人犹以二十为念。”冯应京《月令广义》:“燕俗，镌灶神于木，以纸印之，曰灶马。”吴俗呼为灶界，以红纸销金为之，一年一换。又云:“以腊月二十四日焚之，为送灶上天，合家少长罗拜，祝曰:‘辛甘臭辣，灶君莫言。’”周处《风土记》:“腊月二十四日夜，祀灶，谓灶神翌日上天，白一岁事，故先一日祀之。”韩桂舲《腊月二十四日万安舟中作》云:“十八滩头一叶身，人言司命醉今辰。扪心一一从头数，无过无功可告神。”孟元老《东京梦华录》云:“年夜贴灶马于灶上，以酒糟涂抹灶门，谓之醉司命。”今俗不以糟，以饧。周密《武林旧事》已载:“二十四日祀灶，用花饧米饵。”又吴自牧《梦粱录》:“二十四日,不以贫富,皆备蔬食、饧豆祀灶。此日市间及街坊叫卖胶牙饧。”范成大《吴郡志》亦云:“二十四日祀灶,用胶牙饧,谓胶其口,使不得言。”而《荆楚岁时记》则云:“元旦进胶牙饧,使其牢固不动。”《吴县志》:“二十四日祀灶,名送灶,用糯米粉团、糖饼云。灶神以是日上天,言人过失,用此二物粘其口。”沈朝初《忆江南》词云:“苏州好,腊尽火盆红。玉屑饧糖成锭脆,紫花香豆著皮松。媚灶最精工。”注:“腊月念四日送灶,锭糖炒豆,奉之极诚。”又朱竹垞《醉司命词》:“炼香以烧,翦纸而焚,饧糕粉荔,杂遝上陈。”又吴曼云《江乡节物词》小序云:“杭俗:廿四夜祀灶,以糖分染五色,皆用素品。”诗云:“春饧著色烂如霞,清供还斟玉乳茶。不用黄羊重媚灶,知君一楪已胶牙。”

【导读】

岁末祭灶、送灶，是南北方普遍皆有的重要风俗，北方地区多在腊月二十三，南方地区多在腊月二十四。腊月二十四祭灶，是江南地区重要的风俗之一，顾禄言之甚明。这一传统风俗在今日苏州的农村还有保留。腊月二十四这天，有老式砖砌灶台的村民家，会在土灶台上设祭，灶上贴上全新的灶王爷神像，灶台上点有香烛，还摆有各色祭品，祭品多寡不一，通常都有糯米粉制作的“冬至团”和糖瓜等具有黏性的食物，这是传统的延续。

有的地方还有焚烧纸扎“灶马”的做法，民间传说纸扎“灶马”是灶王爷上天所乘坐的“竹轿”，焚烧之意为恭送灶王爷上天言好事。《（光绪）周庄镇志》卷四就有这样记载，并详细记载了吴地乡村“灶马”的基本形制：“（腊月）二十四日，拂屋尘，以大粉团、饧饼祀灶。祀毕，糊竹灯作轿，环以细木柴，遍插冬青、柏枝，焚而送之。至除夕接灶，或有于新正初四日者。”顾禄《清嘉录》本卷下一条“灯挂挂锭”也有详细的记载和介绍。岁末送灶，数日之后还有对应的接灶，苏州各地的时间也略有不同，诚如《周庄镇志》所载，有除夕接灶的，也有年初四接灶的。

在太仓的璜泾等地，腊月二十四送灶还有“跳灶王”“封灶家”、吃“铁屑饭”“醉司命”、吃赤豆饭等风俗，施若霖《(道光)璜泾志稿》卷一：“是夜，设糖饼、荸荠，祀灶，以竹油灯作舆，供灶神，焚于庭，曰送灶。以糖涂灶门，曰封灶家。食赤豆饭，云辟瘟，亦名铁屑饭。《志略》曰：‘《风土记》：灶神于二十五日朝天，白一岁事故。先一日祷之。又《梦华录》云：是夜贴灶马于灶上，以酒糟涂抹灶门，谓之醉司命。’今俗不以糟，而以饧，谓胶其口，令不得言。《吴郡志》《梦华录》并谓之胶牙饧，则此俗已久。白香山诗‘三杯蓝尾酒，一楪胶牙糖’，范石湖诗‘杓长杓短勿复云，乞取利市归来分’，亦此意也。食赤豆饭辟瘟者，以疫鬼畏赤小豆也。疫鬼谓共工氏不才子，以冬至日死，故是日亦作赤豆饭禳之，见《岁时记》。”腊月二十四吃赤豆饭、赤豆粥以驱瘟疫疾病等灾害的习俗，就是本卷中的“口数粥”，详见该条顾禄的记载和注释。

现代苏州城区腊月廿四吃送灶团的习俗还是较为普遍。当燃气成为现代城市居民的主要生活燃料，传统的土灶不复存在，过去送灶的各种活动也就变得比较简单。有些讲究的老人，还会在这一夜，把盛满鱼、肉的碗放在锅中，算是现代简化版的“送灶”，同样也表达出现代人对“衣食有余”美好愿景的追求和期待。

灯挂挂锭

厨下灯檠，乡人削竹成之，俗名灯挂。买必以双，相传灯盘底之凹者为雌，凸者为雄。居人既买新者，则以旧灯糊红纸，供送灶之用，谓之善富。挂锭，锡纸糊成，间以彩牌方段，玲珑一串，先期买之，除夕接灶，悬于灶神龛之两角，为来年获利之兆。俗有“一事无成，先买挂锭”之谑。周宗泰《姑苏竹枝词》云：“残年生计斗喧嘈，挂锭金银贯竹梢。一事无成求利市，腰缠十万意嚣嚣。”

案：杨辛父《送灶词》注：“江、震风俗：以朱漆竹灯檠为灶神舆，名之曰善富。”吴谷人《新年杂咏》小序云："杭俗：名竹灯盏曰善富，因避'灯盏''盏'字音，锡名'燃釜'，后又为吉号，易'燃釜'为'善富'。腊月送灶，则取旧灯，载印马、穿竹箸送之。"吴曼云《江乡节物词·咏善富籥》云："插箸烧灯焰未残，不须龙跷蹑仙坛。天街一路咿哑过，列宿还应带笑看。"

冬青柏枝（枝，俗读作茨）

摘松柏之枝，副以石楠、冬青，乡人残年扎成小把，沿门叫卖，供居人插年饭中用，或藉地送神马之需，呼为冬青柏枝，又名送灶柴。或馈自管坟人者，必酬以数十钱，俗目之为打秋风。

案：杨循吉《除夜杂咏》诗云："承俗燎柴红。"盖不定用于送灶耳。赵士麟《浙江通志》："新岁，扎柏枝成凤形，加橘、荔诸果，悬挂堂中。"又吴谷人《新年杂咏》小序云："杭俗：柏叶带子缚竹签上，缀以千日红、金灯花，管坟人年前成对分送，新岁置家堂中。"与吾乡不同。

“打秋风”，米元章帖作“打抽丰”，言于丰处抽分之也。

【导读】

冬青、柏枝、石楠，三种植物都是常绿植物，经冬不凋，青苍翠绿，冬青、石楠在冬日结果，颜色红艳喜人，把这三种植物扎成小把，既有装饰、美化家居庭户的作用，还可以作为岁末祭祀、送灶仪式时的用品。

柏是常绿乔木，《论语》中孔子就有曰：“岁寒然后知松柏之后凋也。”在民间，“柏枝”和“柏子”谐音“百子”，寓多子多福之意。冬青，又名冻青，李时珍《本草纲目》：“冻青，亦女贞别种也，山中时有之，但以叶微团而子赤者为冻青；叶长而子黑者为女贞。按《救荒本草》云：‘冻青树……五月开细白花，结子如豆大红色。’”石楠，又名“石南”，李时珍《本草纲目》卷：“时珍曰：生于石间向阳之处，故名石南。……凌冬不凋，春生白花成簇，秋结细红实。”至于在冬青柏枝中“加橘、荔诸果”，则是取“吉”“利市”的谐音，橘、荔并称则是谐“吉利”之音。顾禄在本卷中还有“老虎柏子花”“节节高”等条目，其中的民俗文化内容，与此完全一致。

口数粥

二十五日，以赤豆、杂米作粥，大小遍餐，有出外者，亦覆贮待之，虽襁褓小儿、猫犬之属亦预，名曰口数粥，以辟瘟气。或杂豆渣食之，能免罪过。

案：《荆楚岁时记》云："共工氏有不才子，以冬至日死，为疫鬼，畏赤小豆，故冬至作粥以禳之。"《杂阴阳书》又以"正月七日，男吞赤豆七粒，女吞十四粒，令疫病不相染"。然皆非十二月二十五日。惟吴自牧《梦粱录》云："二十五日，士庶家煮赤豆粥，祀食神，名曰人口粥，有猫狗者亦预焉。"又周密《武林旧事》

则以“二十四日，作糖豆粥，谓之口数”。江、震《志》云：“二十五日，食口数粥，今间有行之。”又云：“或有以饼代者，至新正三日乃食，及献异居、异姓尊长，示一家之意。”石湖《口数粥》词云：“家家腊月二十五，淅米如珠和豆煮。大杓轑铛分口数，疫鬼闻香走无处。锼姜屑桂浇蔗糖，滑甘无比胜黄粱。全家团圞罢晚饭，在远行人亦留分。褓中孩子强教尝，余波遍沾获与臧。新元协气调玉烛，天行已过来万福。物无疵疠年谷熟，长向腊中分豆粥。”陈藻《平江腊月二十五夜》诗云：“今宵洗豆俗为糜。”韩桂舲《万安舟中腊月二十四日》作云：“不知豆粥家庖下，留得行人口分无？”江、震《志》又皆载辟瘟之俗云：“二十四夜，人家早寝，谓疫鬼行瘟，故安静以避之。”

接玉皇

是日，又相传为玉皇下降之辰，察人善恶，各设香案迎之，谓之接玉皇。

案：《景霄琅书》："十二月二十五日，玉皇、三清巡视诸天，定来年祸福。"又《道经》："是日为三清、玉帝司会之日。"《昆新合志》："二十五日，俗谓诸佛下降。"《常昭合志》："二十五日，家户多持清斋，云为玉皇下降日。"江、震《志》："是日，夙兴持斋诵经，烧烛拈香。相传天帝降世，察人善恶，故以此日迎之，谓之接玉皇。"

烧松盆

是夜，乡农人家各于门首架松柴，成井字形，齐屋举火焚之，烟焰烛天，烂如霞布，谓之烧松盆。

案：王《志》云："二十五夜，各燃火炉于门外，焰高者喜，古谓之籸盆，俗云相暖热。"长、元《志》云："古谓之籸盆，今谓之松盆。"石湖《村田乐府》序谓之"烧火盆"，词云："春前五日初更后，排门燃火如晴昼。大家薪干胜豆秸，小家带叶烧生柴。青烟满城天半白，栖乌惊啼飞格磔。儿孙围坐犬鸡忙，邻曲欢笑遥相望。黄宫气应才两月，岁阴犹骄风栗烈。将迎阳艳作好春，政要火盆生暖热。”又郭频伽《淮阴岁除·咏火盆》云：“多谢松明力，几忘客子寒。”

照田财

村农以长竿燃灯，插田间，云祈有秋，焰高者稔，谓之照田财。

案：《吴江县志》云："乡村之人，就田中立长竿，用槁篠爆竹缚其上，四旁金鼓声不绝，起自初更，至夜半乃举火焚之，名曰烧田财。黎里、庉村为盛。"盖类昔照田蚕之俗云，但在正月二十夜。而《常昭合志》则云："腊月二十四日夜。"方鹏《昆山志》则云："岁朝或次日，束薪于长竿，为高炬，视火色赤、白，以占水旱。争取余烬置床头，谓宜蚕，名照田蚕。"长、元《志》亦皆载："田家烧长炬，名照田蚕。"石湖

《村田乐府》序则于十二月二十五夜照田蚕，词云："乡村腊月二十五，长竿燃炬照南亩。近似云开森列星，远如风起飘流萤。今岁雨雹茧丝少，秋日雷鸣稻堆小。侬家今夜火最明，的知新岁田蚕好。夜阑风焰复西东，此占最吉余难同。不惟桑贱谷芃芃，苎麻无节菜无虫。"

【导读】

人们用"刀耕火种"来描绘传统的农业耕作。传统农耕时代，"火种"既包括"烧荒"这种广为应用的垦荒方式，也包括作物收获之后焚烧秸秆这一土地保育的传统方式。通过焚烧秸秆，可以灭除大量散布在田地里的杂草草籽和各种虫卵，焚烧过后的草木灰，作为优质的天然肥料，直接还田，可以增加土壤的肥力。

久而久之，在江南农村逐渐形成了一些与之相关的生产民俗，照田财就是其中流传较广、延续时间较长的一种，早在南宋时期，范成大的《村田乐府》等诗歌中就详细地描写了这一重要的农业风俗。照田财，又名“照田蚕”“放烧火”，具体时间因地而异，一般集中在岁末年初，顾禄记载苏州地区一般在腊月二十四、二十五前后，南通地区一般在正月十五前后。傍晚时分，农民先把田头的稻草秸秆或干枯的树枝杂草堆积燃爆，称之“爆百虫”“烧毛虫”，再把路边、坟地、沟岸、荒地的乱草烧掉，谓之“剿虫窝”；入夜后，村民们用干枯的秸秆、芦苇、茅草等扎成草把，点燃以后，在田间奔走挥舞，并高声疾呼各种民歌、民谣，祈求来年风调雨顺，五谷丰登，表达对来年生产、生活的美好愿景。清代诗人徐承中就在其《十五夜观照田蚕》诗中，生动形象地记载了家乡常州马迹山（今属无锡）太湖之畔农民正月十五的照田蚕的风俗，年年如此，从不间断：“照田火把簇如星，口祝瀼瀼闹夜声。水渚随风连复断，山湾带月往还行。不教野烧疑庭燎，但许年华卜岁成。此景此年惟此夜，已看五十一回明。”清代道光年间的南通诗人李琪在其《崇川竹枝词》中写道：“山村好是晚风初，烧火连天锦不如，但祝麻虫能照尽，归来沽酒脍池鱼。”并在诗后自注曰：“元夕放烧火，谓之照麻虫。”袁学澜在《吴郡岁华纪丽》中更为详尽地记载了他所亲历的照田蚕活动，并作有《照田蚕行》诗一首，其中记载文字有曰：“吴俗，岁晚乡村田家，就田中插长竿，以秃帚、麻秸、竹条缚诸竿首，燃为高炬。夹以爆竹，流星乱洒，和以钲鼓，喧闻四野，以照烛田塍，烂然遍垄。每深更举火，视火色赤白，以占水旱。焰高明亮者，为丝谷丰稔之验，谓之照田蚕，一名烧田财。《农桑撮要》称：‘北方庄家，谓之照门庭。’”

现在，出于环境保护的考量，传统农业生产过程中的烧秸秆已经被禁止叫停，但也有专家坚持认为，焚烧秸秆可以减少土壤的病虫害、改善土壤肥力，从而减少农业生产中除虫剂、除草剂和化肥的使用。不管怎样，照田财这一传统的习俗在太仓、南通等地区还是得到了保留和传承。太仓璜泾镇、岳王镇（旧称鹤市）等地，正月十五元宵节夜里依然有照田财的风俗，《（民国）璜泾志略》就记载曰："夜树竹田间，燃高炬，曰照田财。"民国时期海门文人黄贤在其《海门竹枝词初稿》中形象生动地记载了这种一直保留到今天的习俗："火球乱滚照毛虫，四野呼声一样同。头白村翁相对语，今年灯比去年红。"

送年盘

岁晚，亲朋互以豚蹄、青鱼、果品之属相馈问，谓之送年盘。林琛《送年盘》诗云："岁行养群动，岂藉尘物佐？吴趋盛文彦，为礼翻以货。土宜随处有，贫小而富大。蹄豚路常携，启榼青鱼卧。亦知事浮文，不若酒倾座。阿侬愧独贫，瑟缩依马磨。蜗庐来往少，顿忘佳节过。清俭感神明，添炉烧百和。"

案：周处《风土记》："蜀之风俗：晚岁相与馈问，谓之馈岁。"周密《武林旧事》云："入腊以来，馈岁盘合酒担、羊腔，充斥道路。"家雪亭《土风录》云："馈岁，即吴俗送年盘也。"

【导读】

在中国“礼尚往来”的传统温情社会中，亲朋好友通常会在岁末年底相互馈赠年货、年礼，并致以年节的问候，俗称“送年盘”。年盘中礼物之多寡，丰俭由人，这并非重点，其中尤为可贵的是真挚温暖的人情和淳朴的民风。袁学澜在《吴郡岁华纪丽》中就对此加以强调，他自己作《馈岁诗》曰：“江乡重岁时，邻里相佚佐。馈物充问遗，杂买市中货。蛮榼仆媪携，不顾风雪大。此际菰芦士，闭屋方愁卧。筐篚入豪家，笑语喧客座。珍错来海船，糗饵出厨磨。谁能念贫交，贻向蓬门过？所嗟任恤风，古道今无和。”另外，还引用了潘际云的《馈岁诗》：“门巷相连意气亲，送将微物亦情真。略如佳节询亲友，聊比盘餐洽比邻。琐琐莫同秦璧返，依依还忆蜀风淳。年来馈赠惟僚友，自别家乡几度春。”现在，在过年前，党政机关、企事业单位、街道社区和民间的慈善组织、公益机构等，都会组织各种形式的“送温暖”慰问活动，给老人、残障人士、退伍军人、生活困难的居民等送去年货和慰问品，正是对“送年盘”这一传统习俗的延续，体现了中华优秀传统文化的传承和发展。

年　物

家户为宿岁之储，新年以饷戚友，谓之年物。以元旦至五日不设市也。

案：周处《风土记》："岁暮，家家具殽蔌，为宿岁之储，以迎新年，相聚酣饮。"

年　市

年夜已来，市肆贩置南、北杂货，备居民岁晚人事之需，俗称“六十日头店”。熟食铺豚蹄、鸡、鸭，较常货买有加；纸马香烛铺预印路头财马、纸糊元宝、缎匹，多浇巨蜡，束名香。街坊吟卖篝灯、灯草、挂锭、灶牌、灶帘，及箪、瓢、箕、帚、竹筐、磁器、缶器、鲜鱼、果蔬诸品不绝。锻磨、磨刀、杀鸡诸色工人，亦应时而出，喧于城市。酒肆、药铺，各以酒糟、苍术、辟瘟丹之属，馈遗于主顾家，总谓之年市。蔡云《吴歈》云：“送灶柴枝束束齐，照厨竹挂双双提。燂汤砺刃独何业？惨听连声叫杀鸡。”

案：冯贽《云仙杂记》《僧园逸记》皆载：“都下寺院，每用岁除锻磨，是日作锻磨斋。”吴自牧《梦粱录》：“岁旦在迩，席铺馈与主顾，更以苍术、小枣、辟瘟丹相遗。”

【导读】

旧时风俗，正月初一至初五，大多数商家、店铺都会停业歇年，故而寻常人家在年前都要准备食物、衣帽服装、年礼、香烛等，号为“年货”“年物”。清初苏州学者褚人获《坚瓠四集》卷三《除夕遗俗》中有记载曰：“（除夕）……而诸行亦罢市，往来邀饮，不问贫富，俱竞市什物，以庆嘉节，光饰门户，男子衣帽、妇女钗环之属，更造一新，亦遗俗也。”可与《清嘉录》本卷上一条相印证。

商家“歇年”，是过去很长一段时间内的常态，故而岁末年底，百姓购置年货的市集尤为火爆热闹。袁学澜《吴郡岁华纪丽》中曾描写店家岁暮的忙碌场景："腊月将残，市肆贩置南北杂货，备居民岁晚人事之需。各乡争出置买，市中交易较常增倍。带阛通阛，肩摩踵接，嚣尘昼涌，灯火宵红。凡海物噩噩，陆物榛榛，水物噞噞，羽物毨毨；斑斓五色者，为纸物；馨烈百和者，为香物；玲珑编缉者，为竹器；质坚纹细者，为窑器。洎一切食品果蔬，纤屑之物，无不毕萃杂陈。锻磨、磨刀、杀鸡诸色工人，亦应时而出，喧阗衢巷，总谓之年底市。"年前的繁忙，使得商家的"交易较常增倍"，收益也是平常时候的两倍或数倍，因此在民间年前生意好的商铺被称为"六十日头店"，商店老板被称为"六十日头财主"，梁章钜《巧对录》卷八就有这样的对子，其中有谓："'一百步里大王'对'六十日头财主'。"

近年来，随着现代物流的迅速发展和电商的崛起，春节期间，商家依然正常营业，为市民提供丰富的年货和各色用品，岁末集中采办年货的习俗虽然尚存，但已不复过去的繁忙和拥挤。

年夜饭

除夜，家庭举宴，长幼咸集，多作吉利语，名曰年夜饭，俗呼合家欢。周宗泰《姑苏竹枝词》云："妻孥一室话团圞，鱼肉瓜茄杂果盘。下箸频教听谶语，家家家里合家欢。"

案：褚人获《坚瓠集》云："除夕，家庭举宴，长幼咸集，谓之合家欢。"沈朝初《忆江南》词云："除夕合家欢。"《府志》："除夜，长幼聚饮，祝颂而散，谓之分岁。"考宋时分岁，犹以脆饧为节物，石湖词云："就中脆饧专节物，四坐齿颊锵冰霜。"今久不传。

【导读】

年夜饭，又称为团圆饭、团年饭、分岁筵等，是农历新年前最为重要的传统习俗，如果没有特指，一般专指除夕夜以家庭为单位的团圆聚餐。传统的年夜饭一般在祭祖仪式完成之后，合家团聚，吃上一顿丰盛的团圆饭。饭桌上的食物不仅丰富，而且也有一定的讲究，很多食物有着美好的寓意，如鱼寓意为“年年有余”，饺子寓意为“更岁交子”，年糕寓意为“年年高升”，团子寓意为团团圆圆、圆圆满满，黄豆芽形若如意，名为“如意菜”，不胜枚举。

从表面看，年夜饭只是一顿聚餐，但在饮食活动的背后，却蕴含着丰厚的民族文化底蕴。年夜饭是年节文化最为重要的组成部分，更是中华民族文化传统和文化心理的重要展现。许多长年在外工作、定居的人，必须在除夕夜前赶回家中，与父母、兄弟、姐妹团聚，吃上一顿团圆饭，尽享家庭成员之间互敬互爱的天伦之乐。直到今天，每年岁末年初的中国“春运”，在一个月左右的时间内，都有20亿人次的人口流动，被誉为“人类历史上规模最大的、周期性的人类大迁徙”，大家的内心都有一个共同的念想：“有钱没钱，回家过年。”年夜饭席上，全家围坐在一起，共叙天伦，互诉思念、关切之情，晚辈表达对长辈的感恩，回顾过去一年的收获和所得，展望来年的美好愿景，男女老少都尽量使用吉利美好的词语，避免污言秽语，其乐融融。这是中国人一年中最为幸福的时刻，团圆聚餐凝结了千百年来中国人浓浓的乡情和亲情，诚如中央电视台大型纪录片《舌尖上的中国2》的解说词所说：“冬季，是忙碌一年的人们归家，用团聚犒劳自己的季节。在这个时代，每一个人都经历着太多的苦痛和喜悦，中国人总会将苦涩藏在心里，而把幸福变成食物，呈现在餐桌上。”

现代社会中，饭店、餐馆也改变了过去“歇年”的传统，克服春节期间人手不足等实际困难，加班加点，为市民提供丰富的年夜饭。不少城市家庭也会选择在酒店、餐馆预订年夜饭，家庭成员从繁重的家务劳动中解放出来，在品尝美食的同时，有更多的时间和精力相互话叙、交流。然而，也有人觉得在饭店吃年夜饭，缺少家的感觉，在这种社会需求的驱动下，一些餐饮商家推出了半成品年夜饭套餐，甫一推出，就深受广大市民的欢迎，企业在占领市场份额的同时，也获得了很好的经济效益。

安乐菜

分岁筵中有名安乐菜者，以风干茄蒂，杂果蔬为之，下箸必先此品。蔡云《吴歈》云："分岁筵开大小除，强将茄蒂入盘蔬。人生莫漫图安乐，利市偏争下箸初。"

案：陈藏器《本草》："茄，一名落苏。"盖吴人"落""乐"同音，因以为谶耳。菜中有以红萝葡切成小方块者，产自杭城茧桥，见吴谷人《新年杂咏》小序，并云："镂丝曝干，可供素馔。"有《红萝卜丝》诗。

【导读】

用各色蔬菜制成的素什锦（又称“十景菜”）是很多江南人家年节饮食（包括年夜饭）中的必备菜品。民国时期潘宗鼎《金陵岁时记》中就记载了南京人除夕年夜饭上的“十景菜”：把酱姜瓜、胡萝卜、金针菜、木耳、冬笋、芹菜、豆腐干、百叶、面筋等多种食材细切成丝，以油炒之，谓之“十景”。素什锦的原料还有很多，如香菇、油豆腐、黄豆芽、白萝卜、大头芥、茎蓝等，苏州人还喜欢用风干的茄子，取“落苏”之名，谐音“安乐”。

早在唐代，段成式《酉阳杂俎》卷十九中就有茄子又称落苏的记载。太湖以东的上海以及太仓、昆山、角直古镇等地，还有太湖以西的宜兴、溧阳等地的方言中，至今称茄子为“落苏”。《（同治）苏州府志》：“茄子，一名落苏，有紫、白二种。”《（乾隆）吴郡甫里志》：“落苏，俗称茄子。”《（光绪）周庄镇志》：“茄子，亦名落苏。或取蒸食，或作酱蔬。”《（光绪）昆新两县新修合志》和《（宣统）太仓州志》都记载了夏日里茄子收获时的谚语，有曰："六月大，瓜茄落苏箩来坐。"

暖 锅

年夜祀先、分岁，筵中皆用冰盆，或八、或十二、或十六，中央则置以铜锡之锅，杂投食物于中，炉而烹之，谓之暖锅。谭大中《暖锅》诗云："范金为器利群生，物理居然寓圣情。持满能平流不溢，虚中有窍火微明。嘘寒变燠盐梅济，取坎交离鼎鼐成。黍谷暄回人尽饱，万方应与颂和羹。"又云："红铅九转器初成，十万钱输选馔精。炊蜡厨边汤乍沸，肉屏风畔婢初擎。添来炉火寒威解，味入丹田暖气生。尚有寄居萧寺客，齑盐风味耐孤清。"

案：《墅谈》："暖饮食之具，谓之仆憎，杂投食物于一小釜中，炉而烹之，亦名边炉，亦名暖锅。团坐共食，不复置几案，甚便于冬日小集，而甚不便于仆者之窃食，宜仆者之憎也。”王谷原《暖锅》诗云：“墙深羹匜沸，胆直焰中趋。”

【导读】

火锅（暖锅）在中国的历史悠久，清代学者钱泳在《履园丛话》中认为，自古以来，“祭品必热”，并将古代祭祀用鼎彝烹煮牺牲视为暖锅的渊源：“大凡祭祀之品需用热者，余亦尝持此论。考古之鼎彝，皆有盖，俱祭器也。其法，先将牺牲粢盛贮其中，而以盖覆之，取火熬热，上祭时始揭盖，若今之暖锅然。所谓‘歆此馨香’也。若祭品各色俱冷，安谓之‘馨香’耶？余家凡冬日祭祀，必用暖锅，即古鼎彝之意。”（卷十五）

火锅（暖锅）经久不衰，盛行全国各地，流派纷呈，较为风行的有川渝的麻辣火锅、北京的涮锅、闽粤的打边炉，这些火锅（暖锅）也深受现代苏州人的欢迎和喜爱。江南的苏式暖锅，在全国一众火锅（暖锅）中别具一格，不同于其他地区火锅随烫随吃的习惯，苏式暖锅是先把半成品的菜肴放进锅中，然后加入事先熬制的高汤，点燃炭火，烹煮至成熟，待把锅中的食物吃完后，再汆烫新鲜蔬菜。

过去殷实人家的暖锅一般用黄铜或紫铜打制而成，底部为炉膛，具有一定的容量空间，可以放炭火燃烧，炉膛正上方有一个高高的通风烟囱，便于炭火的充分燃烧。炉膛与烟囱结合部的四周是用铜皮打制成圆形的锅体，锅盖中间留有一个与烟囱匹配的圆洞，可以穿过烟囱盖住锅体。砂锅保温性能较好，因而有的人家在冬天喜欢用砂锅制作暖锅，把摆放好食材和底汤的砂锅在炉灶上煮熟后，一家人围坐在一起共享，席间热气腾腾，名之曰“全家福”，象征着全家团圆，极具仪式感和口彩。现代厨具不断发展，推陈出新，安全便捷的电暖锅或电磁炉也成为普遍的选择。

苏式暖锅对于底汤是非常讲究的，荤汤一般多用猪骨、鸡鸭、火腿、干贝等熬制，素汤的主要原料有黄豆芽、菌菇等。暖锅中的食材丰富，一般用粉丝垫底，在上面整齐地摆放油香鸡、熏鱼、蛋饺、鱼圆、肉圆、河虾、鹌鹑蛋、油发肉皮、蹄筋、冬笋、黄豆芽、菜心、白菜、油豆腐等食材。这些食材大多有吉祥的寓意，苏州人称蛋饺为“元宝”，粉丝为“银条”，黄豆芽为“如意”，熏鱼寓意为富裕有余，鱼圆、肉圆寓意为圆圆满满，咸肉寓意为有滋有味，冬笋寓意为节节高升，蹄筋寓意为锦上添花……

压岁盘(压岁钱　压岁果子)

长幼度岁，互以糕果、朱提相赉献，谓之压岁盘。长者贻小儿，以朱绳缀百钱，谓之压岁钱。置橘、荔诸果于枕畔，谓之压岁果子，元旦睡觉时食之，取谶于吉利，为新年休征。

案：陈迦陵《岁寒词》小序云："且充压岁之钱。"又王茨檐诗："不惜金钱分压岁。"又张铁青《压岁钱》诗有"用镇将除夜"及"回环朱缕结"之句。又郭频伽《淮阴岁除·咏压岁钱》诗云："红索青铜贯。"又吴曼云《江乡节物词》小序云："杭俗：儿童度岁，长者与以钱，贯用红，置之卧所，曰压岁钱。"诗云："百十钱穿彩线长，分来角枕自收藏。商量爆竹饧箫价，添得娇儿一夜忙。”可见此风非吴独有。蔡铁翁诗：“铮铮排户投琼响，半掷床头压岁钱。”吴曼云《江乡节物词》又有《咏吉利》诗云：“闽荔干红邓橘黄，深宵酒醒试偷尝。听郎枕畔朦胧语，新岁还君大吉祥。”其小序云：“杭人除夜以朱橘、荔枝置枕旁，岁朝取食之，呼曰吉利，音相近也。”又汪乾若咏橘、荔诸诗，自序云：“吴兴风俗，除夕置果枕畔，为新年休征。”其《咏橘》云：“只恐剖开惊象戏，夜深无处著棋枰。”

【导读】

压岁，是由来已久的年俗之一，又名压祟、守祟、押岁等。传说古代有名为“祟”的妖怪，每逢岁末大年三十晚上会出来吓唬小孩，故而大人都会通宵不睡，被称为“守祟”。后来有人在孩子的枕头下放置铜钱，到晚上，铜钱发出通红的光，吓走了

“祟”，就逐渐形成了大年三十晚上在小孩的枕头下放置铜钱或糕点、糖果，用以除灾辟邪的习俗。

压岁钱的源头可追溯到汉代曾经流行的“花钱”（又名“厌胜钱”）。花钱并不是市场流通的货币，是民间自娱自乐的一种钱币形状的饰物，主要作为辟邪品、吉利品、纪念品满足百姓的某些特殊需要，因而很多花钱上都铸有“长命富贵”“福德长寿”“加官进禄”“吉祥如意”“福禄寿喜”“长命百岁”等吉祥文字，故而又称为“厌胜钱”。“厌胜”是汉代流行的一种方术，《汉书·王莽传》有记载：“是岁八月，莽亲之南郊，铸作威斗。威斗者，以五石铜为之，若北斗，长二尺五寸，欲以厌胜众兵”。宋代《宣和博古录》中有汉代厌胜钱的拓本，其材料或铜或铁，其形“长而方”，上面也有各种纹饰，“龙马并著”“下体蟠屈隐起”有文字，其“号之曰厌胜钱，则是钱殆亦用之为厌胜者”也，即有驱邪镇魅的作用。这种铸有吉祥文字的“厌胜钱”，在民间就成为一类特制的压岁钱，每逢春节，长辈会用红绳将之串起来，作为年礼赠与晚辈。到明清以后，就逐渐流行用流通的货币或银钱作为年礼，送给晚辈，表示新年的祝福和祈愿。

民国时期曾流行过用红纸包卷金属钱币的做法，俗称红包、利市包。把一百文铜钱卷包成一长条，有长命百岁的寓意；红纸包一块大洋，有一本万利的寓意。新中国成立后，压岁钱多用连号的新纸币，封在红包中，寄寓着连连发财、连连高升的祝愿。装压岁钱的红包印有各色吉祥的图案和祝福语，现在还有很多独具个性的文创红包，如立体造型的红包、带有音乐的有声红包等。在二十世纪八九十年代，一些银行也推出了新春压岁钱有奖储蓄存单，长辈将预存一定数额的银行存单作为压岁钱，赠与晚辈；也有家长专门为孩子开设个人压岁钱账号，引导、帮助孩子管理好、使用好压岁钱。

新时代，新风尚，现代社会中，压岁钱的发放不再局限于大年三十，春节期间（除夕前几天到元宵节）都可以。随着网络的普及和发达，通过互联网把数字货币或是微信、支付宝钱包中的钱作为红包和压岁钱，发给亲朋好友，同时附上新年的祝福问候，这一时尚的发红包方式，广为人们接受，它可以跨越时间、空间的限制，可以一对一发放，也可以同时发给多人，快速便捷。在春节期间，亲朋好友之间在手机上抢红包，也成为一项独特的节日活动。一人在亲友群中发一个红包，所有人都可以点开红包，所得金额随机，或多或少，但抢红包过程中的紧张刺激和惊喜快乐，为节日平添了新的乐趣。

辞　年

卑幼行礼于尊长以别岁，俗称辞年。

案：东坡诗序云："蜀中风俗：岁晚，酒食相邀，呼曰别岁。"陆启浤《北京岁华记》云："先除夕一日，人家置酒宴，往来交谒，曰别岁。"陈迦陵《岁寒词》小序云："姑贮辞年之酒。"家雪亭《土风录》云："今人但拜辞而已。"钱思元《吴门补乘》亦载除夕辞年之俗。

守　岁

家人围炉团坐，小儿嬉戏，通夕不眠，谓之守岁。席振起《守岁》诗云："相邀守岁阿咸家，蜡炬传红映碧纱。三十六旬都浪过，偏从此夜惜年华。"

案：周处《风土记》："蜀之风俗，至除夕达旦不眠，谓之守岁。"宋袁文《瓮牖闲评》谓："守岁之事，虽近儿戏，然父子团圞把酒，笑歌相与，竟夕不眠，正人家所乐为也。且古人无不守岁者，如少陵《杜位宅守岁》诗云：'守岁阿戎家。'苏东坡诗：'欲唤阿咸来守岁，林乌枥马斗喧哗'皆是也。"又周密《武林旧事》："除夕，小儿女终夕博戏不寐，谓之守岁。”又吴自牧《梦粱录》：“除夕，围炉团坐，酌酒唱歌，终夕不眠，谓之守岁。”江、震《志》：“除夕，小儿女终夜不就寝，曰守岁，能延年。”《昆新合志》：“除夕，家人围炉，欢坐至子夜，曰守岁。”长、元《志》：“除夕，饮守岁酒。”范《志》并云：“郡俗有守岁盘。”

【导读】

除夕夜守岁的风俗由来已久，有两千多年的历史，早在晋代周处的《风土记》中就明确记载，蜀人每到除夜，通宵不眠，谓之“守岁”。隋唐以后，守岁这一风俗成为风行全国的年节风俗。吃过年夜饭之后，家人围坐在一起，闲聊畅叙，或进行各种娱乐活动，通宵达旦，等候着新年的到来。守岁的时候要点燃灯烛，通宵不灭，俗称之为“守岁烛”“照虚耗”“照岁”，据说这样可以使家中来年财源滚滚（详参顾禄

《清嘉录》本卷下一条“守岁烛”)。唐太宗李世民有《守岁》诗曰:“共欢新故岁,迎送一宵中。”杜甫、苏轼等著名诗人都有诗写到唐宋时的守岁风俗:“守岁阿咸家,椒盘已颂花。”(杜甫《杜位宅守岁》)“儿童强不睡,相守夜喧哗。”(苏轼《守岁》)历代诗词描写守岁的诗歌不计其数。除夕守岁,一般守到子夜时分,“及亥子之际,天光愈黑,鞭炮益繁,列案焚香,接神下界。和衣少卧,已至来朝,旭日当窗,爆竹在耳,家人叩贺,喜气盈庭。转瞬之间,又逢新岁矣”(富察敦崇《燕京岁时记》)。

守岁的风俗一直延续到今天,现代守岁又有了新的活动和新的风俗,其中影响最大的便是中央广播电视总台主办的春节联欢晚会(简称“央视春晚”或“春晚”)。央视春晚是一场规模宏大、影响深远的大型综合性电视文艺晚会,通过歌舞、小品、杂技、魔术、戏曲、相声等多种艺术形式,为全国各族人民和海内外同胞营造春节“普天同庆、盛世欢歌”的喜庆气氛。央视春晚正式开办于1983年，以后每年的农历大年三十晚上都会准时和全国人民见面。许多人家都会在吃过年夜饭后，一起观看央视春晚，这已成为新时代的“新民俗”。

守岁烛

燃双椽烛于寝室中，宵永烬长，生花报喜，红荣四照，直接晨光，谓之守岁烛。

案：孟襄阳诗："续明催画烛，守岁接长筵。"家雪亭《土风录》谓："即今之守岁烛。"张蕴《斗野稿·除夕》诗云："烛花频送喜，儿女笑哄堂。"又王次回《疑雨集·残岁即事》诗云："纱笼椽烛焰如幢，火齐呈花喜一双。为惜轻风吹烬落，晓妆成后未开窗。"又吴曼云《江乡节物词》小序云："烛之大者可通夕。杭俗：除夕燃之，为守岁计。"吴谷人《咏守岁烛》诗云："烛房人乍醒，蜡炬未全销。阅岁心三寸，流光影一条。谁参无尽意？此是可怜宵。掩映迎神处，春红隔幕摇。”又郭频伽《淮阴岁除·咏守岁烛》诗云：“双枝争灿烂。”又李仙翁《除夕》诗云：“烛花犹照彻宵红。”

老虎柏子花

年夜，像生花铺以柏叶点铜绿，并剪彩绒为虎形，扎成小朵，名曰老虎花。有旁缀小虎者，曰子孙老虎；或剪人物为寿星、和合、招财进宝、麒麟送子之类，多取吉谶，号为柏子花。闺阁中买以相馈贻，并为新年小儿女助妆。

案：段成式《酉阳杂俎》："北朝妇人正月进箕帚、长生花。"吴谷人《新年杂咏》小序云："杭俗：有柏子花、长春花、元宝花，皆花婆所货，为闺阁新岁助妆，谓即彩花春胜之遗。"董斯张《除夕词》云："柏子扎花新，小姑专学人。"钱唐姚春漪《柏子花》诗："葱蒨花如叶，堆鬟绿半含。功夫同点翠，名字爱宜男。兰梦夜来得，玉颜春太憨。偷将欢镜照，刚被小姑谙。”又舒铁云《象生花》诗云：“剪彩作花花欲语，女红疑是司花女。有时兰叶蚀青虫，或爱梅花栖翠羽。花能相对叶相当，宛然春色偷东皇。定知有梦迷蝴蝶，不为无香恨海棠。谁家著钏牵衫早，个镜相宜倚花扫。水晶帘卷十分妆，翡翠參斜一枝好。吴侬作事殊等闲，不独时花弃两鬟。都将旧曲翻新曲，抛却真山看假山。那知相率趋为伪，金错钱刀买憔悴。一丛花当十户赋，几朵云收数乡税。可怜名字满头花，花开花落委泥沙。若为拈向灵山会，且莫携来吏部家。”

过年鞋

新妇度岁，必先日整治洁履，至是以献于舅姑，谓之过年鞋。

案：段成式《酉阳杂俎》："北朝妇人以冬至日进履袜及靴。"又崔浩《女仪》："冬至上履袜于舅姑，谓古人履长之义。"吴俗以除夕。又妇女绣履，年尾必更制一新以度岁，亦名过年鞋。吴谷人诗云："料理年头事，花鞋取样工。双弯履新吉，一拶试春红。镜槛徐行处，灯帘浅立中。往时呵冻绣，玉指记匆匆。"又家景文词云："杏子红裙，鹅儿黄袖，一尖新窄过年鞋。"

【导读】

过年添新衣、新鞋，是传统年节风俗中不可或缺的重要内容。中国传统的礼法观念中，吉日必须穿着吉服，在迎接新年、拜见亲朋好友的时候，穿着崭新的衣服和鞋，有辞旧迎新的寓意，象征着一年良好的开端，也体现出隆重的仪式感和浓浓的节日氛围。在物质生活艰苦的岁月中，每到岁末，家中的长辈都要为晚辈缝制新衣服，置办新鞋，孩子们对新衣、新鞋无不充满着殷切的期待。在古代，贫困人家即使做不起新衣、新鞋，也会在过年时将粗布旧衣洗干净，然后穿上，以应新春吉日之景。

过年穿新衣、新鞋的风俗来源久远，南朝时期宗懔的《荆楚岁时记》中就有“长幼悉正衣冠，以次拜贺”的记载。到了宋代，孟元老《东京梦华录》卷六中也说到：“小民虽贫者，亦须新洁衣服，把酒相酬尔。”旧时过年的新衣、新鞋，大多都是家中擅长女红的成年女眷手工缝制的。以新鞋制作为例，过去以手工制作布鞋为多，首先需要根据穿着者双脚的大小制作鞋样，鞋样包括鞋底和鞋帮两部分。鞋底、鞋帮都需要根据鞋样来裁制；鞋底多是手工纳制的千层底，鞋帮由多层布料层层叠合而成，与鞋底制作不同的是，铺叠布料的层数少了很多，而且要用浆糊粘合在一起。然后将鞋帮和鞋底缝合在一起（俗称“上鞋帮”），最后用木质的鞋楦撑在鞋膛内，使成品新鞋挺括有形，穿着更舒适合脚。有些女眷在制作时较为考究，会在鞋底缝出各种纹样，如“万”字纹、如意纹，海棠纹等，甚至还有寄托着美好祈愿的文字；若是制作女性的绣花鞋，则在鞋帮上绣制各种各样吉祥如意的图案，争奇斗艳。这些别具匠心的图案显示着家中女主人的心灵手巧，让新鞋也成为一道独特的节日风景。

现代社会中，随着人们生活水平的提高，新衣、新鞋也不再局限于春节穿着，但现代人依然会在春节购置新衣、新鞋等各种衣装服饰。给家中的长辈置办，表达的是关怀和感恩；给孩子购买，则蕴含对孩子美好未来的期待和祝福；给自己添置，是对自己一年来辛苦努力的自我犒赏。

门　神

夜分易门神，俗画秦叔宝、尉迟敬德之象，彩印于纸，小户贴之。陆伟堂《门神》诗云："魁伟画图传，相逢又一年。悬桃分度索，辅李识凌烟。要藉当关壮，能为辟恶先。还赢钟进士，重五暂乘权。"

案：赵与时《宾退录》云："除夕，用镇殿将军二人甲胄装门神，亦曰门丞。今道家谓左曰门丞，右曰户尉。"吴谷人《新年杂咏》小序云："门为五祀之一，司门之神昉自桃符，以神荼、郁垒能辟邪也。"袁褧《枫窗小牍》："靖康以前，汴中门神多番样，戴虎头盔，王公之门，至以浑金饰之，识者谓虎头男。金饰，便是金人在门。”《杂志》又称：“后世多画将军、朝官，复加爵、鹿、蝠、喜、宝马、瓶鞍之状，皆取美名，以迎嘉祉。”家雪亭《土风录》云：“俗多用秦叔宝、尉迟敬德，盖本唐小说也。”陈迦陵《贺新郎·乙卯元旦》词云：“抖擞门丞秦叔宝，贝带璘瑞光射。”又郭频伽《淮阴岁除·咏门神》诗云：“金碧家家灿，迁除岁岁忙。侯封沿汉号，剑佩俨唐装。”又吴曼云《江乡节物词》小序云：“杭俗：门神一年一易，搢绅之族多不用之。”诗云：“盱目掀髯惯辟邪，除书新换记年华。笑君只是春来燕，尽入寻常百姓家。”《吴县志》谓：“门神，彩画五色，多写温、岳二神之象，远方客多贩去，今其市在北寺、桃花坞一带。”卢《志》：“除夜夜分，易门神。”又九县《志》并载除夕易门神之俗。

【导读】

门神，是中国人的家庭守护神，为家家户户把守门户，阻止一切邪魔恶疠、灾害疫病的入侵。中国人对门神的崇拜和信仰由来已久，早在先秦时期，就已经出现了“祀门”的风俗，《礼记·祭法》的“王为群姓立七祀”“诸侯为国立五祀”“大夫立三祀”“适士立二祀”都有“门”，而“庶士、庶人立一祀，或立户，或立灶”。由此可见，门神之祀在中国古代的重要地位。

中国古代的门神崇拜、门神信仰，经历了从神灵观念到神灵形象的发展过程。最早的时候，祭祀活动并没有一个明确的门神形象，后来逐渐出现了用桃木刻成的木偶人，这可以算是祭祀中最早的门神物象。到汉代，就出现了有名姓的两个门神形象：神荼、郁垒。据《论衡·订鬼》引《山海经》的记载，神荼、郁垒是上古传说中的兄弟，他们住在东海度朔山的大桃树下，监察百鬼，遇有恶鬼，便以苇索捆住喂虎。后黄帝立桃人，在门户上画神荼、郁垒像，悬苇索以避凶魅，后来逐渐演变为在大门口挂桃符（或桃木板），在大门上贴门神画像、春联等风俗，一直流传至今。详参顾禄《清嘉录》本卷“神荼郁垒”条、“春联”条。

隋唐以后，门神的人选与日俱增，钟馗、秦琼、尉迟恭、温琼、岳飞等，都是后世较为常见的门神形象。顾禄在“神荼郁垒”条中引胡浩然《除夕》词云“灵馗挂户”，就是以钟馗为门神。袁学澜《吴郡岁华纪丽》卷十二则认为：“而俗指门神为尉迟恭、秦叔宝，则本于唐小说，殆无稽之言也。”此外，还有的地方也会把孙膑和庞涓、萧何和韩信、赵云和马超、杨延昭和穆桂英、赵公明等尊奉为门神。在苏州地区的桃花坞木刻年画中，就把温琼与岳飞的形象作为门神刻印，流传四方。《（乾隆）吴县志·物产》：“门神，彩画五色，又多写温、岳二神之像，远方客多贩去。”

袁学澜《吴郡岁华纪丽》卷十二：“吴中门神，彩画五色，其市在北寺、桃花坞一带，远方客多贩去售卖。民家于除夜贴之，换去旧年所贴，亦去故迎新之意。”以桃花坞木刻年画为代表的江南年画中，门神是一个比较传统而普遍的题材。桃花坞木刻年画是国家级非物质文化遗产项目。过去，桃花坞木刻年画是苏州人必买的年节之物，因主要产于苏州城内桃花坞一带而得名，和河南朱仙镇年画、天津杨柳青年画、山东潍坊杨家埠年画、四川绵竹木版年画并称为中国五大民间木版年画。

桃花坞木刻年画的制作工艺繁复精细。先由画师绘制画稿，然后将画稿粘贴在梨木板上，这一道工序称为“上样”；上样之后，会把画稿分成线版和套色版多块，由刻工分别刻制；最后由技术熟练的师傅套色刷印，印刷时先印墨线版，然后根据画稿的色彩再分版套色，在套色的过程中，为了使墨线版和套色版准确无误，最终的成品不失原稿的真实面貌，套印师傅会采用“模版”这一技法。桃花坞木刻年画常用的颜色有红、绿、黄、桃红、紫和淡墨等，印刷出的作品色彩鲜艳明亮，饱和度高，色调协调匀称，极具艺术观赏价值。桃花坞年画的题材也较为丰富，既有祈福迎祥的“一团和气”“和气质像”“天官赐福”“万宝祥瑞”“花开富贵”等，也有“门神”“灶君”“关公”“钟馗”“姜太公”“张天师”等驱凶避邪的人物，还有各种传统戏曲故事、时事风俗、苏州山水风景等。

随着现代生活方式的改变，桃花坞年画的实用功能逐渐减弱，生产、销售数量不复清中叶繁盛时期的辉煌，但其艺术欣赏功能在近些年得到了一定的提高。为了保护好这门传统民间手艺，苏州工艺美术职业技术学院特设桃花坞年画专业，在收藏、传承、保护、教学、研究以及文创产品的开发等方面都取得了喜人的成绩。

神荼郁垒（钟进士）

或朱纸书“神荼”“郁垒”，以代门丞，安于左、右扉；或书“钟进士”三字，斜贴后户，以却鬼。

案：汉应劭《风俗通》云：“上古之时，有荼与垒昆弟二人，性能执鬼。度朔山上章桃树下，简阅百鬼，无道妄为人祸害，荼与垒缚以苇索，执以食虎。于是，县官常于腊、除夕，饰桃人，垂苇茭，画虎于门，皆追效前事，冀以卫凶也。桃梗，梗者，更也，岁终更始，受介祉也。”《山海经》亦本《风俗通》之说，云：“度索山桃树下，有二神，曰神荼，曰郁垒，能啖百鬼”，故今俗设桃符以象之。《括地图志》曰：“度朔山尖桃树下有二神，一名郁，一名儡。”高诱注《战国策》又曰：“一名余舆，一名郁雷。”陆启浤《北京岁华记》：“元旦，贵戚家悬神荼、郁垒。”《玉烛宝典》则以“正旦造桃板著户，谓之仙木，像郁垒、山桃之形，鬼畏之也”。胡浩然《除夕》词云：“灵馗挂户。”

欢乐图

门厅之楣，或贴欢乐图，图皆买自杭郡，以五纸为一堂，剪楮堆绢，为人物故事，皆取谶于欢乐，以迎祥祉。

案：马如龙《杭州府志》谓之“合家欢乐图”。吴谷人诗云：“披图春色好，欢乐两相兼。自妙青红意，无烦笔墨添。紫衫仙乐部，翠烛美人帘。隔岁痕犹在，房栊一例黏。”又姚春漪诗自注云：“欢乐图上贴福、乐、寿、喜四字，旁黏小春联，谓之欢乐对。”

春　联

居人更换春帖，曰春联。先除夕一二十日，塾师与学书儿书写以卖，榜于门，曰春联处。多写“千金百顺”“宜春迪吉”“一财二喜”及“家声世泽”等语为门联，或集《葩经》吉语、唐宋人诗句为楹帖。周宗泰《姑苏竹枝词》云：“学书儿童弄笔勤，春联幅幅卖斯文。人来问价增三倍，不使鹅群笼右军。”

案：张子容《除日》诗：“帖牖作春书。”又杨循吉《除夕杂咏》：“春帖题乡究。”春书、春帖，皆春联也。查止斋诗：“醉书矮纸贴春联。”古时门首贴“宜春”二字，在立春日，见韦庄诗："殷勤为作宜春曲，题向花笺贴绣楣。"又王沂公《皇帝阁立春帖子》云："北陆凝阴尽，千门淑气新。年年金殿里，宝字贴宜春。"又胡复斋诗："满写红笺字，无劳黄绢词。年年烦阿买，春色在门楣。"而陆启浤《北京岁华记》则以："除夕贴'宜春'字，小儿女写好字。"欧阳原功《渔家傲》词云"换年懒写宜春帖"是也。晋傅咸《燕赋》云："淑青书以赞时，著宜春之嘉祉。""宜春"二字本此。然秦已有宜春宫、宜春苑，见《括地志》。吴人又以"迪吉"二字为"宜春"对偶，盖本《尚书》"惠迪吉"语，以谶吉祥耳。周必大《玉堂杂记》云："除日，更春帖、柱联、门额，于堂轩、楣枋贴'福禄寿''一财二喜'等字。习二教者，于门衡贴阿弥陀佛及九天应元雷声普化天尊，又佛咒'悉呾多般呾那'等语。"又《明诗选》："太祖召陶安为学士，御制门帖赐之，曰：'国朝谋略无双士，翰苑文章第一家。’”吾乡春联诗句，人皆沿用不察，实皆有所本。如：“日月光天德，山河壮帝居。”见李延寿《北史》，陈后主入隋，上文帝诗也。“聿修厥德，长发其祥”，集《葩经》语，自为成对也，又用王勃《滕王阁序》语：“物华天宝日，人杰地灵时。”各增末一字。至“天恩春浩荡，文治日光华”，乃圣祖赐桐城张文端相国立春帖子。阮吾山司寇《茶余客话》谓：“张氏岁岁贴之，后缙绅家俱用此联，今则比户皆然矣。”吴谷人《新年杂咏》小序云：“春联，即古桃符板。”《蜀梼杌》载：“孟昶自题桃符板云：‘新年纳余庆，嘉节号长春。’”又黄休复《茆亭客话》：“先是，蜀至每岁除日，诸宫门各给桃符一对，俾题‘元亨利贞’四字。时伪太子善书札，选本宫策勋府桃符，亲自题曰：‘天垂余庆，地接长春’八字，以为词翰之美。”又《宋史·五行志》：“岁除日，命翰林为词题桃符。正旦，置寝门左右。”又元周密《癸辛杂志》载：“黄谦之题桃符板云：‘宜入新年怎生呵，百事大吉那般者。’”知《簪云楼杂说》谓“春联之设，昉自明孝陵”，不足为信。吴孟举诗云：“兔园本子渐无奇，不用冬烘费巧思。除却宜春方胜样，家家传写盛唐诗。”

【导读】

挂春联是春节期间极具标志性的一项年俗活动，这一风俗源于古代挂桃木板、桃符以辟邪的传统，所以清富察敦崇《燕京岁时记》中说：“春联者，即桃符也。”宋代以前，人们在新春到来之际，都会换上写有“福”字的新桃符，一年一次，宋代诗人王安石的《元日》诗中就有曰：“爆竹声中一岁除，春风送暖入屠苏。千门万户曈曈日，总把新桃换旧符。”五代十国时期，后蜀国主孟昶撰写了中国历史上最早的一副春联：“新年纳余庆，嘉节号长春。”

春联采用对仗工整的吉祥语，表达了人们对美好生活的期望，这一雅俗共赏的新文学体裁，受到了人们的普遍欢迎，很快风行天下，桃符逐渐式微。虽然到明代还有人悬挂桃符，但明清以后，几乎家家户户都在过年时节贴春联，明人刘侗在《元旦作》一诗中有曰："东风剪剪拂人低，巧撰春联户户齐。"从桃符演变为春联，材质和形态变化的背后，蕴含着中华民族文化心理的重要变化，门饰的寓意由驱邪逐渐发展成为对吉祥美满生活的憧憬。

民间在贴春联的时候，还会在对联上方贴上"横批"。这一做法与古代宜春日的"宜春帖子"有着一定的渊源。宜春贴子，又称为"宜春帖""宜春字""春帖""春书"。西晋时，傅咸的《燕赋》中已有"宜春"的记载，立春日，人们用彩绸剪成燕子的形状，用来迎接、礼赞春天，后人把剪成的燕子作为首饰，戴在头上，并贴上"宜春"二字。南朝梁宗懔《荆楚岁时记》中有谓："立春之日，悉剪彩为燕戴之，贴‘宜春’二字。”到了唐代，就改为张贴在门上，孙思邈《千金玉令》有曰：“立春日贴宜春字于门。”后世“宜春帖子”上的文字不仅限于“春”字，还有“福”“禄”“寿”“喜”等单字，甚至出现了“福禄寿”三字连在一起的，或是诸如“迎春接福”之类的吉祥语。现在春联正上方所贴的横批，便是源于古代立春日的“宜春帖子”，故而对联上方的横批又称为“春帖”。

明清以来，苏州人在岁暮时节也要更换春联、春帖。清代初年，苏州人钮琇在其所著《觚剩续编》中说道：“吴俗每逢改岁，必更易红笺，以吉语书门。”过去的春联、春帖一般都是自己撰拟、书写或请人代作的，晚清时期甚至出现了专门为人代写、代书春联、春帖的生意和铺子。进入腊月，尤其是除夕前数日，就有文人墨客在街市上摆下桌案，支起“春联处”的招牌，把写好的春联悬挂起来，供人选择购买，且名之曰“书春”“书红”“借纸学书”“点染年华”。袁学澜《吴郡岁华纪丽》卷十二记载这一盛景有曰：“吴城岁暮，居人更换春帖。先除夕数日，街市书写以卖，榜于门曰春联处……岁岁习用之，比屋皆然。”其景况与顾禄所载基本一致。

最早的春联是写在桃木板上的，后来普遍流行书写在大红色的纸张上。书写在木板上的春联，现在虽然不盛行，但在有的地方还时有所见，特别是一些北方地区。过去老北京的四合院大门上就有用油漆写成的春联，每到新年时候，重新描新，焕然一新，迎接新年，联语大多为“家吉征祥瑞，居安享太平”之类的吉祥语。现在的春联一般都是由书法家书写后，大量印制发行的，居民可以根据需要，有选择地购买；也有的则是商家印制，免费赠送客户的。年前，各地的书法家也会在文联、书协等机构的组织下，为市民百姓现场书写春联，迎接新春，增加节日的氛围，让人们感受到浓浓的人情味和文化气息。

春联的书写、张贴、悬挂也有一定的讲究。春联的上下联必须字数相同（字数一般是三字以上），对仗工整，结构对称，平仄相对；上联的最后一字必须是仄声，下联的最后一个字必须是平声，这也是判断上下联的重要标志。上下联的张贴位置则要视横批的情况而定，如果没有横批，按照传统的做法，张贴的时候，面对大门的方向，右侧贴上联，左侧贴下联；如果有横批，传统的横批一般从右往左书写，对联的张贴则是照传统的右上左下；但是现在一些横批是从左往右书写的，为了与之匹配，对联的张贴则与传统的方向相反，改为左上右下。

春节时期贴的春联必须是大红色的，但在旧时，也还有一些例外，如在过去的一年中，有家人去世，办过丧事的，这户人家门上的春联会书写在绿纸或蓝纸上，表达对故去亲人的思念。在福建地区还有一种特殊的情况，在红纸上方留一段白色的纸，民间称之为“白头春联”，传说这和清初福建遗民抗清有关。清军入关南下，颁行“剃发令”，福建人多违抗者，因此遭受杀戮，家人为纪念死者，过年不贴红色的春联，而用白色的春联。这一做法被地方官府所禁止，强令必须贴红纸春联，否则格杀勿论，于是当地人就在红纸顶端留出一段白联的纸头，以示抗议。

封　井

置井泉童子马于竹筛内，祀以糕果、茶酒，庋井阑上掩之，谓之封井。至新正三日或五日，焚送神马。初汲水时，指蘸拭目，令目不昏。

案：《白泽图考》："井之精，名观，状如美女，好吹箫。"《缉柳编》呼为吹箫女子，吾乡呼为井泉童子。《太常记》："十月朔，祀井。"长、元《志》皆载除夕封井。又《昆新合志》云："新正三日，祀以糕果送之。"褚人获《坚瓠集》云："除夕，人家封井，不复汲水。至正月三日始开。"张渔川《封井》诗云："冰镜沉寒砌，银瓶卧晚阶。明年试初汲，昏眼要先揩。"

接　灶

安灶神马于灶陉之龛，祭以酒果、糕饵，谓之接灶。谓自念四夜上天，至是始下降也。或有迟至上元夜接者，家辰《上元夜接灶》诗云："灶本何心媚，工为饮食谋。日亲厮养卒，祭失烂羊头。乱踏旌旗下，交辉灯月游。因怀胶口恨，利市竟难求。"

案：冯应京《月令广义》："燕俗：元旦，合家少长，罗拜灶神以祝，曰迎灶。"长、元、吴《志》皆云："接灶，多以除夕。"李仙翁《除夕》诗云："儿知学拜同迎灶。"江、震《志》："除夕接灶，则设馔燃炉，迎神而祭。"《昆新合志》则于“上元夜煎油馓、烤糊涂，接灶。”《常昭合志》亦云：“上元日，家和米粉为丸，以接灶。”吴谷人《接灶》诗自序云：“杭俗：元旦接灶，其神号曰东厨司命。”有“司命将来日，神牌妇子迎”之句。又项霜田《黄莺儿》词首句云：“接灶便开门。”吴曼云《江乡节物》词云：“迎神薪突正衣冠，灶马纷纷乍解鞍。来复只须占七日，笑他人说上天难。”厉层云诗云：“七日占来复，焚香刻晷迎。”并云：“俗传接得早，灶君年纪小；接得迟，灶君年纪老。”又云：“接时供净水于灶山上。”

祭床神

荐茶酒、糕果于寝室，以祀床神，云祈终岁安寝，俗呼床神为床公、床婆。

案：曾三异《同话录》："崔大雅在翰院夜直，玉堂忽有内降，撰文字，乃祭床婆子文，恍然不知格式。或问于周丞相翰长，云：'但如常式。'皇帝遣某人致祭于床婆子之神曰：'汝典司床箦。'"云云。张轶青诗："岁祀床婆子，深宵酒果芬。"厉樊榭除夕祀床，作《沁园春》词以乐神。杨循吉《除夜杂咏》云："酌水祀床公。"盖今俗犹以酒祀床母，而以茶祀床公，谓母嗜酒，公癖茶，谓之男茶女酒。而魏嶑《钱塘县志》亦载:"除夕,用茶酒、果饼祀床神,以祈安寝。"又吴曼云《江乡节物词》小序云:"杭俗:祭床神,以上元后一日,品用煎饼。"诗云:"祝他安稳度春宵,斋供当床画烛烧。补却天穿重补梦,今年婆饼不曾焦。"

掌门炭

植炭于门户之侧，名曰掌门炭。

案：《昆新合志》：“除夕，每门必倚长炭，名把门炭，俗称炭将军。”林谓《闽中志》云：“岁除，宫门植炭，名曰将军炭。”周必大《玉堂杂记》亦云：“除夕，竖炭于砌础之间。”又吴曼云《江乡节物词》小序云：“杭俗：除夕封门，束甘蔗，树之门侧，谓取渐入佳境之意。”则又与他处不同。

节节高

插冬青、柏枝、芝麻箕于檐端，名曰节节高。

案：刘若愚《芜史》："燕俗：岁除，檐楹插芝麻秸。"陆启浤《北京岁华记》："元旦，民间插芝梗、柏叶于户。"盖此风辇下亦传。长、元、吴《志》俱云："除夕插松柏、芝麻秸于檐端。"《昆新合志》及江、震《志》则云："元旦插之，名节节高。"

富贵弗断头

黄阡断续一串，引而伸之，铺家以之与财神马、纸糊金银、元宝，同挂招牌上，为贸易获利之兆，谓之富贵弗断头，又名兴隆。

案：《博古图·唐铁鉴铭》："千秋万岁，富贵不断。"沈明德："细马送神，多著同兴纸，即黄阡也。今又名兴隆。"钱塘黄书崖是题诗云："一串同兴纸，都将富贵求。美名兼厚利，万岁更千秋。巧样翻花本，和风绕市楼。君看居垄断，最是出人头。"

年　饭（万年粮米）

煮饭盛新竹箩中，置红橘、乌菱、荸荠诸果，及糕、元宝，并插松柏枝于上，陈列中堂，至新年蒸食之，取有余粮之意，名曰年饭。又预淘数日之米，于新年可支许时，亦供案头，名曰万年粮米。

案：《荆楚岁时记》："岁暮，家家留宿岁饭，至新年十二日，弃之街衢，以为去故取新也。"又《时镜新书》："除夕，留宿饭，俟惊蛰雷鸣，掷之屋上，令雷声远。"而《通志》则云："江淮风俗：除夕煮熟饭，兼数日之炊，于新年可支许时，名曰隔年陈。"又吴曼云《江乡节物词》小序谓：

“除夕贮饭，置果饵于其上，元旦食之，取有余之意，名曰隔年饭。”诗云：“红银粒饱贮都篮，一洗空厨轑釜惭。饭瓮好将如愿祝，明年耕食要余三。”又闵玉井《蒸饭》诗云：“风俗隔年陈，中堂位置新。但教炊似玉，不使甑生尘。苍翠标松正，青红饤果匀。家家欣鼓腹，留此待开春。”又郭频伽《淮阴岁除·咏年饭》诗云：“既得残年吃，仍顺隔岁储。人情重饱暖，吾意惜居诸。”皆与吴俗略同。又蔡铁翁诗：“万年粮米案头供。”

【导读】

吴地岁末做年饭的传统，一直流传到今日。岁末预制好数日的饭食，盛放在新的容器或锅中，新年中加热后食用，取新陈相续、年年有余粮之美好寓意，故而称之为“年饭”，也叫“宿岁饭”“压甑饭”“隔年陈”。有的人家也会在米饭中摆放煮熟的荸荠、菱角等食材或糕团，名为“元宝”。

画米囤

乡农人家以石灰画米囤于场，或象戟矢元宝之形，祈年禳灾，谓之画米囤。

案：《昆新合志》："除夕，以石灰画米囤，或戟矢于地，祈年禳灾。"江、震旧《志》："除夕，更深人静，画灰于道，象弓矢以射祟。"《常昭合志》："除夕，画灰象，弓矢射祟，象囤囷祈年。"长、元《志》皆云："今又有画米囤、飞钱之类于室中者。"《吴县志》则云："象犀角、米囤、元宝之类。"杨循吉《除夜杂咏》云："门前尽画弓。"

【导读】

旧时江南农村，除了极少数富裕人家使用陶缸屯米，大多数人家都使用稻草编制而成的米囤，在储存过程中容易出现虫蛀鼠咬等消耗，故而会在岁末粮食归仓之际，在米囤四周撒上白石灰，用以驱避虫鼠，同时还会画上诸如弓箭之类的一些图案，寓驱赶之意。此中意蕴，袁学澜《吴郡岁华纪丽》中言之甚明，其中有谓："农家除夕，闭门守岁时，竞以石灰画圈于地，圈祟，总谓之画米囤。中大书吉语，以祈丰稔；又画米囤元宝于场，以祈年谷；画弓、矢、戈、矛之形，以禳灾辟。"并引许青浮和自己所作的《画米囤》诗加以详细说明，可供参考。许诗曰："爆竹声中分岁罢，呼儿净扫空庭下。柴心帚细石灰浓，长绳倒拽周遭画。画得团团米囤圆，满庭小圈复大圈。圈中致祝无穷事，第一先书有年字。尽教禾黍多穰穰，千廝仓与万廝箱。明年米囤大且长，塞破屋子堆上场。"袁学澜自作诗曰："蜀道山川闻聚米，千仓万箱信堪喜。农家专意祈有年，米囤团画粜场里。从来画饼难充饥，屠门大嚼空朵颐。有名无实善颂祷，京坻载咏甫田诗。竞说西邻多积谷，高廪日增忧不足。尽言西舍富囷麈，犹祝篝车未满欲。极知足欲最难能，那厌胡椒八百斛。老农所愿亦无多，有米只须供饘粥。画囤归休一笑欢，瓮算年年望丰熟。”

听响卜

或有祷灶请方，抱镜出门，听市人无意之言，以卜来岁休咎者，谓之听响卜。

案：唐王建有《镜听词》云："重重摩挲嫁时镜，夫婿远行凭镜听。"贾子《说林》有《镜听咒》曰："并光类俪，终逢协吉。"法以镜囊盛古镜，向灶神，勿令人见，双手捧镜，诵咒七遍，出听人言，以定吉凶。又闭目信足，走七步，开眼照镜，随其所照，以听人言，无不验也。褚人获《坚瓠集》云："今听谶者，祷于灶神，以杓投釜中，随杓柄所向，执镜而往，谓之响卜，即镜听也。"家元庆《檐曝偶谈》谓："有无所怀，直以耳听之者，谓之响卜。盖以有心听无心耳，往往皆验。”蒋心余《镜听》诗云：“匿影循墙走，寻声倚壁听。何期深夜语，都是十分灵。谶纬原难测，推求恐不经。菱花常自鉴，何必问冥冥？”江、震《志》皆云：“此风邑中犹有行之。”

【导读】

听响卜，即中国古代传统的占卜术“镜听”的别称，又称为“听镜”“耳卜”。清代学者秦嘉谟《月令粹编》卷四引《鬼谷子》之言谓：“元旦之夕，洒扫，置香灯于灶门，注水满铛，置杓于水，虔礼拜祝，拨杓使旋，随柄所指之方，抱镜出门，密听人言，第一句即是卜者之兆。”

唐代诗人王建的《镜听词》是一首经典名作，脍炙人口，诗中描写了闺中女子用镜听这一古老的占卜术，来预测远行在外丈夫的吉凶以及何时回家。

这一习俗在明清时期依然十分风行，当时的小说和笔记中时有经典故事。《聊斋志异》中就有一个流传较广的镜听故事，话说郑氏兄弟二人皆为文学之士，弟媳在科考之年，偷偷在“除夜以镜听卜”。当她外出时，遇见“二人初起，相推为戏，云：‘汝也凉凉去！’”妇人不明其意。科举考试放榜，妯娌二人正在厨房生火做饭，报子先报大兄得中，母入厨唤大妇曰：“大男中式矣！汝可凉凉去。”不久，又得次子及第的消息，弟媳“掷饼杖而起”，“不觉出之于口”说道：“侬也凉凉去！”始知镜听之验。

梁绍壬的《两般秋雨庵笔记》中也记载了一则在苏州流传很广的镜听故事，故事的主人公是昆山顾炎武的三个外甥：徐元文、徐乾学和徐秉义。他们的科举成绩显赫，先后在顺治十六年（1659）状元及第、康熙九年（1670）探花及第、康熙十二年（1673）探花及第，后来身居高位要职。兄弟三人“未第时，除夕相约镜听”，父亲知道后，预先“走匿门外，俟三子之出，揖而前曰：‘恭喜弟兄三鼎甲’。”三人知道是父亲的戏谑之举，头也没回，径直离开。而后在路上遇到两个喝醉酒的人，“连臂而来，甲拍乙之肩而言曰：‘痴儿子，你老子的话是不错的。’”不久之后，昆山徐氏三兄弟相继三鼎甲。

叛花

亥子之交，抱未痘小儿卧爨下，以红帕蒙首，天明始还卧所，谓如是则痘花稀罠，谓之叛花，盖俗呼痘为花也。或撒黄豆于帐顶，或以红、绿线穿黄豆三粒，置帏间，俱能禳痘。

案：《家塾事规》："除夕五更，抱小儿于独槽猪窝内，滚过，则痘疮稀。"杨循吉《除夜杂咏》诗云："撒豆禳儿疾。"《晋书》："邓伯道避石勒难，以车马负妻子以叛。"吴语谓藏匿，曰"叛"。家雪亭《土风录》云："叛，与畔通。"《太玄经》："一纵一横，天网罠罠。"注："罠罠，疏落貌。"吴语谓物之稀者，曰稀罠，本此。

【导读】

古人所谓的“痘”“花”，也叫天花，是由天花病毒感染引起的，是古代死亡率极高的烈性传染病。人一旦被感染，全身会出现豆状水疱，痊愈后脸上会留下麻子。民间百姓对痘症的恐惧心理较强，故而形成了各种禳除痘症的习俗，这些做法并没有科学依据，只是用以寄托老百姓祈求平安的一种愿景和信仰而已。

明代隆庆五年（1571），中医在分科中增设了痘诊科（简称“痘科”），加强对天花的研究和治疗，但是一直没有特效药物，中医药的治疗主要侧重于“固本培元”，增强人体免疫力和抗病毒的能力。但在临床实践中，中国古人发明了人痘苗，采用接种“人痘苗”的方法，让人产生抗体来预防天花。据清代医家俞茂鲲的《痘科金镜赋集解》记载，中国古代的“种痘法”起源于明隆庆年间，在安徽宁国府太平县，医家“得之异人丹徒之家，由此蔓延天下，至今种花者，宁国人居多”。清初松江人董含在其《三冈识略》中详细记载了安庆府张氏传了三代的“种痘法”：“安庆张氏传种痘法，云已三世。其法，先收稀痘浆，贮小瓷瓶，遇欲种者，录小儿生辰，焚香置几上，随将黄豆一粒，傅以药，按方位埋土中，取所贮浆染衣，衣小儿。黄豆三日萌芽，小儿头痛发热；五日豆长，儿痘亦发；十日而萎，儿病随愈。自言必验。”随着“人痘苗”的普遍推广，康熙二十一年（1682），清廷下令各地接种“痘”。康熙帝在《庭训格言》中现身说法，推行疫苗的接种，其中有曰：“训曰：国初人多畏出痘，至朕得种痘方，诸子女及尔等子女，皆以种痘得无恙。今边外四十九旗及喀尔喀诸藩，俱命种痘，凡所种皆得善愈。尝记初种时，年老人尚以为怪，朕坚意为之，遂全此千万人之生者，岂偶然耶？”中国传统医学发明的人痘接种术，对人类健康事业做出了巨大贡献。18世纪中叶，人痘接种术传遍欧亚各国。1796年，英国人贡纳（E.Jenner）受人痘接种法的启示，试种牛痘成功，在全世界推广，逐渐取代了中国传统的人痘接种。经过世界人民长期不懈的努力，人类终于消灭了这一烈性传染病，1980年，世界卫生组织正式宣布消灭天花。

节 帐

土俗：贸易场中，以端五、中秋、除夕为三节，按节索欠，谓之三节帐。除夕一节，自昏达旦，虽东方既白，犹络绎道途，不嫌笼灯入索也。蔡云《吴歈》云："无地堪容避债台，一年积欠一宵催。店门关到质钱库，还点灯笼走一回。"又徐晋镕《除夕》诗云："生计吴中往日虚，到来今夕各踌躇。平时浪费知何益，千载奢风尚未除。索负偕来门外汉，救贫谁窃枕中书？阿侬身外无长物，安乐新添一味蔬。"

案：《前汉·武帝纪》："明堂朝诸侯，受郡国计。"计，若今之诸州计帐也。韩愈《寄崔立之》诗："当如分合支。"注："今时人谓析产符契，为分支帐。"今俗作账，古无此字。又周栎园《书影》云："《北魏书·释老志》曰：'元象元年秋，诏曰：城中旧寺及宅，皆有定帐。'今人出入之籍曰帐目，始此。"黄周星《甲寅除夕》诗："第一过年穷快活，从来未有索逋人。"蔡铁翁《吴歈》注："除夕，铺户皆张灯为夜市，质库赎当者纷集，非天明不得闭门也。"吴云岫《吴中百一谣》云："除夕达天明，索债路如蚁。铺户咸不关，张灯冷于水。"

【导读】

对古代的穷人来说，过年一直有"过年关"的说法。在过去的传统中，除夕之夜是结算债务的最后期限，无论是借款负债、欠租，还是支付工钱等账目的清算，都要在这一天做到"本利"两讫。古时候的穷人或债务人，因无力偿还债务，往往把这一天视为一个艰难的关口，因此便把过年叫作“过年关”。为了躲避债主的讨索，许多负债的人都会在除夕数日前外出躲债。按照苏州习俗，年初一不能讨债，只要过了初一，债务人就得以暂且安稳一阵。褚人获《坚瓠四集》卷三《除夕遗俗》就有曰：“（除夕）……家苍书叔有《沁园春》词云：‘残腊云除，暗数居诸，都为去尘。笑逃台债缓，佣工休息，且教劳客，暂作闲人。……’”

旧时苏州欠债的穷人多会到山塘、虎丘等处去躲“年关”，在山塘河畔、虎丘附近就有桥名曰“躲债桥”，范君博《吴门坊巷待輶吟·躲赛桥》诗有曰：“砚田荒废不生财，笑我难为阿堵才。等是催租同扫兴，解嘲躲债过桥来。”诗注曰：“俗名躲债桥，跨鲁班塘，在万点桥西。”虎丘后山的通幽轩，原是苏州磨坊同业公所于嘉庆年间修建的牛马王庙，后因欠债的穷人躲年关，常聚集于此，民间遂有“赖债庙”之称。今苏州虎丘景区通幽轩的介绍有云：“通幽轩，俗称赖债庙，原为宋人尹和靖故址，后改建为陆羽楼，楼毁。清嘉庆时又改建为牛马王庙，延至今日。旧时每逢农历除夕，穷人欠债无力偿还，到此躲债而得名。”

小年夜大年夜

祀先之礼，相沿用昏，俗呼大年夜；或有用除夕前一夕者，谓之小年夜，又曰小除夕，俗又总呼之为大年小夜。旧俗：鸡且鸣，持杖击灰积，致词以献利市，名曰打灰堆。又小儿绕街，呼嗷云："卖汝痴，卖汝呆。"世传吴人多呆，故儿女辈戏欲卖之，今皆不传。惟是夜家户储水于厨下，埋炭墼于炉，不使焰熄，置寝室中，谓之种火。焚辟瘟丹、苍术诸药，谓之太平丹。街坊爆竹之声，铿訇不绝。俗又以是夜忌犬吠，谚云："年夜狗弗叫，来年疾病少。"蔡云《吴歈》云："封门小结乌薪社，守岁双垂红烛花。多许风光一场梦，醒来又早换年华。”

案：韩鄂《岁华纪丽》云：“三十日为大尽，二十九日为小尽，吴人谓之大除、小除。”除，犹尽也。陆游《老学庵笔记》谓：“唐人冬至前一日，亦谓之除夜。”杨辛父《红梨庵集》注：“江、震风俗：以腊月二十四日夜为小除夕。”与郡俗小异，犹周密《乾淳岁时记》：“禁中以腊月二十四日为小节夜，三十日为大节夜也”。又云：“是夜，明灯室中。”（犹杭郡明灯床下，名“照虚耗”之俗也。）江、震与杭郡接壤，虽地属于吴，往往沿袭浙俗，无足怪也。钱思元《吴门补乘》载：“除夕，储水宿火。见冯贽《云仙杂记》：‘裴度除夜迨晓不寐，炉中商陆，火凡数添。’”可知此风流传亦久。又范石湖词：“地炉火暖苍术香。”又杨循吉《除夜杂咏》云：“辟瘟烧术暖。”又沈朝初《忆江南》词注云：“除夕，炉烧苍术诸药，名曰太平丹。”有“兽炉频炙太平丹”之句。褚人获《坚瓠集》载无名氏《吴门歌》云:“吴门人住神仙地,雪月风花分四季。满城排队看行春,又见花灯来炫视。千门挂彩六街红,笙歌盈耳喧春风。歌童舞女语南北,王孙公子何西东。观灯未了兴未歇,等闲又话清明节。呼船载酒共游春,蛤蜊市上争尝新。吴塘穿绕过横塘,虎邱灵岩复元墓。菖蒲泛酒过端午,龙舟相呼喧竞渡。提壶挈盒归去来,南河又报荷花开。锦云乡中漾舟去,美人压鬓琵琶钗。玉颜皓齿声断续,翠纱汗彩红映肉。金刀剖破水晶瓜,冰山影里颜如玉。火云一天消未已,桐阴忽报秋风起。鹊桥牛女渡银河,乞巧人排明月里。南楼雁过是中秋,飒然毛骨冷飕飕。左持蟹螯右持酒,不觉今朝早重九。登高又向天池岭,桂花万树天香浮。一年好景最斯时,橘绿橙黄洞庭有。满园还剩菊花枝,雪片横飞大如手。安排暖阁开红炉,敲冰洗盏烘牛酥。寸薗瓶兮千金果，黑貂裘兮红氍毹。一年四季恣欢娱，那知更有饥寒苦？”

【导读】

“打灰堆”“卖痴呆”“种火”等风俗，今皆不传，在古代亦属稀见，宋元以后为吴地所仅有，故略作考释如下。

据范成大的《吴郡志》的记载，打灰堆的风俗为吴地所独有，《吴郡志》卷二有谓：“除夜，祭毕则复爆竹，焚苍术及辟瘟丹，家人酌酒，名分岁。食物有胶牙饧、守岁盘。夜分祭瘟神，易门神、桃符之属。夜向明，则持杖击灰积，有祝词，谓之打灰堆。盖彭蠡庙中如愿故事，吴中独此。”这一风俗源于庐陵商人区明（一作欧明）先得后失美女如愿的故事，《荆楚岁时记》引《录异记》详细记载了这一故事，以及与打灰堆风俗的关系，曰：“有商人区明者，过彭泽湖，有车马出，自称青湖君。要明过家，厚礼之，问：

‘何所须？’有人教明，但乞如愿。及问，以此言答。青湖君甚惜如愿，不得已，许之，乃一少婢也。青湖君语明曰：‘君领取至家，如要物，但就如愿，所须皆得。’自尔商人或有所求，如愿并为。即得数年，遂大富。后至正旦，如愿起晚，商人以杖打之，如愿以头钻入粪中，渐没失所。后商人家渐贫。今北人正旦夜立于粪扫边，令人执杖打粪堆，以答假痛，又以细绳系偶人，投粪扫中，云令如愿。意者亦为如愿故事耳。”据此可知，原先北方亦有打灰堆之俗，到南宋以后，仅吴地流行。范成大专为此作《打灰堆词》诗曰：“除夜将阑晓星烂，粪扫堆头打如愿。杖敲灰起飞扑篱，不嫌灰涴新节衣。老媪当前再三祝，只要我家长富足。轻舟作商重船归，大牸引犊鸡哺儿。野茧可缫麦两岐，短衲换着长衫衣。当年婢子挽不住，有耳犹能闻我语。但如我愿不汝呼，一任汝归彭蠡湖。”

苏州岁末民俗中的“卖痴卖呆”，与新年送穷的风俗颇类似，其中较多的是苏州人自我解嘲和调笑的意味。范成大《腊月村田乐府十首》组诗序中即持此见，其中有谓：“分岁罢，小儿绕街呼叫，云：‘卖汝痴，卖汝呆。’世传吴人多呆，故儿辈讳之，欲贾其余，益可笑。”范成大作《卖痴呆词》咏此风俗曰：“除夕更阑人不睡，厌禳钝滞迎新岁。小儿呼叫走长街，云有痴呆召人买。二物于人谁独无？就中吴侬仍有余。巷南巷北卖不得，相逢大笑相揶揄。栎翁块坐重帘下，独要买添令问价。儿云翁买不须钱，奉赊痴呆千百年。”沈周《次韵天台陈勉卖痴呆四绝》以谐谑的笔调，极写苏州“卖痴呆”的风趣与幽默：“瞒却惺惺去卖痴，呆儿真是养家儿。到头打合无牙侩，空手归来告诉谁？”“东卖呆兮西卖痴，卖痴即是卖呆儿。卖来卖去无人买，我不担当与阿谁？”“空卖呆儿又卖痴，拦街都是要乖儿。通身一具痴呆骨，抖擞将他换与谁？”“初自谁边错买痴，被渠乖者赚呆儿。苏州城里人如海，难悔还他认得谁？”

元人高德基《平江记事》对范成大的说法略作补充，以为这一风俗中亦不乏警戒吴人切莫“尚奢争胜”之意，其文有曰：“吴人自相呼为呆子，又谓之苏州呆。每岁除夕，群儿绕街，呼叫云：‘卖痴呆。’‘千贯卖汝痴，万贯卖汝呆。见卖尽多送，要赊随我来。’盖以吴人多呆儿辈，戏谑之耳。吴推官尝谓人曰：‘某居官久，深知吴风。吴人尚奢争胜，所事不切，广置田宅，计较微利。殊不知，异时反贻子孙不肖之害，故人以呆目之。谓之苏州呆，不亦宜乎？’”清代学者汪由敦在武进守岁，其《除夕杂书》组诗中就写到常州人也卖痴呆的风俗，其诗曰：“索逋邻巷任喧豗，卧起无聊笑口开。也欲经营除夕事，送穷过了卖痴呆。”林则徐《除夕书怀》诗亦有曰：“新韶明日逐人来，迁客何时结伴回？空有灯光照虚耗，竟无神诀卖痴呆。”

所谓“种火”，在除旧迎新的时节，把炭墼埋在火炉里，保持去年的“宿火”不灭，与正月新年中燃

“欢喜团”的寓意相同，取红红火火、福泽绵长之意。除夕夜通宵达旦点灯之“照虚耗”，也即此意。袁学澜《吴郡新年杂咏·炭墼》：“宿火偏宜守岁良，红箩圆范酝春光（注：明时宫中供红箩炭）。乌金社结朝暾暖，绿酒炉温夜漏长。炙砚拨灰铜鋾热，熏衣添罩水沉香。寒窗伴客吟诗坐，瓦鼎无须炫彩装。（注：天启时用炭屑塑人形，衣以绢帛，谓之彩装，惜薪司掌之。）”